NEW

ISA 회계감사 요약집

노준화 • 홍상연

2026
New International Standards on Auditing

도서출판 탐진
www.tamjin.co.kr

머리말

1. [회계감사 요약집]의 목적

본서는 기본서인 [New ISA **회계감사(노준화 저)**]를 요약 · 정리한 것입니다. 따라서 [New ISA **회계감사(노준화 저)**]는 [**기본서**]가 되며, 본서는 기본서의 [**요약집**]에 해당합니다. 기본서가 회계감사를 이해하게 하는데 중점을 두고 있다면, 본 요약집은 수험생들에게 학습시간을 덜어주고 또한 핵심사항을 오랫동안 기억하는데 중점을 두고 있습니다.

본서는 수험생들이 마지막 순간에 시험장에 가져가야 할 것이 무엇인가에 대해 저자들이 고민한 결과물로 다음 사항을 수록하고 있습니다.

❶ **기출되었거나 중요도가 높은 핵심사항을 빠짐없이 요약 · 정리**하였습니다. 저자들은 본서를 집필하는 과정에서 무엇보다 수험생들에게 학습편의를 제공하는 것과 오랫동안 기억하게 하는 것에 초점을 두었습니다. 그 결과 저자들은 본서를 구성할 때 가능한 한 기본서의 설명을 덜어내고, 핵심사항만으로 구성하게 되었습니다. 따라서 본서의 핵심사항은 수험생들이 시험장에 반드시 가져가야 할 회계감사의 필수지식이라고 할 수 있습니다.

❷ 핵심사항 아래에 **핵심질문(Q&A)**을 추가하고 있습니다. 이는 교육공학에서 말하는 flash 효과에 기반한 것으로, 수험생들로 하여금 핵심사항을 오래 기억하게 할 것입니다.

저자들은 본서가 수험생들이 **시험 직전에 반복해서 빠르게 볼 수 있는 단권화된 요약서**로서의 역할을 충실히 할 수 있을 것으로 기대합니다. 물론, 수험생들이 [**기본서**]를 반복하여 읽기만 해도 원하는 목표에 도달할 수는 있습니다. 하지만 마치 회계감사를 수행하는 감사인이 그러한 것처럼 시간이 부족한 수험생들에게 주어진 시간만으로 합격이라는 hurdle을 넘어야만 하는 어려움이 있습니다. 저자들은 본 요약집이 수험생에게 학습편의를 제공하고 학습시간을 절약해 줄 뿐만 아니라 한번 본 내용을 오랫동안 기억하게 할 것으로 기대됩니다.

2. [회계감사 요약집]의 활용 방법

본 [**요약집**]의 목차는 기본서인 [New ISA **회계감사(노준화 저)**]와 유사하게 구성되어 있습니다. 따라서 수험생들은 먼저 기본서를 학습하여 감사에 대한 전반적인 이해를 마친 후, 반드시 기억하여야 할 사항을 반복적으로 학습하는데 본 요약집을 활용할 수 있을 것입니다. 반복학습할 때에는 해당 chapter의 제목만 보아도 해당 chapter에서 다루고 있는 내용을 떠올릴 수 있어야 합니다. 수험생들이 수험 마무리 단계에서 본 요약집을 반복하여 학습한다면 좋은 결과를 얻을 수 있을 것입니다.

다만, 실제 시험에서는 구체적인 사례문제나 계산문제 등이 출제될 수 있습니다. 본 요약집은 그러한 사례문제 또는 계산문제를 대비하기 위한 예제를 포함하고 있지는 않습니다. 따라서 수험생들은 모든 부분을 요약집에만 의존해서는 안 되며 기본적으로 **[기본서]**를 통하여 회계감사를 이해하여야 하며, **[회계감사 REVIEW]**를 통한 문제풀이 학습을 병행하여야 합니다.

3. [회계감사 요약집 6판]의 특징

❶ 본서는 기본서 [New ISA **회계감사(노준화 저)]의 요약집에 해당**합니다. 본서는 기본서와 동일하게 회계감사의 논리적 흐름을 반영하여 구성하였기 때문에 수험생들이 회계감사의 전반적인 내용을 학습하는데 큰 도움이 될 것입니다.

❷ 본서는 핵심이 되는 문장 또는 keyword를 글꼴 및 색깔로 구분하여 표시하고 있습니다. 또한 박스의 색을 중요도에 따라 파란색과 회색으로 구분하였으며, 기출된 내용에 대해 기출연도 표시를 하였습니다. 독자 입장에서는 이러한 표시를 통해 마치 강의를 들은 것처럼 상대적으로 더 중요한 내용들을 수월하게 파악할 수 있습니다.

❸ 본서는 회계감사기준서 문장에 기초하고 있으며, 일부 기출문제에서 사용된 표현을 반영하고 있습니다.

❹ 본서는 단순 나열식으로 소개하는 것을 지양하고, Q&A의 형태로도 내용을 정리하여 학습효과를 극대화하고자 하였습니다. Q&A의 경우에도 더 중요한 내용을 파란색, 지엽적인 내용을 회색으로 나타내었습니다.

❺ 내년 시험에 적용될 수 있는 시험범위 내의 개정사항을 충실히 반영하였습니다. 만약, 2026년 시험 전까지 후속적인 개정사항이 나오는 경우에는 나무경영아카데미 학원 홈페이지 및 탐진 홈페이지에 이를 공지할 예정이니 이용하시면 됩니다. 특히 6판 요약집은 2026년부터 개정되어 적용되는 감사기준서 315, 540 및 720의 내용을 반영하였습니다. 주요 내용은 다음과 같습니다.

ISA 315 중요왜곡표시위험의 식별과 평가

1. 기준서 제목과 목적의 변경 : 현행 기준은 감사인이 기업의 내부통제를 기업과 기업환경 내에서 이해할 것을 요구하고 있으나, 개정 개정기준은 감사인이 ① 기업과 기업환경, ② 해당 재무보고체계 및 ③ 기업의 내부통제 시스템 등 3가지 사항에 대하여 별도의 이해를 요구하고 있다.
2. 전문가적 의구심의 행사와 관련한 요구사항 강화

3. ‘관련경영진주장’과 ‘유의적인 거래유형, 계정잔액 또는 공시’ 개념 도입

4. 위험평가절차가 중요왜곡표시위험의 식별과 평가 등의 근거가 됨을 명확히 함

5. 고유위험과 통제위험에 대한 분리 평가

6. 고유위험요소, 고유위험의 범위 도입 및 유의적 위험의 정의 변경

7. 식별되어야 하는 통제의 명확화 등 내부통제 시스템 관련 개정

8. 위험평가절차에서 정보기술 및 자동화된 도구와 기법의 사용

9. 문서화 요구사항의 확대

ISA 540 회계추정치와 관련 공시에 대한 감사

1. 기준서 제목과 목적의 변경

2. 고유위험요소 개념 도입

3. 위험평가절차 강화

4. 통제 테스트

5. 요구사항의 재구성(restructure) 및 기준의 확장성 확보

6. 감사인의 점(범위)추정치 도출

ISA 720 기타정보에 관한 감사인의 책임

1. 기준서 적용 범위의 명확화

2. 감사인의 책임 강화

3. 감사보고서 공시 확대 : ‘기타정보’ 별도 단락 신설

이 책을 읽는 모든 수험생들의 합격을 기원합니다.

2021년 3월 12일 초판

2026년 1월 5일 개정

저자 씀

차 례

Chapter 01 회계감사의 개요

section 01 회계감사와 재무제표의 신뢰성 1-2

1. 회계감사의 의의 / 1-2
2. 회계감사와 관련된 기본개념 / 1-2
3. 회계감사기준의 요구사항 / 1-7
4. 감사의 한계와 합리적 확신 / 1-10

section 02 감사인 1-13

1. 감사인 / 1-13
2. 감사인의 권한 / 1-15

section 03 감사인의 선임방식 1-16

1. 지배기구, 경영진, 이사회와 회계감사 / 1-16
2. 자유수임방식 / 1-18

section 04 회계감사의 수요와 기능 1-19

1. 정보위험과 회계감사 / 1-19
2. 회계감사의 수요를 설명하는 이론 / 1-20

section 05 감사의 분류 1-21

1. 감사목적에 따른 분류 / 1-21
2. 감사의 강제성에 따른 분류 / 1-21
3. 감사실시 시기에 따른 분류사 / 1-22
4. 감사의 계속성에 따른 분류 / 1-23
5. 감사의 위치에 따른 분류 / 1-23

Chapter 02 감사의 시작 : 감사계약, 위험평가 및 감사계획

section 01 감사의 개시과정 2-2

section 02 감사계약의 수용 또는 유지 2-3

1. 감사업무의 수용 또는 유지의 판단 / 2-3
2. 감사업무의 수용 또는 유지에 대한 경제적 관점 / 2-4
3. 감사의 전제조건 / 2-4
4. 회사의 재무제표 작성책임 관련 일반원칙 / 2-5

section 03 감사인의 선임 2-6
1. 감사인 선임절차 / 2-6
2. 감사인에 대한 업무규제 / 2-9
3. 감사인 지정 / 2-10
4. 감사계약의 해지 / 2-12
5. 감사인 변경과 전기감사인의 의견진술권 / 2-14
6. 감사보수(감사수수료) / 2-14

section 04 감사계약의 체결 2-15
1. 감사계약 / 2-15
2. 감사업무 조건의 변경에 대한 수용 / 2-19

section 05 업무팀의 구성 및 협의 2-20
1. 업무팀의 구성 / 2-20
2. 업무팀 내의 토의 / 2-20

section 06 계획수립 2-21
1. 계획수립의 역할과 책임 / 2-21
2. 계획수립의 시기 / 2-22
3. 계획수립 활동 / 2-23

Chapter 03 감사의 수행 : 중요성과 위험평가

section 01 감사위험 3-2
1. 감사위험의 의의 / 3-2
2. 감사위험의 발생원인 / 3-2
3. 감사위험과 감사계획 / 3-4

section 02 중요성 3-6
1. 중요성 / 3-6
2. 중요성수준의 설정 / 3-8
3. 중요성의 적용 / 3-12

section 03 기업과 기업환경에 대한 이해와 중요왜곡표시위험의 식별 및 평가 3-13
1. 기업과 기업환경, 재무보고체계 및 내부통제시스템에 대한 이해 / 3-14
2. 위험평가절차 및 관련 활동 / 3-19
3. 중요왜곡표시위험의 수준 / 3-20
4. 중요왜곡표시위험의 식별과 평가 / 3-21
5. 실증절차만으로는 충분하고 적합한 감사증거를 제공하지 못하는 위험 / 3-26
6. 위험평가절차에서 입수한 감사증거의 평가와 위험평가의 수정 / 3-26

7. 문서화: 중요왜곡표시위험의 식별과 평가 / 3-27

section 04 평가된 위험에 대한 대응 ········· 3-28

1. 재무제표 수준의 위험에 대응한 감사절차 / 3-28
2. 경영진주장 수준의 평가된 중요왜곡표시위험에 대응한 감사절차 / 3-29

Chapter 04 감사의 수행 : 위험평가(내부통제의 평가)

section 01 내부통제의 기본개념 ········· 4-2

1. 내부통제의 정의 / 4-2
2. 내부통제의 구성 / 4-2
3. 내부통제의 한계 / 4-5

section 02 내부통제의 평가과정 ········· 4-6

1. 기업의 내부통제시스템의 구성요소에 대한 이해 / 4-6
2. 내부통제의 설계에 대한 평가 / 4-11
3. 통제의 운영효과성 테스트 / 4-11
4. 통제의 운영효과성 평가 / 4-15

section 03 내부통제의 미비점에 대한 지배기구 및 경영진과의 커뮤니케이션 ········· 4-16

1. 내부통제 미비점의 의의 / 4-16
2. 내부통제의 미비점들이 식별되었는지에 대한 결정 / 4-17

section 04 거래유형별 내부통제 ········· 4-19

1. 매출 및 대금회수활동 / 4-19
2. 매입 및 대금지급활동 / 4-24

Chapter 05 감사의 수행 : 위험평가(부정과 오류)

section 01 부정의 정의와 특징 ········· 5-2

1. 부정의 정의와 특징 / 5-2
2. 재무제표감사와 관련된 부정의 종류 / 5-3

section 02 부정의 예방, 발견 및 보고 책임 ········· 5-4

1. 기업의 지배기구와 경영진의 책임 / 5-4
2. 감사인의 책임 / 5-5
3. 감사인의 경영진, 지배기구에 대한 커뮤니케이션 책임 / 5-6
4. 감사인의 부정에 대한 보고 책임 / 5-7

section 03 업무팀 내부의 토의 5-8
1. 부정과 토의의 필요성 / 5-8
2. 중요왜곡표시위험에 대한 토의의 효과 / 5-8

section 04 위험평가절차 및 관련 활동 5-9
1. 질문 / 5-9
2. 식별된 비경상적이거나 예상되지 아니한 관계 / 5-11
3. 기타정보 / 5-11
4. 부정위험요소의 평가 / 5-12

section 05 부정으로 인한 중요왜곡표시위험의 식별과 평가 5-12
1. 부정으로 인한 중요왜곡표시위험의 수준 / 5-12
2. 수익인식의 부정위험 / 5-13
3. 부정으로 인한 중요왜곡표시위험의 존재 / 5-14
4. 경영진의 통제무력화 위험 / 5-14

section 06 부정으로 인한 중요왜곡표시위험에 대한 감사인의 대응 5-15
1. 부정에 대한 재무제표수준과 경영진주장 수준의 대응절차 / 5-15
2. 경영진의 통제무력화에 대한 구체적인 대응절차 / 5-17

section 07 감사증거의 평가 5-19
1. 전반적인 결론을 형성할 때 수행되는 분석적절차 / 5-19
2. 식별된 왜곡표시의 고려 / 5-19

section 08 감사인이 업무를 계속할 수 없는 경우 5-20

section 09 서면진술 및 문서화 5-21

Chapter 06 감사의 수행 : 감사증거의 수집 방법과 감사조서

section 01 감사증거 6-2
1. 감사증거의 정의 및 범위 / 6-2
2. 재무제표에 의한 경영진주장 / 6-3
3. 충분하고 적합한 증거 / 6-4
4. 감사증거를 입수하기 위한 감사절차 / 6-8
5. 충분하고 적합한 감사증거를 확보하지 못할 경우 / 6-8

section 02 감사증거를 수집하는 방법 6-9
1. 검사 / 6-9
2. 관찰 / 6-10
3. 외부조회 / 6-10
4. 재계산 / 6-10
5. 재수행 / 6-11
6. 분석적절차 / 6-11
7. 질문 / 6-12

section 03 감사증거의 문서화 : 감사문서 6-13
1. 감사문서의 성격 및 목적 / 6-13
2. 수행한 감사절차와 입수한 감사증거의 문서화 / 6-14
3. 감사기준과 다른 절차를 수행하는 경우 / 6-16
4. 감사보고서일 후 발생한 사항 / 6-17
5. 최종감사파일의 취합 / 6-17

Chapter 07 감사의 수행 : 기본적 실증절차

section 01 실증절차 7-2
1. 실증절차의 구성 및 분류 / 7-2
2. 실증절차의 시기 / 7-4
3. 표시와 공시의 적절성 / 7-5
4. 감사증거의 충분성과 적합성 평가 / 7-5

section 02 재고자산의 실재성 7-6
1. 재고자산 감사의 의의 / 7-6
2. 재고자산의 실재성 / 7-6

section 03 소송과 배상청구 7-11
1. 소송과 배상청구에 대한 감사절차 / 7-11
2. 소송과 배상청구의 감사보고서일까지의 감사증거 입수방법 / 7-13

section 04 부문정보 7-14
1. 부문정보에 대한 감사인의 책임 / 7-14
2. 부문정보에 대한 감사절차 / 7-14

section 05 외부조회 7-15
1. 외부조회의 의의 / 7-15
2. 외부조회 절차 / 7-15
3. 외부조회의 결과 / 7-19

4. 입수된 증거의 평가 / 7-21

section 06 초도감사 - 기초잔액 7-22

1. 기초잔액 감사의 의의 / 7-22
2. 초도감사 시 기초잔액의 감사절차 / 7-22
3. 기초잔액에 대한 감사보고 / 7-24

section 07 실증적인 분석적절차 7-26

1. 분석적절차의 의의 / 7-26
2. 분석적절차의 방법 / 7-26
3. 분석적절차의 적용 / 7-27
4. 분석적절차의 결과에 대한 조사 / 7-29
5. 분석적절차의 한계점 / 7-29

section 08 회계추정치와 관련된 공시에 대한 감사 7-30

1. 회계추정치의 성격 / 7-30
2. 위험평가절차 및 관련 활동 / 7-31
3. 중요왜곡표시위험의 식별과 평가 / 7-33
4. 평가된 중요왜곡표시위험에 대한 대응 / 7-34
5. 경영진의 편의가능성을 나타내는 징후 / 7-37
6. 수행한 감사절차에 기초한 전반적인 평가 / 7-38
7. 서면진술 / 7-39
8. 지배기구, 경영진 또는 기타 관련 당사자와의 커뮤니케이션 / 7-39
9. 문서화 / 7-39

section 09 특수관계자 7-40

1. 특수관계 및 특수관계자 거래의 성격 / 7-40
2. 감사인의 책임 / 7-41
3. 특수관계 및 특수관계자 거래와 연관된 위험평가절차 / 7-41
4. 특수관계 및 특수관계자 거래와 연관된 중요왜곡표시위험에 대한 대응 / 7-43
5. 식별된 특수관계 및 특수관계자 거래에 대한 회계처리와 공시에 대한 평가 / 7-45
6. 서면진술 / 7-45
7. 지배기구와의 커뮤니케이션 / 7-45

section 10 감사인측 전문가가 수행한 업무의 활용 7-46

1. 감사인측 전문가 / 7-46
2. 감사인측 전문가의 필요성 결정 / 7-47
3. 감사절차의 성격, 시기 및 범위 / 7-47
4. 감사인측 전문가의 적격성, 역량 및 객관성 / 7-48
5. 감사인측 전문가의 전문분야에 대한 이해 / 7-49
6. 감사인측 전문가와 합의 / 7-49

7. 감사인측 전문가가 수행한 업무에 대한 평가 / 7-49
8. 감사보고서에서의 감사인측 전문가의 언급 / 7-50

section 11 법률과 규정을 위배한 사항의 고려 ······ 7-51
1. 법규위반의 정의 / 7-51
2. 법규준수에 대한 책임 / 7-51
3. 법규별 감사인의 책임 / 7-52
4. 법규준수에 대한 감사인의 고려사항 / 7-52
5. 법규위반이 식별되거나 의심될 때의 감사절차 / 7-53
6. 식별되었거나 의심되는 법규위반의 커뮤니케이션과 보고 / 7-54
7. 문서화 / 7-55

section 12 내부감사기능이 수행한 업무의 활용 ······ 7-55
1. 내부감사기능의 기본개념 / 7-55
2. 내부감사기능이 수행한 업무가 활용될 수 있는지 여부 / 7-56
3. 내부감사기능이 수행한 업무의 활용 영역 및 활용 범위의 결정 / 7-57
4. 내부감사기능이 수행한 업무의 활용 / 7-58

section 13 지배기구와의 커뮤니케이션 ······ 7-59
1. 지배기구와의 커뮤니케이션의 의의 / 7-59
2. 커뮤니케이션에 대한 감사인과 경영진의 책임 / 7-60
3. 지배기구와의 커뮤니케이션 / 7-60

Chapter 08 감사의 수행 : 계정별 실증절차

section 01 주요 거래 및 계정과목에 대한 기본적인 실증절차 ······ 8-2

section 02 현금및현금성자산 ······ 8-3
1. 총괄표의 작성 / 8-3
2. 분석적절차: 완전성, 실재성, 정확성, 평가 및 배분 / 8-3
3. 현금잔액에 대한 실물검사: 실재성 / 8-4
4. 예금잔액 및 중요한 약정사항에 대한 조회: 완전성, 실재성, 권리와 의무 / 8-4
5. 은행계정조정표 검토: 정확성, 평가 및 배분, 기간귀속, 실재성 / 8-5
6. 은행간대체거래의 검토 : 기간귀속 / 8-6
7. 현금거래의 기간귀속 검토 : 기간귀속 / 8-6

section 03 매출채권 및 매입채무 ······ 8-7
1. 분석적절차: 완전성, 기간귀속, 실재성 및 평가 / 8-7
2. 받을어음에 대한 실물검사: 실재성 / 8-8
3. 매출채권에 대한 조회: 실재성, 완전성 / 8-8

4. 매출채권의 회수가능성 검토 / 8-9
5. 기간귀속 / 8-9

section 04 재고자산 8-10
1. 분석적절차: 완전성, 기간귀속, 실재성 및 평가 / 8-10
2. 단가의 적정성 평가 / 8-10
3. 특수관계자와의 거래 및 내부거래의 타당성 / 8-11

section 05 유형자산 8-11
1. 분석적절차 / 8-11
2. 거래유형에 대한 세부테스트 / 8-11
3. 소유권과 소유권의 제한 / 8-12
4. 감가상각비 / 8-12

section 06 차입금 8-13
1. 은행조회 / 8-13
2. 분석적절차 / 8-13
3. 이자비용의 검토 / 8-14

Chapter 09 감사의 수행 : 실증절차의 완료

section 01 후속사건에 대한 감사 9-2
1. 재무제표일과 감사보고서일 / 9-2
2. 후속사건의 회계처리 / 9-2
3. 재무제표일과 감사보고서일 사이에 발생한 사건 / 9-4
4. 감사보고서일 후 재무제표 발행일 전에 알게 된 사실 / 9-5
5. 재무제표 발행일 후 알게 된 사실 / 9-8

section 02 계속기업에 대한 감사 9-10
1. 회계의 계속기업전제 / 9-10
2. 계속기업으로서 존속능력에 대한 평가 책임 / 9-10
3. 계속기업으로서의 존속능력과 감사계획: 위험평가절차 및 관련활동 / 9-12
4. 계속기업에 대한 감사절차 / 9-13
5. 감사결론 / 9-15
6. 감사보고서에 대한 시사점 / 9-16

section 03 공시사항의 검토 9-18
1. 공시사항의 점검 / 9-18
2. 공시사항과 감사의견 / 9-19

section 04 감사인이 발견한 왜곡표시의 요약 및 수정권고 9-19
1. 식별된 왜곡표시의 집계 / 9-19
2. 감사 진행 중 식별된 왜곡표시에 대한 고려 / 9-20
3. 왜곡표시의 커뮤니케이션과 수정 / 9-21
4. 미수정왜곡표시의 영향에 대한 평가 / 9-22
5. 서면진술 / 9-23
6. 문서화: 미수정왜곡표시 / 9-24

section 05 공표용 재무제표 요청 9-24

section 06 서면진술 9-25
1. 서면진술의 의의 / 9-25
2. 요청할 서면진술 / 9-26
3. 한도기준금액의 커뮤니케이션 / 9-29
4. 서면진술일과 대상기간 / 9-29
5. 서면진술의 형태 / 9-30
6. 서면진술의 신뢰성에 대한 의문 및 요청된 서면진술의 미제공 / 9-30

section 07 감사의견의 결정 및 분석적절차 9-32
1. 전반적인 결론을 내리기 위한 분석적절차 / 9-32

Chapter 10 감사의 완료 : 감사보고

section 01 감사보고서 10-2
1. 회계감사기준이 추구하는 감사보고서 / 10-2
2. 감사기준에 따라 수행된 감사에 대한 감사보고서 / 10-2
3. 감사의견에 영향을 미치는 요소 / 10-6
4. 감사의견의 형성 / 10-8
5. 감사의견 / 10-9
6. 감사보고서 핵심감사사항 커뮤니케이션 / 10-10
7. 강조사항문단 / 10-15
8. 기타사항문단 / 10-18
9. 감사보고서 / 10-20

section 02 비교정보 10-27
1. 비교정보의 의의 / 10-27
2. 비교정보에 대한 감사절차 / 10-27
3. 계속감사의 경우 비교재무제표에 대한 감사보고 / 10-28
4. 전기재무제표를 타감사인이 감사한 경우 비교재무제표에 대한 감사보고 / 10-29

5. 전기재무제표가 감사받지 않은 경우 비교정보에 대한 감사보고 / 10-30

section 03 기타정보 10-31

1. 기타정보에 대한 감사인의 책임 / 10-31
2. 기타정보의 입수 / 10-31
3. 기타정보의 열람과 고려 / 10-32
4. 중요한 불일치가 존재하는 것으로 보이거나, 기타정보가 중요하게 왜곡표시된 것으로 보이는 경우의 대응 / 10-32
5. 감사인이 기타정보에 중요한 왜곡표시가 존재한다고 결론을 내린 경우의 대응 / 10-33
6. 보고 / 10-35

section 04 감사보고서의 제출 10-36

Chapter 11 그룹재무제표감사, 검토 및 기타 인증서비스

section 01 그룹재무제표 감사 11-2

1. 그룹감사인과 부문감사인의 책임 / 11-4
2. 수용 및 유지 / 11-5
3. 전반감사전략 및 감사계획 / 11-8
4. 그룹 · 부문과 그 환경에 대한 이해를 통한 위험평가절차 / 11-8
5. 부문감사인에 대한 이해 / 11-9
6. 중요성 / 11-10
7. 평가된 위험에 대한 대응 / 11-12
8. 연결절차에 대한 감사절차 / 11-15
9. 후속사건 / 11-16
10. 부문감사인과의 커뮤니케이션 / 11-16
11. 입수한 감사증거의 충분성과 적합성에 대한 평가 / 11-18
12. 그룹경영진 및 그룹지배기구와의 커뮤니케이션 / 11-19
13. 문서화 / 11-19
14. 연결감사보고서의 사례 / 11-20

section 02 중간재무제표 등에 대한 검토 11-22

1. 검토업무의 목적 / 11-22
2. 검토업무 조건의 합의 / 11-23
3. 중간재무제표의 검토절차 / 11-24
4. 서면진술 / 11-25
5. 중간재무제표 검토의 성격과 범위 및 그 결과의 보고 / 11-25

section 03 특정목적 재무보고체계에 따라 작성된 재무제표의 감사 11-27

1. 특정목적 재무보고체계 / 11-27

2. 특정목적 재무제표의 감사업무 수임 시 고려사항 / 11-28
3. 특정목적 재무제표의 감사 계획 수립 및 수행 시 고려사항 / 11-28
4. 특정목적 재무제표의 감사 의견형성 및 보고 시 고려사항 / 11-28

section 04 인증업무와 관련서비스 11-29
1. 확신 / 11-29
2. 인증업무 및 관련 서비스의 체계 / 11-30
3. 인증업무의 정의와 목적 / 11-30
4. 개념체계의 범위 / 11-32
5. 인증업무의 전제조건 / 11-33
6. 인증업무의 구성요소 / 11-33

Chapter 12 내부회계관리제도에 대한 감사(검토)

section 01 내부회계관리제도 12-2
1. 내부회계관리제도의 적용 / 12-2
2. 내부회계관리제도의 설계 및 운영 / 12-4
3. 내부회계관리제도의 평가 및 보고 / 12-6

section 02 내부회계관리제도에 대한 감사인의 감사 12-11
1. 내부회계관리제도 감사의 의의 / 12-13
2. 내부회계관리제도의 감사절차 / 12-17
3. 내부회계관리제도의 감사보고 / 12-25
4. 내부회계관리제도 감사보고서의 변형 / 12-27
5. 내부회계관리제도 감사보고서의 사례 / 12-29

section 03 내부회계관리제도에 대한 감사인의 검토 12-33

Chapter 13 표본감사

section 01 표본감사의 개요 13-2
1. 표본감사 / 13-2
2. 통계적 표본감사 / 13-2
3. 비통계적 표본감사 / 13-4

section 02 표본의 추출방법 13-5
1. 모든 항목의 추출 / 13-5
2. 특정 항목의 추출 / 13-5
3. 표본감사 / 13-6

section 03 표본위험 및 비표본위험 13-8

1. 표본위험 / 13-8
2. 비표본위험 / 13-9

section 04 표본감사의 절차 13-10

1. 표본의 설계 / 13-11
2. 표본추출방법 / 13-12
3. 표본수 / 13-12
4. 감사절차의 수행 / 13-14
5. 이탈과 왜곡표시의 성격과 원인 / 13-14
6. 왜곡표시의 투영 / 13-15
7. 표본감사 결과의 평가 / 13-15

section 05 통제테스트에서 통계적 표본감사 13-17

section 06 금액가중확률 표본감사 13-18

1. 금액가중확률 표본감사 / 13-18
2. 표본수의 결정 / 13-19
3. 표본의 추출 / 13-19
4. 표본감사 결과의 평가 / 13-20

section 07 전통적 변수표본감사 13-22

1. 표본의 분포와 추정 / 13-22
2. 모집단의 추정 및 결론 / 13-23

Chapter 14 정보시스템 환경에서의 회계감사

section 01 정보기술 내부통제 14-2

1. 내부통제 시스템에서 정보기술의 영향 / 14-2

section 02 정보시스템의 내부통제 14-3

1. 정보기술 일반통제 / 14-4
2. 정보처리통제 / 14-8

section 03 정보시스템에서 내부통제의 운영효과성 테스트 14-10

1. 컴퓨터주변감사 / 14-10
2. 컴퓨터자체감사 / 14-11
3. 컴퓨터를 이용하는 감사 / 14-13

section 04 외부의 서비스조직을 이용하는 기업에 대한 감사 14-14

1. 내부통제 등 서비스조직에 의하여 제공되는 서비스에 대한 이해 / 14-14

2. 평가된 중요왜곡표시위험에 대한 대응 / 14-16
3. 이용자기업 감사인에 의한 보고 / 14-17

section 05 데이터의 활용과 데이터베이스의 이해 ······ 14-18
1. 데이터베이스 기초개념 / 14-18
2. 관계형 데이터베이스 / 14-19
3. SQL / 14-22

Chapter 15 감사인의 책임과 의무

section 01 감사인의 법률적 책임 ······ 15-2
1. 감사인의 손해배상책임 / 15-2
2. 감사인의 형사적 책임 / 15-4

section 02 감사인의 책임을 보장하기 위한 조치 ······ 15-5
1. 직접적인 조치 / 15-5
2. 간접적인 조치 / 15-5

section 03 감사인의 의무 ······ 15-6
1. 정당한 주의의무 / 15-6
2. 비밀유지의무 / 15-6
3. 법률적인 의무 / 15-8

Chapter 16 감사인의 자격과 감사품질

section 01 전문가적 적격성 ······ 16-2
1. 전문가적 적격성 / 16-2
2. 적격성이 결여된 경우 / 16-2

section 02 감사인의 독립성 ······ 16-3
1. 감사업무에 있어서의 독립성 / 16-3

section 03 독립성과 법률 ······ 16-4
1. 감사인과 회사간 특정 관계가 형성된 경우 업무제한 / 16-4
2. 감사와 동시에 제공할 수 없는 비감사서비스 / 16-6

section 04 공인회계사 윤리기준 ······ 16-8
1. 공인회계사 윤리기준의 목적 및 적용범위 / 16-8
2. 윤리강령 / 16-9
3. 윤리적 갈등의 해결 / 16-9

4. 주장기준 인증업무와 독립성 / 16-10
5. 독립성이 훼손되었을 경우 감사인의 대응조치 / 16-11
6. 독립성을 훼손하는 위협 / 16-11
7. 독립성 유지를 위한 제도적 안전장치 / 16-26
8. 독립성 준수 대상기업 / 16-26
9. 독립성 유지기간 / 16-27
10. 독립성에 대한 기타 고려사항 / 16-28
11. 독립성 외의 윤리규정 / 16-29

section 05 감사품질 16-32

section 06 감사의 품질관리 16-33
1. 품질관리에 대한 책임 / 16-33
2. 회계법인의 품질관리시스템 / 16-33
3. 품질관리 정책과 절차의 이행여부 검토 / 16-40

section 07 감사의 품질관리를 위한 규제 16-41
1. 증권선물위원회의 품질관리 규제 / 16-41
2. 한국공인회계사회의 품질관리 규제 / 16-41

CHAPTER

01

회계감사의 개요

SECTION

01 회계감사와 재무제표의 신뢰성

1 회계감사의 의의

회계감사의 목적

감사는 감사대상 재무제표가 회사의 재무상태와 경영성과 및 기타 재무정보를 **회계기준에 따라 중요성의 관점에서 공정하게 표시하고 있는지**에 대하여 감사인이 독립적으로 의견을 표명함으로써 ① **재무제표의 신뢰성을 제고**하고 ② **재무제표의 이용자가 회사에 관하여 올바른 판단을 할 수 있도록 함**을 목적으로 한다.

Q 회계감사를 통해 재무제표 이용자 및 감사대상회사가 얻을 수 있는 효익은 무엇인가? 13

① 주 주 : 올바른 투자의사결정

② 채권자 : 올바른 대출의사결정

③ 정 부 : 각종 통계자료(GDP 등) 산출, 대규모 기업집단을 규제, 세수확보

④ 신용평가회사 : 정확한 신용평가

⑤ 감사대상회사 : 자본조달비용 감소, 부정과 오류 예방, 내부통제의 개선

2 회계감사와 관련된 기본개념

2.1 재무제표감사에서 회계감사의 대상

감사대상 재무제표 (ISA 200-13)

재무제표란 어떤 기업의 일정시점의 경제적 자원이나 의무의 상태 또는 일정기간의 이들의 변동을 일정한 재무보고체계에 따라 커뮤니케이션하도록 의도된 역사적 재무정보의 체계적인 표시로서, 관련 공시(disclosures)를 포함한다. 관련 주석은 통상 유의적인 회계정책의 요약과 그 밖의 설명정보로 구성된다. "재무제표"라는 용어는 일반적으로 해당 재무보고체계의 요구사항에 의하여 결정된 전체재무제표를 지칭하지만, 단위재무제표를 지칭할 수도 있다. "공시"는 해당 재무보고체계에서 재무제표 본문이나 주석 또는 상호참조로 그에 포함되도록 요구되거나, 명시적으로 허용되거나, 또는 달리 허용되는 것으로 제시된 설명적 정보나 서술적 정보로 구성된다.

Q 2022년 개정된 감사기준서는 '관련 주석'이라는 표현 대신 '공시'라는 용어를 사용하며, 여기에는 상호참조로 포함되도록 요구(허용)되는 설명적(서술적) 정보를 포함하고 있다. 이에 따라 감사대상 재무제표의 범위에 재무보고체계가 아닌 다른 법규 등에서 공시하도록 요구하는 정보가 포함되는 것으로 해석하여야 하는가?

아니다. 상호참조로 포함되도록 요구(허용)되는 설명적(서술적) 정보 역시 해당 재무보고체계에서 공시하도록 요구하는 정보로서 재무제표 또는 재무제표 주석에서 다른 보고서를 참조하는 경우를 의미하는 것이며, 재무제표가 아닌 다른 공시 정보에서 재무제표 또는 재무제표 주석을 참조한 정보를 의미하는 것이 아니다.

재무제표감사의 범위 (ISA 200 - A1)

재무제표에 대한 감사의견은 재무제표가 중요성의 관점에서 해당 재무보고체계에 따라 작성되었는지 여부를 다룬다. 이러한 의견은 모든 재무제표감사에 공통된다. 그러므로 감사의견은 예를 들어, 기업의 향후 존속가능성이나 경영진이 기업의 업무를 효과적으로 또는 효율적으로 수행하였는지 여부를 인증하는 것이 아니다.

2.2 경영진주장(Management Assertion)과 감사보고서

재무제표가 회계기준에 따라 작성되었다는 경영진 주장의 의미

① 재무제표가 장부와 기록에 따라 작성(in accordance with the books and records)

② 재무제표가 중요성의 관점에서 진실되고, 정확하며, 공정하게 표시(true, correct and fairly present in all material respects the financial position)

③ 재무제표에는 공시(disclosure)를 포함

경영진주장 (ISA 315 - A190) 14 13 12

(a) 보고기간말 계정잔액 및 관련 공시 (Accounts)	• 실재성 : 자산, 부채 및 주주지분은 실재함 • 권리와 의무 : 기업은 자산에 대한 권리를 보유하거나 통제하고 있으며 부채는 기업의 의무임 • 완전성 : 기록되어야 하는 자산, 부채 및 주주지분은 모두 기록되었으며 재무제표에 포함되어야 하는 모든 관련 공시는 재무제표에 포함되었음

	• 정확성, 평가 및 배분 : 자산, 부채 및 주주지분은 적합한 금액으로 재무제표에 계상되어 있고 평가나 배분의 결과는 적합하게 기록되어 있으며, 관련 공시는 적합하게 측정되고 기술되어 있음 • 분류 : 자산, 부채 및 주주지분은 적절한 계정으로 기록되었음 • 표시 : 자산, 부채 및 주주지분은 적합하게 합산되거나 세분화되고 명확하게 기술되었으며 관련 공시는 해당 재무보고체계의 요구사항의 측면에서 관련성이 있으며 이해가능함
(b) 감사대상기간의 거래 및 사건의 유형과 관련 공시 (Transactions)	• 발생사실 : 기록되거나 공시된 거래와 사건은 발생되었고 기업에 귀속됨 • 완전성 : 기록되어야 하는 모든 거래와 사건은 기록되었으며 재무제표에 포함되어야 하는 모든 관련 공시는 재무제표에 포함되었음 • 정확성 : 기록된 거래와 사건에 관련된 금액 및 기타 데이터는 적합하게 기록되었고 관련 공시는 적합하게 측정되고 기술되었음 • 기간귀속 : 거래와 사건은 해당 보고기간에 기록되었음 • 분류 : 거래와 사건은 적절한 계정으로 기록되었음 • 표시 : 거래와 사건은 적합하게 합해지거나 세분화되고 명확하게 기술되었으며 관련 공시는 해당 재무보고체계의 요구사항의 측면에서 관련성이 있으며 이해가능함

2.3 감사인의 판단기준 : 회계기준

Q 적정의견이 의미하는 것은 무엇인가?

적정의견은 기업의 공표용 재무제표가 중요성의 관점에서 해당 재무보고체계에 따라 작성되었다는 것을 의미한다.

Q 외부감사대상회사가 재무제표를 작성할 때 적용해야 하는 회계처리기준은 무엇인가?

① 주권상장법인(코넥스시장에 주권을 상장한 법인은 제외)과 해당 사업연도 또는 다음 사업연도 중에 주권상장법인이 되려는 회사, 금융회사, 지배회사가 연결재무제표에 한국채택국제회계기준을 적용하는 경우 지배회사의 연결재무제표가 아닌 재무제표는 한국채택국제회계기준을 적용하여야 한다.

② 이외의 주권비상장법인은 일반기업회계기준을 적용할 수 있다. (외부감사법 시행령 제6조)

공정표시 재무보고체계와 준수 재무보고체계 (ISA 200 - 13)

공정표시 재무보고체계는 해당 체계가 그 요구사항들을 준수하도록 요구할 뿐 아니라, 다음 사항 중 하나를 인정하는 재무보고체계를 언급할 때 사용된다.

(i) 재무제표의 공정한 표시를 달성하기 위하여 경영진이 해당 체계가 특정하여 요구하는 범위 이상으로 공시하는 것이 필요할 수 있다고 명시적이거나 묵시적으로 인정함.

(ii) 재무제표의 공정한 표시를 달성하기 위하여 경영진이 해당 체계의 요구사항에서 이탈하는 것이 필요할 수 있다고 명시적으로 인정함. 그러한 이탈은 극히 드문 상황에서만 필요할 것으로 예상된다.

준수 재무보고체계라는 용어는 해당 체계의 요구사항들을 준수하도록 요구하지만, 위 (i) 또는 (ii)에서 인정하는 사항은 포함되지 아니한 재무보고체계를 언급할 때 사용된다.

재무보고체계란 무엇이며, 「주식회사 등의 외부감사에 관한 법률」에 따른 회계감사는 어떤 재무보고체계를 대상으로 하는가?

재무보고체계란 경영진이 재무제표를 작성할 때 채택한 것으로서, 기업의 성격 및 재무제표 목적의 관점에서 수용가능하거나 법규에 의해 요구되는 회계기준을 의미한다. 외부감사법에 따른 회계감사는 공정표시 재무보고체계에 따른 회계감사를 설명한다.

2.4 중요성의 관점

중요성 (ISA 320 - 2)

누락 등 왜곡표시가 개별적으로 또는 집합적으로 재무제표에 기초한 이용자의 경제적 의사결정에 영향을 미칠 것으로 합리적으로 예상될 수 있는 경우 중요하다고 간주한다.

2.5 감사인의 행위기준 : 회계감사기준

외부감사법과 회계감사기준 (외부감사법 제16조)

① 감사인은 일반적으로 공정 · 타당하다고 인정되는 회계감사기준에 따라 감사를 실시하여야 한다.

② 제1항의 회계감사기준은 한국공인회계사회가 감사인의 독립성 유지와 재무제표의 신뢰성 유지에 필요한 사항 등을 포함하여 대통령령으로 정하는 바에 따라 금융위원회의 사전승인을 받아 정한다.

Q 타당한 기준과 절차에 따라 감사하였음에도 불구하고 감사의견이 잘못되었을 경우, 감사인에게 책임을 물을 수 있는가?

책임을 물을 수 없다. 감사인이 회계감사기준에 따라 감사를 수행하였다면 전문가로서 정당한 주의를 다한 것으로 보며, 회계감사기준에 따라 수행한 감사결과에 대해서는 책임을 묻지 않는다. 즉, 회계감사기준은 감사인의 책임한계를 정하는 근거가 된다.

감사기준서 관련 요구사항의 준수 (ISA 200-22)

감사인은 다음 중 하나에 해당되는 감사 상황을 제외하고는 개별 감사기준서의 요구사항을 모두 준수하여야 한다.

① 개별 감사기준서 전체가 관련이 없는 경우

② 요구사항이 조건부인데 해당 조건이 존재하지 않아 그 요구사항이 관련이 없는 경우

Q 어떤 경우에 감사인은 회계감사기준에 이탈하여 감사할 수 있는가? 21

예외적 상황에서, 감사인은 어떤 감사기준서의 관련 요구사항을 이탈할 필요가 있다고 판단할 수 있다. 이러한 상황에서 감사인은 해당 요구사항의 목적을 달성하기 위한 대체적 감사절차를 수행하여야 한다. 관련 요구사항을 이탈할 필요성이란, **요구사항이 특정의 절차를 수행하는 것이고 구체적인 감사상황에서 이러한 절차가 해당 요구사항의 목적을 달성하는 데 비효과적일 경우에만 발생**될 것으로 예상된다. (ISA 200-23)

2.6 감사의견의 종류

감사의견의 종류 (ISA 700-16, 705-7,8,9)

감사의견	내 용
적정의견 (unqualified opinion)	감사인은 재무제표가 중요성의 관점에서 해당 재무보고체계(회계기준)에 따라 작성되었다고 결론을 내릴 경우 적정의견을 표명하여야 한다.
한정의견 (qualified opinion)	감사인은 다음의 경우 한정의견을 표명하여야 한다. • 감사인이 충분하고 적합한 감사증거를 입수한 결과, 왜곡표시가 재무제표에 개별적으로 또는 집합적으로 중요하나 전반적이지는 않다고 결론을 내리는 경우 • 감사인이 감사의견의 근거가 되는 충분하고 적합한 감사증거를 입수할 수 없었지만, 발견되지 아니한 왜곡표시가 재무제표에 미칠 수 있는 영향이 중요할 수는 있으나 전반적이지는 않을 것으로 결론을 내리는 경우

부적정의견 (adverse opinion)	감사인이 충분하고 적합한 감사증거를 입수한 결과 왜곡표시가 재무제표에 개별적으로 또는 집합적으로 중요하며 동시에 전반적이라고 결론을 내리는 경우 부적정의견을 표명하여야 한다.
의견거절 (disclaimer opinion)	감사인이 감사의견의 근거가 되는 충분하고 적합한 감사증거를 입수할 수 없으며, 발견되지 아니한 왜곡표시가 있을 경우 이것이 재무제표에 미칠 수 있는 영향이 중요하고 동시에 전반적일 수 있다고 결론을 내리는 경우 의견을 거절하여야 한다.

감사 중 재무제표에 왜곡표시가 발견되었다고 해도 무조건 의견이 변형되지는 않는 이유는 무엇인가?

① 감사인이 의견을 표명하는 재무제표 대상은 최초재무제표가 아니라 경영진이 외부에 공시하기로 이사회가 승인한 재무제표이므로, 경영진이 왜곡표시를 수정한다면 적정의견을 표명한다.

② 의사결정에 영향을 미치는 중요한 왜곡표시(material misstatements)만이 감사의견에 영향을 미치기 때문이다.

3 회계감사기준의 요구사항

회계감사기준의 요구사항 (ISA 200-14 ~ 20)

감사인은 다음과 같은 감사기준서의 요구사항을 준수하여야 한다.

① 재무제표감사와 관련된 윤리적 요구사항

② 전문가적 의구심

③ 전문가적 판단

④ 충분하고 적합한 감사증거와 감사위험

⑤ 감사기준에 따른 감사의 수행

3.1 윤리적 요구사항

재무제표감사와 관련된 윤리적 요구사항 (ISA 200-14)

감사인은 재무제표 감사업무를 수행할 때 공인회계사법, 주식회사 등의 외부감사에 관한 법률, 그리고 감사와 관련된 독립성 요구사항을 포함한 관련 윤리적 요구사항을 준수하여야 한다.

3.2 전문가적 의구심(Professional Skepticism)

전문가적 의구심의 정의(핵심요소) (ISA 200-13) 19 15

전문가적 의구심이란 부정이나 오류로 인한 왜곡표시 가능성을 나타내는 것일 수 있는 상황에 유의하면서, ① 의문을 갖는 마음(questioning mind)과 ② 감사증거에 대한 비판적인 평가(critical assessment)를 포함하는 태도를 말한다.

전문가적 의구심의 예 (ISA 200-A21) 15

전문가적 의구심은 예를 들어 다음과 같은 사항에 대하여 주의를 유지하는 것을 포함한다.

① 이미 입수한 다른 감사증거와 상반되는 감사증거

② 감사증거로 사용될 문서 및 질의에 대한 답변의 신뢰성에 의문을 갖게 하는 정보

③ 부정의 존재가능성을 나타내는 것일 수 있는 상황

④ 감사기준에서 요구하는 절차 외에 추가적인 감사절차의 필요성을 시사하는 상황

전문가적 의구심이 필요한 경우 (ISA 200-A22) 19

감사의 전 과정에 걸쳐 전문가적 의구심을 유지하는 것은 감사인이 다음과 같은 위험을 감소시킬 경우에 필요하다.

① 비경상적 상황의 간과

② 감사상 관찰결과에서 결론을 도출할 때의 과도한 일반화

③ 감사절차의 성격, 시기 및 범위를 결정하고 그 결과를 평가할 때 부적합한 가정의 이용

전문가적 의구심이 요구되는 경우 감사인이 수행해야 할 절차 (ISA 200-A24)

감사인은 그렇지 않다고 믿을 만한 사유가 없으면, 기록과 문서들은 진실하다고 인정할 수 있을 것이다. 그럼에도 불구하고, 감사인은 감사증거로 사용될 정보의 신뢰성을 고려하도록 요구된다. 정보의 신뢰성에 의문이 있거나 부정가능성의 징후가 있는 경우(예 감사 중 식별된 제반 상황에 따르면 문서가 진실하지 아니하거나 문서 내의 문구가 위조되었을 것으로 감사인이 믿게 되는 경우), 감사기준은 감사인이 그 사항을 해결하기 위해 감사절차의 변경이나 추가가 필요한지 더 조사하고 결정할 것을 요구한다.

전문가적 의구심의 유지 필요성 (ISA 200 - A25)

감사인은 기업의 경영진과 지배기구의 정직성과 성실성에 대한 과거의 경험을 무시할 수는 없다. 그러나 감사인이 경영진과 지배기구의 정직성과 성실성을 믿는다고 해서, 합리적 확신을 얻을 때 전문가적 의구심을 유지할 필요성이 경감되거나 설득력이 낮은 감사증거에 만족할 수 있도록 허용되지는 않는다.

3.3 전문가적 판단

전문가적 판단 (ISA 200 - A26)

전문가적 판단은 적절한 감사의 수행에 본질적이다. 이것은 관련 윤리적 요구사항 및 감사기준의 해석, 그리고 감사의 전 과정에 걸쳐 요구되는 정보에 근거한 의사결정이 사실과 상황에 관한 지식과 경험의 적용이 없이는 이루어질 수 없기 때문이다. 전문가적 판단은 다음과 같은 사항을 결정할 때 특히 필요하다.

- 중요성과 감사위험
- 감사기준의 요구사항을 충족하고 감사증거를 입수하기 위해 적용하는 감사절차의 성격, 시기 및 범위
- 충분하고 적합한 감사증거가 입수되었는지 여부, 그리고 각 감사기준서의 목적 및 이에 따른 감사인의 전반적인 목적을 달성하기 위해 수행해야 할 사항이 더 있는지 여부에 대한 평가
- 재무보고체계를 적용할 때의 경영진판단에 대한 평가
- 입수된 감사증거에 기초한 결론의 도출. 예를 들어, 재무제표 작성시 경영진이 행한 추정의 합리성에 대한 평가 등

Q. 감사인이 재무제표감사를 계획하고 수행할 때 전문가적 판단을 수행하였는지 어떤 사항에 근거하여 평가될 수 있는가?

① 도달된 판단이 적절하게 감사 및 회계원칙을 적용한 것인지 여부, 그리고

② 감사보고서일까지 감사인이 알게 된 사실과 상황에 비추어 적합하고 일관성이 있는지 여부에 근거하여 평가될 수 있다. (ISA 200 - A29)

3.4 충분하고 적합한 감사증거와 감사위험

충분하고 적합한 감사증거와 감사위험 (ISA 200 - 17)

감사인은 합리적 확신을 얻기 위하여, 감사위험을 수용가능한 낮은 수준으로 감소시키고 이에 의해 감사의견의 근거가 되는 합리적인 결론을 도출할 수 있도록 충분하고 적합한 감사증거를 입수하여야 한다.

3.5 감사기준에 따른 감사의 수행

감사기준의 준수 (ISA 200-18, 20)

감사인은 해당 감사와 관련된 감사기준서들을 모두 준수하여야 한다. 어떤 감사기준서가 시행 중에 있고 해당 감사기준서가 다루고 있는 상황이 존재하는 경우, 해당 감사기준서는 해당 감사와 관련이 있다. 감사인은 이 감사기준서 및 해당 감사와 관련성이 있는 모든 다른 감사기준서들의 요구사항을 준수하지 않는 한, 감사보고서에 감사기준을 준수하였다고 기술하여서는 안 된다.

4 감사의 한계와 합리적 확신

감사의 고유한계 (ISA 200-A50) 23

감사위험을 영(0)으로 감소시키도록 감사인에게 기대할 수 없으며 또 그렇게 감소시킬 수도 없으므로, 재무제표에 부정이나 오류로 인한 중요한 왜곡표시가 없다는 절대적 확신은 얻을 수 없다.

4.1 고유한계(Inherent limitations of an audit)의 원인

감사의 고유한계의 원인

① 재무보고의 성격 (ISA 200-A51)	기업이 해당 재무보고체계에서 요구하는 사항을 그 기업의 사실과 상황에 적용하여 재무제표를 작성할 때는 경영진의 판단이 수반된다. 또한 다수의 재무제표 항목에는 주관적인 결정이나 평가 또는 불확실성이 수반되며, 해석이나 판단에 있어서도 수용가능한 일정한 범위가 존재할 수 있다. 그 결과, 특정 회계추정치와 같이 재무제표의 어떤 항목은 추가적인 감사절차를 적용해도 제거될 수 없는 고유한 수준의 가변성이 있다.
② 감사절차의 성격 (ISA 200-A52)	감사인의 감사증거 입수능력에는 실무적, 법률적 한계가 존재한다. ① 경영진이나 기타의 사람들은 의도적으로 또는 비의도적으로 재무제표 작성과 관련된 정보나 감사인이 요청한 정보를 완전하게 제공하지 않을 수 있다. ② 부정에는 이를 은폐하기 위해 정교하고 치밀하게 구성된 계획이 수반될 것이다. 그러므로 감사절차는, 예를 들어 공모를 통해 문서를 조작하여 해당 문서가 진실하지 않음에도 진실하다고 믿게 하는 것과 같은 의도적인 왜곡표시를 발견하는 데 효과적이지 않을 수 있다. 감사인은 문서의 진위에 대한 전문가로서 훈련을 받지 않았으며 그렇게 기대될 수도 없다.

	③ 감사는 범죄 혐의를 밝히려는 공적 수사가 아니다. 따라서 수색권한과 같은 특정한 법적 권한을 부여 받고 있지 않다.
③ 재무보고의 적시성 및 효익과 비용간의 균형 (ISA 200-A53)	재무제표 이용자들은 감사인이 존재할 수 있는 모든 정보를 다루거나 또는 정보가 오류나 부정을 포함하고 있다는 가정하에 그렇지 않다고 입증이 될 때까지 모든 사항을 누락없이 추적하는 것이 가능하지 않다는 것을 인식하고 있다.

Q 감사의 고유한계는 대체적인 절차가 없는 감사절차 생략의 근거가 될 수 있는가?

될 수 없다. 어려움, 시간 또는 비용의 문제 그 자체는 감사인이 **대체적인 절차가 없는 감사절차를 생략하거나 보다 설득력이 낮은 감사증거에 만족하는 정당한 근거가 되지 못한다.** (ISA 200-A53)

감사의 고유한계에 영향을 주는 기타사항 (ISA 200-A56)

다음과 같은 특정 경영진주장이나 대상의 경우, 중요한 왜곡표시를 발견할 수 있는 감사인의 능력에 고유한계가 미치는 잠재적 영향이 특히 유의적이다. 그러한 경영진주장이나 대상은 다음과 같다.

① 부정이나 공모. 특히, 고위 경영진이 연루된 부정

② 특수관계 및 특수관계자 거래내역의 실재성과 완전성

③ 법규위반

④ 계속기업으로서 존속을 중단시킬 미래의 사건이나 상황

4.2 감사의 고유한계와 합리적 확신

Q 감사기준은 감사인이 감사의견의 기초로서 재무제표가 전체적으로 부정이나 오류로 인하여 중요하게 왜곡표시되지 아니하였는지에 대하여 합리적인 확신을 얻을 것을 요구한다. 감사기준이 절대적인 수준의 확신을 요구하지 않는 이유는 무엇인가?

감사에는 재무보고의 성격, 감사절차의 성격, 합리적인 시간 내에 합리적인 비용으로 감사가 수행될 필요성에 기인하는 **고유한계**가 존재하며, 감사인의 결론도출과 의견표명의 기초가 되는 대부분의 감사증거는 결정적 증거이기 보다는 **설득적 증거**이기 때문이다. (ISA 200-5)

높은 수준의 확신을 달성하기 위한 감사기준의 요구사항

구 분	내 용
높은 수준의 확신을 달성하기 위하여 요구되는 감사절차 (ISA 200 - A54) 15	재무보고의 적시성 및 효익과 비용간의 균형을 고려하는 경우, 감사인은 다음과 같은 절차를 수행하는 것이 필요하다. ① 감사가 효과적으로 수행될 수 있도록 계획함 ② 부정이나 오류에 의한 중요왜곡표시위험이 포함될 것으로 가장 높게 예상되는 분야에 감사노력을 집중하고, 그렇지 아니한 다른 분야에는 상대적으로 적은 노력을 기울임 ③ 모집단의 왜곡표시를 조사하기 위해 테스트나 기타 수단을 사용함
감사계획과 수행에 대한 감사기준의 요구사항 (ISA 200 - A55)	① 위험평가절차 및 관련 활동을 수행함으로써 재무제표 및 경영진주장 수준의 중요왜곡표시위험을 식별하고 평가한 근거를 확보 ② 감사인이 모집단에 대하여 테스트나 기타 조사 수단을 이용할 때는 모집단에 대한 결론을 도출한 합리적인 근거를 제시할 수 있는 방법으로 수행

4.3 수행된 감사결과의 판단

감사인이 감사기준에 따라 감사하였는지 여부에 대한 판단기준 (ISA 200 - A57) 16

절차의 적절성	① 각 상황에서 감사인이 수행한 감사절차 ② 이 결과 입수된 감사증거의 충분성과 적합성
보고의 적절성	③ 감사인의 전반적인 목적에 비추어 해당 감사증거에 대한 평가를 기초로 한 감사보고서의 적합성

부정이나 오류로 인한 재무제표의 중요한 왜곡표시가 차후에 발견되었다는 사실 자체만으로 감사기준에 따른 감사를 수행하지 못했다는 것을 의미하는가?

아니다. 감사가 감사기준에 따라 적절하게 계획되고 수행되었어도, 감사의 고유한계 때문에 재무제표의 중요한 왜곡표시가 발견되지 않을 불가피한 위험이 존재한다. (그러나 감사의 고유한계가 감사인이 설득력이 부족한 감사증거에 만족하는 것을 정당화시키지는 아니한다.) (ISA 200 - A57)

SECTION

02 감사인(Auditor)

1 감사인

Q 주식회사 등의 외부감사에 관한 법률에서 규정하는 감사인이란 무엇인가? 23

공인회계사법 제23조에 따른 회계법인 및 공인회계사법 제41조에 따라 설립된 한국공인회계사회에 등록을 한 감사반

1.1 회계법인(Accounting Firm or Audit Firm)

회계법인의 정의 (ISA 220-7)

개인개업자, 공인회계사들로 구성된 파트너십, 법인 또는 기타의 실체(감사기준상 회계법인에는 주식회사 등의 외부감사에 관한 법률 제2조에 따른 감사반을 포함한다.)

회계법인 요건 (공인회계사법 제24조, 제26조, 제27조, 제28조, 외부감사법 제32조)

① 회계법인이 공인회계사법상 직무를 수행하고자 하는 때에는 금융위원회에 등록하여야 한다.
② 회계법인의 사원은 공인회계사이어야 하며, 그 수는 3명 이상이어야 한다.
③ 3명 이상의 공인회계사인 이사를 두어야 한다. 다만, 사원이 아닌 자는 이사가 될 수 없다.
④ 3인 이내의 대표이사를 두어야 한다.
⑤ 회계법인의 이사와 직원 중 공인회계사의 수는 7명 이상이어야 한다.
⑥ 자본금은 5억원 이상이어야 한다.
⑦ 손해에 대한 배상책임을 보장하기 위하여 매 사업연도마다 손해배상준비금을 적립하여야 한다.
⑧ 한국공인회계사회에 손해배상공동기금을 적립하여야 한다.

Q 회계법인의 ① 법적지위 및 ②「공인회계사법」에서 규정하고 있지 않은 사항에 대해 회계법인에 적용되는 준용규정은 무엇인가? 12

① 회계법인은 「공인회계사법」 제23조에 의해 설립된 특수법인이며, ②「공인회계사법」에 규정되지 않은 사항에 대해서는 「상법」상 유한회사에 관한 규정을 준용한다. (공인회계사법 제40조)

업무수행이사(Engagement Partner)의 정의 (ISA 220-7)

감사업무와 감사업무 수행 및 발행된 감사보고서에 대하여 회계법인을 대신하여 책임을 지며, 관련 요구사항이 있을 경우에는 전문직단체, 정부 또는 규제기관으로부터 적합한 권한을 받은 파트너 또는 회계법인 내 기타의 사람

업무팀(Engagement Team)의 정의 (ISA 220-7)

감사업무를 수행하는 모든 파트너와 스태프, 그리고 해당 회계법인 또는 네트워크 회계법인에 계약되어 해당 감사업무에 대한 감사절차를 수행하는 사람들. 회계법인 또는 네트워크 회계법인에 계약된 감사인측 외부전문가는 여기서 제외된다.

1.2 감사반

감사반 등록 요건 (외부감사법 시행규칙 제2조)

① 감사반은 외부감사법의 요구사항을 모두 갖추어 공인회계사회에 등록하여야 한다.
② 구성원은 실무수습을 이수하고 등록된 공인회계사 3명 이상으로 구성되어야 한다.
③ 손해배상공동기금의 적립 또는 보험가입 등 필요한 조치를 하여야 한다.

Q 감사반이 감사할 수 있는 감사대상회사는? (외부감사법 제9조, 제11조)

주권상장법인, 대형비상장주식회사, 금융회사를 제외한 모든 회사의 재무제표와 주권상장법인, 대형비상장주식회사, 금융회사가 아닌 회사만으로 구성된 연결재무제표. 단, 감사인 지정은 제외한다.

Q 감사인 조직을 회계법인과 감사반으로 이원화하여 감사인 형태에 따라 수행할 수 있는 업무를 차별화한 이유는 무엇인가?

① 감사품질의 제고 : 감사보고서 질적 수준의 유지
② 정보이용자의 보호 : 손해배상 책임능력 고려

1.3 등록 회계법인

주권상장법인 감사인으로 등록하기 위한 감사인의 요건 (외부감사법 제9조의 2)

주권상장법인의 감사인이 되려는 자는 다음 각 호의 요건을 모두 갖추어 금융위원회에 등록하여야 한다.

① 금융위원회에 등록된 회계법인에 해당할 것

② 감사품질 확보를 위하여 금융위원회가 정하는 바에 따른 충분한 인력, 예산, 그 밖의 물적 설비를 갖출 것

③ 감사품질 관리를 위한 사후 심리체계, 보상체계, 업무방법, 그밖에 금융위원회가 정하는 요건을 갖출 것

Q. PCAOB와 금융위원회가 해당 기관에 등록한 경우에만 상장법인을 감사할 수 있게 제한한 이유는 무엇인가?

상장법인의 경우에는 자본시장에서 불특정 다수로부터 자금을 모집하기 때문에 특히 재무제표의 투명성이 강조된다. 따라서 감사인의 적격성을 향상시켜 감사품질을 더욱 높일 필요가 있기 때문이다.

Q. 감사품질과 관련하여 감사인 선임단계에서 감사인의 적격성을 일정수준 이상으로 유지하기 위해 우리나라에서 채택하고 있는 제도는 무엇인가? 23 11

① 감사반은 주권상장법인, 대형비상장주식회사, 금융회사 및 증권선물위원회 지정법인에 대한 감사를 수행할 수 없다.

② 회계법인 중 여러 요건을 갖추어 금융위원회에 등록된 경우에만 주권상장법인을 감사할 수 있다.

2 감사인의 권한

감사인의 권한 (외부감사법 제21조)

① 감사인은 언제든지 회사 및 해당 회사의 관계회사(지배 · 종속의 관계에 있는 종속회사, 회계처리기준에 따른 관계기업, 회계처리기준에 따른 공동기업 중 하나)의 회계에 관한 장부와 서류를 열람 또는 복사하거나 회계에 관한 자료의 제출을 요구할 수 있으며, 그 직무를 수행하기 위하여 특히 필요하면 회사 및 관계회사의 업무와 재산상태를 조사할 수 있다. 이 경우 회사 및 관계회사는 지체 없이 감사인의 자료 제출 요구에 따라야 한다.

② 연결재무제표를 감사하는 감사인은 그 직무의 수행을 위하여 필요하면 회사 또는 관계회사의 감사인에게 감사 관련 자료의 제출 등 필요한 협조를 요청할 수 있다. 이 경우 회사 또는 관계회사의 감사인은 지체 없이 이에 따라야 한다.

SECTION

03 감사인의 선임방식

1 지배기구, 경영진, 이사회와 회계감사

지배기구의 정의 (ISA 200-13)

기업의 전략방향을 감독할 책임과 기업의 수탁책임을 감시할 의무가 있는 사람이나 조직(예 기업의 이사회). 이러한 책임에는 재무보고절차에 대한 감시가 포함된다. 국가에 따라서는 일반기업 또는 공공부문의 이사회 집행임원이나 소유경영자와 같이 경영진의 구성원이 지배기구에 포함될 수 있다.

경영진의 정의 (ISA 200-13)

기업의 경영에 대한 집행책임이 있는 사람(들). 특정 국가의 기업에 따라서는 이사회의 집행임원이나 소유경영자와 같이 지배기구의 일부 또는 전체 구성원이 경영진에 포함되기도 한다.

Q 지배기구와 이사회는 어떤 관계가 있는가? 15

일반적으로 이사회(board of directors)가 기업의 지배기구가 된다. 그러나 이사회와 지배기구가 반드시 일치하지는 않으며, 지배기구와 이사회는 서로 겹치는(overlap) 관계이다.

Q 외부감사인이 본연의 기능을 다하는데 있어 지배기구와 경영진 간의 바람직한 관계(또는 특히 요구되는 관계)는 무엇인가? 15

지배기구는 기업의 수탁책임이 있는 경영진을 감시할 책임이 있다. 따라서 지배기구가 감시할 대상인 경영진과 독립적이어야 바람직한 관계이다.

Q 모범지배구조란 무엇인가?

주주가 경영진을 지배하기 위하여 경영진과 독립적인 이사회(지배구조)를 구성하는 것을 말한다. 이사회는 소수의 경영진인 이사와 다수의 사외이사로 구성될 때 경영진과 독립적일 수 있다.

Q 양호한 지배구조(모범지배구조)는 어떻게 감사에 영향을 미치는가?

지배구조가 양호하다면 ① 주주들의 의사가 반영된 이사회가 구성될 것이고, ② 해당 이사회는 경영진과 독립적일 것이며, 경영진이 재무제표를 왜곡하여 공시하는 것을 방지하기 위하여 ③ 감사위원회는 기업 내부에서 감시하며, ④ 적절한 감사인을 선임하여 서로 커뮤니케이션할 것이다.

Q 외부감사인의 관점에서 감사대상회사의 감사위원회를 구성하고 있는 위원의 독립성 및 전문성이 중요한 이유는 무엇인가? 19

① 감사기준은 감사의 효과성과 효율성을 증진시키기 위해 외부감사인과 지배기구와 효과적인 커뮤니케이션을 강조한다. 감사위원회와의 커뮤니케이션은 지배기구와의 커뮤니케이션에 있어 중요한 요소로, 감사위원회를 구성하고 있는 위원의 독립성 및 전문성이 확보되어야 건설적인 커뮤니케이션이 가능하다.

② 감사 또는 감사위원회는 외부감사인을 선임하는 주체이며, 적절한 감사환경을 확보하는데 깊이 관여한다. 따라서 이들의 독립성 및 전문성이 확보되어야 적절한 감사환경이 마련될 수 있다.

③ 감사위원회의 책임 및 기능이 기업의 재무보고와 관련 있는 경우, 외부감사인은 감사위원회가 수행한 업무를 활용하여 효과적이고 효율적으로 감사를 수행할 수 있다. 이 경우 감사위원회의 독립성 및 전문성이 확보되어야 한다.

양호한 지배구조(투명성 제고)를 위한 제도

① 사외이사의 선임 : 상장회사는 이사 총 수의 4분의 1 이상을 사외이사(해당 회사의 상무에 종사하지 아니하는 이사)로 하여야 한다. (상법 제542조의 8)

② 감사위원회의 설치 : 상장회사 및 금융회사는 감사위원회를 설치하여야 한다. (상법 제542조의 11, 금융회사의 지배구조에 관한 법률 제16조)

③ 소수주주권 행사요건의 완화 (상법 제542조의 6)

④ 지배기구와의 커뮤니케이션 (ISA 260)

감사위원회의 전문성 강조를 위한 제도 (자본시장법 제384조)

감사위원회의 전문성을 위해 감사위원회 설치 위원 중 1명 이상은 공인회계사 자격을 취득한 후 그 자격과 관련된 업무에 5년 이상 종사한 경력이 있는 사람 등 회계 또는 재무전문가이어야 한다.

2 자유수임방식

자유수임방식의 장점과 단점 18

장 점	① 감사인의 실질적인 조직화 : 감사인의 실질적인 조직화를 유도하고 내부심리조직을 두도록 함으로써 감사업무의 질적 수준(적격성)을 향상시킬 수 있다. ② 감사업무의 부업화 방지 : 회계감사, 세무 및 경영진업무 등 분야별 전문화를 통하여 사회적인 신뢰도를 제고하여 감사업무의 부업화를 방지할 수 있다.
단 점	독립성 훼손 : 감사인의 수임경쟁이 치열해짐에 따라 독립성이 유지되기 어려워 공정한 감사업무수행이 어렵게 되고, 따라서 외부감사제도의 전반적인 공신력에 대하여 의문이 제기될 수 있다.

자유수임방식의 보완제도 18

① 감사인 선임 규정 : 감사인 선정 주체, 감사환경 보장, 감사인 자격제한 등

② 일부 지정방식 적용 : 부실감사가 우려되거나 공정한 감사가 필요하다고 인정되는 경우 증권선물위원회가 감사인 변경 또는 지정

③ 유지제도 : 주권상장법인 · 대형비상장주식회사 · 금융회사는 연속하는 3개 사업연도 감사인을 동일감사인으로 감사계약을 체결

④ 교체제도 : 주권상장법인 · 대형비상장주식회사 · 금융회사의 경우 동일한 이사가 연속하는 3개 사업연도를 감사한 경우 4년 차에 업무수행이사를 교체하여야 하고 이후 3년간 해당 감사업무에 참여할 수 없는 냉각기간을 가져야 한다. (주권상장법인의 경우 동일한 감사보조자에게 해당 회사의 연속하는 3개 사업연도에 대한 감사업무를 하게 한 경우, 4년차에는 보조자의 2/3를 교체하여야 한다.)

⑤ 전기감사인의 의견진술권 : 회사는 전기감사인을 해임하려면 해당 전기감사인에게 감사 또는 감사위원회에 의견을 진술할 수 있는 기회를 주어야 한다.

Q 우리나라에서 자유선임제도에 대한 우려가 높은 이유는 무엇인가?

주식회사의 경우 자유선임은 ① 투자자가 자신을 대신하여 선량한 관리자로서의 임무를 다해 줄 이사를 선임하고, ② 이사 중 일부는 외부감사 전문가이고, ③ 투자자가 이사를 지속적으로 감시 및 책임을 묻는 자본주의에 충실할 때 가능하다.
그러나 우리나라는 투자자가 스스로를 지키는데 익숙하지 못하여 주주총회에서 ① 이사를 선임할 때 투자자들의 개입수준이 낮으며, ② 선임된 이사도 자신에게 주어진 임무를 제대로 인지하지 못하며, ③ 인지하고 있더라도 능동적으로 임무를 다하고자 할 때 다른 이사나 경영진과 갈등이 발생하는 등 투자환경이 취약하다는 점에서 자유선임제도에 대한 우려가 높다.

SECTION

04 회계감사의 수요와 기능

1 정보위험과 회계감사

1.1 정보위험과 재무제표의 신뢰성

정보위험(Information Risk)의 정의

재무제표에 포함되어 있는 왜곡표시된 정보를 이용하여 정보이용자가 잘못된 경제적 의사결정을 내릴 위험

정보위험의 원인

① 정보이용자와 정보제공자간 이해관계의 상충
② 회계정보가 정보이용자에게 미치는 중대한 영향
③ 회계정보의 복잡성
④ 정보이용자와 정보원과의 원격성

일반적으로 정보위험을 제거하는 세 가지 방법

① 정보이용자가 직접 정보의 신뢰성을 검증하는 방법 (비용문제 발생)
② 정보이용자와 정보제공자가 분담하는 방법 (실효성 결여)
③ 제3자에게 정보를 검증(회계감사)하게 하는 방법 (가장 효율적 · 효과적)

1.2 회계감사의 역할

Q 감사인으로부터 적정의견을 받은 기업이 도산하는 이유는 무엇인가? 16

적정의견이라는 표현은 기업이 공표하는 재무제표가 회계기준을 따르고 있다는 뜻이지 회사의 장래 전망을 보장해 주거나 경영진의 능력을 평가하는 것은 아니다. 결손누적으로 도산될 가능성이 높은 기업이라 할지라도 회계기준에 따라 기업의 재무상태와 경영성과 등을 진실하게 공표한다면 회계감사인은 적정의견을 표명한다.

2 회계감사의 수요를 설명하는 이론

2.1 정보불균형과 회계감사의 수요(대리인 이론)

정보불균형으로 인한 대리인문제를 완화하기 위해 기업이 도입한 제도

① 위임자와 대리인의 이해를 일치시키기 위한 보상제도(예 stock option)
② 재무제표에 대한 회계감사제도

2.2 정보가설(Information Hypothesis)

정보가설의 정의

투자자가 투자의사결정의 질을 높이기 위하여 회계감사를 필요로 한다는 가설

2.3 보험가설(Insurance Hypothesis)

보험가설의 정의

회계감사를 받음으로써 재무제표의 작성 · 보고의무에 대한 책임을 감사인에게 전가하려는 유인에 따라 회계감사를 필요로 한다는 가설 (그러나 재무제표의 작성 · 보고책임은 경영진에게 있기 때문에 해당 책임은 전가할 수 없다.)

SECTION

05 감사의 분류

1 감사목적에 따른 분류 - 재무제표감사 / 업무감사 / 이행감사

감사목적에 따른 분류

구 분	재무제표감사	업무감사	이행감사
감 사 목 적	재무제표가 회계기준에 따라 작성되었는가에 대한 의견표명	업무의 효율과 효과를 높임	관련법률 또는 규정의 준수 여부
감 사 인 의 판 단 기 준	회계기준	회사의 경영목표와 감사인의 주관적인 판단	관련법률 또는 규정
수 행 주 체	외부감사인(독립성과 전문가적 적격성을 갖춘 제3자)	내부감사 또는 외부공인회계사	내부감사 또는 외부공인회계사
감사결과의 조 치	감사의견만을 표명	개선권고	징 계

Q 재무제표감사(Audits of Financial Statements)의 목적은 재무제표의 신뢰성을 제고하는데 있으므로 감사를 수행하는 감사인은 독립성과 전문가적 적격성을 갖추어야 한다. 업무감사(Operational Audits)와 이행감사(Compliance Audits)에서 감사인에게 필수적인 요건은 무엇인가?

업무감사와 이행감사의 경우 감사인의 독립성은 필수적인 요건은 아니다. 그러나 전문가적 적격성은 반드시 요구된다.

2 감사의 강제성에 따른 분류 - 법정감사 / 임의감사

2.1 법정감사(Statutory Audit)

외부감사의 대상 (외부감사법 제4조, 시행령 제5조)

다음 회사는 재무제표를 작성하여 회사로부터 독립된 외부의 감사인(재무제표 및 연결재무제표의 감사인은 동일)에 의한 회계감사를 받아야 한다.

주권상장법인	• 현재 주권상장법인인 회사 • 해당 사업연도 또는 다음 사업연도 중에 주권상장법인이 되려는 회사
주권비상장회사 (주식 + 유한) ※ 매출액은 12개월 환산 기준	직전 사업연도 말의 자산총액이 500억원 이상인 회사(주식+유한) 직전 사업연도의 매출액이 500억원 이상인 회사(주식+유한) 다음 중 2개 이상(유한회사는 3개)에 해당하는 회사 • 직전 사업연도의 자산총액 120억원 이상 (주식+유한) • 직전 사업연도의 부채총액 70억원 이상 (주식+유한) • 직전 사업연도의 매출액이 100억원 이상 (주식+유한) • 직전 사업연도 말의 종업원 수가 100명 이상 (주식+유한) • 직전 사업연도 말의 사원수가 50인 이상 (유한)

Q 감사대상기업을 자산총액, 부채총액, 종업원수 또는 매출액 기준 규모가 일정 이상인 기업으로 제한하는 이유는 무엇인가?

소규모회사의 경우 이해관계자가 존재하긴 하지만, 이해관계로 인한 영향의 중대성이 적고 감사수수료의 부담이 규모에 비해 과중하기 때문이다.

2.2 임의감사(Voluntary Audit)

Q 재무제표의 적정성에 대한 외부감사를 자의적으로 받는 경우에도 회계감사기준을 따라야 하는가?

감사의 목적이 재무제표의 적정성에 대한 외부감사이면 임의감사의 경우에도 반드시 회계감사기준에 따라 감사를 수행하여야 한다.

3 감사실시 시기에 따른 분류 - 중간감사 / 기말감사

중간감사와 기말감사

구 분	중간감사	기말감사
시 기	회계기간 중	회계기간 종료 후
주된 목적	위험평가 + 통제테스트	실증절차
의견표명 여부	–	감사의견 표명

4 감사의 계속성에 따른 분류 - 초도감사 / 계속감사

초도감사에 해당하는 경우

① 전기감사인을 교체하여 당해연도에 새로운 감사인으로부터 감사를 받는 경우

② 당기에 최초로 외부감사 대상이 되어 감사를 받는 경우

5 감사의 위치에 따른 분류 - 외부감사 / 내부감사

외부감사와 내부감사

구 분	외부감사	내부감사
독립성	반드시 요구됨	반드시 요구되는 것은 아님
전문가적 적격성	반드시 요구됨	반드시 요구됨

CHAPTER

02

감사의 시작 : 감사계약, 위험평가 및 감사계획

SECTION 01

감사의 개시과정

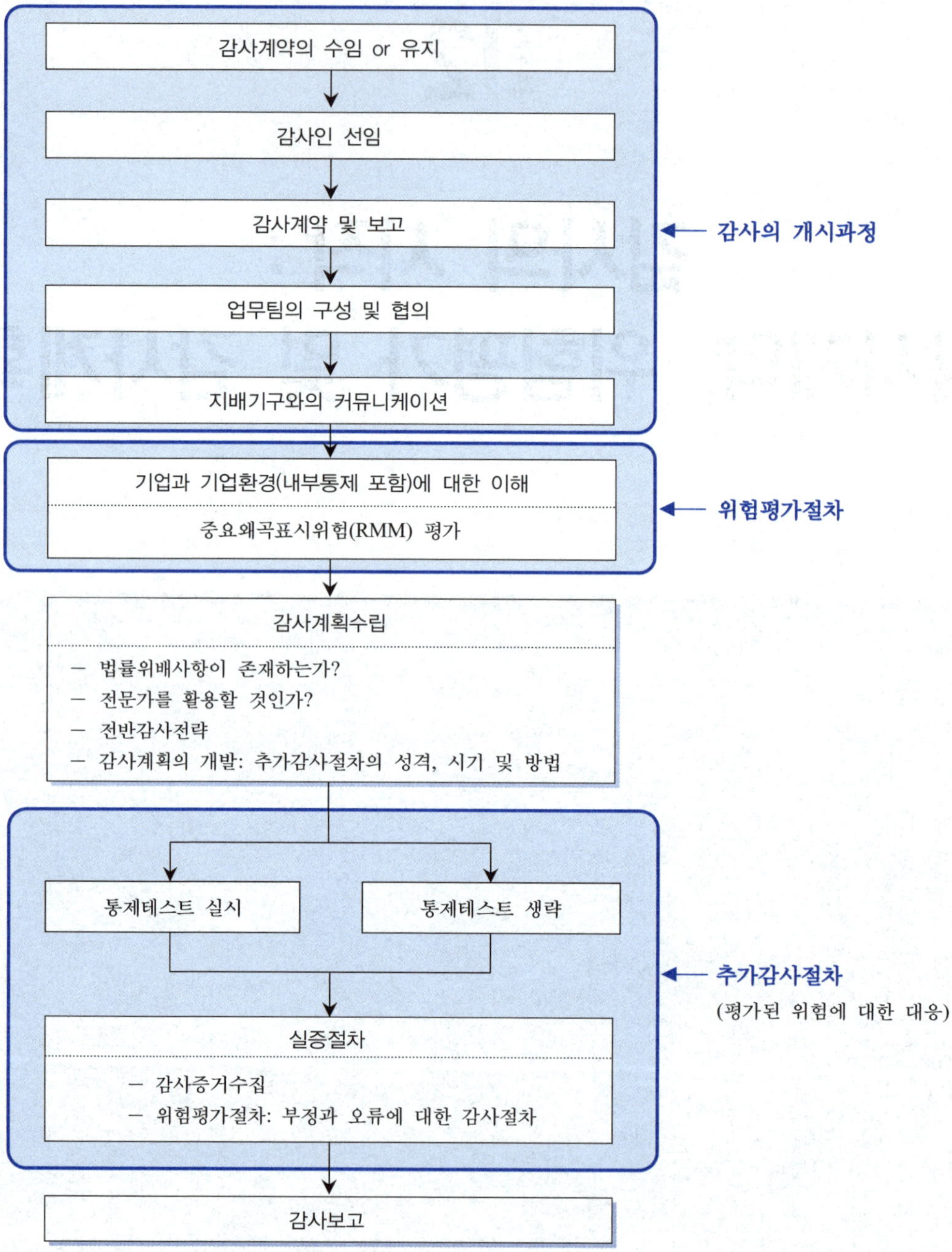

SECTION

02 감사계약의 수용 또는 유지

1 감사업무의 수용 또는 유지의 판단

감사업무의 수용 또는 유지를 결정할 때 고려할 사항 (ISA 220-A8)

다음과 같은 정보는 업무수행이사가 의뢰인 관계와 감사업무의 수용과 유지에 관해 도달된 결론이 적합한지 여부를 결정하는 데 도움을 준다.

- 주요 주주, 주요 경영진 및 지배기구의 성실성(integrity)
- 업무팀이 감사업무를 수행할 능력이 있으며 시간과 자원 등 필요한 역량을 갖추었는지 여부(competency)
- 회계법인과 업무팀이 관련 윤리적 요구사항을 준수할 수 있는지 여부(comply with relevant ethical requirements)
- 당기 또는 이전에 감사업무를 수행하는 중에 발생한 유의적 사항들과 그러한 사항들이 의뢰인과의 관계유지에 대하여 시사하는 점(significant matters and their implications for continuing the relationship)

감사인의 자격 (ISA 210-A1)

감사업무를 포함한 인증업무는 공인회계사가 독립성과 전문가적 적격성 등 관련 윤리적 요구사항을 충족할 수 있고, 그 업무가 특정의 성격을 보일 때에만 수임될 수 있다.

공인회계사는 감사인 교체로 인하여 윤리강령의 준수가 훼손될 수 있는 위협의 심각성을 평가하여야 한다. 예를 들어, 공인회계사가 관련된 모든 사실을 파악하지 아니하고 감사업무의 수임을 승낙하는 경우에는 전문가적 적격성과 정당한 주의의 윤리강령을 위반할 위협이 발생할 수 있다. 감사인 교체 시 전임감사인에게 요청할 정보에는 어떤 것이 있는가?

교체의 사유 및 배경을 확인하고, 해당 감사업무의 수임이 적절한지 여부를 결정하는 것이 필요할 수 있다. 예컨대, 감사인을 교체하는 표면적인 사유가 실제 사실과 일치하지 않을 수도 있고, 회사와 전임감사인간에 중요한 의견불일치 사항이 존재할 수도 있다. (윤리기준 210.11)

2 감사업무의 수용 또는 유지에 대한 경제적 관점

감사인이 고객을 수용 또는 유지할지 여부를 결정할 때 감사품질과 관련된 사항 이외에 고려할 사항은 무엇인가?

경제적 관점 즉, 감사보수 등 감사계약으로부터 얻을 수 있는 효익(benefit)이 감사원가를 능가하는지 고려한다.

3 감사의 전제조건(Preconditions for an Audit)

감사를 위한 전제조건 (ISA 210-6) 21 20 14

감사인은 감사를 위한 전제조건이 존재하는지 여부를 확인하기 위하여, 다음의 절차를 수행하여야 한다.

(a) 재무제표 작성에 적용되는 재무보고체계가 수용가능한지 여부를 결정함

(b) 경영진이 다음과 같은 책임을 인정하고 이해하고 있다는 점에 대하여 경영진의 동의를 받음

- (i) 관련성이 있는 경우 재무제표의 공정표시를 포함하여, 해당 재무보고체계에 따라 재무제표를 작성할 책임
- (ii) 부정이나 오류로 인한 중요한 왜곡표시가 없는 재무제표를 작성하기 위해 경영진이 필요하다고 결정한 내부통제에 대한 책임
- (iii) 감사인에게 다음 사항들을 제공할 책임
    - a. 기록, 문서, 기타사항 등 재무제표의 작성과 관련하여 경영진이 알고 있는 모든 정보에 대한 접근
    - b. 감사인이 감사목적으로 경영진에게 요청하는 추가적인 정보
    - c. 감사인이 감사증거를 입수하기 위하여 필요하다고 판단한 기업 내부의 관계자들에 대한 제한 없는 접근

재무보고체계의 수용가능성 결정 (ISA 210-A4)

감사인이 재무제표 작성에 적용되는 재무보고체계의 수용가능성을 결정할 때 관련되는 요인들은 다음과 같다.

- 기업의 성격 (예 영리기업, 공공부문 또는 비영리 조직인지 여부)
- 재무제표의 목적 (예 재무제표가 광범위한 이용자의 공통의 재무정보 요구를 충족시키기 위해 작성되는지 또는 특정 이용자의 재무정보 요구를 충족시키기 위해 작성되는지 여부)
- 재무제표의 성격 (예 재무제표가 전체재무제표인지 또는 단위재무제표인지 여부)
- 해당 재무보고체계가 법규에서 규정되고 있는지 여부

감사업무 수임 전의 범위제한 (ISA 210-7)

제안된 감사업무에 대한 조건에서 경영진 또는 지배기구가 감사인의 업무범위에 제한을 부과하고 그 결과 감사인이 재무제표에 대한 의견이 거절될 것이라고 믿으면, 감사인은 법규에 의해 요구되는 것이 아닌 한 그와 같이 제한된 업무를 감사업무로 수임해서는 안 된다.

4 회사의 재무제표 작성책임 관련 일반원칙

외부감사법에 의한 재무제표의 작성책임 및 제출 : 자기감사위험의 방지 (외부감사법 제6조)

구 분	내 용
작성의무자	회사의 대표이사와 회계담당 이사(회계담당 이사가 없는 경우 회계업무를 집행하는 직원)는 해당 회사의 재무제표(연결재무제표 포함)를 작성할 책임이 있다.
제 출 기 한	회사는 해당 사업연도의 재무제표를 작성하여 다음의 기간 내에 감사인에게 제출하여야 한다. 1. 재무제표 : 정기총회 개최 6주 전 2. 연결재무제표 : 다음의 기한 • 한국채택국제회계기준을 적용하는 회사 : 정기총회 개최 4주 전 • 한국채택국제회계기준을 적용하지 않는 회사 : 사업연도 종료 후 90일 이내 (사업보고서 제출대상법인 중 직전 사업연도 말의 자산총액이 2조원 이상인 법인은 사업연도 종료 후 70일 이내)
추가 요구사항	주권상장법인, 대형비상장법인 및 금융회사는 감사인에게 제출한 재무제표를 증권선물위원회에 동시에 제출하여야 한다.
감 사 인 의 금 지 사 항	감사인은 회사의 재무제표를 대표이사와 회계담당 이사를 대신하여 작성하거나 재무제표 작성과 관련된 회계처리에 대하여 자문하는 등의 행위를 하여서는 아니 된다.

Q 「자본시장과 금융투자업에 관한 법률」에서 규정하는 사업보고서 제출대상법인에 대해 서술하시오. (자본시장법 제159조)

① 주권상장법인

② 주권 외의 지분증권 등(예 무보증사채권, 전환사채권 · 신주인수권부사채권 · 이익참가부사채권 또는 교환사채권, 신주인수권이 표시된 것, 증권예탁증권, 파생결합증권)의 증권을 증권시장에 상장한 발행인

Q 「주식회사 등의 외부감사에 관한 법률 시행령」에서 구체화하여 규정하고 있는 재무제표 작성책임과 관련된 회사 및 감사인의 세부 금지행위는 무엇인가? (외부감사법 시행령 제8조) 19

① 해당 회사의 재무제표를 대표이사와 회계담당 이사(회계담당 이사가 없는 경우에는 회계업무를 집행하는 직원을 말한다)를 대신하여 작성하는 행위

② 해당 회사의 재무제표 작성과 관련된 회계처리에 대한 자문에 응하는 행위

③ 해당 회사의 재무제표 작성에 필요한 계산 또는 회계 분개를 대신하여 해주는 행위

④ 해당 회사의 재무제표 작성과 관련된 회계처리방법의 결정에 관여하는 행위

SECTION 03 감사인의 선임

1 감사인 선임절차

Q 우리나라의 주식회사는 경영진이 이사회와 감사위원회를 구성하는데 지대한 영향력을 행사하고 있다. 이로 인해 감사위원회가 경영진으로부터 독립적이지 못하여 그들이 선임한 감사인이 재무제표를 제대로 감사할 수 없는 환경이 조성되는데, 이러한 문제를 해결하는 방법에는 무엇이 있는가?

① 근본적인 지배구조 개선: 지배구조가 제대로 구성되고 활동할 수 있게 자본시장이 해당 시장에 상장된 기업들에 대한 지배구조의 정도가 제대로 알려지게 하여 투자자들로부터 해당 기업이 제대로 평가받을 수 있게 하는 방법

② 감사인 지정제: 외부감사인을 증권선물위원회가 독립적으로 지정하는 방법

1.1 감사인 선임기한

감사인 선임기한 (외부감사법 제10조) 24 20

회 사		감사인 선임기한
감사위원회 설치의무가 있는 회사	직전 사업연도에 감사를 받은 회사	매 사업연도 개시일 이전
	직전 사업연도에 감사를 받지 않은 회사	해당 사업연도 개시일부터 4개월 이내
감사위원회 설치의무가 없는 회사	직전 사업연도에 감사를 받은 회사	매 사업연도 개시일로부터 45일 이내
	직전 사업연도에 감사를 받지 않은 회사	해당 사업연도 개시일부터 4개월 이내

「자본시장과 금융투자업에 관한 법률」에서 따라 감사위원회 설치의무가 있는 회사는? 20

최근 사업연도 말 자산총액이 2조원 이상인 상장회사 및 「자본시장법」의 적용을 받는 금융회사 (상법 제542조의 11)

「외부감사법」이 개정되면서 감사인 선임기한이 변경되었는데, 선임기한을 변경한 취지를 윤리기준의 독립성 훼손 위협요인과 연계하여 서술하시오. 20

선임기한을 감사보고서 발행일 전으로 두어 압력위협(교체위협)을 줄이고 독립성을 향상시키기 위해 선임기한을 변경하였다.

1.2 감사인 선정주체와 계약기간

감사인 선정주체와 계약기간 (외부감사법 제10조) 24 19 12

회 사		감사인 선정주체	계약기간
주권상장법인 대형비상장주식회사 금융회사(비상장)	감사위원회가 설치된 경우	감사위원회	최소한 3개 사업연도
	감사위원회가 설치되지 않은 경우	감사인선임위원회의 승인을 받아 감사가 선정	
기타의 비상장법인 (주식 + 유한)	초도감사	감사 또는 감사위원회	1개 사업연도
	계속감사	직전 사업연도의 감사인을 별도의 선임 절차 없이 선임	1개 사업연도
	감사가 없는 유한회사	• 대형(자본금 10억원 이상) 유한회사 : 사원총회 • 소형(자본금 10억원 미만) 유한회사 : 회사	1개 사업연도

「외부감사법」에 따르면 주권상장법인 · 대형비상장주식회사 · 금융회사는 연속하는 3개 사업연도를 동일 감사인으로 하여 감사계약을 체결하여야 한다. 이러한 강제적인 감사인 유지제도를 도입한 이유는 무엇인가? 20

감사인에 대한 교체압력을 완화함으로써 감사인의 독립성을 강화하기 위함이다.

감사위원회가 외부감사인을 선임하는 효과에 대해 서술하시오.

감사위원회(audit committee)는 감사전문가로 구성되며, 내부통제 등과 같이 외부감사업무와 가장 관련이 있는 기능을 수행한다. 따라서 감사위원회가 외부감사인을 선임하면 투자자들이 직접 외부감사인을 선임하는 것과 유사한 효과를 기대할 수 있다.

1.3 감사인 선임시 감사환경의 보장

표준 감사시간의 준수 (외부감사법 제16조의2, 제11조)

① 한국공인회계사회는 감사업무의 품질을 제고하고 투자자 등 이해관계인의 보호를 위하여 감사인이 투입하여야 할 표준 감사시간을 정할 수 있다.

② 회사와 감사인은 표준 감사시간을 준수하여 충분한 감사시간이 투입될 수 있도록 한다.

③ 감사시간이 표준 감사시간보다 현저히 낮은 수준이라고 증권선물위원회가 인정한 회사는 3개 사업연도의 범위에서 증권선물위원회가 지정하는 회계법인을 감사인으로 선임하여야 한다.

감사보수 · 감사시간 · 감사인력에 관한 사항 (외부감사법 제10조)

① 감사 또는 감사위원회(직전 감사인을 별도의 선임 절차 없이 재선임하는 회사와 감사가 없는 유한회사의 경우 : 대표이사)는 감사인의 감사보수와 감사시간, 감사에 필요한 인력에 관한 사항을 문서로 정하여야 한다. 이 경우 감사위원회가 설치되지 아니한 주권상장법인, 대형비상장주식회사 또는 금융회사의 감사는 감사인선임위원회의 승인을 받아야 한다.

② 감사 또는 감사위원회는 감사보고서를 제출받은 경우 문서로 정한 관련 사항이 준수되었는지를 확인하여야 한다. 이 경우 감사위원회가 설치되지 아니한 주권상장법인, 대형비상장주식회사 또는 금융회사의 감사는 문서로 정한 관련 사항이 준수되었는지를 확인한 문서를 감사인선임위원회에 제출하여야 한다.

1.4 감사인 선임의 보고

감사인 선임 등의 보고의무 (외부감사법 제12조, 시행령 제18조)

① 회사 : 감사인을 선임 또는 변경선임하는 경우 그 사실을 감사인을 선임한 이후에 소집되는 정기총회(주식회사는 주주총회, 유한회사는 사원총회)에 보고하거나 법률에서 정하는 바에 따라 주주 또는 사원에게 통지 또는 공고하여야 한다. 또한 감사계약을 체결한 날부터 2주 이내에 증권선물위원회에 보고해야 한다.

② 감사인 : 회사가 감사인을 선임 또는 변경선임하는 경우 감사계약을 체결한 날부터 2주 이내에 증권선물위원회에 보고해야 한다.

Q 회사가 감사인을 선임 또는 변경선임하는 경우 정기총회에서 보고하는 대신 주주 또는 사원에게 통지 또는 공고할 때 그 구체적인 방식을 서술하시오. (외부감사법 시행령 제18조)

감사인을 선임 또는 변경선임하였다는 사실을 주주(최근 주주명부 폐쇄일의 주주를 말한다) 또는 사원에게 문서로 통지하거나 인터넷 홈페이지에 선임 또는 변경선임한 감사인과의 감사계약이 종료될 때까지 공고하여야 한다.

회사의 감사인 선임 보고의 면제 (외부감사법 제12조)

회사는 감사인을 선임 또는 변경선임하는 경우 증권선물위원회에 보고하여야 한다. 다만, 회사는 다음 각 호의 어느 하나에 해당되는 경우에는 보고를 생략할 수 있다.

① 회사의 요청에 따라 증권선물위원회가 지정한 자를 감사인으로 선임한 경우

② 증권선물위원회의 요구에 따라 감사인을 선임 또는 변경선임하는 경우

③ 주권상장법인 · 대형비상장주식회사 · 금융회사가 아닌 회사가 직전 사업연도의 감사인을 다시 선임한 경우

2 감사인에 대한 업무규제

감사인에 대한 자격제한 (외부감사법 제9조) 23 21 14 11

구 분	주권상장법인	대형비상장주식회사 + 금융회사(비상장)	기타의 주권비상장법인
감사인 선임기간	3개 사업연도 연속	3개 사업연도 연속	매 사업연도 선임 가능
회계법인의 동일이사	3개 사업연도 연속감사 후 3개 사업연도 냉각기간		5개 사업연도 연속감사 후 1개 사업연도 냉각기간
회계법인의 소속공인회계사	3개 사업연도 연속감사 후 보조자 2/3 이상 교체	해당 없음	해당 없음

「주식회사 등의 외부감사에 관한 법률」에 따르면 주권상장법인, 대형비상장주식회사 또는 금융회사의 경우 연속하는 3개 사업연도에 대한 감사업무를 한 이사에게 그 다음 연속하는 3개 사업연도 동안 해당 회사의 감사업무를 못하게 한다. 이렇게 감사인을 일정주기마다 교체함으로써 감사품질에 미칠 수 있는 영향의 긍정적인 면과 부정적인 면을 각각 기술하시오. 12

① 긍정적인 측면 : 감사가 계속적으로 수행됨에 따라 발생할 수 있는 유착위협이 감소하게 됨으로써 독립성이 증가한다. 즉, 보고확률이 증가한다.

② 부정적인 측면 : 상대적으로 계속감사를 수행하던 감사인보다 회사에 대한 이해도가 떨어지는 새로운 감사인이 일정주기마다 투입되기 때문에 적발확률이 감소한다.

회계법인이 아닌 감사반의 교체제도에 대해 서술하시오. (외부감사법 제9조)

감사반인 감사인은 대통령령으로 정하는 주권상장법인인 회사의 연속하는 3개 사업연도에 대한 감사업무를 한 경우, 그 다음 사업연도에는 그 감사에 참여한 공인회계사의 3분의 2 이상을 교체하여야 한다(감사반의 경우 이사가 없기 때문에 보조자 개념도 없고, 오로지 참여자만 존재한다).

3 감사인 지정

3.1 감사인 지정 등의 사유

직권지정 사유 (외부감사법 제11조) 22

증권선물위원회는 다음 각 호의 어느 하나에 해당하는 회사에 3개 사업연도의 범위에서 증권선물위원회가 지정하는 회계법인을 감사인으로 선임하거나 변경선임할 것을 요구할 수 있다.

① 감사 또는 감사위원회의 승인을 받아 감사인의 선임기간 내에 증권선물위원회에 감사인 지정을 요청한 회사

② 감사인의 선임기간 내에 감사인을 선임하지 아니한 회사

③ 외부감사법을 위반하여 감사인을 선임하거나 증권선물위원회가 회사의 감사인 교체사유가 부당하다고 인정한 회사

④ 증권선물위원회의 감리 결과 회계처리기준을 위반(경미한 위반은 제외)하여 재무제표를 작성한 사실이 확인된 회사

⑤ 회사의 재무제표를 감사인이 대신하여 작성하거나, 재무제표 작성과 관련된 회계처리에 대한 자문을 요구하거나 받은 회사

⑥ 주권상장법인으로 다음 중 어느 하나에 해당하는 회사

- 3개 사업연도 연속 영업이익이 0보다 작은 회사
- 3개 사업연도 연속 영업현금흐름이 0보다 작은 회사
- 3개 사업연도 연속 이자보상배율이 1 미만인 회사
- 그 외 대통령령으로 정하는 재무기준에 해당하는 회사

⑦ 주권상장법인 중 증권선물위원회가 공정한 감사가 필요하다고 인정하여 지정하는 회사

⑧「기업구조조정 촉진법」에 따른 주채권은행 또는 대통령령으로 정하는 주주가 대통령령으로 정하는 방법에 따라 증권선물위원회에 감사인 지정을 요청하는 경우의 해당 회사

⑨ 외부감사법을 위반하여 감사계약의 해지 또는 감사인의 해임을 하지 아니하거나 새로운 감사인을 선임하지 아니한 회사

⑩ 감사인의 감사시간이 표준감사시간보다 현저히 낮은 수준이라고 증권선물위원회가 인정한 회사

⑪ 직전 사업연도를 포함하여 과거 3년간 최대주주의 변경이 2회 이상 발생하거나 대표이사의 교체가 3회 이상 발생한 주권상장법인

⑫ 그 밖에 공정한 감사가 특히 필요하다고 인정되어 대통령령으로 정하는 회사

- 해당 사업연도 또는 다음 사업연도 중에 주권상장법인이 되려는 회사. 다만 특정 회사 (예 코스닥시장상장법인이 되려는 유가증권시장상장법인, 유가증권시장상장법인이 되려는 코스닥시장상장법인, 코넥스시장에 주권을 상장하려는 법인, 주권상장법인이 되려는 기업인수목적회사)는 제외한다.
- 「외부감사법」상 감사계약 해지요건에 해당하여 감사인이 감사업무에 대한 계약을 해지한 회사

- 「외부감사법」을 위반한 회사
- 다른 법률에서 정하는 바에 따라 증권선물위원회에 감사인 지정이 의뢰된 회사
- 일정 금액 이상의 횡령 또는 배임을 하였다는 이유로 주권상장법인이 소속 임직원(퇴임하거나 퇴직한 임직원을 포함)을 고소하거나, 그 임직원에 대하여 공소가 제기된 회사
- 「외부감사법」에 따라 감사인 선임 또는 변경선임 여부 결정에 필요한 자료를 증권선물위원회에 제출해야 하는 의무를 위반한 회사

주권상장법인과 대형비상장주식회사에 적용되는 감사인 지정 (외부감사법 제11조)

증권선물위원회는 다음 중 어느 하나에 해당하는 회사가 연속하는 6개 사업연도에 대하여 외부감사법에서 정하는 바에 따라 감사인을 선임한 경우(자유수임)에는 증권선물위원회가 지정하는 회계법인을 감사인으로 선임하거나 변경선임할 것을 요구할 수 있다.

① 주권상장법인. 다만, 코넥스 시장에 상장된 주권상장법인은 제외한다.

② 대형비상장주식회사로 대주주 및 그 대주주와 대통령령으로 특수관계에 있는 자가 합하여 발행주식 총수의 100분의 50 이상을 소유하고 있는 회사로서 대주주 또는 그 대주주와 특수관계에 있는 자가 해당 회사의 대표이사인 회사

Q 주기적 지정 대상 요건에 해당하지만, 감사인을 자유선임할 수 있는 회사의 요건은 무엇인가?

① 증권선물위원회가 정하는 기준일로부터 과거 6년 이내에 증권선물위원회의 감리를 받은 회사로서 그 감리 결과 회계처리기준 위반이 발견되지 아니한 회사

② 그 밖에 회계처리의 신뢰성이 양호한 경우로서 대통령령으로 정하는 회사 (외부감사법 제11조)

3.2 감사인 지정 종료 후 관계단절

감사인 지정(직권지정 및 주기적 지정) 후의 관계 단절

- 회사는 증권선물위원회로부터 지정받은 감사인을 지정 사업연도 이후 최초로 도래하는 사업연도의 감사인으로 선임할 수 없다. (외부감사법 제11조)
- 이는 지정기간 종료 후 해당 회사와 감사계약할 기회가 존재하는 경우, 지정기간동안 독립성을 유지하기 어렵기 때문이다.

4 감사계약의 해지

회사의 감사계약 해지 (외부감사법 제13조, 시행령 제19조)

22

사업연도 중 회사의 해임사유	감사인이 공인회계사법 제21조 또는 제33조를 위반한 경우 모든 회사는 지체 없이 감사인과의 감사계약을 해지하여야 하며, 감사계약을 해지한 후 2개월 이내에 새로운 감사인을 선임하여야 한다.
3개 사업연도 중 잔여사업연도에 대한 회사의 해임사유	주권상장법인, 대형비상장주식회사 또는 금융회사는 다음 사유에 해당하는 경우에는 연속하는 3개 사업연도 중이라도 매 사업연도 종료 후 3개월 이내에 다음 각 호의 구분에 따라 해임요청된 감사인을 해임하여야 한다. ① 감사인이 회사의 기밀을 누설하는 등 직무상 의무를 위반한 경우 ② 감사인이 그 임무를 게을리하여 회사에 손해를 발생하게 한 경우 ③ 감사인이 회계감사와 관련하여 부당한 요구를 하거나 압력을 행사한 경우 ④ 외국투자자가 출자한 회사로서 그 출자조건에서 감사인을 한정하고 있는 경우 ⑤ 지배회사 또는 종속회사가 그 지배·종속의 관계에 있는 회사와 같은 지정감사인을 선임하여야 하는 경우

감사계약 해지 시 회사의 수행절차 (외부감사법 제13조)

- 모든 회사는 감사계약을 해지하거나 감사인을 해임한 후 2개월 이내에 새로운 감사인을 선임하여야 한다.
- 주권상장법인·대형비상장주식회사·금융회사는 감사계약을 해지하거나 감사인을 해임한 경우에는 지체 없이 그 사실을 증권선물위원회에 보고하여야 한다.

감사인의 감사계약 해지 (외부감사법 제15조, 시행령 제21조) 19

사업연도 중 감사인의 해지사유	모든 회사의 감사인은 다음 사유에 해당하는 경우에 사업연도 중이라도 감사계약을 해지할 수 있다. (단, ③~⑤의 사유로 감사계약을 해지할 수 있는 기한은 해당 회사의 사업연도가 시작된 후 9개월이 되는 날이 속하는 달의 초일로 한다.) ① 감사인의 자격제한 등 외부감사법에 따라 회사의 감사인이 될 수 없는 경우 ② 회계감사기준에서 정하는 독립성이 훼손된 경우로서 증권선물위원회가 인정하는 경우, 또는 공인회계사법에 따른 직업윤리에 관한 규정(윤리기준)에서 정하는 감사인의 독립성이 훼손된 경우로서 증권선물위원회가 인정하는 경우 ③ 회사가 직전 사업연도 또는 사업연도 중 감사보수의 지급에 관한 감사계약에 따른 의무를 이행하지 아니한 경우 ④ 감사계약을 체결한 후 회사의 합병, 분할 또는 사업의 양도 · 양수로 주요 사업부문의 성격이나 회사의 규모가 현저히 달라졌으나 감사보수에 대한 재계약이 이루어지지 않은 경우 ⑤ 감사인(주권상장법인, 대형비상장회사 또는 금융회사의 감사인으로 한정)이 감사업무와 관련하여 회사에 자료를 요청하였으나 회사가 특별한 사유 없이 요청한 자료를 제출하지 아니하여 감사업무에 현저한 지장을 주었다고 인정되는 경우
3개 사업연도 중 잔여사업연도에 대한 감사인의 해지사유	주권상장법인, 대형비상장주식회사 또는 금융회사의 감사인은 다음 사유에 해당하는 경우에는 연속하는 3개 사업연도 중이라도 매 사업연도 종료 후 3개월 이내에 남은 사업연도에 대한 감사계약을 해지할 수 있다. ① 감사의견과 관련하여 부당한 요구나 압력을 받은 경우 ② 내부회계관리제도 감사의견에 2개 사업연도 연속하여 중요한 취약점이 발견되었다는 내용이 포함된 경우

감사계약 해지 시 감사인의 수행절차 (외부감사법 제15조) 19

감사인은 감사계약을 해지한 경우에는 지체 없이 그 사실을 증권선물위원회에 보고하여야 한다.

5 감사인 변경과 전기감사인의 의견진술권

전기감사인에게 의견진술권이 주어지는 경우 (외부감사법 제14조)

- 회사는 다음과 같은 경우에 전기감사인에게 감사 또는 감사위원회(감사위원회가 설치되지 아니한 주권상장법인, 대형비상장주식회사 또는 금융회사의 경우에는 감사인선임위원회를 말한다)에 의견을 진술할 수 있는 기회를 주어야 한다.

① 회사가 직전 사업연도에 해당 회사에 대하여 감사업무를 한 감사인(전기감사인) 외의 다른 감사인을 감사인으로 선임하거나,

② 주권상장법인, 대형비상장주식회사 또는 금융회사가 연속하는 3개 사업연도의 동일 감사인으로 선임된 감사인이 직무상 의무를 위반하는 등의 사유로 연속하는 3개 사업연도 중이라도 전기감사인을 해임하려는 경우

- 위의 ②번 경우에 따라 해임되는 감사인이 의견을 진술한 경우에는, 회사는 그 내용을 증권선물위원회에 보고하여야 한다.

6 감사보수(감사수수료)

감사보수가 감사투입시간에 비례하여 결정되는 방식의 장점과 단점

장 점	① 각 기업의 감사여건의 특성(고유위험과 통제위험 등)을 반영하여 감사보수를 결정할 수 있다. ② 감사인은 회사의 감사여건에 따라 감사투입시간을 신축적으로 적용할 수 있으므로 부실감사를 많이 줄일 수 있다.
단 점	① 감사시간을 적게 사용하는 감사인을 선호하는 경향이 발생할 수 있다. ② 감사시간에 대하여 감사인과 감사대상회사 간에 분쟁이 발생할 소지가 있다.

Q 감사인이 감사계약 초기에 감사보수를 할인하는 경향을 low-balling이라 한다. low-balling의 문제점을 감사품질과 연관지어 서술하시오.

① 감사계약 초기에 원가이하로 감사보수를 할인하였다면 향후 일정기간 동안 감사계약을 지속해야만 초기의 손실을 회복할 수 있는데 그 과정에서 감사인이 독립성을 훼손함으로써 감사계약을 지속할 유인이 있다.

② 감사품질을 유지하기 위해서는 일정수준의 감사원가를 투입하여야 하는데 감사인이 감사보수 이상의 원가를 투입하지 않는다면 부실감사가 발생할 수 있다.

감사보수와 관련하여 감사품질을 제고하기 위한 현행제도는?

① 윤리기준 : 보수의 상대적 크기, 연체된 보수, 현저히 낮은 보수, 성공보수와 관련된 안전장치 제시

② 감사인 선임 : 외부감사법에 의해 감사 또는 감사위원회는 감사보수 등을 문서로 정한 뒤 감사 종료 후 해당 사항이 준수되었는지 확인

③ 표준감사시간 : 한공회가 감사인이 투입하여야 할 표준 감사시간을 정함

④ 감사인 지정 : 감사보수와 관련하여 감사인이 부당하게 교체된 경우 증권선물위원회에 의해 감사인 지정

⑤ 사업보고서 : 감사보수 및 감사시간 등 공시

SECTION 04 감사계약의 체결

1 감사계약

감사계약서를 문서로 작성하고 감사의뢰인과 감사인이 기명날인하여 보관함으로써 얻을 수 있는 효익을 서술하시오. 13

① 작성과정에서 구체적인 사항들을 확인함으로써 상호간의 오해의 소지를 피할 수 있다.

② 책임범위를 명확하게 함으로써 분쟁발생의 가능성을 줄일 수 있다.

③ 분쟁 발생시 해결 근거가 될 수 있다.

1.1 일반적인 감사계약

감사계약서 기재사항 (ISA 210-9, 10, A24, A26) 24 20

(1) 필수적 사항

감사인은 경영진, 또는 적합한 경우 지배기구와 감사업무 조건에 대하여 합의하여야 한다. 합의된 감사업무 조건은 감사계약서 또는 기타 적절한 형태의 합의서에 기록되어야 하며, 다음 각 사항이 포함되어야 한다.

- 재무제표감사의 목적과 범위
- 감사인의 책임
- 경영진의 책임

- 재무제표 작성을 위한 해당 재무보고체계의 식별
- 감사인에 의해 발행될 보고서의 예상되는 형태와 내용에 대한 언급
- 해당 보고서가 예상되는 형태와 내용과 다를 수 있는 상황이 존재할 수 있다는 기술

(2) 보충적 사항

감사계약서의 형태와 내용은 기업별로 다양할 수 있다. 감사계약서에 기재해야 할 필수적 기재사항 등에 추가하여, 감사계약서에 언급될 수 있는 사항을 예시하면 다음과 같다.

- 감사인이 준수하는 해당 법규, 감사기준, 윤리기준 및 기타 전문직 단체가 공표한 기준에 대한 언급 등 감사범위에 대한 상세한 설명
- 내부통제의 고유한계 및 감사의 고유한계 때문에 감사가 감사기준에 따라 적절하게 계획되고 수행되어도 중요한 왜곡표시가 발견되지 않을 수 있는 불가피한 위험이 존재한다는 사실
- 경영진이 서면진술을 제공할 것이라는 기대
- 경영진이 재무제표 작성에 관련되었다고 알고 있는 모든 정보와 공시와 관련된 정보에 접근을 제공할 것이라는 기대(공시와 관련된 정보에 대한 접근 포함)
- 감사인이 예정된 일정에 따라 감사를 종료할 수 있도록 총계정원장과 보조원장에서 또는 그 외부에서 입수된 모든 정보(공시의 작성과 관련된 모든 정보 포함)를 포함한 최초 재무제표와 해당되는 경우 기타정보를 적시에 감사인에게 제공할 것이라는 경영진의 동의
- 감사보고서일부터 재무제표 발행일까지의 기간 중 재무제표에 영향을 미칠 수 있는 사실로서 경영진이 알게 된 사실을 감사인에게 통지할 것에 대한 경영진의 동의
- 감사보수 계산의 근거, 감사보수의 청구 및 지급방법
- 경영진이 감사계약서의 수령을 확인하고 해당 감사계약서에 기재된 업무조건에 동의하기를 요청하는 내용
- 감사의 일부 분야에서의 타감사인 및 전문가의 참여에 관한 사항
- 내부감사인 및 기업 내 기타 직원의 참여에 관한 사항
- 초도감사의 경우 전임감사인과 관련된 사항

1.2 부문감사(Audits of Components)계약

Q. 지배기업의 감사인이 동시에 부문감사인이기도 할 때, 해당 부문에 별도의 감사계약서를 발송할지 여부의 결정에 영향을 미칠 수 있는 요소는 무엇인가? (ISA 210-A27)

① 부문감사인을 선임하는 주체

② 부문에 대하여 별도의 감사보고서가 발행되는지 여부

③ 감사인의 선임과 관련된 법적 요구사항

④ 지배기업의 소유 정도

⑤ 부문 경영진의 지배기업으로부터의 독립성 정도

1.3 계속감사의 감사계약

계속감사의 경우 감사계약 (ISA 210 – 13)

계속감사의 경우, 감사인은 상황의 변화에 따라 ① 감사업무 조건이 수정되어야 하는지 여부 그리고 ② 기존 감사업무조건을 기업에 다시 알릴 필요가 있는지 여부를 평가하여야 한다.

Q 감사인이 감사업무의 조건을 갱신하거나 현행 조건을 기업에 알리는 것이 적합할 수 있는 경우는? 11

① 기업이 감사의 목적과 범위를 오해하고 있다는 징후

② 감사업무 조건의 변경 또는 특약의 존재

③ 최근의 고위 경영진 교체

④ 소유권의 유의적인 변동

⑤ 재무제표 작성시 채택된 재무보고체계의 변경

⑥ 기타의 보고 요구사항에서의 변경 (ISA 210 – A30)

감사계약서 (ISA 210 – 보론1) 20

다음은 한국채택국제회계기준에 따라 작성된 일반목적 재무제표의 감사를 위한 감사계약서의 예시이다.

ABC 회사
경영진 또는 지배기구의 (적합한) 대표자 귀중

감사의 목적과 범위

귀하는 우리에게 ABC회사의 20×1년 12월 31일 현재의 재무상태표와 동일로 종료되는 보고기간의 손익계산서(또는 포괄손익계산서), 자본변동표, 현금흐름표 그리고 유의적인 회계정책의 요약을 포함한 재무제표의 주석에 대한 감사를 요청하였습니다. 우리는 본 계약서를 통하여 이 감사업무를 수임하고 우리의 이해를 확인할 수 있게 되어 기쁘게 생각합니다.

우리 감사의 목적은 재무제표에 전체적으로 부정이나 오류로 인한 중요한 왜곡표시가 없는지에 대하여 합리적인 확신을 얻어 우리의 의견이 포함된 감사보고서를 발행하는데 있습니다. 합리적인 확신은 높은 수준의 확신을 의미하나 감사기준에 따라 수행된 감사가 항상 중요한 왜곡표시를 발견한다는 것을 보장하지는 않습니다. 왜곡표시는 부정이나 오류로부터 발생할 수 있으며 왜곡표시가 재무제표를 근거로 하는 이용자의 경제적 의사결정에 개별적으로 또는 집합적으로 영향을 미칠 것이 합리적으로 예상되면 그 왜곡표시는 중요하다고 간주됩니다.

감사인의 책임

우리는 감사기준에 따라 감사를 수행할 것입니다. 이 기준은 우리가 윤리적 요구사항을 준수하도록 요구하고 있습니다. 감사기준에 따른 감사의 일부로서 우리는 감사의 전 과정에 걸쳐 전문가적 판단을 수행하고 전문가적 의구심을 유지하고 있습니다. 우리는 또한:

(ⅰ) 부정이나 오류로 인한 재무제표의 중요왜곡표시위험을 식별하고 평가하며 그러한 위험에 대응하는 감사절차를 설계하고 수행합니다. 그리고 감사의견의 근거로서 충분하고 적합한 감사증거를 입수합니다. 부정은 공모, 위조, 의도적인 누락, 허위진술 또는 내부통제 무력화가 개입될 수 있기 때문에 부정으로 인한 중요한 왜곡표시를 발견하지 못할 위험은 오류로 인한 위험보다 큽니다.

(ⅱ) 상황에 적합한 감사절차를 설계하기 위하여 감사와 관련된 내부통제를 이해합니다. 그러나 이는 내부통제의 효과성에 대한 의견을 표명하기 위한 것이 아닙니다. 그러나, 우리가 감사 중에 식별한 것으로서 재무제표감사에 관련된 유의적 내부통제 미비점에 관해서는 귀하에게 서면으로 커뮤니케이션을 할 것입니다.

(ⅲ) 재무제표를 작성하기 위하여 경영진이 적용한 회계정책의 적합성과 경영진이 도출한 회계추정치와 관련 공시의 합리성에 대하여 평가합니다.

(ⅳ) 경영진의 회계의 계속기업전제 사용의 적절성과, 입수한 감사증거를 근거로 계속기업으로서의 존속능력에 대하여 유의적 의문을 초래할 수 있는 사건이나 상황과 관련된 중요한 불확실성이 존재하는지 여부에 대하여 결론을 내립니다. 중요한 불확실성이 존재한다고 결론을 내리는 경우, 우리는 재무제표의 관련 공시에 대하여 감사보고서에 주의를 환기시키고 이들 공시가 부적절한 경우 의견을 변형시킬 것을 요구받고 있습니다. 우리의 결론은 감사보고서일까지 입수된 감사증거에 기초하나, 미래의 사건이나 상황이 회사의 계속기업으로서 존속을 중단시킬 수 있습니다.

(ⅴ) 공시를 포함한 재무제표의 전반적인 표시와 구조 및 내용을 평가하고 재무제표가 기초가 되는 거래와 사건을 공정한 표시가 달성될 수 있는 방식으로 표시하고 있는지 여부를 평가합니다.

감사인이 감사기준에 따라 적절하게 감사를 계획하고 수행하여도 내부통제의 고유한계와 더불어 감사의 고유한계 때문에 재무제표의 중요한 왜곡표시 중 일부가 발견되지 못할 불가피한 위험이 존재합니다.

경영진의 책임과 해당 재무보고체계의 식별

※ 본 사례의 목적상 감사인은 법규가 적절하게 경영진의 책임을 규정하지 않은 것으로 결정했다고 가정한다.

우리의 감사는 [경영진(적절한 경우 지배기구를 포함)]이 다음 사항에 대하여 책임이 있음을 인정하고 이해한다는 것을 토대로 하여 수행될 것입니다.

(a) 한국채택국제회계기준에 따라 재무제표를 작성하고 공정하게 표시할 책임

(b) 부정이나 오류로 인한 중요한 왜곡표시가 없는 재무제표를 작성하기 위해 [경영진]이 필요하다고 결정한 내부통제에 대한 책임

(c) 우리에게 다음 사항을 제공할 책임

(ⅰ) 기록, 문서 및 기타사항 등 재무제표의 작성과 관련하여 [경영진]이 알고 있는 모든 정보에 대한 접근

(ⅱ) 우리가 감사목적으로 [경영진]에게 요청할 수도 있는 추가적인 정보

(ⅲ) 감사증거를 입수하기 위해 우리가 필요하다고 결정하는 기업 내 관계자에 대한 제한없는 접근

우리는 감사과정 중 일부로서, [경영진(적절한 경우 지배기구를 포함)]이 감사와 관련하여 우리에게 행한 진술에 관해서 서면확인을 요청할 것입니다.

우리는 감사 중 귀 직원의 충분한 협조를 기대합니다.

기타 관련 정보

[보수약정, 대금 청구, 기타 특약사항 등 기타 정보를 적합하게 삽입한다.]

보고
[예상되는 감사보고서의 형태와 내용에 대한 적합한 언급을 삽입한다. 해당되는 경우 감사기준서 720에 따른 기타정보에 대한 보고를 포함한다.]

우리의 보고서 형태와 내용은 감사의 발견사항에 따라 수정이 필요할 수도 있습니다.

귀하와 우리의 책임을 포함하여 재무제표감사에 대한 우리의 합의와 약정에 대하여 귀하가 확인하고 동의한다는 뜻을 표시하기 위해, 본 계약서에 첨부된 사본에 서명하신 후 회송하여 주시기 바랍니다.

XYZ 회계법인

ABC회사를 대표하여 확인하고 동의함.
(서명)
....
성명과 직함
일자

2 감사업무 조건의 변경에 대한 수용

회사의 감사업무 조건 변경 요청에 대한 감사인의 대응 (ISA 210-14, 16, 17, A32, A33) 21

감사업무 조건의 변경에 합리적 정당성이 없는 경우, 감사인은 그 변경에 동의해서는 안 된다.

합리적 정당성 여부	사 례	감사인의 대응
합리적 정당성이 있는 경우	① 기업의 요구사항에 영향을 주는 상황의 변화 ② 당초 요청했던 감사의 성격에 대한 오해	계약을 수정할 수 있다. 이 경우, 감사인과 경영진은 새로운 업무조건에 합의하고 계약서 또는 기타 적절한 형태의 합의서에 이를 기록하여야 한다.
합리적 정당성이 없는 경우	감사업무 조건의 변경이 부정확, 불완전 또는 불만족스러운 정보와 관련된 것으로 보이는 경우 (예 감사인이 매출채권에 관한 충분하고 적합한 감사증거를 입수할 수 없고 기업이 한정의견이나 의견거절을 피하기 위해 감사업무를 검토업무로 변경해 줄 것을 요청하는 경우)	〈선택 1〉 원래의 계약조건대로 이행한다. 〈선택 2〉 경영진이 원래의 감사업무를 계속하는 것을 허용하지 않는 경우, 다음 절차를 수행하여야 한다. ① 해당 법규에서 허용하는 경우 감사업무를 해지함 ② 지배기구, 소유주 또는 규제기관과 같은 기타 이해관계자에게 그러한 상황을 보고하여야 할 계약상 또는 기타 형태의 의무가 존재하는지 여부를 결정함

감사업무를 검토 또는 관련 서비스로 변경할 합리적 정당성이 존재하여 계약을 수정하는 경우, 변경일까지 수행된 감사가 변경된 업무와 관련이 있을 수 있다. 이때 보고서 이용자의 혼란을 피하기 위하여 관련 서비스의 보고서에 포함하지 말아야 할 사항은 무엇인가? (ISA 210-A35)

① 당초 감사업무

② 당초 감사업무에서 수행되었던 절차

SECTION

05 업무팀(Engagement Team Members)의 구성 및 협의

1 업무팀(Engagement Team)의 구성

본격적으로 감사업무를 시작하기 전 업무팀을 구성하고 업무를 배분하는 과정에서 고려해야 할 사항은 무엇인가? 15

① 독립성 및 적격성 고려하여 구성원 선택

② 회사의 규모, 거래의 복잡성, 감사위험 고려하여 업무팀원 수 결정

③ 지식과 경험 고려하여 업무배분

④ 포괄손익계산서 항목 중 재무상태표와 관련성 있는 항목으로 업무배분

재무상태표 항목과 포괄손익계산서 항목을 연계시켜 감사하는 경우의 장점은 무엇인가?

① 업무의 중복을 피할 수 있어 감사의 효율(efficiency)을 높일 수 있다.

② 관련계정을 동시에 분석함으로써 감사의 효과(effectiveness)를 높일 수 있다.

2 업무팀 내의 토의(Discussion among the Engagement Team)

업무팀이 구성된 후 ① 업무팀 내의 토의에 참여해야 하는 자와 ② 토의해야 할 내용은 무엇인가? 또한 ③ 토의에 참여하지 않은 업무팀원이 존재할 경우, 업무수행이사가 결정해야 할 사항은 무엇인가?

① 참여자 : 업무수행이사와 주요업무팀원

② 토의해야 할 내용 : 업무수행이사와 다른 주요 업무팀원은 해당 재무보고체계의 적용과 기업의 재무제표가 중요하게 왜곡표시될 가능성을 토의하여야 한다. (ISA 315-17)

③ 업무수행이사는 토의에 참여하지 않은 업무팀원들에게 어떤 사항을 커뮤니케이션할 것인지 결정하여야 한다. (ISA 315 - 18)

업무팀 내 토의의 기능(효익) (ISA 315 - A42)

해당 재무보고체계의 적용과 기업의 재무제표가 중요하게 왜곡표시될 가능성에 대한 업무팀 내의 토의는 다음과 같은 기능을 한다.

- 업무수행이사 등 경험이 많은 업무팀원들이 기업에 대한 지식에 기초하여 가지고 있는 통찰을 서로 공유하는 기회를 제공한다. 정보의 공유는 모든 업무팀원들의 이해를 높이는 데 기여한다.
- 업무팀원들이 기업에 영향을 미치는 사업위험, 고유위험요소가 거래유형, 계정잔액 및 공시의 왜곡표시 가능성에 어떻게 영향을 주는지, 그리고 재무제표의 어느 부분이 어떻게 부정과 오류에 의한 왜곡표시위험에 취약한지에 대하여 정보를 교환할 수 있게 함
- 업무팀원들이 자신에게 배정된 특정 분야에서 중요한 왜곡표시가 발생할 가능성을 더 잘 이해하게 하고, 업무팀원들이 수행하는 감사절차의 결과가 추가감사절차의 성격, 시기 및 범위의 결정 등 감사절차의 다른 측면에 어떻게 영향을 미칠 수 있는지 이해하게 함. 특히 토의는 업무팀원들이 기업의 성격과 상황에 대한 각자의 이해를 바탕으로 상반된 정보를 추가적으로 고려하는 데 도움을 준다.
- 업무팀원들이 중요왜곡표시위험의 평가 또는 이러한 위험에 대처하기 위해 수행되는 감사절차에 영향을 미칠 수 있는 새로운 정보를 감사의 전 과정에 걸쳐 입수하는 경우, 이를 공유하고 커뮤니케이션할 수 있는 기초를 제공함

SECTION 06 계획수립

1 계획수립의 역할과 책임

계획수립의 역할(효익) (ISA 300 - 2)

계획수립은 감사업무에 대한 전반감사전략을 수립하고 감사계획을 개발하는 것과 관련된다. 적절한 계획수립은 다음과 같은 점을 포함하여 재무제표감사에 다양하게 도움을 준다.

- 감사인이 중요한 감사분야에 적합한 주의를 기울임
- 감사인이 잠재적 문제를 적시에 식별하고 해결함
- 감사인이 감사업무를 적절히 조직화하고 관리함으로써 효율적이고 효과적인 감사가 수행되게 함

- 예상되는 위험에 대응하기 위해 적합한 수준의 역량과 적격성을 갖춘 업무팀원을 선정하고, 적절하게 업무를 배정하는 것을 도움
- 업무팀원에 대한 지휘 및 감독과 업무결과에 대한 검토가 용이하게 이루어지도록 함
- 해당되는 경우, 부문감사인 및 전문가가 수행한 업무의 조정을 도움

계획수립의 책임 (ISA 300 – A3)

감사인은 감사업무의 수행과 관리를 원활하게 하기 위하여 계획수립의 요소에 관해 경영진과 논의하기로 결정할 수 있을 것이다. 이 같은 논의는 종종 일어나지만, 전반감사전략과 감사계획의 책임은 감사인에게 있다.

Q 전반감사전략이나 감사계획에 포함된 사항을 기업의 경영진과 논의하는 경우, 감사인이 주의해야 할 점은 무엇인가?

감사의 효과성이 손상되지 않도록 주의가 요구된다. 예를 들어, 경영진과 세부감사절차의 성격과 시기를 논의하는 것은 감사절차가 지나치게 예측가능하게 되어 감사의 효과성이 손상될 수 있다. (ISA 300 – A3)

2 계획수립의 시기

계획수립의 시기 (ISA 300 – A2, 10)

계획수립은 감사에 있어서 따로 분리된 단계가 아니라 전기감사의 종료직후 (또는 전기감사 종료단계)부터 시작하여 당기감사가 끝날 때까지 진행되는 연속적이고 반복적인 과정이다. 감사인은 감사의 진행 중 필요에 따라 전반감사전략과 감사계획을 갱신하고 변경해야 한다.

계획수립에 포함되는 중요왜곡표시위험 평가 전 고려사항 (ISA 300 – A2)

계획수립은 추가감사절차를 수행하기 이전에 완료될 필요가 있는 일정한 활동 및 감사절차에 대하여 그 수행시기를 고려하는 것이 포함된다. 예를 들어, 계획수립에는 감사인이 중요왜곡표시위험을 식별하고 평가하기 전에 다음과 같은 사항을 고려할 필요성이 포함되는 것이다.

① 위험평가절차로서 적용될 분석적절차

② 기업에 적용되는 법규 및 기업이 그러한 법규를 어떻게 준수하는지에 대한 개괄적인 이해

③ 중요성의 결정

④ 전문가의 참여

⑤ 기타 위험평가절차의 수행

3 계획수립 활동

3.1 주요업무팀원의 참여

계획수립에 참여해야 하는 주체와 그 이유(효익) (ISA 300-5, A4)

- 해당감사의 업무수행이사와 다른 주요업무팀원들은 업무팀원간의 토의를 계획하고 참여하는 등 감사계획에 참여하여야 한다.
- 감사계획의 수립시 업무수행이사와 다른 주요업무팀원들이 참여하면 이들의 경험과 식견을 이용할 수 있고, 이에 따라 계획수립의 과정의 효과성과 효율성이 높아진다.

3.2 예비적 활동

예비적 활동 (ISA 300-6)

감사인은 당기감사의 시작단계에서 다음 활동을 수행하여야 한다.

① 의뢰인 관계 및 특정 감사업무의 계속 여부에 대하여 품질관리 관련 감사기준서에서 요구되는 절차를 수행함

② 독립성 등 관련 윤리적 요구사항의 준수여부를 평가함

③ 감사기준서에 의해 요구되는 바와 같이, 감사업무 조건을 이해함

3.3 계획수립 활동(Planning Activities)

전반감사전략을 수립할 때 수행할 절차 (ISA 300-7, 8)

감사인은 감사의 범위, 시기 및 방향을 수립하고 감사계획 개발의 지침이 되는 전반감사전략을 수립하여야 한다. 감사인은 전반감사전략을 수립할 때 다음의 절차를 수행해야 한다.

- 감사범위를 정의하게 될 해당 감사업무의 특성을 식별함
- 감사일정을 계획하기 위하여 해당 업무의 보고목적을 확인하며 요구되는 커뮤니케이션의 성격을 확인함
- 감사인의 전문가적 판단에 따라, 업무팀의 업무방향을 설정하는 데 유의적이라고 판단되는 요소들을 고려함
- 감사업무의 예비적 활동의 결과, 그리고 해당되는 경우 업무수행이사가 감사대상 기업을 위해 수행하였던 다른 업무에서 얻은 지식이 관련성이 있는지를 고려함
- 해당 감사를 수행하는 데 필요한 자원의 성격, 시기 및 범위를 확인함

전반감사전략의 수립 과정이 도움을 주는 결정사항 (ISA 300-A8) 25

전반감사전략을 수립하는 과정은, 감사인의 위험평가절차의 완료를 조건으로 다음과 같은 사항의 결정에 도움이 된다.

- 특정 감사분야에 배치할 자원 : 예를 들어, 위험이 높은 분야에는 경험이 많은 팀원을 배정하고 복잡한 사항에 대하여는 전문가를 참여시킴
- 특정 감사분야에 할당할 자원의 양 : 예를 들어, 중요한 사업장의 재고실사에 입회할 업무팀원의 수, 그룹감사의 경우 부문감사인이 수행한 작업에 대한 검토범위, 또는 위험이 높은 분야에 사용할 시간 예산 등
- 자원의 배치시기 : 예를 들어, 중간감사단계에 배치할 것인지 또는 기간귀속의 주요 기준일에 배치할 것인지 여부
- 자원을 관리, 지휘 및 감독하는 방법 : 예를 들어, 사전 및 사후 보고회의를 언제 할 것인지, 해당 감사의 업무수행이사와 매니저의 검토는 어떻게 수행할 것인지(감사현장 또는 감사현장 외의 장소 등), 그리고 업무품질관리검토를 수행할 것인지 여부

Q 전반감사전략과 (세부)감사계획의 관계는 어떠한가?

① 전반감사전략이 수립되면, 감사인의 자원을 효율적으로 이용하여 감사목적을 달성할 필요성을 감안하여, 전반감사전략에서 식별된 다양한 사항에 대처하기 위한 감사계획이 개발될 수 있다. 전반감사전략과 세부적인 감사계획의 수립은 양자가 반드시 개별적이거나 순차적 과정일 필요는 없지만, 한쪽이 변경되면 그 결과 다른 쪽도 변경될 수 있으므로 서로 밀접하게 관련되어 있다. (ISA 300-A10)

② (세부) 감사계획은 업무팀원에 의해 수행될 감사절차의 성격, 시기 및 범위를 포함한다는 점에서 전반감사전략보다 더 상세하다. 세부적인 감사절차에 대한 계획수립은 해당 감사업무를 위한 감사계획의 개발에 맞추어 감사의 전 과정에서 발생된다. (ISA 300-A12)

감사계획에 포함되어야 할 사항 (ISA 300-9) 22

감사인은 감사계획을 개발하여야 하며, 감사계획에는 다음 사항에 관한 설명이 포함되어야 한다.

① 계획된 위험평가절차의 성격, 시기 및 범위

② 경영진주장 수준에서 계획된 추가감사절차의 성격, 시기 및 범위

③ 해당 감사를 감사기준에 따라 수행하기 위해 요구되는 기타의 계획된 감사절차

추가감사절차(통제테스트와 실증절차)의 조합 (ISA 330-A4)

(a) 통제테스트 수행 + 낮은 수준의 실증절차 : 통제테스트를 수행하는 것만으로 특정 경영진주장에 대한 평가된 중요왜곡표시위험에 효과적으로 대응할 수 있음

(b) 통제테스트 생략 + 높은 수준의 실증절차 : 특정 경영진주장에 대하여는 실증절차만을 수행하는 것이 적합하므로, 중요왜곡표시위험을 평가할 때 통제가 미치는 영향을 배제함. 이러한 상황은 감사인이 실증절차만으로는 충분하고 적합한 감사증거를 제공할 수 없는 그런 위험을 식별하지 못하였고 따라서 통제의 운영효과성을 테스트할 필요가 없게 된 경우이다. 따라서 감사인은 실증절차의 성격, 시기 및 범위를 결정하는 데 통제의 운영효과성을 테스트하지 않기로 할 수 있다.

(c) 통제테스트 수행 + 높은 수준의 실증절차 : 통제테스트와 실증절차를 모두 병행하는 결합적 접근방법이 효과적임 (예 고도로 전산화)

3.4 문서화

문서화할 감사계획 (ISA 300-12, A18, A19) 20

감사인은 다음 사항을 감사문서에 포함하여야 한다.

① 전반감사전략 : 전반감사전략의 문서화는 감사를 적절히 계획하고 업무팀과 유의적 사안을 커뮤니케이션하는 데 필요하다고 판단한 주요 의사결정사항들에 대한 기록이다. 예를 들어, 감사인은 감사의 전반적인 범위, 시기 및 그 수행과 관련하여 주요 의사결정을 포함하고 있는 비망록 형태로 전반감사전략을 요약할 수 있을 것이다.

② 감사계획 : 위험평가절차의 계획된 성격, 시기 및 범위와 위험평가결과에 대응한 경영진주장 수준의 추가감사절차에 대한 기록이다.

③ 감사의 진행 중 발생한 전반감사전략 또는 감사계획의 중요한 변경과 그러한 변경의 이유

Q 감사계획의 문서화가 어떠한 역할을 할 수 있는지에 대해 서술하시오.

감사절차에 대한 계획이 적절히 수립되었다는 기록의 역할도 하며, 그 수행 전에 검토와 승인이 이루어질 수 있을 것이다. 감사인은 특정 감사상황에 맞추어 필요한 사항을 수정 반영한 표준적 감사프로그램이나 감사완료점검표를 사용할 수 있다. (ISA 300-A19)

3.5 초도감사 시 추가적 고려사항

초도감사의 경우 추가적으로 고려할 계획수립 (ISA 300-13, A22)

감사계획을 수립하는 목적은 초도감사나 계속감사 모두 동일하다. 그러나 초도감사에 있어서 감사인은 계속감사의 계획수립 때 고려되는 해당 기업에 대한 이전의 경험이 일반적으로 없기 때문에, 계획수립 활동을 확대할 필요가 있다. 감사인은 초도감사를 착수하기 전에 다음의 절차를 수행하여야 한다.

① 의뢰인 관계의 수용 및 특정 감사업무의 수임 여부에 대하여 감사기준(재무제표감사의 품질관리)에서 요구되는 절차를 수행함

② 감사인의 변경이 있는 경우, 공인회계사윤리기준의 관련 요구사항을 준수하기 위하여 전임감사인과 커뮤니케이션을 함

Q 초도감사에 있어서 감사인이 전반감사전략과 감사계획을 수립할 때 고려할 수 있는 추가적인 사항에는 무엇이 있는가? (ISA 300-A22)

① 법규에서 금지되지 않는 한, 전임감사인의 감사조서 검토 등 전임감사인과 협의할 사항

② 해당 감사인의 최초 선임과 관련하여 경영진과 논의되었던 쟁점들 (회계기준 또는 감사기준의 적용 등), 이러한 쟁점에 대한 지배기구와의 커뮤니케이션 및 해당 사항이 전반감사전략과 감사계획에 미치는 영향

③ 기초잔액에 관한 충분하고 적합한 감사증거를 입수하기 위해 필요한 감사절차

④ 초도감사에 대하여 해당 회계법인의 품질관리시스템이 요구하는 절차. (예를 들어, 유의적 감사절차를 착수하기 전에 전반감사전략을 검토하거나 보고서의 발행 전에 이를 검토하기 위하여 타 파트너 또는 상위직 구성원이 참여하도록 요구하는 경우를 들 수 있다)

CHAPTER

03

감사의 수행 : 중요성과 위험평가

SECTION

01 감사위험(Audit Risk)

1 감사위험의 의의

감사위험(Audit Risk) (ISA 200-13)

22 21

감사위험이란 재무제표가 중요하게 왜곡표시되어 있을 경우에 감사인이 부적합한 감사의견을 표명할 위험. 감사위험은 중요왜곡표시위험과 적발위험의 함수이다.

Q 감사위험은 '재무제표가 중요하게 왜곡표시되어 있지 않을 때 감사인이 재무제표가 중요하게 왜곡표시되어 있다는 의견을 표명할 위험'을 포함하는가?

포함하지 않는다. 재무제표가 중요하게 왜곡표시 되어있지 않을 때 감사인이 재무제표가 중요하게 왜곡표시 되어 있다는 의견을 표명할 위험은 일반적으로 유의하지 아니하다. (ISA 200-A36)

Q 감사위험은 '감사인의 사업위험'을 포함하는가?

포함하지 않는다. 감사위험은 감사과정과 관련된 기술적 용어이며, 소송으로 인한 손해나 부정적인 평판 또는 재무제표감사와 관련하여 발생하는 기타의 사건과 같은 감사인의 사업위험을 의미하지 않는다. (ISA 200-A36)

2 감사위험의 발생원인(구성요소)

2.1 중요왜곡표시위험 : 고유위험(Inherent Risk)과 통제위험(Control Risk)

중요왜곡표시위험의 정의와 구성요소 (ISA 200-13)

16 13 11

- 중요왜곡표시위험 - 감사의 착수 이전에 재무제표가 중요하게 왜곡표시되어 있을 위험. 이것은 경영진주장의 수준에서 다음과 같이 두 가지 구성요소로 설명된다.
- 고유위험 - 모든 관련 통제를 고려하기 전에 거래유형, 계정잔액 혹은 공시에 대한 경영진의 주장이, 개별적으로 또는 다른 왜곡표시와 합칠 때 중요하게 왜곡표시될 가능성
- 통제위험 - 거래유형, 계정잔액 혹은 공시에 대한 경영진의 주장에서 발생할 수 있으며, 개별적으로 또는 다른 왜곡표시와 합쳐 중요할 수 있는 왜곡표시가 기업의 내부통제에 의해 적시에 예방되거나 발견, 수정되지 못할 위험

고유위험과 통제위험은 기업측 위험으로서 재무제표감사와 독립적으로 존재한다. 감사기준이 이들을 평가하는 방법에 대해 서술하시오. 21

중요왜곡표시위험의 평가는 백분율과 같이 계량적으로 또는 비계량적으로 표현될 수 있다. 어느 경우이든, 감사인이 위험을 평가하는 서로 다른 접근방법 중 어떤 것을 채택하느냐 보다는 위험을 적합하게 평가해야 할 필요성이 더욱 중요하다. 감사기준은 일반적으로 고유위험과 통제위험을 구분하여 언급하기보다는 "중요왜곡표시위험"으로 칭한다. 그러나, 감사기준서에서는 유의적 위험을 포함한 회계추정치에 대한 평가된 경영진주장 수준의 중요왜곡표시위험에 대응하는 추가적인 감사절차를 설계하고 수행하는 근거를 제공하기 위하여 고유위험을 통제위험과 분리하여 평가할 것을 요구한다. (ISA 200-A44)

2.2 적발위험(Detection Risk)

적발위험 (ISA 200-13)

감사위험을 수용가능한 낮은 수준으로 감소시키기 위해 감사인이 수행하는 절차가 개별적으로 또는 다른 왜곡표시와 합칠 경우 중요할 수 있는 왜곡표시를 발견하지 못할 위험

주어진 수준의 감사위험에서 감사인이 수용가능한 적발위험의 수준은 경영진주장 수준의 평가된 중요왜곡표시위험과 어떤 관계에 있는가? 25 21

역의 관계에 있다. 예를 들어, 중요한 왜곡표시가 존재할 위험이 보다 크다고 감사인이 믿을수록, 수용가능한 적발위험은 더 작아야 하며 감사인은 보다 설득력 있는 감사증거를 필요로 한다. (ISA 200-A47)

적발위험을 감소시키는 데 도움이 되는 사항 (ISA 200-A48) 19

적발위험은 감사위험을 수용가능한 낮은 수준으로 감소시키기 위하여 감사인이 결정하는 감사절차의 성격, 시기 및 범위와 관계가 있다. 그러므로 적발위험은 감사절차와 그 적용에 대한 효과성의 함수이다. 다음과 같은 사항은 감사절차와 그 적용의 효과성을 높이는데 도움이 되고 감사인이 부적합한 감사절차를 선택하거나, 적합한 감사절차를 잘못 적용하거나, 감사결과를 잘못 해석할 가능성을 감소시키는 데 도움이 된다.

① 적절한 계획수립
② 업무팀원의 적절한 구성
③ 전문가적 의구심의 적용
④ 수행된 감사업무의 감독과 검토

적발위험은 감사인이 결정하는 감사절차의 성격, 시기 및 범위와 관계가 있다. 그렇다면 감사절차의 성격, 시기 및 범위를 조정하면 적발위험을 완전하게 제거할 수 있는가?

완전하게 제거할 수 없다. 적발위험은 감소될 수는 있어도, 감사의 고유한계 때문에 제거될 수는 없다. 어느 정도의 적발위험은 항상 존재할 것이다. (ISA 200-A49)

감사위험의 구성요소와 이들의 상호관계

(감사위험) AR	=	(고유위험 × 통제위험) IR × CR	×	(적발위험) DR

Q 감사위험이 고유위험, 통제위험 및 적발위험 상호간의 합(+)의 관계가 아닌 곱(×)의 관계(결합확률)로 표시되는 이유는 무엇인가?

고유위험, 통제위험 및 적발위험이 조건부 확률이기 때문이다. 즉, 통제위험은 주어진 고유위험을 전제로 정의되고 적발위험은 고유위험과 통제위험을 전제로 정의된다.

3 감사위험과 감사계획

3.1 감사위험모형(Audit Risk Model)

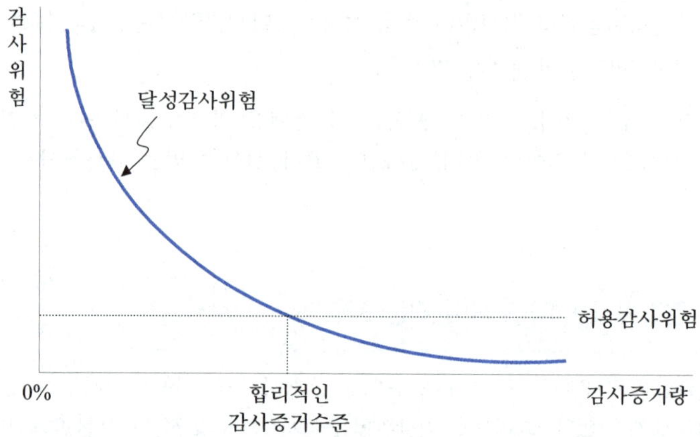

Q 감사인은 평가된 중요왜곡표시위험과 관계없이 중요한 각 거래유형과 계정잔액 및 공시에 대하여는 실증절차를 설계하고 수행하여야 한다. (ISA 330 - 18) 이러한 요구사항은 어떤 사실을 반영하는 것인가? 15 12

① 감사인의 위험평가에는 판단이 수반되므로 모든 중요왜곡표시위험이 식별되지 않을 수 있다.

② 경영진의 통제무력화 등 내부통제에 고유한계가 존재한다. (ISA 330 - A43)

3.2 허용감사위험과 합리적인 감사증거

달성감사위험과 허용감사위험

달성감사위험	감사받은 재무제표에 감사인이 발견하지 못한 중요한 왜곡표시가 존재할 가능성으로, 감사의 고유한계 때문에 완전히 제거될 수는 없다.
허용감사위험	감사인이 감수할 수 있는 감사위험에 대한 기준으로, 감사인은 달성감사위험이 허용감사위험 수준 이하로 달성될 수 있도록 감사계획을 수립한다.

Q 달성감사위험과 허용감사위험의 관계에 대해 서술하시오.

감사인은 달성감사위험이 허용감사위험 수준 이하로 달성될 수 있도록 감사계획을 수립한다. 만약 허용감사위험 이하로 감사위험을 낮추었다면 감사의 효과가 있다고 하며, 허용감사위험 이하로 감사위험을 낮추지 못하였다면 감사실패(audit failure)라고 한다.

허용감사위험과 합리적인 감사증거량 23

구 분	감사위험과 감사증거량
1. 합리적인 감사증거량 (허용감사위험 = 달성감사위험)	감사인이 감수하기로 한 허용감사위험만큼 감사위험을 달성할 수 있는 감사증거량이 가장 합리적인 수준이다.
2. 비효율적인 감사 (허용감사위험 > 달성감사위험)	감사위험을 허용감사위험 수준보다 낮게 달성하였을 경우를 비효율적인 감사라 한다.
3. 비효과적인 감사 (허용감사위험 < 달성감사위험)	감사위험을 허용감사위험 수준만큼도 달성하지 못하였을 경우를 비효과적인 감사 또는 감사실패라고 한다.

허용감사위험의 변경과 감사증거량 23

허용감사위험의 변경	감사증거량
높이는 경우	감 소(감사범위 축소)
낮추는 경우	증 가(감사범위 확대)

SECTION

02 중요성(Materiality)

1 중요성

1.1 중요성의 개념

중요성의 개념 (ISA 320-2)

재무보고체계는 종종 재무제표의 작성과 표시라는 관점에서 중요성의 개념을 논의한다. 재무보고체계에서 중요성은 상이한 용어들로 논의되기도 하지만, 일반적으로 다음과 같이 설명된다.

- 누락 등 왜곡표시가 개별적으로 또는 집합적으로 재무제표에 기초한 이용자의 경제적 의사결정에 영향을 미칠 것으로 합리적으로 예상될 수 있는 경우 중요하다고 간주한다.
- 중요성에 대한 판단은 주변 상황에 비추어 내려지며, 왜곡표시의 크기나 성격 또는 양자의 결합에 의해 영향을 받는다.
- 재무제표 이용자에게 중요한 사항인지 여부는 집단으로서 이용자들의 공통적인 재무정보 수요를 고려하여 판단한다. 개별 이용자별 정보 요구사항은 광범위하게 다양할 수 있으므로 왜곡표시가 특정의 개별 이용자에게 미치는 영향은 고려하지 않는다.

1.2 재무제표 이용자에 대한 감사인의 가정

재무제표 이용자에 대한 감사인의 가정 (ISA 320-4) 22 21

감사인의 중요성 결정은 전문가적 판단사항이며, 재무제표 이용자들의 재무정보 수요에 대한 감사인의 인식에 의해 영향을 받는다. 이러한 관점에서, 감사인은 재무제표 이용자에 대하여 다음과 같이 가정하는 것이 합리적이다.

- 이용자는 사업과 경제활동 및 회계에 대하여 합리적인 지식을 보유하고 있으며, 합리적인 주의를 기울여 재무제표에 담긴 정보를 연구하려는 의향을 가지고 있음
- 이용자는 재무제표가 중요성수준에서 작성, 표시되고 감사가 이루어지고 있다는 점을 이해하고 있음
- 이용자는 추정치의 사용, 판단 그리고 미래 사건들에 대한 고려에 기초한 금액 측정에 내재하는 불확실성을 인식하고 있음
- 이용자는 재무제표에 담긴 정보에 기초하여 합리적인 경제적 의사결정을 함

1.3 중요성의 적용시기

중요성 적용시기 (ISA 320 - 5)

21

중요성 개념은 다음의 시기에 적용된다.

- 감사인이 감사를 계획하고 수행할 때 : 수행중요성
- 식별된 왜곡표시가 감사에 미치는 영향과 미수정왜곡표시가 있는 경우 재무제표에 미치는 영향을 평가할 때
- 감사보고서에 표명할 의견을 형성할 때 적용된다.

Q. 재무제표감사를 수행할 때 감사인의 전반적인 목적은 재무제표가 전체적으로 부정이나 오류로 인하여 중요하게 왜곡표시 되지 아니하였는지에 대하여 합리적인 확신을 얻는 것이다. 이를 위해 중요성과 감사위험은 감사의 전 과정을 통하여 고려되는데, 감사기준서에서 제시하는 특히 고려되는 경우는 언제인가? (ISA 320 - A1)

① 중요왜곡표시위험의 식별과 평가

② 추가감사절차의 성격, 시기 및 범위의 결정

③ 미수정왜곡표시가 재무제표 및 감사의견 형성에 미치는 영향에 대한 평가

1.4 감사계획 수립시 중요성이 제공하는 정보

계획수립 시 중요성 설정이 제공하는 근거 (ISA 320 - 6)

감사계획 수립시, 감사인은 중요하다고 고려될 왜곡표시의 크기에 관한 판단을 내리게 된다. 이러한 판단은 다음 사항에 대한 근거를 제공한다.

① 위험평가절차의 성격, 시기 및 범위의 결정

② 중요왜곡표시위험의 식별과 평가

③ 추가감사절차의 성격, 시기 및 범위의 결정

Q. 감사계획을 수립할 때 결정된 중요성이, 미수정왜곡표시가 개별적으로 혹은 다른 금액과 합쳐져서 중요하지 않다고 항상 평가될 일정금액을 반드시 정하는 것인가?

아니다. 감사인은 왜곡표시와 관련된 상황에 따라서는 그 금액이 중요성에 미달되더라도 중요하다고 평가할 수 있다. 단지 그 성격만으로 중요할 수 있는 왜곡표시를 모두 발견하는 감사절차의 설계는 실행가능하지 않을 수도 있다. 그러나 공시의 잠재적인 왜곡표시의 성격에 대한 고려는 중요왜곡표시위험에 대응하는 감사절차의 설계와 관련성이 있다. 또한 감사인은 모든 미수정왜곡표시가 재무제표에 미치는 영향을 평가할 때 미수정왜곡표시의 크기뿐 아니라 그 성격, 그리고 그러한 미수정왜곡표시가 발생한 특수한 상황도 고려한다. (ISA 320 - 6)

2 중요성수준의 설정

2.1 재무제표 전체에 대한 중요성수준

감사계획 수립 시 중요성의 결정 (ISA 320-10) 21

- 감사인은 전반감사전략을 수립할 때 재무제표 전체에 대한 중요성을 결정해야 한다.
- 해당 기업의 특정한 상황에서, 하나 이상의 특정 거래유형, 계정잔액 혹은 공시에 대하여 재무제표 전체에 대한 중요성보다 작은 왜곡표시가 재무제표에 기초한 이용자의 경제적 의사결정에 영향을 줄 것이라고 합리적으로 예상되는 경우, 감사인은 이러한 특정 거래유형, 계정잔액 혹은 공시에 적용되는 중요성 수준도 결정하여야 한다.

재무제표 전체중요성의 결정

재무제표 전체중요성 = 벤치마크 × 일정비율(%)

재무제표 전체에 대한 중요성수준을 결정할 때 고려하는 요소 (ISA 320-A4) 20

중요성의 결정에는 전문가적 판단이 수반된다. 재무제표 전체에 대한 중요성 결정의 출발점으로, 백분율이 종종 특정의 선택된 벤치마크로 적용된다. 적합한 벤치마크의 식별에 영향을 미칠 수 있는 요인들은 다음과 같다.

- 재무제표의 요소(예 자산, 부채, 자본, 수익, 비용)
- 특정 기업의 재무제표 이용자가 중점을 둘 가능성이 높은 항목들이 존재하는지 여부(예 이용자는 재무성과의 평가를 위하여 이익, 매출 또는 순자산에 중점을 둘 수 있을 것이다)
- 기업의 성격, 기업 수명주기상의 위치 그리고 기업이 속한 산업 및 경제 환경
- 기업의 소유구조와 자본조달방법(예 어떤 기업이 자본이 아닌 부채만으로 자금을 조달한다면, 이용자는 기업의 이익보다는 자산 및 이에 대한 청구권에 더욱 중점을 둘 것이다)
- 벤치마크의 상대적 변동성

Q 영리기업의 경우 어떤 벤치마크가 적합할 수 있는가? 14

영리기업의 경우 종종 법인세비용차감전계속영업이익이 사용된다. 법인세비용차감전계속영업이익의 변동성이 크다면 매출총이익이나 총매출처럼 다른 벤치마크금액이 보다 적합할 수 있다. (ISA 320-A5)

특정기업의 재무제표 전체에 대한 중요성이 최초의 출발점으로 법인세비용차감전계속영업이익의 백분율로 결정되는 경우, 해당 이익의 예외적인 증감이 야기되고 있는 상황에서는 중요성 수준을 어떻게 결정하는 것이 합리적인가? 24 21

과거 실적에 기초하여 정상적 수준으로 조정된 법인세비용차감전계속영업이익 수치를 사용하여 재무제표 전체의 중요성을 결정하는 것이 보다 적합하다고 결론을 내릴 수 있다. (ISA 320-A6)

중요성수준은 감사인의 판단기준이므로 감사인별로 중요성수준이 상이하다. 모든 감사인에게 공통적으로 적용되는 통일된 중요성 기준을 마련하지 못하는 이유는 무엇인가?

① 감사인마다 감사실패가능성에 대한 위험회피도가 상이하기 때문이다.

② 감사인의 판단기준은 객관적인 양적기준 뿐만 아니라 주관적인 질적기준도 고려해야 하기 때문에 주관적인 요소에 대하여는 통일된 기준을 마련하기가 어렵기 때문이다.

2.2 특정 거래유형과 계정잔액 및 공시에 대한 중요성수준

특정 거래유형, 계정잔액 또는 공시에 대한 중요성 (ISA 320-10)

기업의 특정한 상황에서, 하나 이상의 특정 거래유형, 계정잔액 혹은 공시에 대하여 재무제표 전체에 대한 중요성보다 작은 왜곡표시가 재무제표에 기초한 이용자의 경제적 의사결정에 영향을 줄 것이라고 합리적으로 예상되는 경우, 감사인은 이러한 특정 거래유형, 계정잔액 혹은 공시에 적용되는 중요성 수준도 결정하여야 한다.

특정 거래유형, 계정잔액, 공시 관련 중요성의 존재여부 판단 시 고려요소 (ISA 320-A11, A12)

왜곡표시가 재무제표 전체의 중요성보다는 작지만, 재무제표를 근거로 한 이용자의 경제적 의사결정에 영향을 미칠 것이라고 합리적으로 예상될 수 있는 특정 거래유형, 계정잔액 또는 공시가 하나 이상 존재하고 있다는 것을 나타낼 수 있는 요인에는 다음이 포함된다.

- 법규 또는 해당 재무보고체계가 어떤 항목(예 특수관계자와의 거래, 경영진과 지배기구에 대한 보상, 추정불확실성이 높은 공정가치 회계 추정치에 대한 민감도 분석)의 측정이나 공시에 대한 이용자의 기대에 영향을 미치는지 여부
- 기업이 속한 산업에 관련된 주요 공시(예 제약회사의 연구개발비)
- 재무제표에 별도로 공시되는 회사사업의 특정측면에 주의가 집중되는지 여부(예 부문이나 유의적인 사업결합에 대한 공시)

감사인은 기업의 특정 상황에서 이러한 거래유형과 계정잔액 및 공시가 존재하는지 고려할 때, 지배기구 및 경영진의 시각과 기대를 이해하는 것이 유익할 것이다.

2.3 수행중요성(Performance Materiality)

수행중요성의 정의(설정 목적) (ISA 320-9)

22 21 14

감사기준에서 사용되는 수행중요성이란 미수정왜곡표시와 미발견왜곡표시의 합계가 재무제표 전체의 중요성을 초과할 확률을 적절하게 낮은 수준으로 감소시키기 위해 감사인이 재무제표 전체의 중요성 보다 작게 설정하는 금액을 의미한다. 또 어떤 경우에는, 감사인이 특정 거래유형과 계정잔액 및 공시에 대한 중요성 수준(들)보다 작게 설정한 금액을 말하기도 한다.

감사계획 수립 시 수행중요성의 결정 (ISA 320-11, A13)

- 감사인은 중요왜곡표시위험을 평가하고 추가감사절차의 성격, 시기 및 범위를 결정하기 위하여 수행중요성을 결정하여야 한다.
- 수행중요성의 결정은 단순한 기계적 계산이 아니라 전문가적 판단이 수반되는 것이다. 수행중요성의 결정은 감사인의 위험평가절차의 수행 중 갱신된 기업에 대한 이해, 과거의 감사에서 식별된 왜곡표시의 성격과 범위 그리고 이에 따른 당기의 왜곡표시와 관련된 감사인의 예상에 영향을 받는다.

2.4 명백하게 사소한 기준금액(Clearly Trivial)

명백하게 사소한 금액 (ISA 450-A2, A3)

22

- 감사인은 각 재무제표상 금액의 왜곡표시가 일정 금액에 미달하며, 이 항목이 명백하게 사소할(clearly trivial) 것이고 또한 그 합계금액이 재무제표에 중요한 영향을 미치지 않을 것이 명백하다고 예상되므로 그 왜곡표시의 집계도 불필요할 것이라고 판단하는 일정 금액을 지정할 수 있다.
- "명백하게 사소하다(clearly trivial)"는 것은 "중요하지 않다(not material)"와 동일한 표현이 아니다.
- 명백하게 사소한(clearly trivial) 왜곡표시는 중요한 것으로 판단되는 왜곡표시와는 전적으로 다른 (즉, 더 작은) 차원의 규모이거나 전적으로 다른 성격이며, 개별적으로나 집합적으로 보거나, 혹은 크기, 성격 또는 상황의 어느 기준으로 판단하더라도 명백하게 영향이 미미한 왜곡표시일 것이다.
- 하나 이상의 항목이 명백하게 사소한지(clearly trivial) 여부에 대하여 어떤 불확실성이 존재한다면, 이는 명백하게 사소한(clearly trivial) 왜곡표시가 아니라고 판단한다.
- 명백하게 사소한 금액은 식별된 왜곡표시에 집계되지 않으며, 따라서 경영진의 서면진술에도 포함하지 않는다.

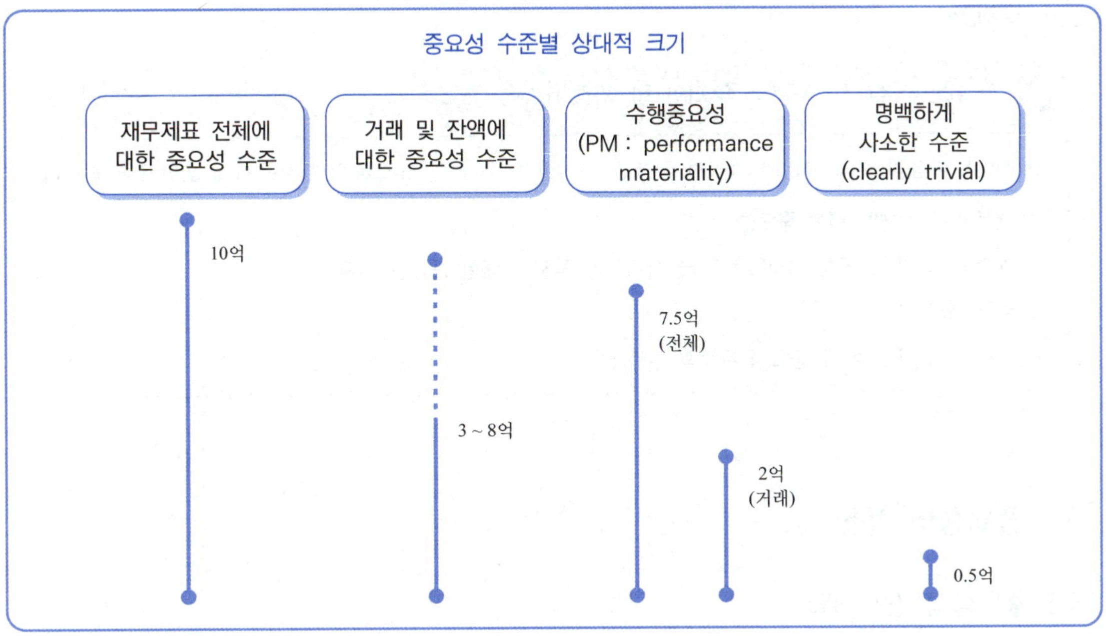

2.5 중요성수준의 수정

중요성 수정이 필요하다고 판단할 수 있는 상황 (ISA 320-A14) 11

재무제표 전체에 대한 중요성(해당되는 경우, 특정 거래유형과 계정잔액 및 공시에 대한 중요성 수준)은 감사 중에 발생된 ① 상황의 변화(예 주요사업의 처분결정), ② 새로운 정보 또는 추가감사절차의 수행에 따른 ③ 기업과 사업에 대한 이해의 변화에 따라 수정될 필요성이 생길 수도 있다. (예를 들어, 감사인은 감사 중에 실제의 재무결과가 재무제표 전체에 대한 중요성을 결정하기 위하여 처음 사용된 연간 재무결과의 예측치와 상당히 차이가 있을 것 같다면 최초 중요성을 수정한다.)

전체중요성 수준의 수정 시 수행해야 할 감사절차 (ISA 320-13) 14

감사인은 재무제표 전체에 대한 중요성(해당되는 경우, 특정 거래유형과 계정잔액 및 공시에 대한 중요성 수준)을 최초에 결정한 중요성보다 **낮추는** 것이 적합하다고 결정한 경우, ① **수행중요성을 수정하는 것이 필요한지** 그리고 ② **추가감사절차의 성격, 시기 및 범위가 여전히 적합한지 여부를 결정**하여야 한다.

Q 감사기준에서 중요성 수준을 종전보다 낮추는 것에 대해서만 고려할 것을 규정하고 있는 이유는 무엇인가?

중요성 수준은 감사계획을 수립할 때 매우 중요한 요소이지만 이를 설정할 때 고려하는 요소와 그 과정은 완전할 정도로 세밀하지는 못하기 때문이다. 따라서 일부 정보가 추가되더라도 중요성 수준을 높이는 것은 위험하다.

2.6 문서화

중요성 수준과 관련하여 문서화 할 사항 (ISA 320-14) 21

감사인은 다음의 금액 그리고 그러한 금액을 결정할 때 고려한 요소들을 감사문서에 포함하여야 한다.

(a) 재무제표 전체에 대한 중요성

(b) 해당되는 경우, 특정 거래유형과 계정잔액 및 공시에 대한 중요성 수준

(c) 수행중요성

(d) 감사의 진행에 따른 중요성 수준의 수정내용

3 중요성의 적용

3.1 중요성과 감사계획

중요성과 감사계획

중요성수준	감사계획 (감사증거량)
높게 설정한 경우	실증절차 축소(감사증거량 축소)
낮게 설정한 경우	실증절차 확대(감사증거량 확대)

3.2 중요성과 감사의견

중요성과 감사의견

구 분	내 용
감사결과의 평가 (미수정왜곡 표시의 평가)	① 미수정왜곡표시(감사범위제한 포함) ≥ 재무제표 전체 중요성 중요함 but 전반적이지 않음 : 경영진이 수정거부하면 한정의견 ② 미수정왜곡표시(감사범위제한 포함) ≫ 재무제표 전체 중요성 중요함 & 전반적임 : 경영진이 수정거부하면 부적정의견 또는 의견거절 ③ 미수정왜곡표시(감사범위제한 포함) < 재무제표 전체 중요성 중요하지 않음 : 경영진이 수정 거부하더라도 적정의견

SECTION

03 기업과 기업환경에 대한 이해와 중요왜곡표시위험의 식별 및 평가

용어의 정의 (ISA 315 – 12)

- (경영진)주장 – 경영진이 재무제표가 해당 재무보고체계에 따라 작성되었다고 진술하는데 내재되어 있는, 재무제표상 정보의 인식, 측정, 표시 및 공시와 관련된 명시적이거나 그렇지 아니한 진술. 경영진주장은 감사인이 중요왜곡표시위험을 식별하고 평가할 때, 감사인이 발생가능한 서로 다른 형태의 잠재적 왜곡표시를 고려하는 데 사용된다.
- 사업위험 – 기업의 목적을 달성하고 경영전략을 집행하는 능력에 부정적인 영향을 줄 수 있는 유의적 상황, 사건, 환경, 행동하거나 행동하지 않음으로 인하여 발생하는 위험 또는 기업이 부적합한 목적과 전략을 수립하여 발생하는 위험
- 통제 – 경영진 또는 지배기구의 통제목적을 달성하기 위해 수립된 정책이나 절차.
  ① 정책은 통제 목적을 달성하기 위하여 기업 내에서 해야할 일 또는 하지 말아야 할 일을 제시한 것이다. 이는 문서화될 수도 있고, 커뮤니케이션 과정에서 명시적으로 언급될 수도 있고, 행위와 의사결정을 통해 암묵적으로 제시될 수도 있다.
  ② 절차는 정책을 실행하기 위한 행위이다.
- 고유위험요소 – 통제를 고려하기 전에 부정 또는 오류로 인하여 거래유형, 계정잔액 또는 공시에 대한 경영진주장이 왜곡표시될 가능성에 영향을 미치는 사건이나 상황의 특성. 그러한 요소는 질적이거나 양적일 수 있으며 복잡성, 주관성, 변화, 불확실성 또는 경영진 편의로 인한 왜곡표시 가능성이나 고유위험에 영향을 미치는 한 기타 부정위험요소를 포함한다.
- 관련경영진주장 – 거래유형, 계정잔액 또는 공시에 대한 경영진주장 중에 중요왜곡표시위험이 식별된 경영진주장. 어떤 경영진주장이 관련경영진주장인지는 관련 통제를 고려하기 전에 결정한다(즉 고유위험).
- 위험평가절차 – 재무제표 및 경영진주장 수준에서 부정이나 오류로 인한 중요왜곡표시위험을 식별하고 평가하기 위하여 수행하는 감사절차
- 유의적인 거래유형, 계정잔액 또는 공시 – 하나 이상의 관련경영진주장이 있는 거래유형, 계정잔액 또는 공시.
- 유의적 위험 – 식별된 중요왜곡표시위험으로
  ① 고유위험요소가 왜곡표시의 발생가능성과 왜곡표시가 발생했을 때 그 규모의 결합에 영향을 미치는 정도로 인하여 고유위험의 평가가 고유위험의 범위의 상단에 가까운 위험 또는
  ② 타 감사기준서의 요구사항에 따라 유의적 위험으로 다루는 위험이다.

1 기업과 기업환경, 재무보고체계 및 내부통제시스템에 대한 이해

감사인이 기업과 기업환경을 이해해야 하는 시점은 언제인가? 25

기업과 기업환경, 해당 재무보고체계 및 기업의 내부통제시스템에 대한 이해는 정보를 수집, 갱신 및 분석하는 동적이고 반복적인 절차이며 감사 전반에 걸쳐 계속된다. 따라서 감사인의 기대는 새로운 정보가 입수되면서 변경될 수 있다. (ISA 315-A48)

기업과 기업환경 및 해당 재무보고체계의 이해가 요구되는 이유 (ISA 315-A50, A51) 11

감사계약체결단계	감사업무(고객)를 수용 또는 유지(client acceptance or continuance)할 것인지 여부를 결정
감사계획수립단계 및 감사 전반	기업과 기업환경 및 해당 재무보고체계에 대한 감사인의 이해는 감사인이 기업에 관련된 사건과 상황을 이해하고 해당 재무보고체계에 따라 재무제표를 작성하는 데 있어 경영진주장의 왜곡표시 가능성에 고유위험요소가 어떻게 그리고 어느 정도 영향을 주는지를 식별하는 데 도움을 준다. 그러한 정보는 감사인이 중요왜곡표시위험을 식별하고 평가하는 준거체계를 설정한다. 이러한 준거체계는 또한 감사인이 감사를 계획하고 감사 전반에 걸쳐 전문가적 판단과 전문가적 의구심을 행사하는 데 도움을 준다. 그러한 상황의 예는 다음과 같다. • 부정위험, 또는 회계추정치에 관한 위험에 따른 재무제표의 중요왜곡표시위험을 식별하고 평가할 때 • 재무제표에 중요한 영향이 있을 수 있는 법규 미준수사항을 식별하는 데 도움이 되는 절차를 수행할 때 • 재무제표가 충분한 공시를 제공하는지 여부를 평가할 때 • 중요성 또는 수행중요성을 결정할 때 • 회계정책의 선택과 적용의 적합성과 재무제표 공시의 충분성을 고려할 때
추가감사절차의 계획 및 수행단계	기업과 기업환경 및 해당 재무보고체계에 대한 감사인의 이해는 감사인이 추가감사절차를 어떻게 계획하고 수행할지도 알려준다. 그러한 상황의 예는 다음과 같다. • 분석적절차를 수행할 때 사용할 기대치를 도출할 때 • 충분하고 적합한 감사증거를 입수하기 위한 추가감사절차를 설계하고 수행할 때 • 입수한 감사증거(예: 가정 또는 경영진의 구두진술 및 서면진술과 관련된)의 충분성과 적합성을 평가할 때

1.1 기업과 기업환경 및 해당 재무보고체계의 이해

기업과 기업환경 및 재무보고체계와 관련하여 이해해야 할 사항 (ISA 315-19, 20) 25

감사인은 다음을 이해하기 위하여 위험평가절차를 수행하여야 한다.

① 기업과 기업환경의 다음과 같은 측면:

(i) 기업의 조직구조, 소유 및 지배구조, 그리고 기업의 사업모델(사업모델에 IT의 사용이 통합된 정도를 포함)

(ii) 산업적 요인, 규제적 요인 및 기타 외부적 요인

(iii) 내외부적으로 기업의 재무성과를 평가하는 데 사용되는 측정치

② 해당 재무보고체계와 기업의 회계정책 및 변경 시 그 이유(감사인은 기업의 회계정책이 적합하며 해당 재무보고체계와 일관되는지를 평가하여야 한다.)

③ ①과 ②에서 얻은 이해를 기초로 하였을 때, 해당 재무보고체계에 따른 재무제표의 작성에 있어 고유위험요소가 경영진주장의 왜곡표시 가능성에 어떻게 영향을 미치는지 그리고 영향을 미치는 정도

기업의 조직구조와 소유권에 대한 이해 (ISA 315 - A56)

기업의 조직구조와 소유권에 대한 이해는 감사인이 다음과 같은 사항들을 이해할 수 있게 한다.

- 기업 구조의 복잡성
- 소유권과, 소유주와 특수관계자를 포함한 다른 사람 또는 다른 기업과의 관계. 이에 대한 이해는 특수관계자와의 거래가 적합하게 식별되고 회계처리 되었으며 재무제표에 적절하게 공시되었는지를 결정하는 데 도움을 준다.
- 소유주, 지배기구 및 경영진 간의 구분
- 기업의 IT환경의 구조와 복잡성

Q 감사인이 지배구조를 이해하는 이유는 무엇인가?

기업의 지배구조에 대한 이해는 감사인이 내부통제시스템에 대한 적절한 감시를 하는 기업의 능력을 이해하는 데 도움을 준다. 그러나 이러한 이해는 또한 미비점의 증거를 제공할 수 있으며 중요왜곡표시위험에 대한 기업의 재무제표의 취약성이 증가함을 나타낼 수 있다. (ISA 315 - A59)

Q 기업의 지배구조에 대한 이해를 할 때 감사인이 고려할 수 있는 관련 사항은 무엇인가?

① 지배기구의 일부 혹은 모두가 기업의 경영에 관여하는지 여부

② 비집행임원이사회의 존재와, 존재하는 경우, 집행임원과의 구분

③ 지배기구가 이사와 같은 기업의 법적 구조에 필수적인 직책을 맡고 있는지 여부

④ 감사위원회와 같은 지배기구의 하위그룹의 존재와 그러한 그룹의 책임

⑤ 재무제표의 승인을 포함한 재무보고의 감시에 대한 지배기구의 책임 (ISA 315 - A60)

Q 감사인이 기업의 사업모델을 이해하는 이유는 무엇인가?

기업의 목적, 전략 및 사업모델에 대한 이해는 감사인이 기업을 전략적 수준에서 이해하고 기업이 감수하고 직면하는 사업위험을 이해하는 데 도움을 준다. 재무제표에 영향을 미치는 사업위험을 이해하는 것은, 대부분의 사업위험이 결국에는 재무적 결과를 가지며 따라서 재무제표에 영향을 주기 때문에, 감사인이 중요왜곡표시위험을 식별하는 데 도움을 준다. (ISA 315-A61)

기업의 사업모델에 대한 이해 (ISA 315-A62)

사업모델의 모든 측면들이 감사인의 이해에 관련되는 것은 아니다. 사업위험은 재무제표의 중요왜곡표시위험을 포함하고 있지만 사업위험이 보다 광범위하다. 모든 사업위험이 중요왜곡표시위험을 초래하는 것은 아니기 때문에 감사인이 모든 사업위험을 식별하고 평가할 책임은 없다.

중요왜곡표시위험의 가능성을 증가시키는 사업위험을 초래하는 사항 (ISA 315-A63)

중요왜곡표시위험의 가능성을 증가시키는 사업위험을 초래하는 사항들은 다음과 같다.

- 부적절한 목적이나 전략, 비효과적인 전략의 실행, 변경 또는 복잡성
- 변화의 필요성을 인식하지 못하면 다음의 예와 같은 사업위험을 초래할 수 있다.
  - 실패할 가능성이 있는 신제품이나 새로운 서비스의 개발
  - 성공적인 개발에도 불구하고 제품과 서비스를 뒷받침하기에 부적절한 시장
  - 배상책임 또는 평판위험을 초래할 수 있는 제품 및 서비스상의 결함
- 경영진에 대한 동기와 압력. 이는 의도적이거나 의도적이지 않은 경영진 편의로 이어질 수 있으며 따라서 경영진이나 지배기구의 유의적인 가정과 기대의 합리성에 영향을 준다.

산업적 요인, 규제적 요인 및 기타 외부적 요인 (ISA 315-A68~A70, A73)

산업적 요인	• 기업의 관련 산업적 요인에는 경쟁 환경, 공급자와 소비자와의 관계, 기술개발과 같은 산업 상황이 포함된다. 감사인이 고려할 사항들은 예를 들어 다음과 같다. – 수요, 생산능력 및 가격 경쟁 등 시장과 경쟁상황 – 순환적 또는 계절적 활동 – 기업의 제품과 관련된 기술 – 에너지의 수급과 원가 • 기업이 속해 있는 산업은 사업의 성격 또는 규제의 정도에 따라 특정의 중요왜곡표시위험을 발생시킬 수 있다. 예를 들어, 건설산업에서 장기계약은 수익과 비용에 대한 유의적 추정 문제를 발생시켜 중요왜곡표시위험을 야기할 수 있다. 이러한 경우, 업무팀에는 관련 지식과 경험이 충분한 팀원을 포함시키는 것이 중요하다.

규제적 요인	• 관련 규제적 요인에는 규제환경이 포함된다. 규제환경은 특히 해당 재무보고체계 그리고 법적, 정치적 환경과 그 변화를 포괄한다. 감사인이 고려할 사항은 예를 들어 다음과 같다. – 규제산업에서의 규제 체계. 예를 들면 건전성 요건(관련 공시 포함) – 기업경영에 유의적인 영향을 미치는 법규. 예를 들면 노동법규 – 세법 및 조세 규정 – 기업경영에 현재 영향을 미치는 정부 정책. 예를 들면 외환규제 등 통화정책, 재정정책, 재무적 인센티브(예: 정부보조금 제도)와 관세 또는 무역규제 정책 – 해당 산업과 기업의 경영에 영향을 미치는 환경 관련 요구사항
기타 외부적 요인	• 기업에 영향을 미치는 기타 외부적 요인으로서 감사인이 고려할 사항은, 예를 들어 일반적인 경제여건, 이자율과 자금조달 가능성, 인플레이션 또는 통화재평가가 있다.

Q 감사인이 기업의 재무성과를 평가하는 데 사용하는 측정치를 이해하는 이유는 무엇인가?

① 기업의 측정치에 대한 이해는 감사인이 그러한 측정치가 내부에서 사용되는지 외부에서 사용되는지 관계없이 기업에 성과 목표를 달성하도록 하는 압력을 가하는지 여부를 고려하는데 있어 도움을 준다. 이러한 압력은 경영진이 경영진 편의 또는 부정으로 인한 왜곡표시가능성을 증가시키는 행동을 취할 동기를 제공할 수 있다. (예: 사업성과를 개선시키거나 재무제표를 의도적으로 왜곡시킴) (ISA 315-A74)

② 측정치는 감사인에게 또한 재무제표 정보에 관한 중요왜곡표시위험의 가능성을 나타낼 수 있다. 예를 들어 성과측정치가 기업이 동종산업의 다른 기업과 비교했을 때 비경상적으로 빠르게 성장하거나 수익성이 높음을 나타낼 수 있다. (ISA 315-A75)

재무성과를 평가하는 데 사용되는 핵심 지표 (ISA 315-A77)

재무성과를 평가하는 데 사용되는 핵심 지표의 예는 다음과 같다.

① 주요 성과지표(재무적, 비재무적)와 주요 비율, 추세, 운영상의 통계

② 기간별 재무성과분석

③ 예산, 예측, 차이분석, 부문정보, 사업부나 부서 또는 기타 수준의 성과보고서

④ 종업원 성과측정 및 성과보상정책

⑤ 경쟁기업과의 성과 비교

기업의 재무보고체계와 회계정책에 대한 감사인의 이해 (ISA 315-A82)

기업의 해당 재무보고체계와 이를 기업과 기업환경의 성격과 상황의 관점에서 어떻게 적용하는지를 이해할 때 감사인이 고려할 사항에는 다음과 같은 사항이 포함된다.

- 해당 재무보고체계 관점에서 기업의 재무보고 실무. 예를 들면 다음과 같은 사항
  - 회계원칙과 산업 특유의 실무. 산업 특유의 유의적인 거래유형, 계정잔액 및 재무제표의 관련 공시(예를 들어, 은행의 대출채권과 투자자산 또는 제약회사의 연구개발비) 포함
  - 수익인식
  - 신용손실을 포함한 금융상품에 대한 회계처리
  - 외화자산, 외화부채 및 외환거래
  - 비경상적이거나 복잡한 거래에 대한 회계처리. 논란이 있거나 새로 대두된 분야(예: 가상화폐에 대한 회계처리) 포함
- 기업의 회계정책의 선택과 적용(회계정책의 변경과 그 이유 포함)에 대한 이해는 다음과 같은 사항을 포함할 수 있다.
  - 기업이 유의적이고 비경상적인 거래를 인식, 측정, 표시 및 공시하는 방법
  - 논란이 있거나 새로 대두되는 분야에서 권위있는 지침이나 합의가 없는 경우, 유의적인 회계정책의 영향
  - 해당 재무보고체계의 변경이나 세제개편과 같이 기업의 회계정책의 변경을 필요로 하는 환경의 변화
  - 해당 기업에 새로 적용되는 재무보고기준 및 법규, 그리고 기업이 해당 요구사항을 언제 어떻게 채택할 것인지에 관한 사항

1.2 기업의 내부통제(The Entity's Internal Control)

내부통제의 목적 및 구성요소

구 분	내 용
내부통제의 목 적	① Reliability of financial reporting 재무정보의 신뢰성 확보(재무보고목적) : 회사가 정확하고 신뢰할 수 있는 재무정보의 작성 및 보고체계를 유지하고 있다. ② Effectiveness and efficiency of operations 기업운영의 효과성과 효율성 확보(운영목적) : 회사가 업무를 수행함에 있어 자원을 효과적이고 효율적으로 사용하고 있다. ③ Compliance with applicable laws and regulations 관련 법규의 준수(법규준수목적)
내부통제의 구 성 요 소	① 통제환경(Control environment) ② 기업의 위험평가절차(Entity's risk assessment process) ③ 정보시스템과 커뮤니케이션(Information system and communication) ④ 통제활동(Control activities) ⑤ 통제의 모니터링(Monitoring of controls)

2 위험평가절차 및 관련 활동

2.1 위험평가절차 및 관련 활동의 목적

위험평가절차 및 관련 활동의 목적 (ISA 315-13)

감사인은 다음에 대한 적합한 근거를 제공하는 감사증거를 입수하기 위하여 위험평가절차를 설계하고 수행하여야 한다.

(a) 재무제표 수준과 경영진주장 수준에서 부정이나 오류로 인한 중요왜곡표시위험의 식별과 평가

(b) 추가감사절차의 설계

감사인은 확인하는 감사증거를 입수하려 하거나 상반되는 감사증거를 배제하려 하는 방향으로 치우치지 않게 편향되지 않는 방식으로 위험평가절차를 설계하고 수행하여야 한다.

Q 편향되지 않은 방식으로 위험평가절차를 설계하고 수행하는 것이 중요한 이유는 무엇인가?

감사인이 잠재적으로 상반되는 정보를 식별하는 데 도움을 줄 수 있으며, 이것은 감사인이 중요왜곡표시위험의 식별과 평가에 전문가적 의구심을 행사하는 데 도움을 줄 수 있다. (ISA 315-A14)

2.2 위험평가절차

위험평가절차 (ISA 315-14) 23 18 14 11

위험평가절차에는 다음이 포함되어야 한다.

① 경영진, (내부감사기능이 존재하는 경우) 내부감사기능 내의 담당자를 포함한 기업 내부의 기타 적절한 관련자에 대한 질문

② 분석적절차

③ 관찰과 검사

위험평가절차 수행 시 고려해야 할 정보 (ISA 315-15, 16)

위험평가절차를 위해 감사증거를 입수할 때 감사인은 다음 원천의 정보를 고려하여야 한다.

① 고객관계 또는 감사업무의 수용 또는 유지에 대한 감사인의 절차

② 해당되는 경우, 해당 기업에 대해 업무수행이사가 수행한 다른 업무

감사인이 기업에 대한 과거의 경험 그리고 과거의 감사에서 수행된 감사절차로부터 얻은 정보를 이용하고자 하는 경우, 감사인은 그러한 정보가 당기 감사를 위한 감사증거로서 여전히 관련성이 있고 신뢰할 수 있는지 평가하여야 한다.

3 중요왜곡표시위험의 수준

감사인이 평가할 중요왜곡표시위험의 수준 (ISA 315-28) 20 14

감사인은 중요왜곡표시위험을 식별하고 해당 위험이 다음 중 어느 수준에서 존재하는지 결정하여야 한다.

① 재무제표 수준	재무제표 수준의 중요왜곡표시위험은 재무제표 전체에 전반적으로 관련된 위험을 말하며, 잠재적으로 다수의 경영진주장에 영향을 미친다. (ISA 315-A195) 재무제표 수준의 중요왜곡표시위험에 대한 감사인의 식별과 평가는 기업의 내부통제시스템에 대한 이해의 영향을 받으며, 특히 통제환경, 기업의 위험평가절차 및 내부통제시스템을 모니터링하는 기업의 절차, 기업의 정보시스템 및 커뮤니케이션, 기업의 내부통제시스템의 구성요소에 대해 식별된 모든 통제 미비점에 대한 이해에 영향을 받는다. 특히 재무제표 수준의 위험은 통제환경의 미비점이나 경제상황의 침체와 같은 외부사건이나 상황에서 발생할 수 있다. (ISA 315-A196) 부정으로 인한 중요왜곡표시위험은 재무제표 수준의 중요왜곡표시위험에 대한 감사인의 고려와 특히 관련될 수 있다. (ISA 315-A197)
② 거래유형, 계정잔액 및 공시에 대한 경영진주장 수준	재무제표에 전반적으로 관련되지 않은 중요왜곡표시위험은 경영진주장 수준의 중요왜곡표시위험이다. (ISA 315-A201)

Q 감사인이 재무제표 수준의 중요왜곡표시위험을 식별하고 평가하는 이유는 무엇인가?

① 감사인은 위험이 재무제표에 전반적인 영향을 주는지 그리고 전반적인 대응을 요구하는지 여부를 결정하기 위하여 재무제표 수준의 중요왜곡표시위험을 식별한다. (ISA 315-A193)

② 재무제표 수준의 중요왜곡표시위험은 또한 개별 경영진주장에 영향을 미치며 이러한 위험을 식별하는 것은 감사인이 경영진주장 수준의 중요왜곡표시위험을 식별하고 식별된 위험에 대처하는 추가감사절차를 설계하는 데 도움을 준다. (ISA 315-A194)

Q 다수의 경영진주장에 영향을 미치는 재무제표 수준의 위험은 거래유형과 계정잔액 및 공시 수준의 특정 경영진주장에서 반드시 식별될 수 있는가?

재무제표 전체 수준의 위험은 거래유형과 계정잔액 및 공시 수준의 특정 경영진주장에서 반드시 식별될 수 있는 위험이 아니다(예: 경영진의 통제무력화 위험). 그보다 이러한 위험은 경영진주장 수준의 중요왜곡표시위험이 전반적으로 증가될 수도 있는 상황을 나타낸다. (ISA 315-A195)

재무제표 수준의 중요왜곡표시위험 사례 (ISA 315-A195, A198)

- 계속기업가정의 회계처리 : 기업이 영업손실과 유동성 문제를 겪고 있으며 아직 확보되지 않은 자금조달에 의존하고 있다. 그러한 상황에서 감사인은 계속기업가정의 회계처리가 재무제표 수준의 중요왜곡표시위험을 야기한다고 판단할 수 있다. 이런 경우 회계체계는 청산기준을 사용하여 적용될 필요가 있을 수 있으며 이것은 모든 경영진주장에 전반적으로 영향을 줄 것이다.
- 통제환경 : 기업의 통제환경을 평가한 결과 감사인은 기업 경영진의 성실성에 대하여 우려할 수 있으며, 그 우려가 매우 심각하여 경영진이 재무제표를 왜곡표시할 위험이 감사를 수행할 수 없을 정도라고 결론짓게 될 수 있다.
- 정보시스템과 커뮤니케이션 : 기업의 정보시스템과 커뮤니케이션에 대한 평가 결과, IT 환경의 유의적인 변화가 경영진이나 지배기구의 감시 없이 부실하게 관리되었다고 결정할 수 있다. 감사인은 기업의 회계기록의 상태와 신뢰성에 유의적인 우려가 있다고 결론지을 수 있다. 그러한 상황에서 감사인은 재무제표에 대한 적정의견을 뒷받침할 수 있는 충분하고 적합한 감사증거의 입수가 가능할 것 같지 않다고 결론을 내릴 수 있다.

4 중요왜곡표시위험의 식별과 평가

4.1 재무제표 수준의 중요왜곡표시위험의 평가

재무제표 수준의 중요왜곡표시위험의 평가 (ISA 315-30) 24

식별된 재무제표 수준의 중요왜곡표시위험에 대하여 감사인은 위험을 평가하고 다음 절차를 수행하여야 한다.

① 그러한 위험이 경영진주장 수준의 위험 평가에 영향을 주는지 결정한다.

② 재무제표에 미치는 전반적인 영향의 성격과 규모를 평가한다.

4.2 경영진주장 수준의 중요왜곡표시위험의 평가

고유위험의 평가 과정에서 감사인이 고려해야 하는 사항 (ISA 315-31) 24

식별된 경영진주장 수준의 중요왜곡표시위험에 대하여 감사인은 왜곡표시의 발생가능성과 규모를 평가함으로써 고유위험을 평가하여야 한다. 그 과정에서 감사인은 다음을 고려하여야 한다.

① 고유위험요소가 관련경영진주장의 왜곡표시 가능성에 영향을 미치는 방법과 그 정도

② 재무제표 수준의 중요왜곡표시위험이 경영진주장 수준의 중요왜곡표시위험의 고유위험 평가에 영향을 미치는 방법과 그 정도

Q 고유위험을 평가하는 과정에서 감사인이 결정해야 하는 사항은 무엇인가?

① 감사인은 평가된 중요왜곡표시위험 중에서 유의적 위험이 있는지 결정하여야 한다. (ISA 315 - 32)

② 감사인은 경영진주장 수준의 중요왜곡표시위험 중 실증절차만으로는 충분하고 적합한 감사증거를 제공할 수 없는 위험이 있는지 결정하여야 한다. (ISA 315 - 33)

고유위험요소의 이해 (ISA 315 - 보론2)

고유위험요소는 통제를 고려하기 전에 거래유형, 계정잔액 또는 공시에 대한 경영진주장이 부정이나 오류로 인하여 왜곡표시될 가능성에 영향을 미치는 사건이나 상황의 특성이다. 그러한 요소들은 질적이거나 양적일 수 있으며 복잡성, 주관성, 변화, 불확실성 또는 경영진 편의나 고유위험에 영향을 주는 한 기타 다른 부정위험요소로 인한 왜곡표시 가능성을 포함한다.

관련 고유위험요소	경영진주장 수준의 중요왜곡표시위험의 존재를 나타낼 수 있는 사건이나 상황의 예시
복잡성	요구되는 정보의 성격이나 정보를 작성하는 방식에서 발생하며, 이러한 작성 과정이 본질적으로 더 적용하기 어려운 경우를 포함한다. 규제 : 높은 수준의 복잡한 규제를 따르는 영업 사업모델 : 복잡한 제휴와 합작투자 해당 재무보고체계 : 복잡한 절차를 수반하는 회계측정 거래 : 부외 자금조달, 특수목적기업, 기타 복잡한 재무 약정의 사용
주관성	지식이나 정보의 이용가능성의 제한으로 인하여 요구되는 정보를 객관적인 방식으로 작성하는 능력이 본질적으로 제한되는 데에서 발생한다. 해당 재무보고체계 : • 회계추정치에 대한 광범위한 가능한 측정 요건. 예를 들어 감가상각 또는 공사수익과 공사원가의 인식 • 투자부동산과 같은 비유동자산의 평가기법이나 모델에 대한 경영진의 선택
변화	사건이나 상황이 시간의 경과에 따라 기업의 사업이나 경제, 회계, 규제, 산업 또는 기업이 영위하는 환경의 기타 측면에 영향을 주고 그 영향이 요구되는 정보에 반영될 때 발생한다. 경제 상황 : 예를 들어 통화가 유의적으로 평가절하되거나 인플레이션이 극심한 국가와 같이 경제적으로 불안정한 지역에서의 영업 시장 : 변동성 있는 시장에 노출된 영업. 예를 들어 선물시장. 고객 이탈 : 유의적인 고객의 이탈을 포함한 계속기업과 청산 이슈 산업모델 : 기업이 속한 산업의 변화

	사업모델 : • 공급망의 변화. • 새로운 제품이나 서비스의 개발 또는 제안, 또는 새로운 사업 계열로의 진출 지리 : 새로운 지역으로의 확장 기업구조 : • 대규모 인수 또는 재조직화 또는 기타 비경상적인 사건과 같은 기업의 변화 • 매각가능성이 높은 기업 또는 사업 부문 인적자원의 경쟁력 : 핵심 임원의 이탈과 같은 핵심 인원의 변화 IT : • IT 환경의 변화 • 재무보고와 관련된 유의적인 새로운 IT 시스템의 설치 해당 재무보고체계 : 새로운 회계 의견서의 적용 자본 : 자본과 신용의 이용가능성에 대한 새로운 제약 규제기관 : • 규제기관이나 정부기관에 의한 기업의 영업이나 재무 결과에 대한 조사의 착수 • 환경보호와 관련된 새로운 법률의 영향
불확실성	요구되는 정보를 직접적인 관찰로 검증할 수 있는 충분히 정밀하고 포괄적인 데이터만으로 작성할 수 없는 경우에 발생한다. 보고 : • 회계추정치와 관련 공시를 포함한 유의적인 측정 불확실성이 있는 사건이나 거래 • 계류중인 소송과 우발부채. 예를 들어 판매보증, 재무보증, 환경복구
기타 부정위험요소로 인한 왜곡표시 가능성	경영진편의로 인한 왜곡표시 가능성은 정보를 작성하면서 경영진의 의도하거나 의도하지 않게 중립성 유지에 실패할 가능성을 만드는 상황에서 발생한다. 보고 : 경영진과 종업원이 부정한 재무보고(공시상 유의적인 정보의 생략이나 모호한 기술 포함)에 개입할 기회 거래 : • 특수관계자와의 유의적인 거래 • 유의적인 수의 비일상적이고 비체계적 거래(회사 간 거래 및 기말 시점의 거액의 수익거래 포함) • 경영진의 의도에 기초하여 기록되는 거래. 예를 들어 채무재조달, 매각예정자산, 시장성 유가증권의 분류

통제위험의 평가 (ISA 315 - 34)

구 분	내 용
통제의 운영효과성을 테스트할 계획인 경우	감사인은 통제위험을 평가하여야 한다.
통제의 운영효과성을 테스트하지 않을 계획인 경우	감사인은 중요왜곡표시위험이 고유위험과 동일하게 평가되도록 통제위험을 평가(즉, 통제위험 100%)하여야 한다.

4.3 관련경영진주장과 유의적인 거래유형, 계정잔액 및 공시

관련경영진주장과 유의적인 거래유형, 계정잔액 및 공시 (ISA 315 - 29)

감사인은 관련경영진주장과 이와 관련된 유의적인 거래유형, 계정잔액 및 공시를 결정하여야 한다.

Q 감사인이 관련경영진주장과 유의적 거래유형, 계정잔액 및 공시를 결정하는 이유는 무엇인가? (ISA 330 - A202)

입수하여야 하는 기업의 정보시스템에 대한 감사인의 이해 범위를 위한 근거를 제공한다. 이러한 이해는 나아가 감사인이 중요왜곡표시위험을 식별하고 평가하는 데 도움을 준다.

4.4 유의적 위험

유의적 위험의 정의 (ISA 315 - 12)

유의적 위험이란 식별된 중요왜곡표시위험으로 다음 중 하나이다.

① 고유위험요소가 왜곡표시의 발생가능성과 왜곡표시가 발생했을 때 그 규모의 결합에 영향을 미치는 정도로 인하여 고유위험의 평가가 고유위험의 범위의 위쪽 끝에 가까운 위험

② 타 감사기준서의 요구사항에 따라 유의적 위험으로 다루는 위험이다.

유의적 위험을 결정하는 이유와 감사에 대한 시사점 (ISA 315 - 32, A218)

감사인은 평가된 중요왜곡표시위험 중에서 유의적 위험이 있는지 결정하여야 한다. 유의적 위험을 결정하면 감사인은 다음과 같은 구체적으로 요구되는 대응을 수행함으로써 고유위험의 범위의 위쪽 끝에 있는 이러한 위험에 좀 더 주의를 기울일 수 있다.

- 유의적 위험에 대처하는 통제는 식별되어야 하며, 통제가 효과적으로 설계되었고 실행되었는지 여부를 평가하여야 한다.
- 감사기준서 330은 유의적 위험에 대처하는 통제를 (감사인이 그러한 통제의 운영효과성에 의존하고자 하는 경우) 당기에 테스트하고, 식별된 유의적 위험에 구체적으로 대응하는 실증절차를 수행할 것을 요구한다.
- 감사기준서 330은 감사인의 위험평가가 높을수록 감사인이 더 설득력 있는 감사증거를 입수할 것을 요구한다.
- 감사기준서 260은 감사인이 식별한 유의적 위험에 대하여 지배기구와 커뮤니케이션할 것을 요구한다.
- 감사기준서 701은 감사인이 핵심감사사항이 될 수 있는 감사인의 주의를 요하는 사항들을 결정할 때 유의적 위험을 고려하도록 요구한다.
- 감사 과정의 적절한 단계에서 업무수행이사에 의한 감사문서의 시의적절한 검토는 유의적 위험을 포함한 유의적 사항들을 감사보고서일 이전에 적시에 업무수행이사가 만족하도록 해결할 수 있게 한다.
- 감사기준서 600은 유의적 위험이 그룹감사 내 부문과 관련된 경우 그룹업무수행이사가 더 많이 관여하고 그룹업무팀이 해당 부문에서 부문감사인이 수행할 업무를 지시하도록 요구한다.

유의적 위험의 결정 (ISA 315 - A219 ~ A221)

25

고유위험의 범위의 위쪽 끝에 근접하는지는 기업마다 다를 것이며, 기간마다 반드시 같지는 않을 것이다. 이는 위험이 평가되는 기업의 성격과 상황에 따라 달라질 수 있다.

평가된 중요왜곡표시위험 중 어떤 위험이 고유위험의 위쪽 끝에 근접하였고 따라서 유의적 위험인지 결정하는 것은, 해당 위험이 ① 다른 감사기준서의 요구사항에 따라 유의적 위험으로 다루어지도록 명시된 종류가 아닌 한, ② 전문가적 판단사항이다.

감사인은 또한 고유위험을 평가할 때 고유위험요소의 상대적인 영향을 고려한다. 고유위험요소의 영향이 낮을수록 평가된 위험이 낮을 것이다. 고유위험이 높다고 평가되어 유의적 위험으로 결정될 수 있는 중요왜곡표시위험은 다음과 같은 사항에서 발생할 수 있다.

- 주관성이 있어 복수의 회계처리가 허용되는 거래
- 추정불확실성이 높거나 모델이 복잡한 회계추정치
- 계정잔액을 뒷받침하는 데이터 수집과 처리의 복잡성
- 복잡한 계산이 수반되는 계정잔액이나 양적 공시
- 다양한 해석이 따르는 회계원칙
- 회계의 변경이 수반되는 기업의 사업의 변화. 예를 들면, 인수합병

5 실증절차만으로는 충분하고 적합한 감사증거를 제공하지 못하는 위험

실증절차만으로는 충분하고 적합한 감사증거를 제공하지 못하는 위험 (ISA 315-33, A222)

감사인은 경영진주장 수준의 중요왜곡표시위험 중 실증절차만으로는 충분하고 적합한 감사증거를 제공할 수 없는 위험이 있는지 결정하여야 한다. 중요왜곡표시위험과 이에 대처하는 통제활동의 성격으로 인하여 일부 상황에서는 충분하고 적합한 감사증거를 입수하는 유일한 방법은 통제의 운영효과성을 테스트하는 것이다.

실증절차만으로는 충분하고 적합한 감사증거를 제공하지 못하는 위험의 결정 (ISA 315-A224)

일상적인 사업거래가 수작업 개입이 거의 또는 전혀 없는 고도의 자동화된 처리과정을 거친다면, 그러한 위험과 관련하여 실증절차만을 수행하는 것은 가능하지 않을 수 있다. 기업의 IT 응용프로그램에 대한 고도의 통합이 이루어지는 정보시스템의 경우와 같이 상당량의 기업의 정보가 전자적 형태로만 개시, 기록, 처리 또는 보고되는 상황이 이러한 때에 해당된다고 고려할 수 있을 것이다. 이 경우는 다음과 같다.

- 감사증거는 단지 전자적 형태로만 이용가능하고, 증거의 충분성과 적합성은 일반적으로 정확성과 완전성에 대한 통제의 효과성에 따라 다름
- 부적절한 거래 개시나 정보의 변조가 발생하였으나 발견되지 않을 가능성은 적합한 통제가 효과적으로 운영되지 않는 경우에 더욱 커질 수 있음

6 위험평가절차에서 입수한 감사증거의 평가와 위험평가의 수정

6.1 위험평가절차에서 입수한 감사증거의 평가

위험평가절차에서 입수한 감사증거의 평가 (ISA 315-35)

감사인은 위험평가절차에서 입수한 감사증거가 중요왜곡표시위험의 식별과 평가에 대한 적절한 근거를 제공하는지 여부를 평가하여야 한다. 만약 그렇지 않다면, 감사인은 그러한 근거를 제공하는 감사증거가 입수될 때까지 추가적인 위험평가절차를 수행하여야 한다. 중요왜곡표시위험을 식별하고 평가할 때, 감사인은 경영진주장을 확인하는 증거이든 경영진주장과 상반되는 증거이든 위험평가절차에서 입수한 모든 감사증거를 고려하여야 한다.

◎ 유의적이지 않지만 중요한 거래유형, 계정잔액 및 공시 (ISA 315-A234, 36, 330-18)

중요하지만 유의적인 거래유형, 계정잔액 또는 공시로 결정되지 않은 거래유형, 계정잔액 또는 공시가 있을 수 있다(즉 식별된 관련경영진주장이 없음). ➡ 유의적인 거래유형, 계정잔액 또는 공시로 결정되지 않은 중요한 거래유형, 계정잔액 또는 공시에 대하여, 감사인은 감사인의 결정이 여전히 적합한지에 대하여 평가하여야 한다. 또한, 감사인은 평가된 중요왜곡표시위험과 관계없이 중요한 각 거래유형과 계정잔액 및 공시에 대하여는 실증절차를 설계하고 수행하여야 한다.

6.2 위험평가의 수정

◎ 위험에 대한 평가를 수정해야 하는 경우 (ISA 315-37) 12

최초 중요왜곡표시위험을 식별하고 평가하는 데 근거가 된 감사증거와 일관성이 없는 새로운 정보를 입수한 경우, 감사인은 그러한 식별 또는 평가를 수정하여야 한다.

7 문서화 : 중요왜곡표시위험의 식별과 평가

◎ 문서화 : 중요왜곡표시위험의 식별과 평가 (ISA 315-38)

감사인은 다음 사항을 감사문서에 포함하여야 한다.

(a) 업무팀원 간의 토의내용 및 도달된 유의적 결정사항

(b) 기업과 기업환경의 각 측면 및 각각의 내부통제 구성요소와 관련하여 얻은 감사인의 이해의 주요 요소, 감사인이 이해를 얻은 정보의 원천, 그리고 수행한 위험평가절차

(c) 식별된 통제의 설계에 대한 평가와 그러한 통제가 실행되었는지 여부에 대한 결정

(d) 식별되고 평가된 재무제표 수준과 경영진주장 수준의 중요왜곡표시위험. 유의적 위험과 실증절차만으로 충분하고 적합한 감사증거를 제공할 수 없는 위험 및 유의적 판단의 근거를 포함한다.

SECTION

04 평가된 위험에 대한 대응

1 재무제표 수준의 위험에 대응한 감사절차

재무제표 수준의 위험에 대응한 일반적인 감사절차 (ISA 330-A1)

재무제표 수준의 평가된 중요왜곡표시위험에 대처하기 위한 전반적인 대응에는 다음 사항이 포함될 것이다.

- 업무팀이 전문가적 의구심을 유지할 필요성을 강조함
- 보다 경험이 풍부하거나 특수한 기술을 보유한 인력을 배정하거나, 또는 전문가를 활용함
- 업무팀원들에 대한 지시와 감독과 수행한 업무에 대한 검토의 성격, 범위 및 시기를 변경함
- 수행될 추가 감사절차를 선택할 때 예측불가능성 요소를 추가로 반영함
- 감사기준서 300에서 요구하는 전반감사전략이나 계획된 감사절차의 변경. 다음의 변경을 포함한다.
  - 감사기준서 320에 따른 감사인의 수행중요성의 결정
  - 특히 통제환경이나 기업의 모니터링 활동에서 미비점이 발견된 경우에 통제의 운영효과성에 대한 감사인의 테스트 계획통제의 운영효과성에 대한 계획된 신뢰를 뒷받침하는데 필요한 감사증거의 전반성.
  - 실증절차의 성격, 시기 및 범위. 예를 들어 중요왜곡표시위험이 높은 것으로 평가된 경우 재무제표일 근처에 실증절차를 수행하는 것이 적합할 수 있다.

통제환경이 효과적이면 감사인은 기업의 내부통제와 기업 내부에서 생성된 감사증거를 보다 신뢰할 수 있고, 이에 따라, 예를 들어 감사인이 일부 감사절차를 보고기간말이 아닌 기중에 수행할 수 있을 것이다. 반대로 비효과적인 통제환경에 대한 감사인의 대응 방법을 서술하시오. (ISA 330-A2)

① 기중보다 보고기간말에 더 많은 감사절차를 수행함

② 실증절차를 통해 보다 확대된 감사증거를 입수함

③ 감사범위에 포함되는 사업장의 수를 확대함

재무제표 수준의 전반적인 감사접근방법 (ISA 330-A3)

감사인의 전반적인 감사접근방법은 예를 들어 ① 실증절차에 중점을 두거나(실증절차 접근방법) 또는 ② 실증절차와 함께 통제테스트를 병행하는 방법(결합적 접근방법)과 같이 유의적으로 영향을 받는다. ➡ 재무제표 수준에서 통제테스트만 수행하는 것은 특정 경영진주장수준과 달리 허용되지 않음

2 경영진주장 수준의 평가된 중요왜곡표시위험에 대응한 감사절차

경영진주장 수준의 평가된 중요왜곡표시위험에 대응한 감사절차 (ISA 330-6, 7, A19)

감사인은 경영진주장 수준의 평가된 중요왜곡표시위험을 기초로 하여 이에 대응하는 추가감사절차의 성격, 시기 및 범위를 설계하고 수행하여야 한다. 감사인은 수행될 추가감사절차를 설계할 때, 다음 사항에 유의하여야 한다.

(a) 유의적인 각 거래유형과 계정잔액 및 공시에 대한 경영진주장 수준의 중요왜곡표시위험의 평가이유를 고려하되, 다음 사항을 포함하여야 한다.

- 유의적인 거래유형과 계정잔액 및 공시의 고유한 특성에 기인하는 왜곡표시의 가능성과 규모(즉, 고유위험)
- 위험평가에 중요왜곡표시위험에 대처하는 통제를 고려하였는지(즉, 통제위험), 이 결과 통제가 효과적으로 운영되는지 여부를 결정하기 위한 감사증거를 입수할 것이 요구되는지 여부(즉, 감사인은 실증절차의 성격, 시기 및 범위를 결정할 때 통제의 운영효과성을 테스트할 계획인지 여부).

(b) 감사인은 위험평가 수준이 높을수록 더욱 설득력 있는 감사증거를 입수하여야 한다. ➡ 감사인이 위험을 높게 평가하여 보다 설득력 있는 감사증거를 입수할 때는, 감사증거의 양을 증가시킬 수도 있고 또는 제3자로부터 입수하는 증거에 보다 중점을 두거나 다수의 독립적인 원천으로부터 보강증거를 입수함으로써 보다 관련성이 있고 신뢰성이 있는 감사증거를 입수할 수 있다.

2.1 추가감사절차의 성격(Nature)

감사절차의 성격 (ISA 330-A5)

- 감사절차의 성격이란 감사절차의 목적(즉, 통제테스트 또는 실증절차)과 유형(즉, 검사, 관찰, 질문, 조회, 재계산, 재수행 또는 분석적절차)을 말한다.
- 감사절차의 성격은 평가된 위험에 대응할 때 가장 중요하다.

중요왜곡표시위험이 높은 경우 추가감사절차의 성격 (ISA 240-A38) 16

수행할 감사절차의 성격은 보다 신뢰할 수 있거나 관련성이 있는 감사증거 또는 추가적인 확인적 정보를 입수하기 위하여 변경될 필요가 있을 수 있다.

추가감사절차(통제테스트와 실증절차)의 조합 (ISA 330-A4)

(a) **통제테스트 수행 + 낮은 수준의 실증절차** : 통제테스트를 수행하는 것만으로 특정 경영진주장에 대한 평가된 중요왜곡표시위험에 효과적으로 대응할 수 있음

(b) **통제테스트 생략 + 높은 수준의 실증절차** : 특정 경영진주장에 대하여는 실증절차만을 수행하는 것이 적합하므로, 중요왜곡표시위험을 평가할 때 통제가 미치는 영향을 배제함. 이러한 상황은 감사인이 실증절차만으로는 충분하고 적합한 감사증거를 제공할 수 없는 그런 위험을 식별하지 못하였고 따라서 통제의 운영효과성을 테스트할 필요가 없게 된 경우이다. 따라서 감사인은 실증절차의 성격, 시기 및 범위를 결정하는 데 통제의 운영효과성을 테스트하지 않기로 할 수 있다.

(c) **통제테스트 수행 + 높은 수준의 실증절차** : 통제테스트와 실증절차를 모두 병행하는 결합적 접근방법이 효과적임 (예 고도로 전산화)

Q 감사인이 위험이 높다고 평가한 경우, 계약과 관련한 문서에 대한 조사에 추가하여 확인할 수 있는 정보는 무엇인가?

감사인은 문서에 대한 조사에 추가하여 계약 상대방에게 계약조건의 완전성에 대하여 확인할 것이다. (ISA 330-A9)

Q 수익과 관련하여, 통제테스트와 실증절차는 각각 어떤 경영진주장에 잘 대응하는 감사절차는 무엇인가?

완전성 주장에 대한 평가된 중요왜곡표시위험에 대해서는 통제테스트가, 발생사실 주장에 대한 평가된 중요왜곡표시위험에 대하여는 실증절차가 가장 잘 대응하는 감사절차이다. (ISA 330-A9)

Q 위험에 대한 평가의 근거는 감사절차의 성격을 결정할 때 관련성이 있다. ① 관련 통제를 고려하지 않더라도 해당 거래유형의 특별한 성격 때문에 위험이 낮다고 평가한 경우와 ② 내부통제 때문에 위험이 낮다고 평가되었고, 감사인이 이러한 낮은 평가에 기초하여 실증절차를 수행할 계획인 경우, 적합한 감사절차는 각각 무엇인가?

① 고유위험 때문에 위험이 낮은 경우 : 실증적 분석적절차(Substantive analytical procedures)만으로 충분하고 적합한 감사증거를 입수할 수 있다.

② 통제위험 때문에 위험이 낮은 경우 : 통제테스트(Test of Controls)를 수행한다. (ISA 330-A10)

2.2 추가감사절차의 시기(Timing)

감사절차의 시기 (ISA 330-A6)

감사절차의 시기는 감사절차가 언제 수행되는지, 또는 감사증거의 해당 기간이나 일자를 말한다.

중요왜곡표시위험이 높은 경우 추가감사절차의 시기 (ISA 330-A11) 16

중요왜곡표시위험이 높을수록, 감사인은 기중보다는 보고기간말 또는 보고기간말에 근접한 시기에 실증절차를 수행하거나 불시에 또는 예측불가능한 시기에 감사절차를 수행하는 것이 더 효과적이라고 결정할 수 있을 것이다. (예 선택된 지역에서 예고 없이 감사절차를 수행)

보고기간말 또는 그 이후에만 수행할 수 있는 감사절차 (ISA 330-A13)

- 재무제표의 정보가 기초가 되는 회계기록과 일치하는지 확인하거나 차이를 조정하는 절차(총계정원장과 보조원장 내에서 입수된 정보이든 외부에서 입수된 정보이든 공시의 정보가 일치하는지 확인하거나 차이를 조정하는 것을 포함)
- 재무제표의 작성과정에서 발생된 조정사항을 검토하는 절차
- 보고기간말에 기업이 부적절한 판매계약을 체결하거나 거래가 완결되지 않을 위험에 대응하는 절차

감사절차의 시기를 결정할 때 감사위험에 추가하여 고려할 사항 (ISA 330-A14)

- 통제환경
- 관련된 정보의 이용가능 시기(예 전자 파일은 추후에 덮어쓰여질 수 있으며, 관찰대상이 되는 기업의 어떤 절차는 특정 시기에만 발생될 수 있다)
- 위험의 성격(예 이익기대치를 달성하기 위해 허위의 판매계약을 만들어 이익을 과대계상할 위험이 존재하는 경우, 감사인은 보고기간말에 입수가능한 약정을 검토하려 할 것이다)
- 감사증거가 관련되는 해당 기간이나 일자
- 재무제표의 작성 시기, 특히 재무상태표, 포괄손익계산서, 자본변동표 또는 현금흐름표에 기록된 금액에 대한 설명을 제공하는 공시의 작성 시기

2.3 추가감사절차의 범위(Extent)

감사절차의 범위 (ISA 330-A7)

감사절차의 범위는 예를 들어 표본규모나 통제활동의 관찰 빈도 등 수행할 업무의 양을 의미한다.

중요왜곡표시위험이 높은 경우 추가감사절차의 범위 (ISA 330-A15) 16

일반적으로, 중요왜곡표시위험이 증가할수록 감사절차의 범위도 증가한다. 예를 들어 부정으로 인한 중요왜곡표시위험의 평가내용에 대응할 때는, 표본규모를 늘리거나 보다 상세한 수준의 실증적 분석절차를 수행하는 것이 적합할 수 있다. 그러나, 감사절차의 범위를 확대하는 것은 해당 감사절차 자체가 특정 위험과 관련성이 있는 경우에만 효과적이다.

추가감사절차의 범위 결정 시 고려할 점 (ISA 330-A15, A16)

- 필요하다고 판단되는 감사절차의 범위는 중요성, 위험평가 그리고 감사인이 얻고자 하는 확신의 수준을 고려하여 결정된다. 단일의 목적이 여러 절차들의 조합에 의해 달성되는 경우, 개별적인 절차의 범위는 분리하여 고려한다.
- 컴퓨터를 이용한 감사기법의 적용은 전자형태의 거래파일과 계정파일에 대한 보다 광범위한 테스트를 가능하게 하는데, 이 기법은 예를 들어 감사인이 부정에 의한 중요왜곡표시위험에 대응하여 테스트의 범위를 변경하기로 결정하는 때도 유용하다.

CHAPTER

04

감사의 수행 : 위험평가(내부통제의 평가)

SECTION

01 내부통제의 기본개념

1 내부통제(Internal Control)의 정의

내부통제의 정의 및 구성요소 (ISA 315 - 12)

내부통제시스템 - 재무보고의 신뢰성, 경영의 효과성 및 효율성, 그리고 관련 법규의 준수에 관련된 기업의 목적 달성에 관한 합리적 확신을 제공할 목적으로 지배기구, 경영진 및 기타의 인원에 의해 설계, 실행, 유지되고 있는 시스템. 이 감사기준서의 내부통제시스템은 서로 연관된 다섯 가지 구성요소로 이루어진다.

① 통제환경

② 기업의 위험평가절차

③ 내부통제시스템을 모니터링 하는 기업의 절차

④ 정보시스템과 커뮤니케이션

⑤ 통제활동

2 내부통제의 구성

내부통제의 구성 (ISA 315 - 보론3)

25 24 23 15 14 12

내부통제의 구성요소	내부통제의 내용
(1) 통제환경	통제환경에는 다음과 같은 요소가 포함된다. ① 기업의 문화를 조성하고 유지하며, 정직성과 윤리적 가치에 대한 경영진의 의지를 보여주는 등 경영진의 책임이 수행되는 방법 ② 지배기구가 경영진과 분리되어 있을 때, 지배기구가 경영진으로부터 독립성을 입증하고 기업의 내부통제시스템에 대한 감독을 행사하는 방법 ③ 기업이 목적을 추구하기 위해 권한과 책임을 부여하는 방법 ④ 기업이 자신의 목적에 따라 역량 있는 개인을 유치하고, 육성하고, 유지하는 방법 ⑤ 기업의 내부통제시스템의 목적을 추구하면서 개인에게 책임을 묻는 방법

내부통제의 구성요소	내부통제의 내용
(2) 기업의 위험평가절차	기업의 위험평가절차는 기업의 목적을 달성하기 위하여 위험을 식별하고 분석하는 반복적 절차이며 경영진과 지배기구가 관리할 위험을 결정하는 방법의 근거를 형성한다. 재무보고목적상, 기업의 위험평가절차는 경영진이 해당 재무보고체계에 따른 재무제표의 작성과 관련된 사업위험을 식별하고, 그 유의성을 추정하고, 발생할 가능성을 평가하며, 그 위험들과 그 결과를 관리하기 위한 조치를 결정하는 방법을 포함한다. 경영진은 특정 위험에 대처하기 위한 계획, 프로그램 또는 행동에 착수할 수도 있고, 비용이나 다른 고려사항들 때문에 위험을 수용하기로 결정할 수도 있다. 이러한 위험은 다음과 같은 상황으로 인하여 발생하거나 변화할 수 있다. ① 영업환경의 변화 ② 신규인력 ③ 신규 또는 개편된 정보시스템 ④ 급속한 성장 ⑤ 새로운 기술 ⑥ 새로운 사업모델, 제품 또는 활동 ⑦ 기업 구조조정 ⑧ 해외사업의 확장 ⑨ 새로운 회계기준의 공표 ⑩ IT의 이용
(3) 내부통제시스템을 모니터링하는 기업의 절차	내부통제시스템을 모니터링하는 기업의 절차는 기업의 내부통제시스템의 효과성을 평가하고 적시에 필요한 시정조치를 취하는 연속적인 과정이다. 내부통제시스템을 모니터링하는 기업의 절차는 상시 활동, 별도의 평가(주기적으로 수행됨), 또는 이 두 가지의 결합으로 이루어질 수 있다. 상시 모니터링 활동은 많은 경우에 기업의 일상적이고 반복적인 활동에 포함되며, 정기적인 경영 및 감독 활동을 포함할 수 있다. 모니터링 절차의 범위와 빈도는 기업의 위험 평가에 따라 다양할 것이다. 모니터링 활동과 정보시스템과 관련된 통제를 구별할 때, 특히 활동에 어느 정도 감독상의 검토(supervisory review)가 포함된 경우, 기초적인 세부활동을 고려한다. 감독상의 검토는 자동적으로 모니터링 활동으로 분류되지는 않으며, 검토가 정보시스템과 관련된 통제로 분류되는지 모니터링 활동으로 분류되는지 여부는 판단의 문제일 수 있다. 예를 들어 월별 완전성 통제의 목적은 오류를 적발하고 수정하는 것인 반면에, 모니터링 활동은 오류가 발생하는 이유를 묻고 미래의 오류를 방지하기 위해 절차를 수정하는 책임을 경영진에게 부여한다. 간단히 말해서, 정보시스템과 관련된 통제는 특정 위험에 대응하는 반면에, 모니터링 활동은 기업의 내부통제시스템의 다섯 가지 구성요소 내의 통제가 의도한 대로 작동하는지를 평가한다.

내부통제의 구성요소	내부통제의 내용
(4) 정보시스템과 커뮤니케이션	재무제표 작성에 관련된 정보시스템은 다음 목적을 위하여 설계되고 수립된 활동과 정책, 회계기록 및 이를 뒷받침하는 기록으로 구성된다. • 기업의 거래를 개시, 기록, 처리(및 거래 이외의 사건과 상황에 대한 정보의 포착, 처리, 공시)하고 관련 자산, 부채 및 자본에 대한 수탁책임을 유지 • 예를 들어 자동으로 계류되고 있는 파일과 이를 적시에 처리하기 위해 따르는 절차와 같이, 거래에 대한 부정확한 처리의 해결 • 시스템의 무력화나 통제의 우회를 처리하고 고려 • 거래처리시스템에서 총계정원장으로 정보를 전기 • 자산의 감가상각 및 매출채권 회수가능성의 변화와 같이, 거래 외의 사건이나 상황에 대한 재무정보 관련 정보의 포착 • 해당 재무보고체계에 따라 공시되어야 할 정보가 집계, 기록, 처리, 요약되고 재무제표에 적합하게 보고되도록 함 커뮤니케이션은 재무보고에 대한 기업의 내부통제시스템과 관련된 개인의 역할과 책임에 대한 이해를 제공하는 것을 수반하며 이는 정책매뉴얼, 회계 및 재무보고매뉴얼 그리고 비망록의 형태를 취할 수 있다. 또한, 커뮤니케이션은 전자형태, 구두 또는 경영진의 행동을 통하여도 이루어질 수 있다.
(5) 통 제 활 동	통제활동에는 정보처리 통제와 IT 일반통제가 포함되며, 둘 다 성격상 수작업 또는 자동화된 통제일 수 있다. 경영진이 재무보고에 대하여 사용하고 신뢰하는 자동화된 통제 또는 자동화된 측면이 수반된 통제의 범위가 클수록, 기업이 자동화된 측면의 정보처리 통제의 계속적인 기능을 다루는 IT 일반통제를 실행하는 것이 더 중요하다. 통제활동 구성요소 내 통제는 다음과 관련된다. ① 권한부여와 승인(Authorization and approvals) : 권한부여와 승인은 거래가 유효하다(즉, 실제의 경제적 사건을 나타내거나 기업의 정책 내에 있음)는 것을 확인한다. 일반적으로 권한부여와 승인은 상급 경영진의 승인 또는 거래의 유효성에 대한 검증과 판단의 형태를 가진다. (예를 들어 관리자는 비용이 합리적이고 정책에 부합하는지 검토한 후 비용보고서를 승인한다. 자동 승인의 예로는 송장의 단가가 사전 설정된 허용가능한 수준 내에 있는 관련 구매주문의 단가와 자동으로 비교되는 경우가 있다. 허용가능한 수준 내의 송장은 자동적으로 지급이 승인된다. 허용 범위를 벗어난 송장은 추가 조사를 위해 표시가 된다.) ② 대사(Reconciliations) : 대사는 둘 이상의 데이터 요소를 비교한다. 차이가 식별되면 데이터를 일치시키기 위한 조치를 취한다. 대사는 일반적으로 거래처리의 완전성과 정확성을 다룬다. ③ 검증(Verifications) : 검증은 둘 이상의 항목을 서로 비교하거나 한 항목을 정책과 비교하며 두 항목이 일치하지 않거나 해당 항목이 정책과 일관되지 않은 경우 후속조치를 취하도록 할 것이다. 검증은 일반적으로 거래처리의 완전성, 정확성 또는 유효성을 다룬다.

내부통제의 구성요소	내부통제의 내용
(5) 통 제 활 동	④ 물리적 또는 논리적 통제(Physical or logical controls) : 승인되지 않은 접근, 취득, 사용 또는 처분으로부터 자산을 보호 및 다음을 포함한다. • 자산의 물리적 보안, 자산 및 기록 접근에 대한 보안 시설과 같은 적절한 안전장치 포함 • 컴퓨터 프로그램과 데이터 파일에 대한 접근의 권한부여(즉 논리적 접근) • 정기적인 실사 및 통제기록에 나타나는 금액과의 비교(예를 들어 현금, 유가증권, 재고실사의 결과를 회계기록과 비교) ⑤ 업무분장(Segregation of duties) : 거래를 승인하는 책임, 거래를 기록하는 책임, 자산 보관을 유지할 책임을 서로 다른 사람에게 부여하는 것. 업무분장은 특정인이 일상적인 업무과정에서 오류나 부정을 저지르고 숨길 수 있는 위치에 있을 기회를 줄이기 위한 것이다. (예를 들어, 신용판매를 승인하는 관리자는 매출채권 기록을 유지하거나 현금수취를 다루는 책임을 지지 않는다. 만약 한 사람이 이러한 활동 모두를 수행한다면, 그 사람은 예를 들어 적발되지 않는 허위 매출을 만들 수 있다. 이와 유사하게, 판매사원이 제품 가격파일이나 수수료율을 수정할 능력을 가져서는 안 된다.)

3 내부통제의 한계

내부통제의 한계 원인 (ISA 315 - 보론3 22 ~ 24) 24 13

인간의 판단오류	의사결정에서 인간의 판단이 잘못될 수 있고 인간의 실수로 인해 기업의 내부통제시스템의 붕괴가 발생할 수 있는 현실이 포함된다. • 예를 들어, 통제의 설계 또는 변경에 오류가 있을 수 있다. • 마찬가지로, 정보를 검토할 책임이 있는 개인이 목적을 이해하지 못하거나 적절한 조치를 취하지 못하기 때문에 기업의 내부통제시스템의 목적을 위해 생성된 정보(예: 예외사항 보고서)가 효과적으로 사용되지 않는 경우와 같이 통제의 운용이 효과적이지 않을 수도 있다.
공모와 경영진의 내부통제 무시 및 판단	둘 이상의 사람들이 공모나 부적절한 경영진의 통제 무력화로 통제를 우회할 수 있다. • 예를 들어 경영진은 고객과 기업의 표준판매계약의 조건을 변경하는 부수적인 계약을 체결하여 수익을 부적절하게 인식할 수 있다. • 또한 지정된 신용 한도를 초과하는 거래를 식별하고 보고하도록 설계된 IT 응용프로그램의 입력값 검증(edit check)이 무시되거나 비활성화될 수 있다. 더 나아가 통제를 설계하고 실행할 때 경영진은 실행하기로 선택한 통제의 성격과 범위와 감수하기로 한 위험의 성격과 범위에 대하여 판단을 내릴 수 있다.

SECTION

02 내부통제의 평가과정

1 기업의 내부통제시스템의 구성요소에 대한 이해

내부통제의 이해를 위한 문서화 방법

직무기술서	내부통제의 흐름을 설명형식으로 기술한 문서이다. 기업규모가 작은 경우 효과적이지만, 취약점을 파악하는 것이 쉽지 않다.
업무흐름도	내부통제의 흐름을 기호로 나타낸 문서이다. 시스템의 특성을 쉽게 파악할 수 있지만, 경험이 부족한 감사인은 작성이 어렵다.
질문서	정형화된 질문을 통해 내부통제의 적합성을 평가하는 방법이다. 상대적으로 쉽게 작성할 수 있지만 표준화되지 않은 예외적 상황에 대해서는 적용이 어렵다.

1.1 통제환경의 이해

통제환경에 대한 이해 (ISA 315-21)

감사인은 다음과 같은 위험평가절차의 수행을 통하여 재무제표 작성과 관련된 통제환경을 이해하여야 한다.

다음을 이루는 일련의 통제, 절차 및 구조를 이해한다.	다음을 평가한다.
① 기업의 문화, 경영진의 성실성과 윤리적 가치에 대한 약속 등과 같이 경영진이 감독 책임을 이행하는 방법 ② 지배기구가 경영진과 분리되어 있는 경우, 지배기구의 독립성과 기업의 내부통제시스템에 대한 감독 ③ 기업의 권한과 책임의 배부 ④ 기업이 적격성 있는 인력을 유치하고, 육성하고 유지하는 방법 ⑤ 기업이 내부통제시스템의 목적을 추구하는 데 있어 개인에게 책임을 지게 하는 방법	① 경영진이 지배기구의 감독과 함께 정직하고 윤리적으로 행동하는 문화를 조성하고 유지하는지 여부 ② 기업의 성격과 복잡성을 고려했을 때, 통제환경이 기업의 내부통제시스템의 다른 구성요소들에 대하여 적절한 기반을 제공하고 있는지 여부 ③ 통제환경에서 식별된 미비점이 기업의 내부통제시스템의 다른 구성요소를 약화시키는지 여부

1.2 기업의 위험평가절차의 이해

기업의 위험평가절차에 대한 이해 (ISA 315-22) 14

<table>
<tr><td colspan="2">감사인은 다음과 같은 위험평가절차의 수행을 통하여 재무제표 작성과 관련된 기업의 위험평가절차를 이해하여야 한다.</td></tr>
<tr><td>다음에 대한 기업의 절차를 이해한다.
① 재무보고목적과 관련된 사업위험의 식별
② 이러한 위험의 발생가능성을 포함한 위험의 유의성 평가
③ 이러한 위험에 대한 대응</td><td>다음을 평가한다.
① 기업의 성격과 복잡성을 고려하였을 때, 기업의 위험평가절차가 기업의 상황에 적합한지 여부</td></tr>
</table>

경영진이 식별하지 못한 중요왜곡표시위험을 감사인이 식별하는 경우, 감사인이 수행해야 하는 절차는 무엇인가? (ISA 315-23)

① 해당 위험이 기업의 위험평가절차에서 식별될 것으로 기대하였던 종류의 위험인지 결정하고, 만약 그렇다면 기업의 위험평가절차가 해당 중요왜곡표시위험을 식별하지 못한 이유에 대하여 이해한다.

② 기업의 위험평가절차가 기업의 상황에 적합한지 여부에 대한 감사인의 평가에 대한 시사점을 고려한다.

1.3 내부통제시스템을 모니터링하는 기업의 절차의 이해

내부통제시스템을 모니터링하는 기업의 절차에 대한 이해 (ISA 315-24)

<table>
<tr><td colspan="2">감사인은 다음과 같은 위험평가절차의 수행을 통하여 재무제표 작성과 관련된 내부통제시스템을 모니터링하는 기업의 절차를 이해하여야 한다.</td></tr>
<tr><td>① 다음을 다루는 기업의 절차의 측면들을 이해한다.
(a) 통제의 효과성 모니터링과 식별된 통제 미비점에 대한 식별과 개선을 위한 상시적인 평가 및 별도의 평가
(b) 내부감사기능이 있는 경우, 기업의 내부감사 기능. 그 성격, 책임 및 활동을 포함한다. ➡ 내부감사기능 내의 적합한 개인에 대한 질문은 감사인이 기업의 내부감사기능의 책임의 성격을 이해하는 데 도움을 준다. (ISA 315-A118)
② 내부통제시스템을 모니터링하는 기업의 절차에서 사용되는 정보의 원천과 경영진이 해당 정보를 목적상 충분히 신뢰성이 있는 정보라고 생각하는 근거를 이해한다.</td><td>다음을 평가한다.
① 기업의 성격과 복잡성을 고려하였을 때, 내부통제시스템을 모니터링하는 기업의 절차가 기업의 상황에 적합한지 여부</td></tr>
</table>

기업의 내부통제시스템을 모니터링하는 방법을 이해할 때 감사인이 고려해야 할 관련 사항에는 무엇이 포함되는가? (ISA 315-A116)

① 모니터링 활동의 설계(예를 들어 주기적인 모니터링인지 상시 모니터링인지 여부)

② 모니터링 활동의 수행과 빈도

③ 통제가 효과적인지를 결정하기 위해 모니터링 활동의 결과를 적시에 평가

④ 식별된 미비점에 적합한 시정조치를 통하여 대처하는 방법. 그러한 미비점에 대하여 시정조치를 취할 책임자에게 적시에 커뮤니케이션하는 것을 포함

1.4 정보시스템 및 커뮤니케이션의 이해

정보시스템 및 커뮤니케이션에 대한 이해 (ISA 315-25)

<table>
<tr><td colspan="2">감사인은 다음과 같은 위험평가절차의 수행을 통하여 재무제표 작성과 관련된 기업의 정보시스템 및 커뮤니케이션을 이해하여야 한다.</td></tr>
<tr><td>① 유의적인 거래유형, 계정잔액 및 공시에 대한 기업의 정보처리활동을 이해한다. 해당 활동에서 사용되는 데이터와 정보 및 자원과 다음을 정의하는 정책을 포함한다.
(a) 기업의 정보시스템 내 정보의 흐름. 다음을 포함한다.
㉠ 거래가 개시되고 거래에 대한 정보가 기록, 처리되고 필요시 수정되고 총계정원장에 포함되고 재무제표에 보고되는 방법
㉡ 거래 외에 사건과 상황에 대한 정보가 포착, 처리되고 재무제표에 공시되는 방법
(b) 회계기록, 재무제표의 특정 계정 및 기타 정보시스템의 정보 흐름에 관한 기타 증빙 기록
(c) 공시를 포함하여 기업의 재무제표 작성에 사용된 재무보고 절차
(d) 위 (a) - (c)와 관련된 IT 환경을 포함한 기업의 자원
② 기업이 정보시스템과 내부통제시스템의 기타 구성요소에서 재무제표 작성과 관련 보고 책임을 뒷받침하는 유의적 사항들을 다음과 같이 커뮤니케이션하는 방법을 이해한다.
(a) 재무보고 역할과 책임이 커뮤니케이션되는 방법을 포함한 기업 내 사람들 간의 커뮤니케이션
(b) 경영진과 지배기구 간의 커뮤니케이션
(c) 규제당국과 같은 외부 제3자와의 커뮤니케이션</td><td>다음을 평가한다.
① 기업의 정보시스템 및 커뮤니케이션이 해당 재무보고체계에 따른 기업의 재무제표 작성을 적절하게 뒷받침하는지 여부</td></tr>
</table>

1.5 통제활동의 이해

통제활동에 대한 이해 (ISA 315-26)

감사인은 다음과 같은 위험평가절차의 수행을 통하여 통제활동 구성요소를 이해하여야 한다.

<table>
<tr>
<td>

① 통제활동 구성요소에서 경영진주장 수준의 중요왜곡표시위험에 대처하는 다음과 같은 통제를 식별한다.

(a) 유의적 위험으로 결정된 위험에 대처하는 통제

(b) 비반복적이고 일상적이지 않은 거래나 조정에 사용되는 비표준적인 분개를 포함한 분개에 대한 통제

(c) 감사인이 실증 테스트의 성격, 시기 및 범위를 결정하는 데 있어 운영효과성을 테스트하기로 계획한 통제. 이러한 통제에는 실증절차만으로 충분하고 적합한 감사증거를 제공하지 못하는 위험에 대처하는 통제를 포함하여야 한다.

(d) 감사인의 전문가적 판단에 기초하여 감사인이 경영진주장 수준의 위험과 관련하여 위험평가절차를 설계하고 수행하는 목적을 충족하게 하는 데 적절하다고 판단한 기타 통제

② ①에서 식별된 통제를 바탕으로, IT 사용으로 인한 위험이 따르는 IT 응용프로그램과 기업의 IT 환경의 기타 측면을 식별한다.

③ ②에서 식별된 IT 응용프로그램과 IT 환경의 기타 측면에 대하여 다음을 식별한다.

(a) IT 사용으로 인한 관련 위험

(b) 그러한 위험에 대처하는 기업의 IT 일반통제

</td>
<td>

① 또는 ③ (b)에서 식별된 통제에 대하여,

(a) 통제가 경영진주장 수준의 중요왜곡표시위험에 대처하기에 효과적으로 설계되었는지 또는 다른 통제의 운영을 지원하기에 효과적으로 설계되었는지 여부를 평가한다.

(b) 기업의 인원에 대한 질문에 추가된 절차를 수행함으로써 기업의 통제가 실행되었는지 여부를 결정한다.

</td>
</tr>
</table>

1.6 소규모기업의 내부통제 특징

소규모기업의 내부통제 24

기업의 내부통제시스템이 설계, 실행 및 유지되는 방식은 기업의 규모와 복잡성에 따라 다양하다. 예를 들어, 덜 복잡한 기업은 기업의 목적을 달성하기 위하여 덜 조직적이거나 단순한 통제(즉 정책과 절차)를 이용할 수 있다. (ISA 315-A92)

통제환경	덜 복잡한 기업에서 통제환경의 성격은 복잡한 기업에서의 통제환경과는 다를 것이다. 예를 들어, 덜 복잡한 기업의 지배기구에는 독립적인 구성원이나 외부의 구성원이 포함되지 않을 수 있으며 소유경영자 외 다른 소유자가 없는 경우 지배기구의 역할은 소유경영자가 직접적으로 수행할 수 있다. 따라서 기업의 통제환경에 대한 일부 고려사항은 관련성이 낮거나 적용 가능하지 않을 수 있다. (ISA 315-A99)

기업의 위험평가절차	감사인의 위험평가절차가 기업의 성격과 복잡성을 고려하였을 때 기업의 상황에 적합한지 여부는 감사인의 전문가적 판단사항이다. 예를 들어, 일부 덜 복잡한 기업과 특히 소유경영자 기업에 있어 적합한 위험평가는 경영진 또는 소유경영자의 직접적인 관여로 수행될 수 있다(예: 경영자나 소유경영자가 새로운 사업위험을 식별하기 위하여 시장에서 경쟁과 기타 개발 활동을 모니터링하는 데 일상적으로 시간을 할애할 수 있다). 이러한 형태의 기업들에게서 많은 경우 이 위험평가의 증거가 공식적으로 문서화되지는 않을 수 있지만, 감사인은 경영진과의 논의를 통해 경영진이 실제로 위험평가절차를 수행하고 있다는 점을 확인할 수 있다. (ISA 315 - A113)
기업의 모니터링절차	덜 복잡한 기업, 특히 소유경영자 기업에서는 내부통제시스템을 모니터링하는 기업의 절차에 대한 감사인의 이해는 많은 경우에 경영진 또는 소유경영자가 운영에 직접적으로 관여하는 방법에 초점을 맞춘다. 이는 다른 모니터링 활동이 없을 수 있기 때문이다. 예를 들어, 경영진은 고객으로부터 월별 명세서의 부정확성에 대한 불만을 받을 수 있으며 이는 소유경영자에게 고객에 대한 지급이 회계기록에 인식되는 시점에 대한 문제점에 주의를 기울이게 할 수 있다. (ISA 315 - A114)
정보시스템과 커뮤니케이션	덜 복잡한 기업에서 정보시스템과 관련 사업프로세스는 대규모 기업보다 덜 정교하고 덜 복잡한 IT 환경을 갖고 있을 수 있지만, 정보시스템의 역할은 똑같이 중요하다. 경영진이 직접 관여하는 덜 복잡한 기업은 회계절차의 광범위한 설명, 정교한 회계기록 또는 문서화된 정책이 필요하지 않을 수 있다. 따라서 덜 복잡한 기업에 대한 감사에서 기업의 정보시스템의 관련 측면을 이해하는 것은 더 적은 노력을 요구할 수 있고 문서의 관찰이나 검사보다 질문을 더 많이 사용할 수 있다. 그러나 감사기준서 330에 따른 추가감사절차의 설계의 근거를 제공하기 위해 이해를 얻을 필요성은 여전히 중요하며 그러한 이해는 감사인이 중요왜곡표시위험을 식별하거나 평가하는 데 추가적인 도움이 될 수 있다. (ISA 315 - A131) 덜 복잡한 기업의 경우 커뮤니케이션은 책임의 단계가 적고 경영진의 가시성과 활용도가 높음에 따라 덜 조직적일 수 있다(즉 공식적인 매뉴얼이 사용되지 않을 수 있다). 기업의 규모에 관계없이 공개된 커뮤니케이션 통로는 예외에 대한 보고와 이에 대한 조치를 용이하게 한다. (ISA 330 - A145)
통제활동	덜 복잡한 기업에 대한 통제활동 구성요소의 통제는 대규모 기업의 통제와 유사하겠지만 운영되는 형식은 다양할 수 있다. 또한 덜 복잡한 기업에서 통제는 경영진에 의해 직접적으로 적용될 수 있다. 예를 들어, 고객에 대한 신용을 승인하고 유의적인 구매를 승인하는 경영진만의 권한은 중요한 계정잔액과 거래에 대한 강력한 통제가 될 수 있다. (ISA 315 - A156) 종업원의 수가 적은 덜 복잡한 기업에서 업무분장을 설정하는 것은 실행가능성이 낮을 수 있다. 그러나 소유경영자 기업에서 소유경영자는 직접적인 관여를 통하여 대규모 기업보다 효과적인 감시가 가능하며 이는 일반적으로 업무분장의 기회가 제한되는 점을 보완할 수 있다. 하지만 감사기준서 240에서도 설명한 바와 같이, 한 개인에 의한 경영진의 지배는 경영진에 의한 통제무력화의 기회가 되므로 통제의 잠재적인 미비점일 수 있다. (ISA 315 - A157)

소규모기업의 경우, 감사인이 실증절차 위주의 추가감사절차를 수행하는 것이 보다 효율적일 수 있다. 그 이유는 무엇인가? (ISA 330 - A18)

소규모기업의 경우, 감사인이 식별할 수 있는 통제활동이 많지 않을 수도 있다. 또한 통제활동의 존재나 통제운영에 관한 기업의 문서화 범위가 제한되기도 한다. 드문 경우이지만, 통제나 내부통제시스템의 다른 구성요소가 결여되어 충분하고 적합한 감사증거를 입수하는 것이 불가능할 수도 있다.

2 내부통제의 설계에 대한 평가

기업의 내부통제시스템 내의 통제 미비점 (ISA 315 - 27)

기업의 내부통제시스템의 구성요소 각각에 대한 평가에 기초하여, 감사인은 하나 이상의 통제 미비점이 식별되었는지 여부를 결정하여야 한다.

하나 이상의 통제미비점을 식별한 경우, 감사인이 수행해야 하는 절차는 무엇인가?

① 감사인은 이러한 통제 미비점이 감사기준서 330에 따른 추가감사절차의 설계에 미치는 영향을 고려할 수 있다. (ISA 315 - A182)

② 감사기준서 265에서는 감사인이 개별적으로 또는 결합하여 미비점이 유의적 미비점을 구성하는지 결정하도록 요구하고 있다. 감사인은 미비점이 유의적 통제 미비점을 나타내는지 여부를 결정할 때 전문가적 판단을 내린다. (ISA 315 - A183)

감사대상회사 내부통제의 설계가 효과적이지 않다고 기대되는 경우, 내부통제가 실제로 효과적으로 운용되고 있는지 테스트하지 않는 이유는 무엇인가? 25

효과적으로 설계되지 않은 통제가 실제로 운용되고 있다는 것에 대한 증거를 수집하는 것은 비용만 낭비하는 것이기 때문이다. 통제테스트는 내부통제의 설계가 효과적이라는 것을 전제로 한다. ➠ 즉, 통제테스트는 감사인이 관련경영진주장의 중요한 왜곡표시를 예방 또는 발견 및 수정하는데 적절하게 설계되었다고 결정한 통제에 대해서만 수행된다. (ISA 330 - A20)

3 통제의 운영효과성 테스트(통제테스트)

3.1 통제테스트를 실시하는 경우

통제테스트를 실시하는 경우 (ISA 330 - 8, 9) 25 15

감사인은 다음 중 하나에 해당한다면 관련 통제의 운영효과성에 대한 충분하고 적합한 감사증거를 입수할 수 있도록 통제테스트를 설계하고 수행하여야 한다.

(a) 감사인이 경영진주장 수준의 중요왜곡표시위험을 평가할 때 통제가 효과적으로 운영되고 있다고 기대한 경우 (즉, 감사인이 실증절차의 성격, 시기 및 범위를 결정할 때 통제의 운영효과성을 테스트하려고 하는 경우)

(b) 실증절차만으로는 경영진주장 수준의 충분하고 적합한 감사증거를 제공할 수 없는 경우

감사인은 통제테스트를 설계하고 수행할 때 감사인이 통제의 효과성에 보다 크게 의존할수록 더욱 설득력이 있는 감사증거를 입수하여야 한다.

내부통제의 이해와 통제테스트의 동시 수행 (ISA 330 - A21)

통제의 운영효과성을 테스트하는 것은 통제를 이해하고 통제의 설계와 실행을 평가하는 것과는 다르지만, 동일한 유형의 감사절차가 이용된다. 그러므로 감사인은 통제의 설계에 대한 평가 및 통제의 실행여부에 대한 결정과 동시에 통제의 운영효과성을 테스트하는 것이 효율적이라고 결정할 수 있을 것이다.

통제테스트와 세부테스트의 동시 수행(이중목적테스트) (ISA 330 - A23) 25

감사인은 동일거래에 대하여 세부테스트와 동시에 통제테스트가 수행되도록 설계할 수 있다. 통제테스트의 목적은 세부테스트의 목적과 다르지만, 이중목적테스트로 알려진 바와 같이, 동일 거래에 대하여 통제테스트와 세부테스트는 동시에 수행될 수 있다. 이중목적테스트는 각각의 테스트 목적을 개별적으로 고려하여 설계되고 평가된다.

3.2 통제테스트의 성격과 범위 및 시기

통제테스트의 설계 및 수행을 위한 감사절차 (ISA 330 - 10)

감사인은 통제테스트를 설계하고 수행할 때 다음의 절차를 수행하여야 한다.

(a) 통제의 운영효과성에 대한 감사증거를 입수하기 위하여 다음과 같은 사항이 포함된 질문과 더불어 기타의 감사절차(예 관찰, 검사, 재수행)를 수행함
- 감사대상 기간 중 관련 시기에 해당 통제가 적용된 방법
- 통제의 일관된 적용
- 통제 적용의 수행자 또는 수단

(b) 이미 대응되지 않은 한 테스트할 통제가 다른 통제(간접통제)에 의존하고 있는지 여부를 결정함. 만약 그렇다면 그러한 간접통제가 효과적으로 운영되고 있음을 뒷받침하는 감사증거를 입수할 필요가 있는지 여부를 결정하여야 한다.

통제테스트 관련 감사절차가 제공하는 확신의 수준

재수행 > 검사 > 관찰 > 질문

통제테스트의 범위 및 의존도를 결정할 때 고려할 사항 (ISA 330-A28)

통제의 효과성에 관해 더욱 설득력 있는 감사증거가 필요한 때는, 통제테스트의 범위를 확대하는 것이 적합할 것이다. 감사인이 통제에 대한 의존도와 통제테스트의 범위를 결정할 때 고려할 사항에는 다음이 포함된다.

- 해당 기간 중 기업이 통제를 수행한 빈도
- 감사대상 기간 중 감사인이 통제의 운영효과성에 의존하는 기간
- 통제로부터의 기대이탈률
- 경영진주장 수준의 통제에 대한 운영효과성에 관하여 입수하고자 하는 감사증거의 관련성과 신뢰성
- 해당 경영진주장과 관련하여 다른 통제테스트로부터 입수되는 감사증거의 범위

자동화된 통제의 테스트 범위 (ISA 330-A29) 25

정보기술 처리에 내재된 일관성 때문에, 자동화된 통제에 대하여는 그 테스트 범위를 확대하는 것이 불필요할 수 있다. 자동화된 통제는 IT 응용프로그램(테이블, 파일, IT 응용프로그램에 이용되는 기타 영구데이터를 포함)이 변경된 경우를 제외하고는 일관되게 작동된다고 예상할 수 있다. 감사인이 자동화된 통제가 (통제가 최초로 실행된 시기 또는 다른 시기에서) 의도대로 작동하고 있다고 결정하였다면, 감사인은 통제가 계속해서 효과적으로 작동하고 있다고 결정하기 위해 테스트를 수행할 것을 고려할 수 있다. 이러한 테스트에는 IT 응용프로그램과 관련된 정보기술 일반통제에 대한 테스트를 포함할 수 있다.

Q 감사인의 통제테스트의 시기에 대해 서술하시오.

감사인은 통제에 대한 의존계획의 적절한 근거를 제공하기 위하여, 해당 통제에 의존하고자 하는 특정의 시기(예 재고실사)나 전체 기간(예 모니터링에 대한 테스트)에 대하여 통제테스트를 수행하여야 한다. (ISA 330-11)

3.3 중간기간 중 입수된 감사증거의 이용

중간기간 중 입수된 감사증거를 이용할 경우 추가감사절차 (ISA 330 - 12) 23 20 19 15 14 13

감사인이 중간기간 중에 통제의 운영효과성에 대한 감사증거를 입수하면, 감사인은 다음의 절차를 수행하여야 한다.

(a) 중간기간 이후 해당 통제에 유의적 변화가 있었는지에 대하여 감사증거를 입수함

(b) 잔여기간에 대하여 입수할 추가적인 감사증거를 결정함

Q! 중간기간 후 잔여기간 동안 운영되고 있는 통제에 대하여 어떤 추가적인 감사증거(예를 들어, 잔여기간에 대한 통제테스트를 확대하거나 기업의 통제 모니터링을 테스트하면, 추가적인 감사증거가 입수될 수도 있을 것이다.)를 입수할지 여부를 결정할 때, 관련 요소에는 무엇이 포함되는가? (ISA 330 - A33, A34) 23 13

① 경영진주장 수준의 평가된 중요왜곡표시위험의 유의성

② 중간기간에 테스트하였던 특정 통제, 그리고 정보시스템 · 절차 · 담당자의 변경 등 테스트 이후 특정 통제의 유의적 변경

③ 통제의 운영효과성에 대한 감사증거의 입수 정도

④ 잔여기간의 정도

⑤ 감사인이 후속실증절차를 감소시키기 위해 통제에 의존하려는 정도

⑥ 통제환경

3.4 이전의 감사에서 입수된 감사증거의 이용

이전의 감사에서 입수된 감사증거의 이용 시 고려사항 (ISA 330 - 13)

감사인은 통제의 운영효과성에 대한 감사증거로서 이전의 감사에서 입수된 감사증거를 이용하는 것이 적절한지 여부, 그리고 만약 그렇다면 통제테스트를 재수행하지 않아도 될 경과 기간을 어느 정도로 할 것인지 여부를 결정할 때, 다음 사항을 고려하여야 한다.

(a) 통제환경, 내부통제시스템을 모니터링하는 기업의 절차 그리고 기업의 위험평가절차 등 기업의 내부통제시스템의 다른 구성요소들의 효과성

(b) 통제가 수작업에 의하고 있는지 또는 자동화되어 있는지 여부 등 통제의 특성에서 발생되는 위험

(c) 정보기술 일반통제의 효과성

(d) 통제의 적용과 관련하여 이전의 감사에서 발견된 이탈의 성격과 범위, 그리고 통제의 적용에 유의적인 영향을 미치는 담당자의 변화가 있었는지 등 통제와 통제를 적용할 때의 효과성

(e) 특정 통제의 변화가 결여되어 주변 상황이 변화하면 위험이 초래될 가능성이 있는지 여부

(f) 중요왜곡표시위험과 통제에 대한 의존 정도

이전 감사증거의 활용시 수행해야 할 절차 (ISA 330 - 14) 25

감사인이 특정 통제의 운영효과성과 관련하여 전기의 감사에서 얻은 감사증거를 이용하기로 계획한 경우, 감사인은 전기의 감사 후 해당 통제에 유의적인 변화가 발생하였는지에 관한 감사증거를 입수함으로써, 전기 감사로부터 얻은 감사증거가 계속적으로 관련성과 신뢰성이 있는지 확인하여야 한다.

(1) 감사인은 해당 통제에 대한 이해를 재확인하기 위하여 관찰 또는 검사와 결합된 질문을 수행함으로써 이러한 증거를 입수하여야 한다. 그리고,

(2) 만약 전기의 감사에서 얻은 감사증거의 계속적 관련성에 영향을 미치는 변화가 생겼다면, 감사인은 당기감사에서 그 통제에 대한 테스트를 수행하여야 한다.

(3) 만약 전기의 감사에서 얻은 감사증거의 계속적 관련성에 영향을 미치는 변화가 없었다면, 감사인은 매 3회의 감사에 최소한 한번은 통제에 대한 테스트를 수행하여야 한다. 그리고 특정 보고기간의 감사에서 감사인이 의존하고자 하는 통제 모두에 대하여 테스트를 수행하고 후속되는 두 보고기간의 감사에서는 통제에 대한 테스트를 전혀 수행하지 않을 가능성을 피하기 위해, 매 보고기간의 감사마다 일부 통제에 대한 테스트는 반드시 수행하여야 한다.

유의적 위험에 대한 통제테스트 (ISA 330 - 15) 24 23

감사인은 유의적이라고 결정한 위험에 대하여 그 통제에 의존하려고 계획한 경우, 당기에 해당 통제를 테스트하여야 한다.

과거의 통제테스트에서 입수된 감사증거에 의존하기 위해 최소한 만족해야 하는 조건 (ISA 330 - A38) 25 24 23

감사인이 다음의 조건을 모두 만족하는 통제에 대하여 과거의 감사에서 입수된 감사증거에 의존할 것인지 여부를 결정하는 것은 전문가적 판단사항이다.

① 최종 테스트 이후 변경되지 않은 통제

② 유의적 위험을 완화시키는 통제가 아님

4 통제의 운영효과성 평가

통제의 운영효과성 평가 시 실증절차 결과의 고려 (ISA 330 -16)

감사인은 감사인이 의존하고자 하는 통제의 운영효과성을 평가할 때, 실증절차에서 발견된 왜곡표시가 통제가 효과적으로 운영되지 않고 있음을 나타내는 것인지 여부를 평가하여야 한다. 그러나 실증절차에서 왜곡표시가 발견되지 않았다고 하여 테스트 중인 경영진주장과 관련된 통제가 효과적이라는 감사증거를 제공하는 것은 아니다.

의존하고자 하는 통제에 이탈이 발견된 경우 수행절차 (ISA 330-17) 24 18

감사인이 의존하고자 하는 통제에 이탈이 발견되었으면, 다음 절차를 수행해야 한다.

(1) 해당 사항과 그 잠재적인 영향을 이해하기 위해 구체적인 질문을 한다.

(2) 다음 사항을 결정해야 한다.

(a) 통제테스트를 수행한 결과가 해당 통제에 의존하는 것에 대한 적절한 근거를 제공하는지 여부

(b) 통제에 대한 추가적인 테스트가 필요한지 여부

(c) 중요한 왜곡표시에 대한 위험에 대처하기 위하여 실증절차를 적용할 필요가 있는지 여부

SECTION 03 내부통제의 미비점에 대한 지배기구 및 경영진과의 커뮤니케이션

1 내부통제 미비점의 의의

내부통제 미비점의 정의 (ISA 265-6)

구 분	내 용
내부통제 미비점	• 어떠한 통제가 재무제표의 왜곡표시를 적시에 예방 또는 발견 및 수정할 수 없게 설계, 실행 또는 운영되는 경우 • 재무제표의 왜곡표시를 적시에 예방 또는 발견 및 수정하기 위해 필요한 통제가 누락된 경우
유의적 내부통제 미비점	감사인의 전문가적 판단에 따라, 지배기구가 주의를 기울일 만큼 충분히 중요하다고 판단되는 내부통제의 미비점 또는 미비점들의 결합

Q 감사인이 감사과정에서 알게 된 내부통제의 미비점에 관심을 가지는 이유는 무엇인가?

① 당기의 왜곡표시위험(통제위험)을 평가하여 의견형성을 위한 추가감사절차의 성격·시기·범위를 결정하기 위함이다.

② 감사인이 당기에 알게 된 미비점들은 수정되지 않으면 미래의 왜곡표시위험에도 영향을 미친다. 따라서 감사인은 감사과정에서 알게 된 내부통제의 미비점을 경영진과 지배기구와 커뮤니케이션함으로써 미래의 왜곡표시위험을 적절하게 통제할 수 있다.

2 내부통제의 미비점들이 식별되었는지에 대한 결정

2.1 유의적 내부통제의 미비점들

감사인은 하나 이상의 내부통제 미비점을 식별한 경우, 수행된 감사업무에 근거하여 이들이 개별적으로 혹은 결합하여 유의적 미비점을 형성하는지 여부를 결정하여야 한다. 내부통제의 미비점 또는 이들이 결합된 미비점에 대한 유의성에 영향을 미칠 수 있는 요소는 무엇인가? (ISA 265-A5)

① 왜곡표시가 실제로 발생하였는지 여부

② 왜곡표시가 발생할 수 있는 가능성

③ 왜곡표시의 잠재적 크기

➡ 즉, 감사인이 감사 중에 왜곡표시를 식별하지 못하였더라도 유의적 미비점들은 존재할 수 있는 것이다.

2.2 내부통제의 미비점들에 대한 커뮤니케이션

내부통제 미비점 관련 커뮤니케이션에 대한 감사인의 책임 (ISA 265-9, 10, A14) 18 17

구 분	내 용
지배기구와 커뮤니케이션	감사인은 감사 중에 식별된 유의적 내부통제 미비점들을 지배기구에게 적시에 서면으로 커뮤니케이션하여야 한다.
경영진과 커뮤니케이션	감사인은 적합한 수준의 책임을 가진 경영진에게 다음과 같은 사항들을 적시에 커뮤니케이션하여야 한다. (a) 해당 상황에서 경영진에게 직접 커뮤니케이션하는 것이 부적합하지 않는 한, 감사인이 지배기구에게 커뮤니케이션하였거나 커뮤니케이션하려는 유의적 내부통제 미비점들을 경영진과 서면으로 커뮤니케이션함 (b) 감사 중에 식별된 내부통제의 기타 미비점들로서 다른 관계자가 경영진에게 커뮤니케이션하지 않았고, 감사인의 전문가적 판단에 따라, 경영진이 주의를 기울일 만큼 충분한 중요성이 있다고 판단되는 미비점들을 경영진과 커뮤니케이션함
유의적 미비점에 대한 서면 커뮤니케이션 책임	유의적 미비점들에 대한 서면 커뮤니케이션 시점과 관계없이, 감사인은 중요왜곡표시위험을 최소화하기 위한 시정 조치를 적시에 취하는 것을 돕기 위하여 미비점들을 우선 구두로 경영진, 그리고 적절한 경우 지배기구와 커뮤니케이션할 수도 있다. 그러나 이렇게 하는 것은 감사기준서에서 요구하고 있는, 서면으로 유의적 미비점들을 커뮤니케이션할 감사인의 책임을 경감시키지 않는다.

Q 감사인이 유의적 미비점들에 대하여 지배기구와 서면으로 커뮤니케이션하는 이유는 무엇인가?

① 사항들에 대한 중요성을 보여준다. (ISA 265 - A12)

② 지배기구가 그들의 감시책임을 완수하는 것을 돕는다.

Q 유의적 미비점들은 커뮤니케이션 형태와 상관없이 적시에 이루어져야 한다. 그렇다면 유의적 미비점들과 관련된 서면 커뮤니케이션은 언제까지 완료해야 하는가?

유의적 미비점에 대한 감사인의 서면 커뮤니케이션은 최종감사파일의 일부를 구성하기 때문에 최종감사파일 취합 완료 전(감사보고서일로부터 60일 이내)에 이루어져야 한다. (ISA 265 - A13)

Q 이전의 감사에서 유의적 미비점들에 대해 시정을 요구했지만 여전히 시정되지 않고 있는 경우 ① 감사인이 수행해야 할 절차와 ② 이러한 상황이 간접적으로 나타낼 수 있는 것은 무엇인가? 15

① 감사인은 당기에 다시 커뮤니케이션해야 한다. 또한 감사인은 경영진(적절한 경우 지배기구를 포함)에게 해당 유의적 미비점이 시정되지 않은 이유에 대하여 질문할 수 있다. (ISA 265 - A17)

② 합당한 설명 없이 시정조치를 취하지 않고 있는 것은 그 자체로서 유의적 미비점을 나타낼 수 있다.

Q 경영진과 지배기구가 감사인이 감사 중에 식별한 유의적 미비점들에 대하여 이미 알고 있을 수도 있으며, 비용이나 기타 다른 이유로 그러한 미비점들을 시정하지 않기로 한 경우에도 감사인은 유의적 미비점을 커뮤니케이션 해야 하는가? 17

시정조치 이행에 대한 비용과 효익을 평가할 책임은 경영진과 지배기구에 있다. 따라서 그러한 미비점들을 시정할지 여부를 결정할 때 경영진과 지배기구가 관련성이 있다고 고려하는 비용 또는 기타의 사항과는 관계없이 유의적 미비점들을 커뮤니케이션하여야 한다. (ISA 265 - A16)

유의적 미비점에 대한 서면 커뮤니케이션 내용 (ISA 265 -11)

감사인은 유의적 내부통제 미비점에 대한 서면 커뮤니케이션에 다음 사항을 포함하여야 한다.

(a) 미비점들에 대한 내역과 그러한 미비점들의 잠재적인 영향에 대한 설명

(b) 지배기구와 경영진이 커뮤니케이션의 관점을 이해할 수 있도록 하는 충분한 정보. 특히, 감사인은 다음을 설명하여야 한다.

- 감사의 목적은 감사인이 재무제표에 대한 의견을 표명하는 것임
- 감사는 내부통제의 효과성에 대한 의견표명이 목적이 아닌, 해당 상황에 적합한 감사절차를 설계하기 위하여 재무제표 작성과 관련된 내부통제에 대한 고려를 포함하고 있음
- 보고할 사항은 감사인이 감사 중에 식별한 미비점들로서 감사인이 지배기구에 보고할 만큼 충분히 중요하다고 결정한 미비점들로 제한됨

SECTION

04 거래유형별 내부통제

1 매출 및 대금회수활동 25 22 20

(1) 영업부서

통제활동	통제목표
① 영업담당자는 고객으로부터 구매주문서를 수령하며 판매를 시작한다. (정보처리)	문서화된 구매주문서를 통해 거래처와의 분쟁을 사전에 방지하고, 매출 관련 통제를 정확하게 이행하기 위한 기초적인 근거를 마련한다.
② - (a) 영업담당자는 해당 고객이 승인된 고객목록에 포함된 고객인지 확인한다. (승인)	일반승인 절차를 이용하여 미승인된 고객, 가공 거래처에 판매하는 것을 방지한다.
② - (b) 고객목록에 포함되지 않은 신규고객인 경우, 신용조사부서와 부서 내 상위권자의 개별승인을 받는다. (승인)	특별승인 절차를 이용하여 미승인된 고객, 가공 거래처에 판매하는 것을 방지한다.
③ 판매가격은 회사의 승인된 가격표에 근거하며, 매출할인 등은 정해진 범위 내에서 정한다. 한도를 초과한 가격 및 할인을 적용하는 경우에는 대표이사 등 승인권자의 승인을 받는다. (승인)	회사의 자원이 부당하게 유출되지 않도록 하며, 매출 및 매출채권 금액이 적절하게 기록되도록 한다.
④ 영업담당자는 구매주문서 상의 거래조건을 검토한 후 판매지시서를 작성하여 각 부서에 전달하고, 1부는 보관한다. (정보처리)	부당한 조건으로 주문이 접수되거나 오류가 발생하는 것을 방지한다.
⑤ 모든 관련 문서에는 일련번호를 적절히 부여하여 작성 및 보관한다. (정보처리)	모든 문서가 빠짐없이 취합되어 매출거래가 일부 누락되는 것을 방지한다.
⑥ 영업담당자는 주기적으로 고객주문서와 거래명세서를 비교하여 고객이 요청한 납기가 준수되었는지 확인한다.	고객주문서에 따라 제품이 적시에 인도되지 않아 계약불이행 등으로 재무적 · 비재무적 손실이 발생하는 것을 방지한다.

(2) 신용조사부서

통제활동	통제목표
① 신용조사부서는 영업부서와는 구분하며, 신규 고객 및 기존고객의 변경된 신용을 평가하여 신용도에 따른 거래규모를 결정한다. (업무분장)	매출 극대화를 추구하는 영업부서 담당자가 신용불량 거래처와의 매출을 발생시키는 것을 방지한다.
② 고객의 신용평가는 객관적이고 문서화된 신용정책과 절차로 이루어져야 한다. 또한 주기적으로 내용을 갱신 · 검토하며, 승인권자의 승인을 받는다. (승인)	객관성을 유지함으로써 개인적인 판단이나 편견의 영향을 최소화하고 부정행위를 사전에 차단한다. 또한 주기적 검토를 통해 신용이 하락한 거래처 정보의 누락을 방지한다.
③ 신용조사부서의 담당자는 영업부서로부터 송부받은 판매지시서 상 고객의 신용을 조사한다. (업무분장)	매출 극대화를 추구하는 영업부서 담당자가 신용불량 거래처와의 매출을 발생시키는 것을 방지한다.
④ 신용조사부서 담당자는 신용승인이 완료된 판매지시서를 창고부서에 전달하여 출고가 이루어지도록 한다. (승인)	승인된 판매지시서를 전달함으로써 신용불량 거래처에 매출이 발생하여 기업의 자산에 손실을 끼치는 것을 예방한다.

(3) 창고부서

통제활동	통제목표
① 창고부서는 물품을 보관 · 관리하는 업무만을 담당하며, 판매 및 출고에 대한 승인을 담당하지 않는다. (업무분장)	창고 담당자가 재고자산의 판매 등을 승인하여 회사자산을 횡령하는 것을 방지한다.
② 신용부서로부터 받은 승인된 판매지시서대로 제품을 출고하여 적송부서에 전달하고, 출고증을 작성하여 보관한다. (승인)	승인된 판매지시서가 없는 제품의 출고를 방지하여 신용불량 거래처에 대한 매출이 발생하지 않도록 한다.
③ 계속기록법에 의한 재고수불부를 작성하고, 경비시스템, 화재예방시스템, 필요한 경우 항온항습장치 등을 갖추며 승인된 자만이 출입이 가능하도록 한다. (물리적 통제)	재고자산 관련 정보의 정확성과 접근성을 확보하고, 종업원의 횡령을 방지하며, 제품의 물리적 손상을 방지한다.

통제활동	통제목표
④ 정기실사를 수행하여 재고수량 확인하고 계속기록법에 의한 재고수불부와의 차이원인을 규명하고 조정한다. (물리적 통제)	내부감사기능의 일환으로 횡령이나 입 · 출고수량 오류 등을 방지한다.
⑤ 창고담당자의 범죄경력조회를 실시하고 보증보험을 가입하며, 직무순환제도, 강제휴가제도, 독립적인 감사 등을 실시한다. (물리적 통제)	신원보증보험에 가입함으로써 횡령위험을 줄이고, 직무순환제도, 강제휴가제도를 통해 부정행위에 대한 기회를 줄인다.

(4) 적송부서

통제활동	통제목표
① 제품의 출고담당자는 판매지시서와 승인된 판매지시서에 기재된 품목, 수량이 출고되는 실물과 일치하는지를 확인하고 출고증에 서명한다.	미승인된 고객, 가공 거래처에 판매하는 것을 막고, 오류 없이 정확한 품목과 수량이 고객에게 전달되도록 한다. 이러한 과정을 출고증으로 작성하게 하여 책임소재도 명확하게 한다.
② 물품의 품목 · 규격 · 수량 · 단가 등에 대한 정보가 수록된 적송서류를 작성하여 각 부서 및 거래처에 전달하고, 1부는 보관한다. (정보처리)	매출과 관련된 회계기록을 정확하고 완전하게 유지할 수 있도록 한다.
③ 물품을 전달한 후에는 고객 또는 운송업체 등으로부터 인수증을 수령한다.	고객과의 향후 발생가능한 분쟁을 방지하고, 매출의 기간귀속을 위한 증빙으로 활용한다.
④ 정기적으로 적송된 품목이 매출채권 원장의 정보와 일치하는지 비교 · 검증한다. (물리적 통제)	재무제표에 반영되지 않은 매출이 발생한 적이 있었는지 확인하여 재무보고의 정확성을 유지한다.

(5) 대금청구부서

통제활동	통제목표
① 구매주문서, 판매지시서, 승인된 판매지시서 및 적송서류를 대조하고, 지급기일에 맞춰 거래처에 세금계산서(매출송장)를 발행하여 송부한다.	관련 문서의 대조확인을 통해 판매대금 청구의 누락 및 잘못된 금액의 청구를 방지한다. 이를 통해 매출 및 매출채권이 과소 · 과대계상될 위험을 줄인다.
② 세금계산서(매출송장)을 회계부서에 전달하여 회계처리가 이루어지도록 한다. (정보처리)	정확한 시기에 정확한 금액의 매출이 회계기록으로 반영되도록 한다.

(6) 자금부서

통제활동	통제목표
① 담당자 선발 시 신원보증보험에 가입하고, 정기적으로 직무순환제도, 강제휴가제도를 실시한다. (물리적 통제)	신원보증보험에 가입함으로써 횡령위험을 줄이고, 직무순환제도, 강제휴가제도를 통해 부정행위에 대한 기회를 줄인다.
② 자금 회수 시 현금을 사용하지 않고 최대한 계좌이체를 사용한다. (물리적 통제)	도난, 분실, 오류 및 횡령을 방지한다.
③ 부득이하게 현금을 수령하는 경우 담당자는 즉시 회사계좌에 입금하며, 입금표를 작성하여 1부는 고객에게 교부하고, 1부는 고객 서명을 받아 보관한다. (물리적 통제)	입금액이 유용되는 것을 방지한다.
④ 주기적으로 거래처와 채권 · 채무 잔액을 확인한다. (물리적 통제)	횡령 및 유용을 적발한다.
⑤ 당좌계좌의 입출금을 직접 담당하는 자가 아닌 별도의 제3자가 은행계정조정표를 작성하고 당좌계좌를 확인한다. (물리적 통제)	당좌예금과 장부금액을 대조 · 확인하여 회계처리의 적절성을 검토한다.

(7) 회계부서

통제활동	통제목표
① 모든 부서에서 전달된 증빙(서류)을 비교 · 검증하고, 이에 근거하여 회계처리한다. (정보처리)	오류 및 부정행위를 적발하고 재무보고의 정확성과 신뢰성을 유지한다.
② 회계팀 담당자는 계약조건이 회계기준의 요건을 충족하는지 분석하고, 승인권자는 매출인식 조건의 분석 결과를 검토하고 승인한다. (승인)	회계처리가 회계기준에 부합하는지 검토 · 승인하는 과정을 통해 오류 및 부정행위를 적발하고 재무보고의 정확성과 신뢰성을 유지한다.
③ 대손충당금 관련 회계추정 내부통제를 마련하여 운용한다. 채권의 제각 회계처리는 반드시 회사의 대표 혹은 재무책임자의 승인 하에 이루어지도록 한다. (승인)	특정 거래처에 대한 채권을 임의로 제각한 후 해당 금액을 횡령하는 것을 방지한다.
④ 실제성과와 예산, 예측치 또는 전기 성과와 주기적으로 비교 · 검토한다. (성과검토)	부정 징후 등을 감지하여 왜곡표시가 발견되지 않을 가능성을 줄인다.

(8) 채권관리부서

통제활동	통제목표
① 회계부서로부터 받은 거래처별 채권명세서를 거래처에서 파악하는 금액과 비교한다. 차이가 발생하는 경우 원인을 파악하고 상급자에게 보고한다. (물리적 통제)	오류 및 부정행위를 적발하고 재무보고의 정확성과 신뢰성을 유지한다.
② 업무지침에 규정된 회수기일에 근접하거나 초과하는 미회수채권의 경우 추심부서에 알려 회수를 도모하고, 대손과 관련하여 회계부서에 관련 정보를 전달한다.	채권 회수율을 높이고, 대손상각 회계처리를 위한 정확한 기록을 도모하여 재무보고의 정확성과 신뢰성을 유지한다.
③ 거래처에 정기적으로 월별거래명세서를 작성하여 송부한다.	차이 내역이 있는지 확인하여 누락, 오류, 부정행위 등을 적발한다.

2 매입 및 대금지급활동 25 23 22 18

(1) 구매요청부서

통제활동	통제목표
① 일반적으로 구매요청은 원재료 등 제조와 관련하여 생산부서에서 이루어진다. 또한, 비생산부서에서도 필요한 비품 등에 대한 구매요청이 이루어질 수 있다. (업무분장)	구매요청부서에서는 직접 구매를 진행하지 않는다. 실제 구매는 구매요청부서와 구분된 구매부서에서 이루어지게 함으로써 특정 부서가 지나치게 많은 권한을 갖는 것을 제한한다.
② - (a) 생산부서의 생산담당자는 원재료 등 제조에 필요한 물품이 일정 수준 이하로 감소하면, 정해진 절차에 따라 구매요청서를 작성하여 주문을 한다. (승인)	정기적인 주문품의 경우 생산 과정의 비효율성을 방지하면서, 정해진 절차를 거치게 함으로써 불필요한 구입을 방지한다.
② - (b) 특별하거나 비정기적인 주문의 경우 구매요청서를 작성하여 부서 내 상위권자의 승인을 받는다. (승인)	불필요한 물품의 구매요청을 방지한다.
③ 승인권자로부터 승인받은 구매요청서는 구매부서로 송부하고, 1부는 자체보관한다. (업무분장)	실제 구매는 구매부서에서 이루어지게 함으로써 특정 부서가 지나치게 많은 권한을 갖는 것을 제한하고, 회사의 정책에 따라 일관되고 효율적인 구매를 이루어지게 한다.
④ 보관 중인 구매요청서는 구매부서로부터 구매주문서, 검수부서로부터 검수보고서를 송부받아 대조 · 확인한다. 요청한 품목 및 수량이 일치하면 구매주문서 및 검수보고서에 확인서명을 한다.	요청한 물품의 주문이 누락되어 생산활동 등에 차질이 생길 가능성 및 구매 과정에서의 오류 가능성을 방지한다.

(2) 구매부서

통제활동	통제목표
① 구매요청서 상의 금액이 예산 범위 이내인지 확인한다.	예산을 초과하여 회사의 재무부담이 가중되는 것을 방지한다.
② - (a) 공급자를 선택할 때는 수의계약이 아닌 공개입찰방식을 이용한다.	공정하고 객관적으로 공급자를 선정하여 부적절한 거래처와 계약이 체결되지 않도록 한다.
② - (b) 지속적인 거래처와의 거래 등 공급자 파일을 이용하는 경우에는 객관적인 기준에 의해 공급자가 결정되어야 한다. 공급자 파일의 정보는 최근에 갱신된 파일로써 반드시 상위권자의 승인이 있어야 한다.	공정하고 객관적으로 공급자를 선정하여 부적절한 거래처와 계약이 체결되지 않도록 한다. 더 나아가 공급자와 종업원이 공모를 통해 회사의 자원을 횡령하는 것을 방지한다.
③ - (a) 구매주문서를 작성하여 부서 내 상위권자의 승인을 받은 후 절차에 따라 선정된 공급자에게 송부한다. (승인)	구매 절차에 대한 승인 과정을 통해 승인받지 않은 개인 유용목적의 재화나 용역의 부당구입을 방지하고, 구매 과정에서의 책임소재를 명확히 한다.
③ - (b) 오류 가능성이 높은 물품의 구입 시에는 강화된 검수통제를 운영하기 위해 공란형태의 구매주문서를 검수부서에 송부한다.	검수부서에서 직접 수량을 확인하도록 하여 오류의 발생가능성을 줄인다.

(3) 검수부서

통제활동	통제목표
① 창고부서 및 회계부서 담당자와 반드시 구분되어야 한다. (업무분장)	담당자가 과도한 권한을 행사하여 회사 자산을 횡령하는 것을 방지한다.
② 구매부서로부터 송부된 구매주문서와 공급자로부터 온 적송서류 및 실물을 대조확인한 후 검수보고서를 작성한다. (물리적 통제)	입고된 물품의 품목, 수량, 규격 등이 요청한 정보와 다를 경우를 방지한다.
③ 검수가 완료된 물품에 대해 매입채무원장과 정기적으로 비교 · 검증한다. (물리적 통제)	재무제표에 반영되어야 할 누락된 매입이 있었는지 확인하여 재무보고의 정확성을 유지한다.

(4) 창고부서

통제활동	통제목적
① 창고부서는 물품을 보관 · 관리하는 업무만을 담당하며, 판매 및 출고승인을 담당하지 않는다. (업무분장)	창고 담당자가 재고자산의 판매를 승인하여 횡령하는 것을 방지한다.
② 검수부서로부터 검수보고서와 함께 물품을 인도받아 확인한 후 계속기록법에 의한 재고수불부를 작성하고, 물품을 안전하게 보관한다. (물리적 통제)	재고자산 관련 정보의 정확성과 접근성을 확보한다.
③ 경비시스템, 화재예방시스템, 필요한 경우 항온항습장치 등을 갖추며 승인된 자만이 출입이 가능하도록 한다. (물리적 통제)	종업원의 횡령을 방지하며, 제품의 물리적 손상을 방지한다.
④ 정기실사를 수행하여 재고수량 확인하고 계속기록법에 의한 재고수불부와의 차이원인을 규명하고 조정한다. (물리적 통제)	내부감사기능의 일환으로 회사 자산의 횡령이나 입 · 출고수량 오류 등을 방지한다.
⑤ 창고담당자의 범죄경력조회를 실시하고 보증보험을 가입하며, 직무순환제도, 강제휴가제도, 독립적인 감사 등을 실시한다. (물리적 통제)	신원보증보험에 가입함으로써 횡령위험을 줄이고, 직무순환제도, 강제휴가제도를 통해 부정행위에 대한 기회를 줄인다.

(5) 지급결의부서

통제활동	통제목적
① 구매요청서, 구매주문서, 검수보고서, 거래처로부터 온 세금계산서(송장)를 대조 · 확인한다.	구매하지 않은 물품에 대한 지급결의를 방지하고, 지급결의서상 수령자, 금액 등의 오류를 확인한다.
② - (a) 비교검증 결과 특이사항이 없으면 지급결의서를 작성하여 부서 내 상위권자의 승인을 받아 자금부서로 송부한다. (승인)	승인받지 않은 자금이 집행될 위험을 줄임으로써 부정행위를 방지한다.
② - (b) 만일 구분된 지급결의부서가 없는 경우 구매팀 담당자가 부서 내 상위권자의 승인을 받아 자금부서로 송부한다. (승인)	승인받지 않은 자금이 집행될 위험을 줄임으로써 부정행위를 방지한다.

(6) 자금부서

통제활동	통제목적
① 정기적으로 직무순환제도, 강제휴가제도를 실시하고, 담당자 선발 시 신원보증보험에 가입한다. (물리적 통제)	횡령을 방지하고 지속적인 관여가 필요한 부정행위를 적발한다.
② 구매요청서, 구매주문서, 검수보고서, 지급결의서를 대조 · 검토하여 대금지급을 결정한다.	잘못된 대금지급이 이루어지는 것을 방지한다.
③ 계좌이체에 필요한 실물 통장, 공인인증서 및 OTP는 별도로 보관하여 적합한 승인권자의 승인이 있는 경우에만 사용할 수 있도록 한다. (물리적 통제)	계좌이체에 필요한 사항에 승인 없이 접근하여 자금을 횡령하는 것을 방지한다.
④ 수표발행 시에는 거래처에 송부 후 관련 증빙에 지급필을 표시한다. (물리적 통제)	이미 지급한 거래처에 대해 이중으로 지급하는 것을 방지한다.
⑤ 장부상 예금잔액과 은행측 잔고는 매일 대조 · 확인하여 자금일보를 작성하고 승인권자의 검토를 받는다. (물리적 통제)	자금의 입 · 출금을 담당하는 자의 횡령 및 유용을 방지한다.
⑥ 입 · 출금을 직접 담당하는 자가 아닌 독립적인 제3자가 은행계정조정표를 작성한다.	당좌계좌와 은행측 잔고의 차이원인을 규명하고 정확한 기록을 한다.

(7) 회계부서

통제활동	통제목적
① 자금을 집행하는 담당자가 회계처리를 직접 수행할 수 없도록 부서를 구분한다. (업무분장)	부정의 기회를 사전에 줄인다.
② 모든 부서에서 전달된 증빙(서류)을 비교 · 검증하고, 이에 근거하여 회계처리한다. (정보처리)	오류 및 부정행위를 적발하고 재무보고의 정확성과 신뢰성을 유지한다.
③ 당담자는 자금담당자로부터 지급필 표시된 지급결의서를 교부받아 외상매입금 지급을 회계처리한다. (정보처리)	대금지급 회계처리가 재무제표에 빠짐없이 반영되도록 한다.
④ 실제성과와 예산, 예측치 또는 전기 성과와 주기적으로 비교 · 검토한다. (성과검토)	부정 징후 등을 감지하여 왜곡표시가 발견되지 않을 가능성을 줄인다.

CHAPTER

05

감사의 수행 : 위험평가(부정과 오류)

SECTION

01 부정의 정의와 특징

1 부정의 정의와 특징

1.1 부정의 정의

부정의 정의 (ISA 240-12)

① 경영진, 지배기구, 종업원 또는 제3자 중 1인 이상이
② 부당하거나 불법적인 이득을 취하기 위해
③ 기만행위가 연루된 의도적 행위

Q 재무제표의 왜곡표시는 부정이나 오류에 의해 발생될 수 있다. 부정과 오류를 구별하는 요소는 무엇인가? (ISA 240-2)

부정과 오류를 구별하는 요소는 재무제표의 왜곡표시를 초래하는 기초행위가 의도적인지 비의도적인지 여부이다.

부정의 특성 (ISA 240-A1) 23

1. 부정의 동기 및 압력 : 부정한 재무보고의 동기나 압력은 경영진이 기업 내 · 외부로부터 예정된(아마도 비현실적인) 이익목표나 재무적 성과의 달성압력을 받고 있을 때, 특히 재무적 목표를 달성하지 못할 경우 경영진에 미치는 영향이 중요할 때 존재한다. 이와 마찬가지로 개인의 경우 수입액을 초과하는 생활을 하고 있는 경우 자산횡령의 동기를 가질 수 있다.
2. 부정의 기회 : 부정을 저지를 수 있는 알려진 기회는 개인이 내부통제를 무력화할 수 있다고 믿을 때, 예를 들어 해당 내부통제의 책임있는 위치에 있거나 내부통제의 특정 미비점을 잘 알고 있을 경우 존재할 수 있다.
3. 부정의 합리화 : 개인은 부정한 행위를 합리화할 수 있을 것이다. 어떤 사람은 의식적이고 의도적으로 부정직한 행위를 저지르는 태도나 성격 또는 윤리적 가치관을 가지고 있다. 그러나 정직한 개인이라도 일정 수준의 압력이 가해지는 환경에서는 부정을 저지를 수 있을 것이다.

1.2 부정의 특징

감사인은 감사기준의 목적상 재무제표의 중요한 왜곡표시를 초래하는 부정에 관심을 둔다. 감사인은 부정의 발생을 의심할 수 있고, 예외적으로 이를 식별할 수도 있으나, 부정이 실제로 발생했는지 여부에 대한 법률적 결정을 내리지는 않는데, 그 이유는 무엇인가? 24 11

부정은 광범위한 법률적 개념이지만, 감사인은 감사기준의 목적상 재무제표의 중요한 왜곡표시를 초래하는 부정에 관심을 둔다. (ISA 240-3) 회계감사의 궁극적인 목적은 재무제표가 회계기준 등의 보고기준에 따라 작성되었는가에 대한 의견을 표명하는데 있기 때문이다. 만약 부정이 존재하더라도 이것이 재무제표에 영향을 미치지 아니한다면 감사인은 이에 대한 법률적 판단을 할 필요가 없다.

2 재무제표감사와 관련된 부정의 종류

2.1 부정한 재무보고에 의한 왜곡표시

부정한 재무보고 (ISA 240-A3)

부정한 재무보고는 다음의 행위에 의해 수행될 수 있다.

① 재무제표 작성의 기초가 되는 회계기록이나 근거문서의 조작, 위·변조 또는 수정

② 사건, 거래 또는 기타 유의적인 정보를 재무제표에 허위로 기재하거나 의도적으로 누락

③ 금액, 분류, 표시방법 또는 공시에 대한 회계원칙의 의도적인 잘못 적용

내부통제 무력화를 통한 부정한 재무보고 (ISA 240-A4)

부정한 재무보고에는 그렇지 않았다면 효과적으로 운영되고 있다고 보일 내부통제에 대한 경영진의 무력화가 종종 수반된다. 부정은 경영진이 아래와 같은 기법을 사용하여 내부통제를 의도적으로 무시함으로써 발생될 수 있다.

- 영업성과를 조작하거나 다른 목적을 달성하기 위하여 특히 보고기간말에 근접하여 가공의 분개를 기록
- 계정 잔액의 추정에 적용되는 가정을 부적합하게 수정하거나 판단을 변경함
- 보고기간에 발생한 사건이나 거래를 재무제표에 누락시킴, 또는 그 인식시기를 앞당기거나 지연시킴
- 해당 재무보고체계에서 요구되거나 공정표시를 달성하기 위하여 필요한 공시를 누락하거나, 이해하기 어렵게 만들거나, 왜곡표시함
- 재무제표에 기록된 금액에 영향을 미칠 수 있는 사실을 은폐함
- 기업의 재무상태나 재무적 성과를 왜곡표시하도록 설계된 복잡한 거래를 수행함
- 유의적 거래 및 비경상적인 거래와 관련된 기록이나 조건을 변경시킴

2.2 자산의 횡령에 의한 왜곡표시

자산의 횡령 (ISA 240 – A5)

자산의 횡령은 기업자산의 도난을 수반하며, 종업원들이 종종 상대적으로 소액이며 중요하지 않은 금액으로 저지른다. 그러나 여기에는 대개 발견하기 힘든 방법으로 자산의 횡령을 더 잘 숨기고 위장할 수 있는 경영진이 연루될 수도 있다. 자산의 횡령은 다음과 같이 다양한 방법으로 이루어질 수 있다.

① 입금의 횡령

② 물리적 자산 또는 지적 자산의 절도

③ 수취하지 아니한 재화나 용역을 위하여 지급하게 함

④ 기업자산을 개인용도로 이용

SECTION 02 부정의 예방, 발견 및 보고(커뮤니케이션) 책임

1 기업의 지배기구와 경영진의 책임

부정의 예방 및 발견에 대한 책임 (ISA 240 – 4, 5, 8) 24 19

구 분	지배기구와 경영진	감사인
주된 책임	부정과 오류의 예방 · 발견에 대한 주된 책임	재무제표가 전체적으로 부정이나 오류로 인한 중요한 왜곡표시가 없다는 합리적 확신을 얻을 책임
구체적 책임	부정과 오류의 예방이나 발견을 위하여 내부통제제도를 수립하고 이를 계속적으로 실행	감사의 전 과정을 통하여 전문가적 의구심을 유지할 책임

Q 경영진과 지배기구의 관점에서 부정예방 및 억제를 위해 취할 수 있는 방안을 서술하시오. 19

① 경영진은 정직하고 윤리적으로 행동하는 기업문화를 창조한다.

② 지배기구는 더 적극적으로 감시한다. (ISA 240 – 4)

2 감사인의 책임

2.1 고유한계

부정으로 인한 중요한 왜곡표시를 발견하지 못할 위험이 오류로 인한 경우보다 큰 이유는 무엇인가? 19

부정의 경우 그 사실을 은폐하기 위해 위조, 거래의 기록에 대한 계획적인 누락 또는 감사인에 대한 의도적인 거짓 진술 등 정교하고 면밀하게 설계된 수단들이 이용되기 때문이다. 이러한 은폐 시도에 공모가 수반되는 경우에는 훨씬 더 발견하기 어려울 수 있다. 공모가 있으면 감사증거가 실제로는 허위임에도 감사인은 그 증거가 설득적이라고 믿게 될 것이다. (ISA 240-6)

감사인은 부정이 수행될 잠재적 기회는 식별할 수는 있으나, 회계추정과 같이 판단이 수반되는 영역의 왜곡표시는 그것이 부정으로 인한 것인지 오류로 인한 것인지 결정하기 어렵다. 또한, 감사인의 부정발견 능력은 여러 요인에 따라 달라지는데, 그 요인들을 서술하시오. (ISA 240-6)

감사인의 부정발견 능력은 ① 부정을 저지르는 사람의 숙련도, ② 조작의 빈도와 정도, ③ 공모의 정도, ④ 조작된 개별금액의 상대적 크기, 그리고 ⑤ 연루된 개인들의 조직 내 직위 등 요인에 따라 다르다.

감사인이 경영진의 부정으로 인한 중요한 왜곡표시를 발견하지 못할 위험이 종업원의 부정으로 인한 경우보다 큰 이유는 무엇인가? 24 19

경영진은 회계기록을 직·간접적으로 조작하고 허위의 재무정보를 제공하거나, 다른 종업원에 의해 유사한 부정이 예방되도록 설계된 통제를 무력화할 수 있는 위치에 있는 경우가 빈번하기 때문이다. (ISA 240-7)

2.2 전문가적 의구심

전문가적 의구심의 견지 (ISA 240-13)

감사인은 기업의 경영진 및 지배기구의 정직성과 성실성에 대한 감사인의 과거 경험과 관계없이, 부정으로 인한 중요한 왜곡표시의 가능성이 존재한다는 것을 인식하면서 감사의 전 과정을 통하여 전문가적 의구심을 유지하여야 한다.

회계기록이나 문서를 입수한 경우 (ISA 240-14, A10)

① 그렇지 아니하다고 믿을 이유가 없으면 : 감사인은 회계기록이나 문서가 진실하다고 받아들일 수 있다. 일반적으로 감사기준에 따라 수행되는 감사에 문서의 진위 판별이 수반되는 경우는 거의 없으며, 감사인은 문서의 진위에 대한 전문가로서 훈련을 받지 않았으며, 그렇게 기대될 수도 없다.

② 감사 중 식별된 상황으로 인하여 문서가 진실하지 아니하거나 문서 내의 문구가 변경되었음에도 불구하고 감사인에게 공개되지 아니하였다고 믿는다면 : 추가적인 조사를 실시하여야 한다. 예를 들면 다음과 같다.

- 제3자에게 직접 조회
- 문서의 진실성을 평가하기 위해 전문가를 이용

3 감사인의 경영진, 지배기구에 대한 커뮤니케이션 책임

경영진 및 지배기구에 대한 커뮤니케이션 (ISA 240-41, 42) 25 22 18 14

커뮤니케이션할 대상	커뮤니케이션할 사항
경영진	감사인이 부정을 식별하였거나 부정이 존재할 가능성을 나타내는 정보를 입수한 경우, 법규상 금지되지 않는 한 감사인은 부정의 예방과 발견에 주된 책임이 있는 사람들에게 그 주어진 책임과 관련된 사항들을 알리기 위하여, 적합한 수준의 경영진에게 적시에 커뮤니케이션하여야 한다.
지배기구	감사인이 경영진, 내부통제에 유의적인 역할을 수행하는 종업원, 또는 부정이 재무제표에 중요한 왜곡표시를 초래하는 경우의 기타 관련자가 연루되어 있는 부정이나 의심되는 부정을 식별하였거나 의심하는 경우에는, 감사인은 지배기구에게 이러한 사항들을 적시에 커뮤니케이션하여야 한다.
	만약 감사인이 경영진이 연루된 부정이라고 의심하는 경우에는 이러한 의심에 대하여 ① 지배기구에게 커뮤니케이션하고, 감사를 완료하기 위하여 ② 필요한 감사절차의 성격, 시기 및 범위를 이들과 논의하여야 한다. 이러한 지배기구와의 커뮤니케이션은 법규상 금지되지 않는 한 요구된다.

Q 부정과 관련하여 감사인이 수행하는 지배기구와의 커뮤니케이션의 시기 및 형태에 대하여 서술하시오. 25

감사인은 지배기구에게 적시에 커뮤니케이션하여야 하며, 감사인과 지배기구와의 커뮤니케이션은 구두 또는 서면으로 이루어질 수 있다. 단, 고위경영진이 연루된 부정이나 재무제표의 중요한 왜곡표시를 초래하는 부정에 대하여는 그 성격과 민감성으로 인하여 적시에 보고하는 것이며, 아울러 그러한 사항들을 서면으로 보고하는 것도 필요하다고 생각할 수 있다. (ISA 240-42, A63)

Q 경영진 또는 지배기구의 성실성이나 정직성에 대하여 의문을 가지는 예외적인 상황에서 수행해야 할 절차를 서술하시오. 25

일련의 적합한 조치를 결정하는 데 도움을 받기 위해 법적 조언을 얻는 것이 적절하다고 생각할 수 있다. (ISA 240-A65)

4 감사인의 부정에 대한 보고 책임

4.1 회계감사기준에서 요구하는 부정의 보고의무

법규위반을 식별하였거나 의심하고 있는 경우 보고의무 (ISA 240-44)

감사인이 법규위반을 식별하였거나 의심하고 있는 경우, 감사인은 다음에 해당하는지 여부를 결정하여야 한다.

① 법규 또는 관련 윤리적 요구사항에서 감사인이 기업 외부의 적절한 기관에 보고하도록 요구함

② 법규 또는 관련 윤리적 요구사항에서 확립된 책임에 따르면 기업 외부의 적절한 기관에 보고하는 것이 상황에 적합한 조치일 수 있음

4.2 외부감사법에서 요구하는 부정의 보고의무

부정행위 등의 보고의무 (외부감사법 제22조) 22 19 18

① 감사인은 직무를 수행할 때 이사의 직무수행에 관하여 부정행위 또는 법령이나 정관에 위반되는 중대한 사실을 발견하면 감사 또는 감사위원회에 통보하고 주주총회(유한회사는 사원총회)에 보고하여야 한다.

② 감사인은 회사가 회계처리 등에 관하여 회계처리기준을 위반한 사실을 발견하면 감사 또는 감사위원회에 통보하여야 한다.

③ 회사의 회계처리기준 위반사실을 통보받은 감사 또는 감사위원회는 회사의 비용으로 외부전문가를 선임하여 위반사실 등을 조사하도록 하고 그 결과에 따라 회사의 대표자에게 시정 등을 요구하여야 한다.

④ 감사 또는 감사위원회는 회계처리기준 위반사실에 따른 조사결과 및 회사의 시정조치 결과 등을 즉시 증권선물위원회와 감사인에게 제출하여야 한다.

⑤ 감사 또는 감사위원회는 회계처리기준 위반사실의 직무를 수행할 때 회사의 대표자에 대하여 필요한 자료나 정보 및 비용의 제공을 요청할 수 있다. 이 경우 회사의 대표자는 특별한 사유가 없으면 이에 따라야 한다.

⑥ 감사 또는 감사위원회는 이사의 직무수행에 관하여 부정행위 또는 법령이나 정관에 위반되는 중대한 사실을 발견하면 감사인에게 통보하여야 한다.

⑦ 감사인은 이사의 직무수행에 관하여 부정행위 또는 법령에 위반되는 중대한 사실을 발견하거나 감사 또는 감사위원회로부터 이러한 사실을 통보받은 경우에는 증권선물위원회에 보고하여야 한다.

SECTION

03 업무팀 내부의 토의

1 부정과 토의의 필요성

업무팀 내부의 토의 (ISA 240 - 16)

업무팀 내부의 토의에서는, 부정이 어떻게 발생할 것인지 등 기업의 재무제표가 부정에 의하여 어디서 어떻게 중요하게 왜곡표시될 위험성이 높은지를 특히 강조하여야 한다. 이러한 토의는 경영진과 지배기구가 정직하고 성실하다는 업무팀원들의 믿음을 배제하고 수행되어야 한다.

업무팀 토의에 포함될 수 있는 사항 (ISA 240 - A12)

① 재무제표가 어떻게 그리고 어느 부분에서 부정으로 인하여 중요하게 왜곡표시 되기 쉬운지, 경영진이 부정한 재무보고를 어떻게 수행하고 은폐하는지, 그리고 기업의 자산이 어떻게 횡령될 수 있는지에 대한 업무팀원간 의견 교환

② 이익조정을 나타내는 상황, 그리고 부정한 재무보고로 이어질 수 있는 이익조정을 위해 경영진이 따르는 실무에 대한 고려

③ 경영진 또는 그 외의 사람들이 부정을 저지를 동기나 압력을 유발하고, 부정이 실행될 기회를 제공하며 부정을 범하는 것을 합리화 시킬 수 있는 문화 또는 환경을 나타내는, 기업에 영향을 미치는 알려진 내 · 외부 요소들에 대한 고려

④ 횡령하기 쉬운 현금이나 기타의 자산을 다루는 종업원에 대한 경영진의 감시 여부에 대한 고려

⑤ 경영진이 내부통제를 무력화할 위험에 대한 고려

2 중요왜곡표시위험에 대한 토의의 효과

부정으로 인한 중요왜곡표시위험에 대한 업무팀 토의의 효과 (ISA 240 - A11) 17

① 재무제표가 어떻게 그리고 어느 부분에서 부정으로 인해 중요하게 왜곡표시되기 쉬운지에 대하여 업무팀원 중 경험이 많은 사람들의 **통찰을 공유할 기회를 제공**한다.

② 감사인이 그러한 위험성에 대한 **적합한 대응을 고려**할 수 있게 하고, 업무팀원 중 **누구에게 어떤 감사절차를 맡길 것인지** 결정할 수 있게 해준다.

③ 감사인이 감사절차의 **수행 결과**를 업무팀원과 **어떻게 공유**할지, 감사인이 주목하게 된 **부정 혐의**를 **어떻게 다루어야 할지** 결정할 수 있게 한다.

SECTION

04 위험평가절차 및 관련 활동

부정으로 인한 중요왜곡표시위험을 식별하기 위한 위험평가절차 개요 (ISA 240-17)

감사인은 기업과 그 환경, 해당 재무보고체계 그리고 기업의 내부통제시스템을 이해하기 위한 위험평가절차 및 관련 활동을 수행할 때, 부정으로 인한 중요왜곡표시위험을 식별하기 위한 정보를 입수하기 위하여 아래와 관련된 절차를 수행하여야 한다.

① 질문(경영진과 기업 내의 적합한 사람, 내부감사기능, 지배기구 등)

② 비경상적이거나 예상되지 아니한 관계 식별(분석적절차)

③ 기타정보

④ 부정위험요소의 평가

1 질문

1.1 경영진 및 기업 내 적합한 사람에 대한 질문

경영진 및 기업 내 적합한 사람에 대한 질문의 목적(내용) (ISA 240-19)

감사인은 기업에 영향을 주는 부정으로서 실제로 발생하였거나 의심되는 부정 또는 혐의 중인 부정을 알고 있는지 여부를 결정하기 위해, 경영진 및 기업 내의 적합한 사람에게 질문을 하여야 한다.

경영진뿐만 아니라 기업 내 적합한 사람에게도 질문해야 하는 이유 (ISA 240-A16)

- 감사인은 경영진에 대한 질문을 통하여 종업원의 부정으로 인한 중요왜곡표시위험에 관한 유용한 정보를 얻을 수 있다. 그러나 이러한 질문을 통해서 경영진의 부정으로 인한 중요왜곡표시위험에 관한 유용한 정보를 얻을 수는 없을 것이다.
- 기업 내의 다른 사람들에 대하여 질문을 하면 감사인은 그렇지 않았다면 전달되지 않았을 정보를 인지하는 기회를 얻게 될 것이다.

부정의 존재 또는 의심에 대하여 감사인이 질문을 할 기업 내의 적합한 사람에는 예를 들어 누가 있는가? (ISA 240-A17)

① 재무보고절차에 직접 관여되지 않는 일상업무 수행인원

② 다른 수준의 권한을 가진 종업원

③ 복잡하거나 비경상적인 거래의 개시, 처리 또는 기록에 관여하는 종업원과 그러한 종업원을 감독하거나 모니터링하는 사람

④ 내부 법률고문

⑤ 윤리담당 임원 또는 그에 상응하는 사람

⑥ 부정혐의를 다루는 업무를 맡고 있는 사람(들)

경영진에게 질문할 사항 (ISA 240-18)

감사인은 경영진에게 다음에 관한 질문을 하여야 한다.

① 재무제표가 부정으로 인하여 중요하게 왜곡표시 될 위험에 대한 경영진의 평가(이러한 평가의 성격, 범위 및 빈도를 포함)

② 경영진이 기업의 부정위험을 식별하고 대응하는 절차. 이러한 절차에는 경영진이 식별하였거나 주목하게 된 특정의 부정위험, 그리고 부정위험이 존재할 가능성이 있는 거래유형, 계정과목 혹은 공시를 포함한다.

③ 해당 사항이 있는 경우, 기업의 부정위험을 식별하고 대응하는 절차에 관하여 경영진이 지배기구에게 행한 커뮤니케이션

④ 해당 사항이 있는 경우, 기업의 영업실무와 윤리적 행동에 대한 경영진의 견해에 관하여 경영진이 종업원에게 행한 커뮤니케이션

내부감사기능 내 적합한 사람에 대한 질문의 목적(내용) (ISA 240-20, A19)

내부감사기능이 있는 기업의 경우, 감사인은 내부감사기능 내 적합한 담당자에 질문을 하여,

① 기업에 영향을 주는 부정으로서 실제로 발생하였거나 의심되는 부정 또는 혐의중인 부정을 내부감사부서가 알고 있는지 여부를 결정하고,

② 부정위험에 관한 이들의 견해를 파악하기 위해 내부감사부서에 질문을 하여야 한다.

또한 다음과 같은 특정 활동에 대해서도 질문할 수 있을 것이다.

① 보고기간 중 내부감사기능이 부정발견을 위하여 수행한 절차

② 이러한 절차의 결과 발견된 사항에 대한 경영진의 대응이 만족스러웠는지 여부

1.2 지배기구에 대한 질문

지배기구의 감시기능에 대한 이해 (ISA 240-21)

지배기구의 모든 구성원이 그 기업의 경영에 참여하고 있지 않는 한, 감사인은 기업의 부정위험을 식별하고 대응하기 위한 경영진의 절차와 이러한 부정위험을 감소시키기 위하여 경영진이 수립한 내부통제에 대하여 지배기구가 어떠한 감시기능을 수행하고 있는지 이해하여야 한다.

지배기구에 대한 질문의 목적(내용) (ISA 240-22) 25

지배기구의 모든 구성원이 그 기업의 경영에 참여하고 있지 않는 한, 감사인은 ① 기업에 영향을 주는 부정으로서 실제로 발생하였거나 의심되는 부정 또는 혐의중인 부정을 지배기구가 인지하고 있는지 여부를 결정하기 위해 지배기구에 질문을 하여야 한다. 지배기구에게 이러한 질문을 하는 것은 ② 경영진에 대한 질문의 답변내용을 확인하는 목적도 있다.

2 식별된 비경상적이거나 예상되지 아니한 관계(분석적절차)

분석적절차를 통한 부정으로 인한 중요왜곡표시위험 평가 (ISA 240-23)

감사인은 수익계정 등에 대한 분석적절차를 수행할 때 비경상적이거나 예상되지 아니한 관계가 식별된 경우, 이것이 부정으로 인한 중요왜곡표시위험을 나타내는지 여부를 평가하여야 한다.

3 기타정보

기타정보를 통한 부정으로 인한 중요왜곡표시위험 평가 (ISA 240-24)

감사인은 입수한 기타정보가 부정으로 인한 중요왜곡표시위험을 나타내는지 여부를 고려하여야 한다.

Q. 분석적절차의 적용으로부터 입수한 정보에 추가하여 감사인이 부정으로 인한 중요왜곡표시위험을 식별하는 데 도움이 될 수 있는 기타정보로는 무엇이 있는가?

① 기업과 그 환경에 관하여 입수한 기타의 정보

② 업무팀 내부의 토의

③ 감사인의 의뢰인 수용과 유지 여부의 절차로부터 입수한 정보

④ 중간재무제표의 검토업무와 같이 해당 기업에 제공한 다른 업무로부터 얻은 경험 (ISA 240 - A23)

4 부정위험요소의 평가

부정위험요소의 평가 (ISA 240 - 12, 25, A26)

23 20 19 14

부정위험요소란 다음의 부정 3요소(부정의 패턴)을 나타내는 사건이나 상황을 의미한다.

① 부정을 범하는 동기나 압력

② 부정을 범할 감지된 기회

③ 부정 행위를 합리화하는 능력

- 감사인은 다른 위험평가절차 및 관련 활동의 수행을 통해 입수한 정보가 하나 이상의 부정위험요소가 존재하고 있음을 나타내는지 여부를 평가하여야 한다.
- 부정위험요소가 반드시 부정의 존재를 나타내는 것은 아니지만, 이는 종종 부정이 발생하였던 환경에서 있어 왔으므로 부정으로 인한 중요왜곡표시위험을 나타내는 것일 수 있다.

SECTION

05 부정으로 인한 중요왜곡표시위험의 식별과 평가

1 부정으로 인한 중요왜곡표시위험의 수준

부정으로 인한 중요왜곡표시위험의 수준 (ISA 240 - 26)

감사인은 ① 재무제표 수준과 ② 거래유형, 계정과목 및 공시에 대한 경영진주장의 수준에서 부정으로 인한 중요왜곡표시위험을 식별하고 평가하여야 한다.

2 수익인식의 부정위험

수익인식의 부정위험 관련 감사절차 (ISA 240-27)

부정으로 인한 중요왜곡표시위험을 식별하고 평가할 때, 감사인은 수익의 인식에 부정위험이 존재한다는 가정에 기초하여, 어떤 유형의 수익이나 수익거래 또는 경영진주장이 그러한 위험을 발생시키는지 평가하여야 한다.

Q 감사인이 수익인식과 관련하여 부정으로 인한 중요왜곡표시위험이 존재한다는 가정을 해당 감사업무의 상황에 적용할 수 없다고 결론을 내린 경우, 수행해야 할 절차는 무엇인가?

그러한 결론을 내리게 된 이유를 감사문서에 포함하여야 한다. (ISA 240-48)

Q 어떤 기업의 수익인식에서의 부정위험은 다른 기업보다 더 클 수 있다. 그 예시에는 무엇이 있는가? (ISA 240-A30)

① 상장기업 경영진의 성과가 매년의 매출액 성장률이나 순이익에 의해 측정되는 경우, 경영진이 부적합한 수익인식을 통하여 부정한 재무보고를 할 압력이나 동기가 존재할 수도 있다.

② 상당한 비중의 수익이 현금매출을 통하여 창출되는 기업의 경우 수익인식에 있어 부정위험은 더욱 클 수도 있다.

Q 감사기준서는 수익인식에 부정위험이 존재한다는 가정에 반론이 있을 수 있음을 인정하고 있다. 수익인식과 관련하여 부정으로 인한 중요왜곡표시위험은 없다고 결론을 내릴 수 있는 사례를 서술하시오.

단일 임대용 재산의 수익과 같이 단일 유형의 단순한 수익거래만 존재하는 경우 (ISA 240-A31)

수익인식과 관련하여 재무보고를 왜곡하는 방법 (ISA 240-A29)

① 수익의 조기인식과 가공수익의 계상 ➡ 수익의 과대계상

② 수익의 부적절한 이연인식 ➡ 수익의 과소계상

3 부정으로 인한 중요왜곡표시위험의 존재

부정으로 인한 중요왜곡표시위험의 존재 (ISA 240-28) 20 14

감사인은 평가된 부정으로 인한 중요왜곡표시위험을 유의적 위험으로 취급하여야 하며, 따라서, 아직 수행하지 않은 부분이 있다면 그러한 위험에 대처하는 기업의 통제를 식별하고 설계를 평가하며 통제가 실행되었는지 여부를 결정한다.

4 경영진의 통제무력화 위험

Q 아무리 잘 구축된 내부통제라도 경영진 앞에선 무력화되고, 부정이 통제되지 않는 이유는 무엇인가?

경영진은 그렇지 않았다면 효과적으로 운영된다고 보이는 통제를 무력화하여 회계기록을 조작하고 부정한 재무제표를 작성할 수 있는 능력이 있는 특별한 위치에 있기 때문이다. (ISA 240-32)

Q 감사인은 경영진에 의한 통제무력화 위험에 대한 평가결과에 관계없이, 통제무력화 위험을 유의적 위험으로 보고 이에 대응하기 위한 구체적인 감사절차를 계획하고 수행해야 한다. 그 이유는 무엇인가? 14

경영진이 통제를 무력화할 위험은 정도의 차이는 있지만 모든 기업에 존재하며, 예측불가능하게 발생될 수 있기 때문에 이는 부정으로 인한 중요왜곡표시위험의 하나이며, 따라서 유의적 위험이다. (ISA 240-32)

SECTION

06 부정으로 인한 중요왜곡표시위험에 대한 감사인의 대응

1 부정에 대한 재무제표수준과 경영진주장 수준의 대응절차

1.1 재무제표수준의 대응절차

재무제표수준의 부정으로 인한 중요왜곡표시위험에 대한 전반적인 대응 (ISA 240 - 30)

감사인은 재무제표 수준의 부정으로 인한 중요왜곡표시위험의 평가내용에 대한 전반적인 대응을 결정할 때, 다음의 절차를 수행하여야 한다.

① 유의적 업무수행 책임을 부여할 개별 구성원의 지식, 기술 및 능력과 해당 감사업무에 있어서 부정으로 인한 중요왜곡표시위험에 대한 감사인의 평가결과를 고려하여 업무를 배정하고 감독함

② 특히 주관적인 측정과 복잡한 거래와 관련된 경우, 회계정책의 선택과 적용이 경영진의 이익조정 노력에 따른 부정한 재무보고의 징후인지 여부를 평가함

③ 감사절차의 성격, 시기 및 범위를 선택할 때, 예측불가능성 요소를 포함시킴

1.2 경영진주장수준의 대응절차

경영진주장수준의 부정으로 인한 중요왜곡표시위험에 대응하는 감사절차의 성격 (ISA 240 - A38) 17 15 12

① 보다 신뢰할 수 있거나 관련성이 있는 감사증거를 입수

② 추가적인 확인적 정보를 입수

예를 들어, 다음과 같은 상황별 대응이 가능하다.

- 경영진이 이익기대치를 달성하기 위한 압력을 받고 있다는 것을 식별한 경우, 수익인식을 금지하는 조건이 포함된 판매약정을 체결하거나 목적물의 인도 전에 송장을 발행함으로써 경영진이 매출을 과대계상하는 위험이 있는 상황 : 현재 잔액에 대한 조회분만 아니라 일자, 반품권한, 인도조건 등 판매약정의 세부내역을 조회하기 위한 외부조회서를 설계할 수 있을 것이다. 더 나아가 감사인은 기업의 비재무 인원에게 판매약정이나 인도조건의 변경여부에 대하여 질문함으로써 그러한 외부조회를 보충하는 것이 효과적이라고 판단할 수 있을 것이다.
- 특정 자산의 실물 관찰이나 검사가 더욱 중요하게 되거나, 유의적인 계정과목이나 전자형태의 거래파일에 포함된 데이터에 관하여 더 많은 증거를 입수해야 하는 상황 : 감사인은 컴퓨터를 이용한 감사기법을 이용할 수 있다.

경영진주장수준의 부정으로 인한 중요왜곡표시위험에 대응하는 감사절차의 시기 (ISA 240 - A38, 330 - A11) 15

① 보고기간말 또는 보고기간말에 근접한 때에 실증절차를 수행(이와는 대조적으로, 예를 들어 부적절한 수익인식을 수반하는 왜곡표시와 같은 의도적인 왜곡표시는 기중에 생성되었을 수 있기 때문에 감사인은 실증절차를 보고기간 초기에 발생된 거래에 대하여 적용할 것인지 또는 보고기간 전체에 걸친 거래에 대하여 적용할 것인지 선택할 수도 있다.)

② 불시에 또는 예측불가능한 시기에 감사절차를 수행

Q 재고자산의 수량에 영향을 미치는 부정으로 인한 중요왜곡표시위험을 식별한 경우, 이에 대처하기 위한 적절한 감사절차를 서술하시오. 15

예고 없이 특정 장소에서 재고자산 실사에 입회하거나 동일한 일자에 모든 장소에서 재고자산을 실사한다. (ISA 240 - A39)

경영진주장수준의 부정으로 인한 중요왜곡표시위험에 대응하는 감사절차의 범위 (ISA 240 - A38) 15

① 표본규모를 확대하여 수행(또한 컴퓨터를 이용한 감사기법은 전자형태의 거래파일과 계정파일에 대하여 보다 확대된 테스트를 가능하게 할 것이다. 그러한 기법은 전자형태의 주요 파일에서 표본거래를 추출하거나 특정한 성격의 거래를 분류하거나, 표본대신 모집단 전체를 테스트하기 위하여 이용될 수 있다.)

② 세부적인 수준에서 분석적절차를 수행

Q 부정으로 인한 중요왜곡표시위험의 평가내용이 높은 재무제표 항목과 관련하여 전문가의 업무가 특별히 중요한 경우, 이에 대처하기 위한 적절한 감사절차를 서술하시오. 15

전문가의 발견사항이 합리적인지 여부를 결정하기 위하여 전문가의 가정이나 방법론, 또는 그 발견사항의 일부 또는 전부와 관련된 추가적인 절차를 수행하거나 이러한 목적으로 타전문가와 계약한다. (ISA 240 - 보론2)

Q 수익거래가 전자적으로 개시, 처리 및 기록되는 상황에서 부정으로 인한 중요왜곡표시위험이 존재하는 경우, 이에 대처하기 위한 적절한 감사절차를 서술하시오. 15

거래들이 실제로 발생하였으며 적절하게 기록되고 있다는 확신을 제공하는지를 결정하기 위하여 통제에 대한 테스트를 수행한다. (ISA 240 - 보론2)

Q 경영진의 추정치와 관련된 부정한 재무보고로 인한 중요왜곡표시위험에 대해 감사인이 대처하기 위한 적절한 감사절차를 서술하시오. (ISA 240 - 보론2)

① 경영진의 추정치와 비교하기 위한 독립적인 추정치를 도출하기 위하여 전문가를 이용함

② 회계추정치의 도출과 관련된 계획을 수행할 경영진의 능력과 의도를 확인하기 위해 경영진과 회계 부서 외의 사람에게 질문을 확대함

2 경영진의 통제무력화에 대한 구체적인 대응절차

경영진의 통제무력화에 대한 감사절차(ISA 240-33)

24 23 20 17 14

구 분	내 용
경영진의 통제무력화 위험에 대한 감사인의 평가결과에 관계없이, 감사인은 다음 감사절차를 계획하고 수행하여야 한다.	
저널엔트리 테스트 (Journal Entry Test)	총계정원장에 기록된 분개와 재무제표 작성시 이루어진 조정사항의 적절성을 테스트함. 이러한 테스트를 위한 감사절차를 설계하고 수행할 때 감사인은 다음의 절차를 수행하여야 한다. ① 분개 및 기타 조정사항의 처리와 관련하여 부적합하거나 비경상적인 행위가 있었는지에 대하여 재무보고절차에 관여하는 사람들에게 질문함 ② 보고기간말에 이루어진 분개 및 기타 조정사항을 추출함 ③ 보고기간 전체를 통하여 이루어진 분개 및 기타 조정사항을 테스트할 필요가 있는지 고려함
회계추정 감사	회계추정치에 편의가 있는지 검토하고, 편의가 있다면 이를 유발하는 환경이 부정으로 인한 중요왜곡표시위험을 나타내는 것인지 여부를 평가함. 감사인은 이러한 검토를 할 때 다음의 절차를 수행하여야 한다. ① 경영진이 재무제표에 반영된 제반 회계추정을 할 때 행한 판단과 결정이 비록 개별적으로는 합리적이라고 하더라도, 부정으로 인한 중요왜곡표시위험을 의미할 수 있는 경영진의 편의가능성을 나타내는 것인지 여부를 평가함. 만약 그렇다면 감사인은 회계추정치를 전반적으로 다시 평가함 ② 전기재무제표에 반영된 유의적 회계추정치에 관련된 경영진의 판단과 가정들을 소급해서 재검토함
비경상적 거래 (특이 거래)의 감사	기업의 정상적인 사업과정을 벗어나는 거래, 또는 기업과 그 환경에 대한 감사인의 이해와 감사 중에 입수한 정보에 근거했을 때 비경상적으로 보이는 유의적 거래의 경우, 감사인은 해당 거래의 사업상 논리적 근거(또는 그 결여)에 비추어 볼 때 그러한 거래가 부정한 재무보고를 수행하거나 자산횡령을 은폐하기 위하여 체결되었음을 나타내는 것인지 여부를 평가하여야 한다.

자동화통제 관련 분개 및 조정사항 테스트 (ISA 240-A43) 23

자동화된 절차와 통제는 우연한 실수의 위험을 감소시킬 수 있지만 예를 들어 개인이 총계정원장이나 재무보고시스템에 자동적으로 반영되는 금액을 변경시킴으로써 그러한 자동화된 절차를 부당하게 무력화할 수 있는 위험을 극복하지 못할 수 있다. 따라서 감사인은 분개에 대한 내부통제의 부당한 무력화와 연관된 중요왜곡표시 위험을 고려하는 것이 중요하다. 더 나아가 자동화 정보기술을 이용하여 정보를 전송하고 있을 경우 부당한 개입에 대한 시각적인 증거가 정보시스템 내부에 존재하지 않거나 거의 없을 수 있다.

저널엔트리 테스트의 분석대상과 분석목적

분석대상	분석목적
12월 31일 전후 7일 이내에 경영진이 입력한 전표	통상적인 전표입력자가 아닌 대표이사, 회계팀장 등 경영진의 전표 입력은 부정 가능성이 있다.
비영업일에 입력된 전표	주말 및 공휴일(또는 비영업시간)에 입력된 전표는 정상적인 거래가 아닌 위험이 높다.
매출의 상대 계정과목이 매출채권이 아닌 전표	일반적인 거래에서 매출의 상대계정과목으로 매출채권이 아닌 거래가 있는 경우 부정이나 오류의 위험이 높다.
거래설명(description)에서 특정 공란 또는 특정 키워드가 포함된 전표	부정을 은폐하거나 조정하기 위한 가능성이 있다. ※ 특정단어 : 소송, 착오, 부정, 위험, 조작, 장치, 오류 등
재무제표 결산 이사회 이후 입력된 전표	재무제표 결산 이사회 이후 입력된 전표는 적절한 승인을 거치지 않았을 가능성이 있다.

SECTION

07 감사증거의 평가

1 전반적인 결론을 형성할 때 수행되는 분석적절차

전반적인 결론을 형성할 때 수행되는 분석적절차 (ISA 240-35)

감사인은 재무제표가 기업에 대하여 감사인이 이해한 바와 일관성이 있는지 전반적인 결론을 내릴 때, 감사의 종결에 근접하여 수행된 분석적절차가 부정으로 인한 중요왜곡표시위험으로서 전에는 인식하지 못했던 위험을 나타내는지 여부를 평가하여야 한다.

2 식별된 왜곡표시의 고려

2.1 일반적인 경우

왜곡표시를 식별한 경우 부정과 관련하여 수행할 절차 (ISA 240-36)

감사인은 왜곡표시를 식별한 경우 그러한 왜곡표시가 부정의 징후인지 여부를 평가하여야 한다.

Q 감사인이 식별한 왜곡표시에 부정의 징후가 있는 경우, 감사인이 수행해야 할 절차는 무엇인가?

그러한 징후가 있으면 감사인은 특정의 부정사례가 고립되어 발생한 사건이 아닐 수 있음을 인식하고, 감사의 다른 측면, 특히 경영진진술의 신뢰성과 관련하여 해당 왜곡표시가 미치는 시사점을 평가하여야 한다. (ISA 240-36)

2.2 경영진이 연루된 부정

경영진의 부정으로 인한 왜곡표시 식별 시 감사절차 (ISA 240-37) 15 14

감사인이 그 중요성과 관계없이 어떤 왜곡표시를 식별하였으며, 그 왜곡표시는 부정의 결과이거나 결과일 가능성이 있고, 경영진(특히 상위 경영진)이 연루되었다고 믿을 이유가 있다면, 다음 절차를 수행하여야 한다.

① 부정으로 인한 중요왜곡표시위험의 평가 및 그러한 평가에 대응하였던 감사절차의 성격, 시기 및 범위에 미치는 영향을 재평가하여야 한다.

② 이전에 입수한 증거의 신뢰성을 재고려할 때, 상황이나 조건들이 종업원, 경영진 또는 제3자가 관여된 공모의 가능성을 나타내는지를 고려하여야 한다.

SECTION

08 감사인이 업무를 계속할 수 없는 경우

부정으로 감사계약을 지속할 수 없는 경우 (ISA 240-A55) 13

감사인이 감사를 계속 수행할 능력에 의문이 제기될 수 있는 예외적 상황이 발생할 수 있는 경우는 예를 들어 다음과 같다.

(a) 부정이 비록 재무제표에 중요하지 않지만, 부정에 대하여 감사인이 해당 상황에 필요하다고 생각하는 적절한 절차를 기업이 취하지 아니함

(b) 부정으로 인한 중요왜곡표시위험에 대한 감사인의 검토와 테스트 결과가 중요하고도 전반적인 부정에 대하여 유의적인 위험을 나타내고 있음

(c) 감사인이 경영진 또는 지배기구의 적격성과 성실성을 매우 우려함

부정으로 감사계약을 지속할 수 없는 경우 감사절차 (ISA 240-39)

부정 또는 부정으로 의심되는 사건에 의한 왜곡표시의 결과로 감사인이 해당 감사를 계속하여 수행할 감사인의 능력에 의문을 초래하는 예외적인 환경에 직면한 경우, 감사인은 다음의 절차를 수행하여야 한다.

(a) 해당 상황에 맞는 전문가로서의 책임과 법률적 책임을 결정함(감사인을 선임한 당사자들, 또는 경우에 따라 규제기관에 대한 보고할 의무가 존재하는지 여부를 포함)

(b) 관련 법규상 감사업무의 해지가 가능한 경우, 해당 감사업무를 해지하는 것이 적절한지 여부를 고려함

(c) 감사인이 감사를 해지하는 경우에는 다음의 절차를 수행하여야 한다.

- 감사인이 감사업무를 해지한다는 사실과 그 이유에 대하여 적합한 수준의 경영진 및 지배기구와 토의
- 감사인을 선임한 당사자(들), 또는 경우에 따라 규제기관에 감사인의 감사업무 해지와 그 이유를 보고할 전문가로서의 요구사항이나 법률적인 요구사항이 존재하는지 여부 결정

SECTION

09 서면진술 및 문서화

부정 관련 서면진술을 입수해야 하는 사항 (ISA 240-40)

14 13

감사인은 다음 사항에 대하여 경영진(적절한 경우 지배기구를 포함)의 서면진술을 입수하여야 한다.

(a) 부정의 예방과 발견을 위한 내부통제의 설계, 실행 및 유지할 책임이 이들에게 있다는 사실을 인정한다는 것

(b) 부정에 의하여 재무제표가 중요하게 왜곡표시 될 위험에 대한 경영진의 평가결과를 감사인에게 공개하였다는 것

(c) 다음의 사람들이 연루되고 기업에 영향을 미치는 부정 또는 의심되는 부정에 대하여, 이들이 알고 있는 바를 감사인에게 공개하였다는 것

- 경영진
- 내부통제에 유의적인 역할을 수행하는 종업원
- 부정이 재무제표에 중요한 영향을 미칠 수 있는 경우의 기타 관련자

(d) 기업의 재무제표에 영향을 미치는 부정 또는 의심되는 부정에 대한 주장들로서, 이들이 종업원, 과거의 종업원, 분석가, 규제기관 등으로부터 알고 있는 사항을 감사인에게 모두 공개하였다는 것

부정관련 중요왜곡표시위험에 대한 평가 및 대응 관련 문서화 (ISA 240-45~48)

① 업무팀이 기업의 재무제표가 부정으로 인하여 중요하게 왜곡표시될 취약성에 대하여 토론한 결과 도달된 유의적 결정들

② 재무제표 수준과 경영진주장 수준의 부정으로 인한 중요왜곡표시위험의 식별 및 평가 내용

③ 재무제표 수준의 부정으로 인한 중요왜곡표시위험의 평가내용에 대처하기 위한 전반적인 대응, 감사절차의 성격, 시기 및 범위, 그리고 이들 감사절차와 경영진주장 수준의 부정으로 인한 중요왜곡표시위험의 평가내용과의 연계성

④ 경영진의 통제무력화 위험에 대응하기 위하여 설계된 절차 등 감사절차의 적용결과

⑤ 부정과 관련하여 경영진, 지배기구, 규제감독기관 및 기타 당사자와 수행한 커뮤니케이션

⑥ 수익인식과 관련하여 부정으로 인한 중요왜곡표시위험이 존재한다는 가정을 해당 감사업무의 상황에 적용할 수 없다고 결론을 내린 경우, 그러한 결론을 내리게 된 이유

CHAPTER

06

감사의 수행 :
감사증거의 수집 방법과 감사조서

SECTION

01 감사증거

1 감사증거의 정의 및 범위

감사증거의 정의 (ISA 500-5)

감사증거(audit evidence)란 감사인이 감사의견의 근거가 되는 결론에 도달할 때 이용한 정보. 감사증거는 재무제표의 기초가 되는 회계기록에 포함되어 있는 정보와 다른 원천에서 입수한 정보를 모두 포함한다.

감사증거의 범위 (ISA 500-5, A5)

- 감사증거는 재무제표의 기초가 되는 회계기록에 포함되어 있는 정보와 기타 정보를 모두 포함한다. 회계기록은 원시 분개의 기록 및 이를 뒷받침하는 기록(예 수표와 전자자금이체 기록, 송장, 계약서, 총계정원장과 보조원장, 분개장, 분개장에 반영되지 않은 재무제표의 기타 조정사항)과, 원가배분, 계산, 조정(reconciliation) 및 공시를 뒷받침하는 정산표와 스프레드쉬트와 같은 기록을 말한다.
- 감사증거에는 과거의 감사 (감사인이 과거의 감사 이후에 당기감사와의 관련성에 영향을 미칠 수 있는 변화가 발생하였는지 여부를 결정한 경우) 또는 의뢰인의 수용과 유지를 위한 회계법인의 품질관리절차와 같은 기타 원천으로부터 입수된 정보도 포함될 수 있다.
- 기업의 회계기록과 기업의 기타 내부 원천은 감사증거의 중요한 원천이다. 감사증거로 사용될 정보는 경영진측 전문가의 작업을 이용하여 작성되었을 수도 있고 외부 정보원천으로부터 입수하였을 수도 있다.
- 감사증거는 경영진의 주장을 뒷받침하고 확인하는 정보, 그리고 그러한 주장과 상반되는 정보 모두를 포함한다. 뿐만 아니라, 어떤 경우에는 정보의 부재(예 경영진이 진술서 제공의 요청을 거절할 경우)도 감사인이 사용하므로 이 역시 감사증거를 구성한다.

2 재무제표에 의한 경영진주장

경영진주장 (ISA 315-A190) 14 13 12

(a) 보고기간말 계정잔액 및 관련 공시 (Accounts)	• 실재성 : 자산, 부채 및 주주지분은 실재함 • 권리와 의무 : 기업은 자산에 대한 권리를 보유하거나 통제하고 있으며 부채는 기업의 의무임 • 완전성 : 기록되어야 하는 자산, 부채 및 주주지분은 모두 기록되었으며 재무제표에 포함되어야 하는 모든 관련 공시는 재무제표에 포함되었음 • 정확성, 평가 및 배분 : 자산, 부채 및 주주지분은 적합한 금액으로 재무제표에 계상되어 있고 평가나 배분의 결과는 적합하게 기록되어 있으며, 관련 공시는 적합하게 측정되고 기술되어 있음 • 분류 : 자산, 부채 및 주주지분은 적절한 계정으로 기록되었음 • 표시 : 자산, 부채 및 주주지분은 적합하게 합산되거나 세분화되고 명확하게 기술되었으며 관련 공시는 해당 재무보고체계의 요구사항의 측면에서 관련성이 있으며 이해가능함
(b) 감사대상기간의 거래 및 사건의 유형과 관련된 공시 (Transactions)	• 발생사실 : 기록되거나 공시된 거래와 사건은 발생되었고 기업에 귀속됨 • 완전성 : 기록되어야 하는 모든 거래와 사건은 기록되었으며 재무제표에 포함되어야 하는 모든 관련 공시는 재무제표에 포함되었음 • 정확성 : 기록된 거래와 사건에 관련된 금액 및 기타 데이터는 적합하게 기록되었고 관련 공시는 적합하게 측정되고 기술되었음 • 기간귀속 : 거래와 사건은 해당 보고기간에 기록되었음 • 분류 : 거래와 사건은 적절한 계정으로 기록되었음 • 표시 : 거래와 사건은 적합하게 합해지거나 세분화되고 명확하게 기술되었으며 관련 공시는 해당 재무보고체계의 요구사항의 측면에서 관련성이 있으며 이해가능함

3 충분하고 적합한 증거

3.1 충분성(Sufficiency)

충분성 (ISA 200 – A32) 23 21 18

감사증거의 충분성과 적합성은 상호 관련되어 있다. 충분성은 감사증거의 양적 척도이다. 필요한 감사증거의 양은 ① 왜곡표시위험에 대한 감사인의 평가에 의해 영향을 받으며(위험이 높다고 평가할수록 요구되는 감사증거의 양은 더 많아질 것임), ② 감사증거의 질에 의해서도 영향을 받는다(품질이 높을수록 요구되는 감사증거의 양은 더 적어질 것임). 그러나 더 많은 감사증거를 입수하는 것이 곧 그 증거의 낮은 품질을 보완할 수는 없을 것이다.

회계감사기준에서 명시된 ① 왜곡표시위험에 대한 감사인의 평가와 ② 감사증거의 질 외에도 감사증거의 충분성에 영향을 주는 요소는 무엇이 있는가? 18

중요성(중요성이 작아질수록 요구되는 감사증거의 양은 많아진다)

3.2 적합성(Appropriateness)

적합성 (ISA 200 – A33) 23 18 13

적합성은 감사증거의 질적 척도로서, 감사의견의 기초가 되는 결론을 뒷받침할 때의 ① 목적적합성과 ② 신뢰성을 말한다. 감사증거의 신뢰성은 그 원천과 성격에 영향을 받으며, 증거가 입수되는 개별적인 상황에 따라 다를 것이다.

감사증거의 관련성 (ISA 500 – A31 ~ A34)

감사절차의 목적	• 매입채무의 실재성(과대계상 여부)을 테스트하는 경우, 장부에 기록된 매입채무를 테스트하는 것이 관련성 있는 감사절차가 될 수 있다. • 매입채무의 완전성(과소계상 여부)를 테스트하는 경우, 후속적인 지급거래, 미지급된 송장, 매입처 계산서 그리고 일치하지 않는 검수보고서 같은 정보를 테스트하는 것이 관련성이 있다.
경영진 주장과의 논리적 연결	• 보고기간말 후 매출채권의 회수에 관한 문서를 검사하는 것은 실재성과 평가에 관한 감사증거를 제공할 수 있지만, 기간귀속에 관한 감사증거는 제공할 수 없다. • 재고자산의 실재성과 같은 특정 경영진주장에 대하여 감사증거를 입수하는 감사절차는 재고자산의 평가에 관한 감사증거를 입수하는 데 한계가 있다.

통제테스트	통제테스트는 경영진주장 수준의 중요한 왜곡표시를 예방하거나 발견 및 수정할 때 통제의 운영효과성을 평가하기 위해 설계된다. 관련성 있는 감사증거를 입수하기 위한 통제테스트의 설계에는 어떤 통제의 수행을 의미하는 조건(특성이나 속성), 또는 적절한 수행으로부터의 이탈을 나타내는 이탈조건의 식별이 포함된다. 감사인은 이후 그러한 조건의 존재 또는 부재를 테스트할 수 있을 것이다.
실증절차	실증절차는 경영진주장 수준의 중요한 왜곡표시를 발견하기 위하여 설계되며, 세부테스트와 실증적인 분석적절차가 포함된다. 실증절차의 설계에는 해당 테스트의 목적과 관련성이 있고 관련 경영진주장의 왜곡표시를 구성하는 조건을 식별하는 것이 포함된다.

감사증거의 신뢰성에 영향을 미치는 요소 (ISA 500-A35) 25 22 13

신뢰성에 영향을 미치는 요소	신뢰성을 평가하는데 활용되는 사례
감사증거의 **원천**	• 기업 **외부**의 독립된 원천에서 얻을 때 그 신뢰성이 증가됨 • 감사인이 **직접** 입수한 감사증거(예 통제의 적용에 대한 관찰)는 간접적으로 또는 추론으로 입수한 감사증거(예 통제의 적용에 관한 질문)보다 신뢰성이 높음
감사증거의 **성격**	• **문서나 서한 형태**의 감사증거가 구두형태보다 신뢰성이 높음
증거의 작성과 유지에 대한 **통제**	• 내부적으로 생성된 감사증거는 그 작성과 유지에 대한 통제 등 기업이 수립한 관련 **통제가 효과적일 때** 그 신뢰성이 증가됨

3.3 기업이 생산한 정보를 이용할 때

기업이 생산한 정보를 감사증거로 사용할 경우 감사절차 (ISA 500-9) 24 23 21

감사인은 기업이 생산한 정보를 이용할 때, 해당 정보가 감사인의 목적을 위해 충분히 신뢰할 수 있는지 평가하여야 하며, 해당 상황의 필요에 따라 다음을 포함한 절차를 수행하여야 한다.

(a) 해당 정보의 **정확성**과 **완전성**에 대한 감사증거를 입수함

(b) 정보가 감사인의 목적을 위해 **충분히 정확하고 자세한지 여부**를 평가함

3.4 경영진측 전문가에 의해 생성된 정보의 신뢰성

경영진측 전문가의 정의 (ISA 500-5)

회계나 감사 외의 분야에서 전문성을 보유하고, 해당 분야에서 기업의 재무제표 작성에 도움을 주는 개인 또는 조직

경영진측 전문가에 의해 생성된 정보를 이용할 경우 감사절차 (ISA 500-8) 24 21

감사증거로 사용될 정보가 경영진측 전문가가 수행한 업무를 이용하여 작성되었다면, 감사인은 감사목적에 필요한 정도로 경영진측 전문가가 수행한 업무의 유의성과 관련하여 다음의 절차를 수행하여야 한다.

① 경영진측 전문가의 적격성, 역량 및 객관성을 평가함

② 경영진측 전문가가 수행한 업무를 이해함

③ 관련경영진주장에 대한 감사증거로서, 경영진측 전문가가 수행한 업무의 적합성을 평가함

경영진측 전문가의 적격성, 역량 및 객관성 관련 정보의 원천 (ISA 500-A49)

① 해당 전문가가 과거에 수행한 업무에 대한 개인적 경험

② 해당 전문가와의 토의

③ 해당 전문가가 수행한 업무에 익숙한 타인과의 토의

④ 해당 전문가의 자격, 전문직 단체 또는 협회의 회원여부, 개업요건 또는 기타 형태의 외부적 공인제도에 대하여 알고 있는 지식

⑤ 해당 전문가가 저술한 논문이나 서적

⑥ 감사인이 경영진측 전문가에 의해 생성된 정보와 관련하여 충분하고 적합한 감사증거를 얻는 데 도움을 줄 수 있는 감사인측 전문가

경영진측 전문가가 수행한 업무를 이해하는 절차 (ISA 500 - A57 ~ 58)

- 계약에 의한 경영진측 전문가 : 일반적으로 기업과 전문가간의 계약서 또는 기타 형태의 합의서가 존재할 것이다. 경영진측 전문가가 수행한 업무를 이해할 때, 이러한 계약내용을 평가하는 것은 감사인의 목적상 다음 사항의 적절성을 결정하는 데 도움을 줄 수 있을 것이다.
  ① 해당 전문가가 수행한 업무의 성격, 범위 및 목적
  ② 경영진과 해당 전문가간 각각의 역할과 책임
  ③ 해당 전문가가 제공하는 보고서의 형태 등 경영진과 해당 전문가간의 커뮤니케이션의 성격, 시기 및 범위
- 고용된 경영진측 전문가 : 이러한 종류의 계약서가 존재할 가능성이 낮을 것이다. 감사인이 해당 전문가와 다른 경영진 구성원에게 질문을 하는 것은 필요한 이해를 얻는 데 가장 적합한 방법일 수 있다.

경영진측 전문가가 수행한 업무의 적합성 평가 (ISA 500 - A59)

경영진측 전문가가 수행한 업무가 관련 경영진주장에 대한 감사증거로서 적합한지 여부를 평가할 때 고려할 사항에는 다음이 포함된다.

- 해당 전문가의 발견사항이나 결론의 관련성과 합리성, 다른 감사증거와의 일관성, 그리고 이들이 재무제표에 적합하게 반영되었는지 여부
- 해당 전문가가 유의적 가정과 방법을 사용한 경우, 그러한 가정과 방법의 관련성과 합리성
- 해당 전문가가 수행한 업무에 원천데이터가 유의적으로 사용되는 경우에는, 그러한 원천데이터의 관련성, 완전성 및 정확성
- 해당 전문가가 수행한 업무에 외부 정보원천으로부터의 데이터가 사용되는 경우, 그 정보의 관련성과 신뢰성

3.5 감사증거의 일관성 결여 또는 신뢰성에 대한 의문

감사증거의 일관성 결여 또는 신뢰성에 의문이 드는 경우 수행할 절차 (ISA 500 - 11)

어떤 원천에서 입수된 정보가 다른 원천에서 입수된 정보와 일관성이 없거나, 감사인이 감사증거로 이용되는 정보의 신뢰성에 의문을 갖는 경우에는, 감사인은 ① 그러한 사항을 해결하기 위해 감사절차에 어떠한 변경이나 추가가 필요한지 결정해야 한다. 그리고 ② 그러한 사항이 감사의 다른 측면에 미치는 영향을 고려하여야 한다.

4 감사증거를 입수하기 위한 감사절차 (Audit Procedures)

감사증거를 입수하기 위한 감사절차(ISA 500-A14) 25

감사의견의 근거가 되는 합리적인 결론을 도출하기 위한 감사증거는 다음과 같은 절차를 통하여 입수된다.

① 위험평가절차(Risk assessment procedures)

② 추가감사절차

- 감사기준이 요구하거나 감사인이 수행하기로 선택한 통제테스트(test of controls)
- 실증절차(Substantive procedures) = 세부테스트(tests of details)
  + 실증적인 분석적절차(substantive analytical procedures) 등

5 충분하고 적합한 감사증거를 확보하지 못할 경우

충분하고 적합한 감사증거를 확보하지 못한 경우 18

감사단계	감사인의 대응(회계감사에 미치는 영향)
감사수임단계	감사계약을 체결하여서는 안 된다. 충분하고 적합한 감사증거를 확보할 수 없을 것이라고 기대됨에도 불구하고 감사계약을 체결하였다면 결국 감사실패로 이어져 손해배상소송에 연루될 수도 있기 때문이다.
감사절차 수행단계	감사계획을 수정 또는 추가함으로써 합리적인 수준의 감사증거를 확보하여야 한다.
감사의견 형성단계	감사범위가 제한된 것이기 때문에 그 중요성에 따라 한정의견 또는 의견거절을 표명한다.

SECTION

02 감사증거를 수집하는 방법(감사기술)

1 검사(Inspection)

1.1 문서검사

문서검사 (ISA 500 - A18~A19) 25 18

- 문서검사(inspection)란 내 · 외부의 소재를 떠나 종이나 전자 또는 기타 매체 형태의 기록이나 문서를 감사인이 직접 조사하는 것을 말한다.
- 회사 내부로부터 수집한 증거보다는 외부로부터 수집한 증거가 신뢰성이 더 높다. 또한 같은 내부문서라 할지라도 내부통제제도가 양호한 회사로부터 수집한 문서증거일수록 신뢰성이 높다.
- 주식이나 채권과 같은 금융상품의 문서는 자산의 실재성에 대한 신뢰성 있는 감사증거를 제공해준다. 그러나 문서검사가 반드시 소유권이나 가치에 관한 감사증거를 제공하는 것은 아니다.
- 계약서와 같은 문서에 대한 검사는 수익인식과 같이 회계정책의 적용과 관련된 감사증거를 제공할 수 있다.

Q 감사인은 감사목적을 달성하기 위해 문서검사를 통해 감사증거를 입수할 수 있다. 거래증빙에서 표본을 추출하여 총계정원장의 거래기록 순으로 추적 · 대조하는 ① 전진법(tracing)과 총계정원장에서 표본을 추출하여 거래증빙의 거래기록 역순으로 추적 · 대조하는 ② 역진법(vouching) 문서검사를 통해 확인할 수 있는 주된 경영진주장은 무엇인가? 22

① 전진법 : 완전성

② 역진법 : 실재성, 발생사실

1.2 실물검사

실물검사 (ISA 500 - A20) 22

- 실물검사란 감사인이 물리적 자산의 실물을 직접 검사하는 것을 말한다.
- 유형자산에 대한 실물검사는 자산의 실재성에 관한 신뢰성 있는 감사증거를 제공할 수 있으나, 유형자산에 관한 기업의 권리와 의무, 평가에 대하여도 반드시 그러한 것은 아니다.
- 재고자산의 개별 항목에 대한 실물검사는 재고자산 실사의 입회와 함께 수행될 수 있을 것이다.

2 관찰(Observation)

관찰 (ISA 500-A21) 22

- 관찰(observation)이란 타인이 수행하는 어떤 과정이나 절차를 감사인이 육안으로 보는 것을 말한다.
- 관찰은 어떤 과정이나 절차의 수행에 대한 감사증거를 제공하지만, 감사인이 수집할 수 있는 증거의 범위는 관찰이 행해지는 시점으로만 제한된다.
- 그 행위가 감사인에 의해 관찰되고 있다는 사실 자체가 그 과정이나 절차에 영향을 미칠 수 있다는 제한이 있다.

3 외부조회(External Confirmation)

외부조회 (ISA 500-A22) 21

- 외부조회(External Confirmation)란 문서나 전자 형태 또는 기타 형태에 의해, 제3자(조회대상자)가 감사인에게 직접 회신함으로써 감사인이 입수할 수 있는 감사증거를 말한다.
- 외부조회의 절차는 일반적으로 특정 계정잔액 및 그 구성요소와 연관된 경영진주장을 확인할 때 유용하다.
- 외부조회가 계정잔액에만 국한될 필요는 없다. 예를 들어, 외부조회는 수익인식에 영향을 미칠 수 있는 '이면계약'이 없다는 것과 같이, 특정 조건이 존재하지 않는다는 것에 대한 감사증거를 얻기 위해 사용되기도 한다.

4 재계산(Recalculation)

재계산 (ISA 500-A23)

- 재계산(Recalculation)이란 문서나 기록의 산술적 정확성을 점검하는 것을 말한다.
- 재계산은 수작업 또는 전자적 수단으로 수행될 수 있다.

5 재수행(Reperformance)

재수행 (ISA 500 – A24)

- 재수행(Reperformance)은 감사인이 원래 내부통제의 일부로서 수행되었던 절차와 통제를 독립적으로 실행하는 것을 말한다.
- 재수행을 통하여 내부통제의 운용효과에 대한 증거를 얻을 수 있다.

6 분석적절차(Analytical Procedures)

분석적절차 (ISA 500 – A25) 14 13

- 분석적절차(analytical procedures)란 재무데이터와 비재무데이터 간의 개연적인 관계를 연구함으로써 재무정보를 평가하는 것을 말한다.
- 비율과 추세, 관련 있는 재무 또는 비재무정보 간 상관관계를 이용하여 특정 계정잔액에 대한 합리적인 기대치를 산출하고 이를 재무제표상의 금액과 비교함으로써 재무제표상의 금액이 적정한지 여부에 대한 증거를 수집하는 것을 말한다.
- 분석적절차에는 다른 관련된 정보와 일관성이 없거나 예측금액에서 유의적으로 벗어난 것으로 식별된 추세 또는 관계에 대한 조사가 포함되기도 한다.

감사 단계별 분석적절차의 목적 18

단 계	분석적절차의 목적	생략가능여부
위험평가절차로서의 분석적절차	감사인이 ① 알지 못한 기업의 측면들을 식별하고, 변화와 같은 고유위험요소가 경영진주장의 왜곡표시 가능성에 어떻게 영향을 미치는지 이해함으로써 ② 중요왜곡표시위험의 식별과 평가에 도움 (ISA 315 – A28)	생략 불가 (위험평가절차에는 분석적절차가 포함되어야 함) (ISA 315 – 14)
실증적인 분석적절차	관련성이 있고 신뢰할 수 있는 감사증거를 입수함 (ISA 520 – 3)	생략 가능 (효과성과 효율성에 대한 판단에 근거하여) (ISA 520 – A4)
전반적인 결론을 내리기 위한 분석적절차	감사의 종료시점에 근접하여 기업에 대하여 이해한 바와 재무제표가 일관성이 있는지에 대하여 전반적인 결론을 내릴 때 도움 (ISA 520 – 6)	생략 불가 (ISA 520 – 6)

7 질문(Inquiry)

7.1 질문 및 그 후속절차

질문 (ISA 500 - A26, A29)

25 23 22 14

- 질문은 기업의 내부 또는 외부의 재무나 비재무 분야의 관련 지식이 있는 자로부터 정보를 구하는 것으로 이루어진다.
- 질문은 다른 감사절차에 추가되어 감사의 전 과정에 걸쳐 폭넓게 이용된다.
- 질문은 공식적인 서면질의에서 비공식적인 구두질문까지 망라된다.
- 질문에 대한 답변 자체로는 증거력이 매우 낮다. 따라서 감사인이 감사증거를 확보하기 위한 절차로서 질문을 선택할 경우 그 답변을 평가하는 것은 필수적인 후속절차이다.
- 어떤 경우 경영진(적절한 경우 지배기구 포함)으로부터 서면진술을 입수하는 것이 필요하다고 판단할 수 있다.

7.2 질문의 적용 및 질문으로서 얻을 수 있는 증거

Q 질문을 통하여 얻을 수 있는 증거는 다른 증거에 비하여 증거력이 낮음에도 불구하고 질문을 하는 것이 좋은 감사절차가 되는 경우를 서술하시오.

부외부채, 우발부채의 존재 등과 같이 질문 이외에 다른 선택가능한 절차가 제한적인 경우에 질문은 선택가능한 좋은 감사절차이다.

질문에 대한 답변 평가로 얻을 수 있는 정보 (ISA 500 - A27)

① 이전에 갖지 못했던 정보나 확인적 감사증거

② 감사인이 입수한 다른 정보와 유의적으로 차이가 있는 정보(예를 들어 경영진의 통제무력화 가능성에 관한 정보)

③ 감사인이 감사절차를 변경하거나 추가적인 감사절차를 수행하는 근거

Q 비록 질문을 통해 입수된 증거를 보강하는 일이 종종 특별한 중요성을 가지지만, 경영진의 의도에 관한 질문의 경우에는 이러한 의도를 뒷받침하기 위해 이용가능한 정보가 제한적일 수 있다. 이 때 의도에 관한 질문을 통해 입수된 증거를 확인할 관련 정보를 입수하기 위해 감사인이 이해해야 하는 사항에는 무엇이 있는가? (ISA 500 - A28)

① 경영진이 과거에 기술했던 의도를 실천한 이력

② 경영진이 특정한 일련의 조치를 선택한 이유

③ 이러한 일련의 조치를 추진할 경영진의 능력

질문을 통해 입수한 감사증거의 충분성 (ISA 500 – A6) 18 14

질문은 중요한 감사증거를 제공하고 왜곡표시의 증거까지도 생성할 수도 있지만, 일반적으로 질문만으로는 경영진주장 수준의 중요한 왜곡표시가 없다는 것 또는 통제의 운영효과성에 대한 충분한 감사증거를 제공하지 못한다.

SECTION

03 감사증거의 문서화 : 감사문서(조서)

1 감사문서(조서)의 성격 및 목적

1.1 감사문서의 정의

감사문서의 정의 (ISA 230 – 6)

감사문서(Audit Documentation)란 감사인이 수행한 감사절차, 입수한 관련 감사증거 및 감사인이 도달한 결론에 관한 기록을 말하며 '감사조서(working paper)'라고도 한다.

감사문서의 예 (ISA 230 – A3)

감사문서는 종이, 전자 혹은 기타 매체의 형태로 기록될 수 있을 것이다. 감사문서의 예는 다음과 같다.

- 감사프로그램 : 감사계획서(감사절차지시서)
- 분석자료
- 이슈에 대한 비망록
- 유의적 사항의 요약
- 조회서 및 진술서
- 점검표
- 유의적 사항에 대한 왕복문서(전자우편 포함)

1.2 감사문서(조서)의 기본목적

감사문서(조서)가 제공하는 증거 (ISA 230-2) 18 13

- 감사인의 전반적인 목적의 달성에 관한 결론의 근거
- 감사가 감사기준과 관련 법규의 요구사항에 따라 계획되고 수행되었다는 사실

1.3 감사문서(조서)의 추가적인 목적

감사문서(조서)의 작성 목적(효익) (ISA 230-3) 13

- 업무팀이 감사를 계획하고 수행하는 것을 지원함
- 감독책임이 있는 업무팀원들이 감사업무를 지휘·감독하며 감사기준에 따른 검토책임을 완수하도록 지원함
- 업무팀이 자신이 수행한 업무에 대하여 책임질 수 있도록 함
- 향후의 감사에 지속적으로 유의적인 사항에 대한 기록을 유지함
- 품질관리기준에 따른 품질관리검토와 검사를 가능하게 함
- 관련 법규 또는 기타 요구사항에 따른 외부 검사업무 수행을 가능하게 함

Q 감사문서(조서)를 적시에 충분하고 적합하게 작성해야 하는 이유는 무엇인가? 25

감사문서를 적시에 충분하고 적합하게 작성하는 것은 감사품질을 높이는 데 도움을 주며, 입수한 감사증거 및 도달된 결론에 대하여 감사보고서가 확정되기 전에 효과적으로 검토하고 평가하는 데 도움을 준다. 감사업무 수행 후에 작성된 감사문서는 감사업무 수행 중에 작성된 것보다는 정확성이 낮을 것이다. (ISA 230-A1)

2 수행한 감사절차와 입수한 감사증거의 문서화

2.1 감사문서(조서)의 내용

감사문서(조서)의 내용 (ISA 230-8) 25

감사인은 이전에 해당 감사에 관여되지 아니한 숙련된 감사인이 다음 사항을 충분히 이해할 수 있도록 감사문서를 작성해야 한다.

① 감사기준과 관련 법규의 요구사항을 준수하기 위해 수행한 감사절차의 성격, 시기 및 범위

② 감사절차의 수행결과 및 입수한 감사증거

③ 감사 중 발생한 유의적 사항, 그러한 사항에 대하여 도달된 결론 및 결론에 도달할 때 행한 유의적인 전문가적 판단

Q 감사기준에 따른 '숙련된 감사인'의 정의는 무엇인가?

감사실무의 경험이 있으며 감사과정, 감사기준과 관련 법규의 요구사항, 해당 기업이 활동하는 사업환경, 해당 산업과 관련된 감사 및 재무보고 상의 이슈에 대한 합리적인 이해를 가지고 있는 회계법인 내부 또는 외부의 개인 (ISA 230-6)

수행한 감사절차의 성격, 시기 및 범위를 문서화할 때 기록해야할 사항 (ISA 230-9) 25

감사인은 수행한 감사절차의 성격, 시기 및 범위를 문서화할 때 다음 사항을 기록하여야 한다.

① 테스트한 특정 항목이나 사항에 대하여 식별한 특성

② 감사업무의 수행자 및 그 수행업무의 종료일

③ 수행된 감사업무를 검토한 사람, 검토일 및 검토범위

감사 중 발생한 유의적 사항과 관련하여 문서화할 사항 (ISA 230-10~11)

① 감사인은 유의적 사항에 관하여 기업의 경영진, 지배기구 및 기타 관련자와 행한 토의 내용을 문서화하여야 하며, 여기에는 해당 사항의 성격과 토의 시기 및 토의 상대자 등이 포함된다.

② 감사인이 유의적 사항에 대한 최종 결론과 일관성이 없는 정보를 식별할 경우, 이를 어떻게 처리하였는지 문서화하여야 한다.

Q 어떤 사항에 대한 유의성의 판단은 사실과 상황에 대한 객관적인 분석을 요구한다. 유의적 사항의 예는 무엇이 있는가? (ISA 230-A8)

① 유의적 위험을 발생시키는 사항

② 감사절차를 수행한 결과, 그것이 재무제표가 중요하게 왜곡표시 될 수 있다는 것을 나타내는 경우, 또는 감사인이 이전에 평가한 중요왜곡표시위험과 그러한 위험에 대한 감사인의 대응을 수정해야 할 필요성이 나타나는 경우

③ 감사인이 필요한 감사절차를 적용할 때 유의적인 어려움을 초래하는 상황

④ 감사보고서의 감사의견을 변형시키거나 강조사항문단에 포함될 수도 있는 사항을 발견한 경우

Q 감사문서의 일부로서 기업의 기록의 발췌본이나 사본을 포함시킬 수 있는가?

감사문서에 기업의 기록을 포함시킬 수는 있다. 그러나 반대로 감사문서가 기업의 회계기록을 대신하는 것은 아니다. (ISA 230-A3)

Q 재작성되어 교체된 이전의 문서는 감사문서로 보관해야 하는가? 25

감사인은 교체된 감사조서 및 재무제표의 교체전 초안, 불완전하거나 예비적인 생각을 나타낸 기록, 기재 상의 실수나 기타 오류사항을 수정하기 전의 원고, 그리고 문서의 사본 등을 감사문서에 포함시킬 필요가 없다. (ISA 230-A4)

2.2 감사문서(조서)의 형태, 내용 및 범위

감사문서(조서)의 형태, 내용 및 범위를 결정할 때 고려하는 요소 (ISA 230-A2)

감사문서의 형태, 내용 및 범위는 아래와 같은 요소에 따라 달라진다.

- 기업의 규모와 복잡성
- 수행하여야 할 감사절차의 성격
- 식별된 중요왜곡표시위험
- 입수된 감사증거의 유의성
- 식별된 예외사항의 성격과 범위
- 수행한 업무나 입수한 감사증거의 문서화를 통하여는 손쉽게 결정을 내릴 수 없는 결론이나 그 근거에 대한 문서화의 필요성
- 이용된 감사 방법론과 수단

3 감사기준과 다른 절차를 수행하는 경우

관련 요구사항을 이탈할 필요성 (ISA 200-23) 21

예외적 상황에서, 감사인은 어떤 감사기준서의 관련 요구사항을 이탈할 필요가 있다고 판단할 수 있다. 이러한 상황에서 감사인은 해당 요구사항의 목적을 달성하기 위한 대체적 감사절차를 수행하여야 한다. 관련 요구사항을 이탈할 필요성이란, ① 요구사항이 특정의 절차를 수행하는 것이고 ② 구체적인 감사상황에서 이러한 절차가 해당 요구사항의 목적을 달성하는 데 비효과적일 경우에만 발생할 것으로 예상된다.

감사기준의 관련 요구사항으로부터의 이탈 시 문서화할 사항 (ISA 230-12)

감사인이 예외적인 상황에서, 특정 감사기준서의 관련 요구사항으로부터 이탈할 필요가 있다고 판단한 경우, 다음 사항을 문서화하여야 한다.

① 해당 요구사항이 의도하는 목적을 달성하기 위해 수행한 대체적 감사절차가 그 목적을 어떻게 달성하였는지

② 이탈의 이유

Q 감사기준 이탈 시 문서화에 대한 요구는 해당 상황에 관련성이 있는 요구사항에 대하여만 적용된다. 어떤 요구사항이 관련성이 없다는 것은 어느 경우에 해당하는가? (ISA 230 - A19)

① 개별 감사기준서 전체가 관련성이 없는 경우 (예 어떤 기업이 내부감사기능을 가지고 있지 않다면 해당 감사기준서의 전체 내용이 관련성이 없다)

② 요구사항이 조건부인데, 해당 조건이 존재하지 않는 경우 (예 충분하고 적합한 감사증거를 입수할 수 없으면 감사의견을 변형시켜야 하지만, 그러한 사항이 발생하지 아니한 경우)

4 감사보고서일 후 발생한 사항

감사보고서일 후 문서화해야 할 사항 (ISA 230-13)

감사인은 예외적인 상황에서 감사보고서일 후에 새로운 감사절차 또는 추가적인 감사절차를 수행하거나 새로운 결론을 도출하는 경우, 다음 사항을 문서화하여야 한다.

① 당면한 상황

② 수행한 새로운 감사절차 또는 추가적인 감사절차, 입수한 감사증거, 도달된 결론 및 감사보고서에 미친 영향

③ 이에 따른 감사문서의 변경자와 검토자 및 그 시기

5 최종감사파일의 취합

최종감사파일의 취합 및 감사파일의 보존 (ISA 230-14, 15) 25

- 감사인은 감사보고서일로부터 60일 이내에 감사와 관련된 문서들을 하나의 감사파일로 취합하는 행적적인 절차를 완료하여야 한다.
- 감사인은 최종감사파일의 취합이 완료된 후에는 그 보존기간 종료 전까지 어떠한 성격의 감사문서도 삭제하거나 폐기하여서는 안 된다.

최종감사파일의 취합 및 감사파일의 보존 (외부감사법 제19조) 18

- 감사인은 감사문서를 감사종료 시점부터 8년간 보존하여야 한다.
- 감사인은 감사문서를 위조 · 변조 · 훼손 및 파기하여서는 안 된다.

최종감사파일의 취합 후에 감사문서의 수정 또는 추가 시 문서화할 사항 (ISA 230-16)

감사인은 최종감사파일의 취합이 완료된 후에 감사보고서일 후 발생한 상황 외의 상황으로 인하여 기존 감사문서를 수정하거나 새로운 감사문서를 추가할 필요성을 발견한 경우, 감사문서의 수정 또는 추가의 성격과 관계없이 다음 사항을 문서화하여야 한다.

① 감사문서를 수정하거나 추가하는 구체적 이유

② 감사문서를 수정, 추가하고 이를 검토한 사람과 그 시기

Q 감사보고서일 후 발생한 상황 외에 감사파일의 취합이 완료된 후 감사인이 기존 감사문서를 변형시키거나 새로운 감사문서를 추가할 필요성이 있는 상황은 무엇이 있는가? (ISA 230-A24)

예를 들어 내부 또는 외부에서 수행한 모니터링 검사 중에 받은 검토의견에 따라 기존 감사문서를 명확하게 할 필요가 있을 때이다.

Q 감사문서(감사조서)의 소유권이 누구에게 있는지 서술하고, 이와 관련된 비밀유지의무에 대해 서술하시오.

감사문서의 소유권은 감사인에게 있다. 그러나 외부감사법 제20조(비밀엄수), 공인회계사법 제20조(비밀엄수) 및 윤리기준의 비밀유지강령 등에 의하여 감사문서의 사용이나 처분에는 제한이 따른다.

CHAPTER

07

감사의 수행 : 기본적 실증절차

SECTION

01 실증절차(Substantive Procedure)

1 실증절차(Substantive Procedure)의 구성 및 분류

1.1 실증절차의 정의 및 구성

실증절차의 정의 (ISA 330 - 4)

실증절차는 경영진주장 수준의 중요한 왜곡표시를 발견하기 위해 설계된 감사절차를 말한다.

실증절차의 구성 (ISA 330 - 4)

실증절차는 다음과 같이 구성되어 있다.

- 거래유형, 계정잔액 및 공시의 세부테스트(Tests of details of classes of transactions, account balances, and disclosures)
- 실증적 분석적절차(Substantive Analytical Procedures)

Q 거래유형에 대한 세부테스트는 주로 언제 사용되며, 그 이유는 무엇인가?

① 비유동자산과 비유동부채를 테스트하는데 주로 사용된다. 계속감사로 기초잔액에 대한 충분하고 적합한 증거가 존재하는 경우, 기중 거래량이 적은 비유동자산과 비유동부채에 대해서 당기의 증가 및 감소거래를 테스트하면 당기말 잔액에 대한 충분하고 적합한 증거를 효율적으로 수집할 수 있다.

② 손익계정의 경우에는 특성상 계정잔액에 대한 세부테스트는 실시할 수 없으며 거래유형에 대한 세부테스트만 실시할 수 있다.

1.2 중요한 거래유형과 계정잔액 및 공시에 대한 실증절차

중요한 거래유형과 계정잔액 및 공시에 대한 실증절차 (ISA 330 - 18) 20

감사인은 평가된 중요왜곡표시위험과 관계없이 중요한 각 거래유형과 계정잔액 및 공시에 대하여는 실증절차를 설계하고 수행하여야 한다.

중요한 거래유형과 계정잔액 및 공시에 대해서 실증절차를 수행해야 하는 이유 (ISA 330 - A43) 15 12

감사기준서는 평가된 중요왜곡표시위험과 관계없이 중요한 거래유형과 계정잔액 및 공시에 대해서는 실증절차를 설계하고 수행할 것을 요구한다. 이러한 요구사항은 다음 사실을 반영하는 것이다.

① 감사인의 위험평가에는 판단이 수반되므로 모든 중요왜곡표시위험이 식별되지 않을 수 있고,

② 경영진의 통제무력화 등 내부통제에 고유한계가 존재한다.

1.3 재무제표 결산절차와 관련된 실증절차

재무제표 결산절차와 관련된 실증절차 (ISA 330 - 20)

감사인은 기업의 재무제표 결산절차와 관련된 실증절차를 수행할 때 다음의 감사절차를 포함하여야 한다.

① 재무제표의 정보가 그 기초가 되는 회계기록과 일치하는지를 확인하거나 차이를 조정함(총계정원장과 보조원장 내에서 입수된 정보이든 외부에서 입수된 정보이든 공시에 포함된 정보가 일치하는지 확인하거나 차이를 조정하는 것을 포함)

② 재무제표를 작성하는 과정에서 행한 중요한 분개 및 기타 수정사항에 대하여 조사함

Q. 왜곡표시위험과 관계없이 재무제표의 계정잔액과 총계정원장 등의 회계기록이 일치하는지는 대조(문서검사)하는 이유는 무엇인가?

부정을 저지를 때 반드시 고난도의 기법만 사용되는 것은 아니며, 간단한 방법으로도 재무제표를 왜곡할 수 있기 때문이다. 따라서 감사인은 전문가적 의구심을 견지하여 기본적인 사항들에 대해서도 검토해야 한다.

1.4 유의적 위험에 대응하는 실증절차

유의적 위험에 대응하는 실증절차 (ISA 330 - 21) 20

감사인은 경영진주장 수준의 평가된 중요왜곡표시위험이 유의적이라고 결정하면, 해당 위험에 구체적으로 대응하는 실증절차를 수행하여야 한다. 유의적 위험에 대응하는 접근방법이 실증절차만으로 구성되어 있는 경우에는, 반드시 세부테스트(tests of details)를 포함하여야 한다.

2 실증절차의 시기

Q 충분하고 적합한 감사증거 입수를 위해 실증절차의 바람직한 수행 시기는 언제인가?

회계감사는 재무제표를 감사하는 것이기 때문에 실증절차는 재무제표가 완성될 수 있는 재무제표일 이후에 실시하는 것이 원칙이다.

2.1 중간기간에 실증절차를 수행할 수 있는 경우

중간기간에 실증절차를 수행할지 여부를 판단할 때 고려할 사항 (ISA 330 - A58)

기중 일자에 실증절차를 수행하고 그 이후에 추가적인 절차를 수행하지 않으면 감사인이 보고기간말에 존재할 수 있는 왜곡표시를 발견하지 못할 위험이 증가된다. 이러한 위험은 잔여기간이 길수록 증가한다. 다음 요인들은 기중에 실증절차를 수행할지 여부에 영향을 미친다.

- 통제환경 및 기타의 관련 통제
- 감사인이 수행할 절차에 필요한 정보가 이후 시점에 입수될 수 있는지 여부
- 실증절차의 목적
- 평가된 중요왜곡표시위험
- 거래유형과 계정잔액의 성격 및 관련경영진주장
- 보고기간말에 존재할 수 있으나 발견되지 않을 왜곡표시위험을 감소시키기 위해 감사인이 잔여기간에 대하여 적합한 실증절차 혹은 통제테스트와 실증절차를 결합하여 수행할 수 있는지 여부

2.2 중간기간에 입수한 감사증거를 이용할 경우

중간기간에 입수한 감사증거를 이용할 경우 감사절차 (ISA 330 - 22)

실증절차가 기중의 일자를 기준으로 수행되면, 감사인은 기중 일자를 기준으로 얻은 감사결론을 보고기간말까지 확대하기 위한 합리적인 근거를 제공하기 위하여 잔여기간에 대하여 다음 절차를 수행하여야 한다.

① 잔여기간에 대한 통제테스트를 수반한 실증절차를 수행

② 만약 감사인이 충분하다고 결정한 경우에는 (통제테스트는 생략하고) 후속적인 실증절차만 수행

Q 중요왜곡표시위험을 평가할 때 예상하지 않았던 왜곡표시가 기중에 발견된 경우, 감사인이 수행해야 하는 감사절차는 무엇인가?

감사인은 관련된 위험평가 및 잔여기간을 포괄하는 실증절차의 계획된 성격, 시기 및 범위를 변경할 필요가 있는지 평가하여야 한다. 이러한 변경에는 기중에 수행된 감사절차를 보고기간말로 확대하거나 반복하는 것이 포함될 수 있을 것이다. (ISA 330 - 23, A60)

감사인은 상황에 따라 기중에 실증절차를 수행하고, 보고기간말 잔액에 관한 정보를 기중 일자의 비교가능한 정보와 비교하고 조정하는 것이 효과적이라고 결정할 수 있다. 이 경우 감사인이 달성하고자 하는 목적은 무엇인가? (ISA 330-A57)

① 비경상적으로 보이는 금액을 식별함

② 해당 금액에 대하여 조사함

③ 잔여기간에 대한 테스트를 위해 실증적 분석절차 또는 세부테스트를 수행함

3 표시와 공시(Presentation and Disclosure)의 적절성

표시와 공시의 적절성 (ISA 330-24)

감사인은 재무제표의 전반적인 표시가 해당 재무보고체계를 준수하였는지 여부를 평가하기 위한 감사절차를 수행하여야 한다. 이러한 평가를 함에 있어 감사인은 재무제표가 다음을 적절히 반영하는 형태로 표시되는지 고려하여야 한다.

- 재무정보와 기초가 되는 거래, 사건 및 상황의 분류와 기술
- 재무제표의 표시, 구조 및 내용

4 감사증거의 충분성과 적합성 평가

감사증거가 충분하고 적합한지 여부를 판단할 때 고려하는 요소 (ISA 330-25, A62)

감사인은 수행한 감사절차와 입수된 감사증거에 기초하여, 감사를 종결하기 전에 경영진주장 수준의 중요왜곡표시위험에 대한 평가가 여전히 적합한지 여부를 평가하여야 한다. 감사인은 무엇이 충분하고 적합한 감사증거를 구성하는지 판단할 때 다음 요인에 영향을 받는다.

- 경영진주장에 대한 잠재적 왜곡표시의 유의성, 그리고 잠재적인 왜곡표시가 개별적으로 또는 다른 잠재적인 왜곡표시와 합쳐질 때 재무제표에 중요한 영향을 미치게 될 가능성
- 위험에 대처하기 위한 경영진의 대응 및 통제의 효과성
- 유사한 잠재적인 왜곡표시에 대하여 과거의 감사에서 얻은 경험
- 해당 감사절차로 특정한 부정이나 오류를 식별했는지 여부 등 감사절차를 수행한 결과
- 이용가능한 정보의 원천 및 신뢰성
- 감사증거의 설득력
- 기업과 기업환경, 해당 재무보고체계 및 기업의 내부통제시스템에 대한 이해

SECTION

02 재고자산(Inventory)의 실재성

1 재고자산 감사의 의의

재고자산 감사목적

재고자산		수 량		단 가
감사목적 (감사기술)	=	실 재 성 (실사 또는 실사입회)	×	평 가 (원가계산 검토)

2 재고자산의 실재성

2.1 재고자산 실사의 입회계획

재고자산 실사의 입회를 계획할 때 고려할 사항(ISA 501 - A3)

재고자산 실사의 입회를 계획할 때 관련되는 사항을 예시하면 다음과 같다.

- 재고자산과 관련된 중요왜곡표시위험(예 위험이 높으면 입회의 범위를 확대하는 등의 조치를 취함)
- 재고자산과 관련된 내부통제의 성격(예 내부통제가 효과적이지 않으면 입회보다는 감사인이 직접 실사하는 것으로 고려할 수 있음)
- 재고자산의 실사를 위해 적절한 절차가 수립되고 적절한 지시가 전달될 것으로 예상되는지 여부
- 재고자산 실사의 시기(예 실사일에 입회할 수 있음)
- 기업이 계속기록법을 유지하는지 여부
- 적절한 입회장소를 결정시 보관장소(장소별 재고자산의 중요성 및 중요왜곡표시위험 포함)
- 감사인측 전문가의 도움이 필요한지 여부(예 수량을 파악할 때 부피를 측정하여야 하는 경우 전문가의 도움이 필요할 수도 있음)

2.2 일반적인 경우

재고자산 실사의 입회절차 (ISA 501 - 4)

25 24 23

재무제표에서 재고자산이 중요한 경우, 감사인은 다음의 절차를 통하여 재고자산의 실재성과 상태에 관한 충분하고 적합한 감사증거를 입수하여야 한다.

(a) 실행불가능하지 않는 한, 아래의 절차를 수행하기 위해 재고자산 실사에 입회함

(1) 재고자산 실사의 결과를 기록하고 통제하기 위한 경영진의 지시와 절차의 평가

(2) 경영진이 수행하는 실사절차에 대한 관찰

(3) 재고자산에 대한 조사

(4) 테스트 실사의 수행

(b) 재고자산의 최종 기록이 재고자산 실사의 결과를 정확하게 반영하고 있는지 여부를 결정하기 위해 재고자산의 최종 기록에 대한 감사절차를 수행함

Q. 재고자산 실사 입회과정에서 재고자산 실사의 기록과 통제를 위한 경영진의 지시와 재고조사 절차를 평가할 때 관련성 있는 사항에 포함될 수 있는 것은 무엇인가? (ISA 501 - A4)

① 적합한 통제절차의 적용(예 사용한 재고실사표의 회수, 미사용 재고실사표의 처리, 수량파악 및 검증의 절차 등)

② 재공품의 완성도, 회전율이 낮거나 진부화 또는 손상된 항목 및 제3자 소유재고자산(예 위탁품)에 대한 정확한 식별

③ 실제 수량을 추정하기 위해 사용된 절차(예 야적된 석탄 수량의 추정)

④ 재고자산의 보관장소간 이동과 실사기준일 전후의 재고자산 입·출고에 대한 통제

Q. 재고자산 실사 입회과정에서 경영진이 수행하는 실사절차를 관찰함으로써 입수할 수 있는 감사증거는 무엇인가? (ISA 501 - A5)

실사 전후 및 실사 중 재고자산의 이동에 대한 통제와 관련된 절차와 같이, 경영진이 수행하는 실사절차를 관찰하는 것은 감사인이 경영진의 지시와 실사절차가 적절히 설계되어 실행되고 있다는 감사증거를 입수하는 데 도움을 준다. 아울러 감사인은 재고자산의 이동에 관한 추후의 회계처리에 대한 감사절차를 수행하는 데 도움이 되도록 재고자산의 이동내역과 같은 기간귀속 구분정보의 사본을 입수할 수 있을 것이다.

Q. 감사인이 재고자산 실사의 입회 때 재고자산을 조사하는 것은 감사인에게 어떠한 도움을 주는가?

① 재고자산의 실재성(실재성이 반드시 소유권을 의미하는 것은 아님)을 확인하고, ② 진부화되었거나 손상된, 또는 장기 보유 중인 재고자산을 식별하는 데 도움이 된다. (ISA 501 - A6)

재고자산 실사 입회는 제한된 시간동안 많은 증거를 수집할 수 있다는 장점이 있지만 증거력이 낮다는 한계가 있다. 이러한 한계점을 보완하기 위해 실사입회 과정에서 감사인이 수행해야 하는 것은 무엇인가?

경영진의 실사기록에서 선정된 항목을 실제의 재고로 추적하거나 실제의 재고에서 선정된 항목을 경영진의 실사기록으로 추적하는 것과 같이 테스트 실사를 수행하는 것은 이들 기록의 완전성과 정확성(실재성)에 대한 감사증거를 제공한다. (ISA 501 - A7)

감사인이 ① 테스트 실사의 결과를 기록하고, 또 ② 경영진의 완료된 실사기록 사본을 입수하는 것은 어떠한 도움이 되는가?

재고자산의 최종기록이 기업의 실제 재고자산을 정확하게 반영하고 있는지 여부를 결정하기 위한 후속적 감사절차를 수행하는 데 도움을 준다. (ISA 501 - A8)

이중목적테스트 (ISA 330 - A23)

감사인은 동일거래에 대하여 세부테스트와 동시에 통제테스트가 수행되도록 설계할 수 있다. 통제테스트의 목적은 세부테스트의 목적과 다르지만, 이중목적 테스트로 알려진 바와 같이, 동일 거래에 대하여 통제테스트와 세부테스트는 동시에 수행될 수 있다. 이중목적 테스트는 각각의 테스트 목적을 개별적으로 고려하여 설계되고 평가된다.

2.3 재고자산의 실사기준일이 재무제표일과 다른 경우

재고자산 실사가 재무제표일 외의 날에 수행될 경우 감사절차 (ISA 501 - 5) 25 24 19 18 14

재고자산 실사가 재무제표일이 아닌 일자에 수행될 경우, 감사인은 ① 일반적인 경우의 입회절차에 추가하여 ② 실사일과 재무제표일 사이의 재고자산 변동이 적절하게 기록되었는지 여부에 대한 감사증거를 얻기 위한 감사절차를 수행하여야 한다.

재고자산의 실사일과 최종 재고자산 기록일 사이의 금액변동이 적절히 기록되었는지 여부에 대한 감사증거를 얻기 위해 감사절차를 설계할 때 감사인이 고려할 사항은 무엇인가? (ISA 501 - A11) 21 19

① 계속기록법에 의한 재고기록이 바르게 조정되는지 여부

② 기업의 계속기록법에 의한 재고기록의 신뢰성

③ 실사 중 입수된 정보와 계속기록법에 의한 재고기록간의 유의적 차이에 대한 이유

2.4 재고자산 실사에 입회할 수 없는 경우

예상치 못한 상황으로 일시적으로 재고실사에 입회할 수 없는 경우 (ISA 501 - 6)

감사인이 예상하지 못한 상황으로 재고자산 실사에 입회할 수 없는 경우에는 ① 다른 일자를 정하여 재고자산을 실사하거나 실사에 입회하여야 하며, ② 기업의 재고자산 실사일과 감사인의 실사일(또는 실사입회일) 사이의 거래에 대한 감사절차를 수행하여야 한다.

재고실사의 입회가 불가능한 경우 (ISA 501 - 7) 17

재고자산 실사의 입회가 실행가능하지 않는 경우 감사인은 재고자산의 실재성과 상태에 관한 충분하고 적합한 감사증거를 입수하기 위해 ① 대체적인 감사절차를 수행하여야 한다. 이러한 절차를 수행하는 것이 가능하지 않은 경우 다음과 같이 ② 감사의견을 변형시켜야 한다.

- 중요한 경우 : 한정의견
- 중요할 뿐만 아니라 전반적인 경우 : 의견거절

Q 감사인은 일반적인 불편사항으로 인해 실사입회를 생략할 수 있는가?

감사인의 일반적인 불편사항은 입회가 실행가능 하지 않다는 감사인의 결정을 뒷받침하는 데 충분하지 아니하다. 왜냐하면 어려움, 시간 또는 비용상 문제 그 자체는 감사인이 대체적인 절차가 없는 감사절차를 생략하거나 보다 설득력이 낮은 감사증거에 만족하는 정당한 근거가 되지 못하기 때문이다. (ISA 501 - A12)

Q ① 감사인의 재고자산 실사입회가 실행가능하지 않은 경우의 예시와, ② 그러한 경우에 감사인이 수행하는 대체적 절차를 서술하시오.

① 경우에 따라 재고자산 실사의 입회가 실행가능하지 않을 수 있다. 이것은 예를 들어 재고자산이 감사인의 안전을 위협할 수 있는 장소에 보관된 경우와 같이, 재고자산의 성격과 위치와 같은 요인에 기인될 수 있을 것이다. (ISA 501 - A12)

② 입회가 실행가능하지 않는 경우, 예를 들어 재고자산의 실사 이전에 취득하거나 매입한 특정의 재고자산 항목에 대하여 이후의 매출과 관련된 서류를 검사하는 것과 같은 대체적인 감사절차는 재고자산의 실재성과 상태에 대하여 충분하고 적합한 감사증거를 제공할 수 있을 것이다. (ISA 501 - A13)

2.5 제3자가 보관 · 통제하고 있는 재고자산

제3자가 보관 · 통제하고 있는 재고자산에 대한 감사절차 (ISA 501 - 8) 25 21

제3자가 보관, 통제하고 있는 재고자산이 재무제표에 중요한 경우, 감사인은 다음 중 하나 이상의 절차를 수행하여 해당 재고자산의 실재성과 상태에 관한 충분하고 적합한 감사증거를 입수하여야 한다.

① 기업을 위하여 보유하는 재고자산의 수량과 상태에 대하여 해당 제3자의 조회를 요청함

② 해당 상황에 적합한 검사 또는 기타의 감사절차를 수행함

Q 감사대상회사의 재고자산을 보관 · 통제하고 있는 제3자에 대하여 그 성실성과 객관성에 의문이 제기되는 정보가 입수된 경우와 같이, 제3자에 대한 조회에 대신하여, 또는 이에 추가하여 기타의 감사절차를 수행하는 것이 적절할 수 있다. 이러한 기타의 감사절차에는 무엇이 있는가? (ISA 501 - A16) 25

① 실행가능한 경우, 제3자가 수행하는 재고자산 실사에 직접 입회하거나 타감사인이 입회하도록 조치함

② 재고자산이 바르게 실사되고 적절하게 보호되는지 확인하기 위해 제3자의 내부통제가 적절한지에 대한 타감사인의 감사보고서 또는 서비스조직 감사인의 감사보고서를 입수함

③ 창고보관증과 같이 제3자가 보관하는 재고자산에 관한 문서를 조사함

④ 재고자산이 담보로 제공되어 있다면 해당 당사자의 조회를 요청함

SECTION

03 소송과 배상청구(Litigation and Claims)

1 소송과 배상청구에 대한 감사절차

1.1 소송과 배상청구를 파악하기 위한 감사절차

소송과 배상청구를 파악하기 위한 감사절차 (ISA 501 - 9) 22

감사인은 중요왜곡표시위험이 발생할 수 있는 관련 소송과 배상청구를 식별하기 위하여 다음과 같은 감사절차를 설계하고 수행하여야 한다.

① 경영진, 내부 법률고문 등 기업 내부의 다른 사람에게 질문함

② 지배기구의 회의록 및 기업과 외부 법률고문간의 왕복문서를 검토함

③ 법률비용 계정을 검토함

1.2 외부 법률고문과의 커뮤니케이션

기업의 외부 법률고문과 직접 커뮤니케이션을 모색해야 하는 경우 (ISA 501 - 10)

다음 ①, ②의 경우에는, 감사인은 다른 감사기준에서 요구되는 절차에 추가하여 기업의 외부 법률고문과의 직접적인 커뮤니케이션을 모색해야 한다.

① 파악한 소송이나 배상청구에 중요왜곡표시위험이 있다고 평가한 경우

② 감사절차를 수행한 결과 그 밖의 중요한 소송이나 배상청구가 존재할 가능성이 있는 경우

외부 법률고문과 커뮤니케이션 절차 (ISA 501 - 10)

감사인은 기업의 외부 법률고문과의 직접적인 커뮤니케이션을 다음과 같이 모색해야 한다.

① 경영진이 작성한 질의서를 감사인이 직접 발송하며,

② 외부 법률고문이 감사인과 직접 커뮤니케이션을 하도록 요청하여야 한다.

③ 법규 또는 관련 법률전문직 단체에 의해 외부 법률고문간의 직접적인 커뮤니케이션이 금지된 경우에는, 대체적인 감사절차를 수행하여야 한다.(예 외부 법률고문과 직접 만남)

외부 법률고문과의 커뮤니케이션 - 일반질문서 (ISA 501 - A22)

감사인은 일반질문서를 통해 외부 법률고문과의 직접적인 커뮤니케이션을 모색할 경우도 있다. 이러한 목적을 위한 일반질문서에는 이러한 목적으로 ① 외부 법률고문이 인지하고 있는 모든 소송과 배상청구 사항, ② 그 결과에 대한 평가, 그리고 ③ 관련 비용 등 재무적 영향의 추정치를 감사인에게 알려줄 것을 요청하는 내용이 포함된다.

외부 법률고문과의 커뮤니케이션 - 세부질문서 (ISA 501 - A23)

예를 들어 외부 법률고문이 소속된 법률전문직 단체가 일반질문서에 답변하는 것을 금지하는 경우와 같이, 해당 법률고문이 일반질문서에 대하여 적절하게 답변하지 않을 것으로 판단되는 경우, 감사인은 세부질문서를 통해 직접적인 커뮤니케이션을 모색할 수 있을 것이다. 이러한 목적을 위해, 세부질문서에는 다음과 같은 내용이 포함된다.

(a) 소송과 배상청구의 목록

(b) 가능한 경우, 각 소송과 배상청구의 결과에 대한 경영진의 평가 및 관련 비용 등 재무적 영향에 대한 경영진의 추정치

(c) 경영진의 평가가 타당한지 외부 법률고문이 확인해 주고 소송과 배상청구 목록이 불완전하거나 부정확하다고 판단되면 추가적인 정보를 감사인에게 제공해 줄 것을 요청하는 내용

외부 법률고문과의 직접 만남 (ISA 501 - A24)

감사인은 소송이나 배상청구의 예상되는 결과를 논의하기 위하여 다음과 같은 경우에 기업의 외부 법률고문과 만날 필요가 있다고 판단할 수도 있을 것이다.

① 유의적 위험이 있는 사항이라고 결정한 경우

② 사항이 복잡한 경우

③ 경영진과 외부 법률고문 간에 의견의 불일치가 있는 경우

일반적으로, 그러한 회합에는 경영진의 동의가 요구되며 경영진측 대리인이 참석한 가운데 열린다.

Q! 외부 법률고문과 직접 만남에는 경영진 동의가 요구되며, 경영진측 대리인이 참석할 것이 요구된다. ① 그 이유는 무엇이며, 반대로 ② 외부 법률고문과의 커뮤니케이션에는 경영진 동의가 필요하지 않은 이유는 무엇인가?

① 감사인에게는 업무상 지득한 정보를 정당한 사유 없이 누설할 수 없는 비밀유지의무가 있기 때문이다.

② 외부 법률고문과의 커뮤니케이션은 질문서를 통하여 이루어지는데, 질문서를 경영진이 작성하기 때문에 경영진 동의가 필요하지 않다.

소송과 배상청구 관련 감사인이 의견을 변형시켜야 하는 경우 (ISA 501 - 11)

감사인은 다음의 모두에 해당되는 경우 감사보고서의 의견을 변형시켜야 한다.

① 감사인이 기업의 외부 법률고문과 커뮤니케이션하거나 만나는 것을 경영진이 거부함. 또는 기업의 외부 법률고문이 질의서에 대한 적절한 답변을 거부하거나 답변이 금지됨

② 감사인이 대체적인 감사절차를 통해서 충분하고 적합한 감사증거를 얻을 수 없음

1.3 서면진술(Written Representations)

소송과 배상청구 관련 서면진술에 포함하여야 하는 내용 (ISA 501 - 12)

① 경영진이 재무제표를 작성할 때 그 영향을 고려해야 할 알려진 실제의 또는 발생가능한 소송과 배상청구를 감사인에게 모두 공개하였음

② 해당 재무보고체계에 따라 회계처리하고 공시하였음

2 소송과 배상청구의 감사보고서일까지의 감사증거 입수방법

소송과 배상청구의 진행상태에 대한 감사보고서일까지의 감사증거 입수방법 (ISA 501 - A25)

감사인은 재무제표에 대한 감사의견의 근거가 되는 충분하고 적합한 감사증거를 입수한 날보다 빠르지 않은 날을 감사보고서일로 할 것이 요구된다. 소송과 배상청구의 진행상태에 대한 감사보고서일까지의 감사증거는 관련 사항을 다룰 책임이 있는 ① 경영진(사내 법률고문 포함)에게 질문하여 입수할 수 있을 것이다. 감사인은 경우에 따라 ② 외부 법률고문으로부터 갱신된 정보를 입수하는 것이 필요할 수도 있을 것이다.

SECTION

04 부문정보(Segment Information)

1 부문정보에 대한 감사인의 책임

부문정보에 대한 감사인의 책임 (ISA 501 - A26)

기업은 해당 재무보고체계에 따라 재무제표에 부문정보를 공시하는 것이 요구되거나 허용될 수 있다. 부문정보의 표시 및 공시에 대한 감사인의 책임은 재무제표 전체와 관련되어 있다. 따라서, 단독으로 표시된 부문정보에 대한 의견 표명을 위해 필요할 것 같은 감사절차를 수행하도록 감사인에게 요구되지는 아니한다.

2 부문정보에 대한 감사절차

부문정보에 대한 감사절차 (ISA 501 - 13)

감사인은 부문정보가 해당 재무보고체계에 따라 표시되고 공시되었는지에 대하여 다음과 같이 충분하고 적합한 감사증거를 입수하여야 한다.

(a) 경영진이 부문정보의 결정에 사용한 방법을 이해함

- 그러한 방법에 의해 결과적으로 해당 재무보고체계에 따른 공시가 이루어질 수 있는지 여부를 평가함
- 적절한 경우, 해당 방법의 적용에 대하여 테스트함

(b) 분석적절차 또는 해당 상황에 적합한 기타의 감사절차를 수행함

SECTION

05 외부조회(External Confirmation)

1 외부조회의 의의

1.1 외부조회의 정의

외부조회의 정의 (ISA 505-6)

감사인이 제3자(조회처 또는 조회대상자)로부터 종이형태나, 전자문서 또는 기타 매체를 통해 직접적인 서면 회신으로 입수한 감사증거

1.2 외부조회의 신뢰성

Q 외부조회가 다른 어떤 증거보다 신뢰성이 높은 이유는 무엇인가?

외부조회는 기업의 외부로부터, 감사인이 직접, 그리고 문서형태로 입수하기 때문이다.

2 외부조회 절차

2.1 일반적인 경우

외부조회에 대한 감사인의 통제 (ISA 505-7)

감사인은 외부조회절차를 이용할 때 다음의 절차를 수행하여 외부조회의 요청에 대한 통제를 유지해야 한다.

(1) 확인하거나 요청할 정보의 결정

(2) 적합한 조회대상자의 선택

(3) 조회서에 수신인이 적절히 표시되었으며 감사인에게 직접 발송되도록 회신에 관한 정보가 포함되었는지에 대한 결정 등 조회서의 설계

(4) 조회처에 대한 조회요청서의 발송. 적용 가능한 경우 후속확인조회서를 포함한다.

Q 조회과정에서 반드시 감사인이 직접 수행해야 하는 절차는 무엇인가? 22 11

① 조회대상(조회처)의 선정 및 주소확인

② 조회서의 작성(단, 발송자 명의는 회사이며, 단순 작업의 경우 회사가 보조 가능)

③ 조회서의 발송

④ 조회서의 회수

⑤ 조회결과의 요약 · 평가

외부조회를 통해 확인하거나 요청할 정보 (ISA 505-A1) 21

외부조회 절차는 ① 계정잔액과 그 구성요소에 관한 정보를 확인하거나 요청하기 위하여 빈번하게 수행된다. 외부조회 절차는 또 ② 해당 기업과 다른 당사자간의 약정, 계약 또는 거래의 조건을 확인하거나 ③ "이면계약"과 같은 특정의 조건이 없다는 것을 확인하기 위하여 이용되기도 한다.

적합한 조회 대상자의 선택 (ISA 505-A2)

조회할 정보에 대하여 지식이 있다고 감사인이 믿는 조회 대상자에게 조회서를 보낼 때, 그 회신은 보다 관련성이 있고 신뢰할 수 있는 감사증거를 제공한다. 예를 들어 금융기관에 조회하는 경우, 조회할 거래나 약정에 대하여 잘 알고 있는 금융기관의 책임자가 그 금융기관에서는 조회를 요청할 가장 적합한 사람이다.

조회서를 설계할 때 고려할 요소 (ISA 505-A4)

1. 관련 경영진주장 : 감사하려는 경영진주장이 실재성인지 완전성인지에 따라 조회의 설계는 달라진다. 실재성이면 금액이 큰 거래처 위주로, 완전성이면 금액이 작더라도 기중에 거래가 있는 거래처이면 조회 대상에 포함하도록 설계한다.
2. 부정위험을 포함하여 구체적으로 식별된 중요왜곡표시위험 : 위험이 높을수록 표본 수를 늘리고, 소극적 조회를 배제한다. 또한 미회신처에 대한 관리를 보다 철저하게 한다.
3. 조회서의 구성과 표시 : 예를 들면, 조회서의 내용과 양식을 어떻게 할 것인지?
4. 해당 감사업무 또는 유사업무에 관한 사전 경험 : 위험이 높으면 경험이 충분한 감사인에게, 위험이 낮으면 경험이 낮은 감사인에게도 업무를 배정할 것을 고려할 수 있다.
5. 커뮤니케이션의 방법 : 예를 들면, 종이 또는 전자문서 중 어떤 형태로 조회할 것인지? 전자문서는 신속하고 회신율을 높일 수 있지만 종이보다 신뢰성이 낮을 것이다.
6. 조회처가 감사인에게 회신해 주도록 하는 경영진의 승인이나 독려 : 조회처는 경영진의 승인이 있는 조회서에 대해서만 회신하려고 할 것이다. 따라서 조회할 때 조회 안내문이나 당부의 말을 포함한다.
7. 의도된 조회대상자가 요청된 정보를 확인하거나 제공할 수 있는 능력 : 조회서의 신뢰성은 응답자가 조회내용을 얼마나 잘 알고 있는가에 달려 있다. 따라서 적절한 담당자를 찾아 조회서를 송부한다. 또한, 조회처의 시스템에 따라 총잔액이 아닌 개별송장별 금액을 조회할 수 있다.

조회에 관한 후속조치 (ISA 505 - A7)

감사인은 조회에 대하여 합리적인 기간 내에 회신을 받지 못하였을 경우, 추가적인 조회서를 보낼 수 있다. 예를 들어, 감사인은 최초의 주소가 정확한지 다시 확인한 후에 추가적이거나 후속적인 조회서를 보낼 수 있다.

2.2 적극적 조회(Positive Confirmations)

적극적 조회는 주어진 정보에 대한 조회처의 동의를 표시하거나 조회처의 정보제공을 요청함으로써, 조회처가 모든 경우에 있어 감사인에게 회신하도록 요청하는 것이다. 적극적 조회의 장점과 단점에 대해 서술하고, 단점을 보완할 수 있는 조회 형태에 대해 서술하시오. (ISA 505 - A5) 21 17 12

① 장점 : 신뢰할 수 있는 감사증거를 제공할 것으로 기대된다.

② 단점 : 조회처가 해당 정보가 정확한지 여부를 검증하지 않고 조회에 회신할 위험이 있다. 조회서에 금액이나 기타의 정보를 기재하지 않고 조회처가 해당 금액을 기재하거나 기타의 정보를 제공해 주도록 요청하는 적극적 조회를 이용함으로써 이러한 위험을 감소시킬 수 있다. 그러나 이러한 "공란" 형태의 조회는 조회처의 추가적인 노력을 요구하기 때문에 회신율이 더 낮을 수 있다.

2.3 소극적 조회(Negative Confirmations)

소극적 조회를 유일한 실증감사절차로서 이용할 수 있는 예외적 상황 (ISA 505 - 15)

조회처가 조회서의 정보에 동의하지 않은 경우에만 감사인에게 직접 회신해 달라고 요청하는 조회인 소극적 조회는 적극적 조회보다 설득력이 낮은 감사증거를 제공한다. 따라서 감사인은 다음 사항이 모두 충족되지 않는 한 경영진주장 수준에서 평가된 중요왜곡표시위험에 대처하기 위한 유일한 실증감사절차로서 소극적 조회를 이용하여서는 안 된다.

① 감사인은 중요왜곡표시위험이 낮다고 평가하였고, 경영진주장과 관련된 통제의 운영효과성에 대하여 충분하고 적합한 감사증거를 입수하였음

② 소극적 조회절차의 대상이 되는 항목의 모집단이 다수의 동질적이며 소액인 계정잔액이나 거래 또는 조건들로 구성되어 있음

③ 불일치사항의 발생률이 매우 낮을 것으로 예상됨

④ 감사인은 소극적 조회의 수신자가 그러한 요청을 무시할 상황이나 조건에 대하여 알고 있지 아니함

2.4 경영진이 외부조회를 거부하는 경우

경영진이 외부조회를 거부하는 경우 감사인의 대응

구 분	합리적인 경우	비합리적인 경우
① 대체적 절차 수행	○	직접적인 언급 없음 (Chapter 10 '경영진에 의하여 감사범위가 제한된 경우 감사절차 (ISA 705-11~13)'를 참고)
② 지배기구와 커뮤니케이션	○	○
③ 감사의견에 미치는 시사점 평가	○	○

경영진이 감사인의 조회서 발송을 거부할 경우 감사절차 (ISA 505-8) 23

경영진이 감사인의 조회서 발송을 거부하면, 감사인은 다음의 절차를 수행하여야 한다.

① 경영진의 거부사유에 관하여 질문하고 그 타당성과 합리성에 관해 감사증거를 구함

② 경영진의 거부가 부정위험 등 관련 중요왜곡표시위험에 대한 감사인의 평가와 다른 감사절차의 성격, 시기 및 범위에 대하여 갖는 시사점을 평가함

③ 관련성이 있고 신뢰할 수 있는 감사증거를 입수할 수 있도록 설계된 대체적 감사절차를 수행함

Q 어떤 경우에 경영진이 조회를 거부하는 이유가 합리적이라고 결론을 내릴 수 있는가? 18 17

예를 들어, 의도된 조회대상자와 법적분쟁이나 협상이 진행 중이기 때문에 조회가 이러한 분쟁이나 협상의 해결에 영향을 미칠 수 있는 경우 합리적이라고 결론을 내릴 수 있다. 이 경우에도 경영진은 부정 또는 오류를 드러낼 수 있는 감사증거에 대하여 감사인의 접근을 거절하고자 할 수 있기 때문에, 감사인은 그 이유의 타당성과 합리성에 대하여 감사증거를 구하여야 한다. (ISA 505-A8)

Q 경영진이 조회서의 발송을 거부하는 것이 비합리적이라고 감사인이 결론을 내리거나 감사인이 대체적 감사절차로부터 관련성이 있고 신뢰할 수 있는 감사증거를 입수할 수 없는 경우, 감사인이 수행해야 하는 감사절차는 무엇인가? (ISA 505-9)

① 지배기구와 커뮤니케이션하여야 한다.

② 해당 감사와 감사의견에 대한 시사점을 결정하여야 한다.

3 외부조회의 결과

외부조회 결과의 분류 (ISA 505 - A24)

감사인은 각 외부조회의 결과를 평가할 때, 이를 다음과 같은 범주로 분류할 수 있다.

① 적합한 조회 대상자로부터 받은 회신으로, 조회서에 제시된 정보에 대하여 동의를 표하였거나 어떠한 불일치사항이 없이 요청된 정보를 제공해 온 회신(=일치하는 회신) ➠ 회신의 신뢰성 평가

② 신뢰할 수 없다고 여겨지는 회신 ➠ 중요왜곡표시위험에 대한 평가 및 관련 기타 감사절차의 성격, 시기, 범위에 대한 시사점 평가

③ 미회신 ➠ 각각의 미회신에 대하여 대체적인 감사절차를 수행(대체적 절차 수행 불가 시 감사 및 감사의견에 대한 시사점 결정)

④ 불일치사항을 표시하고 있는 회신 ➠ 불일치사항이 왜곡표시를 나타내는 것인지 여부를 결정하기 위하여 해당 사항을 조사

3.1 일치하는 회신에 대한 조치(회신의 신뢰성 평가)

Q 조회의 회신에 대한 신뢰성에 의문이 제기된다면, 감사인은 이러한 의문을 해결하기 위한 추가적인 감사증거를 수집하여야 한다. (ISA 505 - 10) 조회의 회신에 대하여 신뢰성에 의문이 제기될 수 있는 상황에는 무엇이 있는가? (ISA 505 - A11)

① 회신이 감사인에게 간접적으로 전달됨

② 회신이 원래 의도된 조회 대상자로부터 발송되지 않은 것으로 보임

조회의 회신에 대한 신뢰성에 의문이 제기되는 경우 (ISA 505 - A12~A16) 21 17

의문이 제기되는 상황	감사인의 대응
팩스나 전자우편 등 전자적으로 수령한 회신	전자적으로 전달되는 회신에 대하여 안전절차(예 암호, 전자서명, 웹사이트의 신뢰성을 검증하는 절차)를 이용함
조회처가 전자메일로 회신하는 경우	감사인이 조회처에 전화하여 조회처가 실제 그 회신을 보냈는지 여부를 결정할 수 있음
감사인에게 간접적으로 전달	조회처가 감사인에게 직접 서면으로 회신해 달라고 요청
구두회신	직접 서면으로 회신해 달라고 조회처에 요청
회신의 이용에 관한 제한적인 문구가 포함	제한이 있다고 해서 반드시 회신의 신뢰성이 없는 것은 아니다.

회신된 조회에 대해 신뢰할 수 없다고 결정한 경우 수행할 절차 (ISA 505 - 11, A17)

- 만약 감사인이 조회에 대한 회신이 신뢰할 만하지 않다고 결정한다면, 감사인은 부정위험 등 관련 중요왜곡표시위험에 대한 평가와 관련 기타 감사절차의 성격, 시기 및 범위에 대한 시사점을 평가하여야 한다.
- 감사인이 회신이 신뢰할 수 없다는 결정을 내리는 경우, 감사인은 경영진주장 수준의 중요왜곡표시위험에 대한 평가를 수정하고 계획된 감사절차도 그에 맞게 변경할 필요가 있을 것이다.

3.2 미회신에 대한 조치

미회신된 조회에 대해 수행할 절차 (ISA 505 - 12) 17

감사인은 각각의 미회신에 대하여 관련성이 있고 신뢰할 수 있는 감사증거를 입수하기 위한 대체적 감사절차를 수행하여야 한다.

매출채권 · 매입채무 적극적 조회 미회신에 대한 대체적 절차 (ISA 505 - A18) 24 21

매출채권 잔액	매입채무 잔액
① 재무제표일 후 특정 현금회수 조사 ② 선적서류 조사 ③ 보고기간말에 근접하여 발생한 매출거래에 대한 조사	① 재무제표일 후 현금지급 조사 ② 제3자로부터의 서신 조사 ③ 상품수령증과 같은 기타 기록의 조사

➠ 미회신의 경우에 적용되는 위의 대체적 감사절차들은 경영진의 외부조회 거부에 대한 대체적 감사절차와 유사할 수 있다. (ISA 505 - A10)

대체적 절차를 수행할 수 없는 경우의 감사절차 (ISA 505 - 13)

감사인이 충분하고 적합한 감사증거를 입수하기 위하여 적극적 조회에 대한 회신이 필요하다고 결정하였다면, 대체적인 감사절차는 감사인이 요구하는 감사증거를 제공하지 못할 것이다. 만약 감사인이 그러한 적극적 조회에 대한 회신을 입수하지 못한다면, 감사인은 해당 감사와 감사의견에 대한 시사점을 결정하여야 한다.

감사인이 충분하고 적합한 감사증거를 입수하기 위하여 적극적 조회에 대한 회신이 필요하다고 결정하여, 미회신된 경우에 대체적인 감사절차를 수행하지 못하고 감사와 감사의견에 대한 시사점을 결정하여야 하는 경우는 무엇이 있는가? (ISA 505-A20)

① 경영진주장을 확인하기 위해 이용가능한 정보가 오직 기업의 외부에서만 입수가능한 경우

② 특정 부정위험요소(예 경영진의 통제무력화위험, 종업원 및 경영진이 연루될 수 있는 공모위험)로 인하여 감사인이 기업에서 입수한 증거를 신뢰할 수 없는 경우 (ISA 505-A20)

3.3 불일치사항을 표시하고 있는 회신에 대한 조치

불일치사항이 있는 경우 감사절차 (ISA 505-14, A21)

감사인은 불일치사항이 왜곡표시를 나타내는 것인지 여부를 결정하기 위하여 해당 사항을 조사하여야 한다. 왜곡표시가 식별되는 경우에는 그러한 왜곡표시가 부정의 징후인지 여부를 평가하여야 한다.

불일치사항의 의미 (ISA 505-A21, A22)

① 불일치사항은 재무제표의 왜곡표시 또는 잠재적 왜곡표시를 나타내는 것일 수 있다.

② 불일치사항은 외부조회 절차의 시기나 측정상의 문제, 또는 사무적 오류에서 발생된 것일 수도 있고 부정으로 인한 것일 수도 있다.

③ 불일치사항이 유사한 조회처 또는 계정의 회신에 대한 품질을 판단할 수 있는 지침을 제공할 수 있다.

④ 불일치사항은 또 기업의 재무보고에 대한 내부통제의 미비점을 나타내는 것일 수 있다.

4 입수된 증거의 평가(Evaluating the Evidence Obtained)

외부조회 절차 결과로 입수된 증거의 평가 (ISA 505-16)

감사인은 외부조회 절차의 결과가 관련성이 있고 신뢰할 수 있는 감사증거를 제공하고 있는지 여부, 또는 추가적인 감사증거가 필요한지 여부를 평가하여야 한다.

SECTION

06 초도감사 - 기초잔액

1 기초잔액 감사의 의의

초도감사 - 기초잔액에 대한 감사목적 (ISA 510-3)

감사인의 목적은 초도감사를 수행할 때 기초잔액과 관련하여 다음에 관한 충분하고 적합한 감사증거를 입수하는 것이다.

(a) 당기재무제표에 중요하게 영향을 미치는 왜곡표시가 기초잔액에 포함되었는지 여부

(b) 기초잔액에 반영된 적합한 회계정책이 당기재무제표에 일관되게 적용되었는지 여부, 또는 회계정책이 변경되었다면 해당 재무보고체계에 따라 적절하게 처리되고 적절하게 표시 및 공시되었는지 여부

2 초도감사 시 기초잔액의 감사절차

2.1 초도감사 - 기초잔액에 대한 감사절차

초도감사 시 기초잔액의 감사절차 25 20 12

구 분	내 용
기초잔액에 대한 정보수집 (ISA 510-5)	감사인은 최근의 재무제표 및 이에 대한 전임감사인의 감사보고서, 그리고 공시 등 기초잔액에 관한 정보가 존재하는 경우 이를 열람하여야 한다.
기초잔액이 중요하게 왜곡표시되었는지에 대한 감사절차 (ISA 510-6)	감사인은 다음의 절차를 수행함으로써, 기초잔액에 당기재무제표에 중요하게 영향을 미치는 왜곡표시가 포함되었는지 여부에 대하여 충분하고 적합한 감사증거를 입수하여야 한다. (a) 전기의 마감잔액이 정확하게 당기로 이월되었는지, 또는 해당되는 경우 재작성되었는지 여부를 결정함 (b) 기초잔액에 적합한 회계정책이 반영되어 있는지 결정함 (c) 다음 절차 중 하나 이상을 수행함 • 전기재무제표가 감사를 받은 경우, 기초잔액에 관한 증거를 입수하기 위해 전임감사인의 감사문서를 검토함

	• 당기에 수행된 감사절차가 기초잔액과 관련된 증거를 제공하는지 여부를 평가함 • 기초잔액에 관한 증거를 입수하기 위하여 특정의 감사절차를 수행함
	유동자산과 유동부채 (ISA 510 - A6) 기중 감사절차의 일부로서 수집가능(예 당기 중 회수된 기초매출채권과 당기중 지급된 매입채무는 보고기간 개시일의 실재성, 권리와 의무, 완전성 및 평가에 대한 감사증거 중 일부를 제공)
	재고자산 (ISA 510 - A6) • 당기 재고자산 실사에 입회하고, 그 결과를 기초재고 수량으로 조정함 • 기초 재고자산항목의 평가에 대한 감사절차를 수행함 • 매출총이익과 기간귀속에 대하여 감사절차를 수행함
	비유동자산과 비유동부채 (ISA 510 - A7) 기초잔액의 근거가 되는 회계기록과 기타의 정보를 조사하여 일부 입수할 수 있음(예 장기부채와 투자자산의 경우 제3자에 대한 조회를 통하여 기초잔액에 대한 감사증거를 일부 입수할 수도 있음)

Q 감사인은 전기재무제표가 전임감사인으로부터 감사를 받았다면 전임감사인의 감사조서를 검토함으로써 기초잔액과 관련된 충분하고 적합한 감사증거를 입수할 수 있을 것이다. 그러한 검토를 통하여 충분하고 적합한 감사증거를 얻을 수 있는지 여부에 영향을 주는 요인은 무엇인가? (ISA 510 - A4)

전임감사인의 전문가로서의 적격성과 독립성에 의해 영향을 받는다.

Q 감사인이 기초잔액에 당기재무제표에 중요하게 영향을 미칠 수 있는 왜곡표시가 포함되어 있다는 감사증거를 입수한 경우, 수행해야 하는 감사절차는 무엇인가? 25

① 당기재무제표에 대한 영향을 결정하기 위하여 해당 상황에 적합한 감사절차를 추가적으로 수행하여야 한다.

② 만약 감사인이 당기재무제표에 이와 같은 왜곡표시가 존재한다고 결론을 내린 경우에는, 적합한 수준의 경영진 및 지배기구와 해당 왜곡표시에 대하여 커뮤니케이션하여야 한다. (ISA 510 - 7)

기초잔액 관련 감사절차의 성격 · 범위에 영향을 주는 요인 (ISA 510-A3) 11

- 기업이 적용한 회계정책
- 계정잔액, 거래유형 및 공시의 성격과, 당기재무제표에서 중요왜곡표시위험
- 당기재무제표에 대한 기초잔액의 유의성
- 전기재무제표가 감사받았는지 여부, 그리고 감사받은 경우 전임감사인의 의견이 변형되었는지 여부

2.2 회계정책의 일관성(Consistency of Accounting Policies)

회계정책의 일관성 (ISA 510-8)

감사인은 기초잔액에 반영된 회계정책이 당기재무제표에 일관되게 적용되고 있는지, 그리고 회계정책의 변경이 해당 재무보고체계에 따라 적절하게 처리, 표시 및 공시되었는지 여부에 대하여 충분하고 적합한 감사증거를 입수하여야 한다.

2.3 전임감사인의 감사보고서가 변형된 경우

전임감사인의 감사보고서 내 관련 정보 (ISA 510-9)

전기재무제표가 전임감사인에 의하여 감사를 받았으며 감사의견에 변형이 있었던 경우, 감사인은 당기재무제표의 중요왜곡표시위험을 평가할 때 그 변형을 초래한 사항이 미치는 영향을 평가하여야 한다.

3 기초잔액에 대한 감사보고

3.1 기초잔액에 대한 감사증거를 수집할 수 없는 경우

기초잔액에 대한 감사증거를 수집할 수 없는 경우 감사보고서의 변형 (ISA 510-A8)

기초잔액에 대하여 충분하고 적합한 감사증거를 입수할 수 없으면 감사의견은 다음과 같이 변형될 것이다.

① 상황에 적합하게, 한정의견이나 의견거절

② 법규상 금지되지 않는 한, 해당 상황에 적합하게 재무성과와 현금흐름은 한정의견이나 의견거절, 그리고 재무상태는 적정의견

Q 기초잔액에 대하여 감사증거를 수집할 수 없고 이것이 재무상태에는 영향을 미치지 않지만, 재무성과 및 현금흐름에 영향을 미친다면 재무성과 및 현금흐름은 한정의견 또는 의견거절, 재무상태는 적정의견을 표명할 수도 있다. 이처럼 재무제표별로 구분하여 의견을 표명하기 위해 충족되어야 하는 조건은 무엇인가? 25

① 법규상 금지되지 않고, (ISA 510 - A8)

② 초도감사이며, (ISA 510 - 10)

③ 당기손익을 이익잉여금과 구분하여 표시하지 않아야 한다.

3.2 기초잔액에 당기재무제표에 중요한 왜곡표시가 포함된 경우

기초잔액에 당기재무제표에 중요한 왜곡표시가 포함된 경우 감사보고서의 변형 (ISA 510 - 11)

감사인은 기초잔액에 당기재무제표에 중요하게 영향을 미칠 수 있는 왜곡표시가 포함되어 있고 왜곡표시의 영향이 적합하게 회계처리되지 않았거나 적절하게 표시 또는 공시되지 않았다고 결론을 내리면, 한정의견을 표명하거나 부적정의견을 표명하여야 한다.

3.3 회계정책의 변경에 대한 회계처리 및 공시가 적절하지 않은 경우

회계정책의 일관성 (ISA 510 -12)

감사인은 기업의 회계정책과 관련하여 다음과 같은 결론을 내리게 되면, 감사기준서에 따라 적합하게 한정의견 또는 부적정의견을 표명하여야 한다.

① 당기 회계정책이 기초잔액과 관련하여 해당 재무보고체계에 따라 일관되게 적용되지 아니함

② 회계정책의 변경이 해당 재무보고체계에 따라 적합하게 회계처리되지 않았거나 적절하게 표시 또는 공시되지 않음

3.4 전임감사인의 의견변형

전임감사인의 감사보고서 내 의견변형 (ISA 510 -13)

전기재무제표에 대한 전임감사인의 감사의견에 변형이 있었고 이것이 당기재무제표에 대하여도 계속 관련성이 있고 중요한 경우, 감사인은 당기재무제표에 대한 감사의견을 변형하여야 한다.

SECTION

07 실증적인 분석적절차

1 분석적절차의 의의

분석적절차의 정의 (ISA 520-4)

분석적절차란 재무데이터와 비재무데이터 간의 개연적인 관계(plausible relationships)를 분석하여 재무정보를 평가하는 것을 의미한다. 분석적절차에는 다른 관련정보와 일관성이 없거나 기대치와 유의적인 금액만큼 차이가 있는 변동이나 관계를 조사하는 것도 포함된다.

실증적인 분석적절차의 목적 (ISA 520-3)

관련성이 있고 신뢰할 수 있는 감사증거를 입수하기 위함. 따라서 더 관련성이 높고 신뢰할 수 있는 방법이 존재한다면 이를 생략하고 다른 감사절차로 대체가능

2 분석적절차의 방법

분석적절차의 예시 (ISA 520-A1~A2)

(1) 재무정보를 다음의 기대치와 비교

- 과거 보고기간에 대한 비교가능한 정보
- 기업의 예산 또는 예측과 같은 기업의 기대치 또는 감가상각비의 추정과 같은 감사인의 기대치
- 유사한 산업정보(예 산업평균 또는 동일한 산업에서 비슷한 규모를 가진 기업의 매출채권회전율과 해당기업의 매출채권회전율을 비교)

(2) 재무정보와 비재무정보 간 관계를 이용

- 기업의 과거경험에 근거할 때 예측가능한 행태를 따를 것으로 기대되는 재무정보 구성요소들 간의 관계(예 매출총이익률)
- 재무정보와 관련 비재무정보간의 관계(예 종업원수 대비 급여)

3 분석적절차의 적용

실증적 분석적절차의 적용절차 (ISA 520-5) 24

감사인은 감사기준서에 따라 실증절차로서의 분석적절차를 단독으로 또는 세부테스트와 결합하여 설계하고 수행할 때 다음의 절차를 수행하여야 한다.

(a) 주어진 경영진주장에 대한 평가된 중요왜곡표시위험과 해당되는 경우 이러한 주장에 대한 세부테스트를 고려하여, 특정 실증적인 분석적절차가 적절한지를 결정함

(b) 기록된 금액이나 비율에 대한 감사인의 기대치가 도출될 데이터의 신뢰성을 평가함. 이때, 이용가능한 정보의 원천과 비교가능성 및 그 성격과 관련성을 고려하고, 그 작성에 대한 통제를 고려한다.

(c) 기록된 금액이나 비율에 대한 기대치를 도출하고, 그러한 기대치가 개별적으로 또는 다른 왜곡표시와 합쳐져서 재무제표를 중요하게 왜곡표시 시킬 수 있는지 왜곡표시를 식별할 정도로 충분히 정확한지 여부를 평가함

(d) 추가적인 조사를 하지 않고 수용할 수 있는 차이금액(기록된 금액 - 기대치)을 결정함

3.1 경영진주장에 대한 특정 분석적절차의 적합성

분석적절차의 가정 (ISA 520-A6) 22

① 데이터 간 상관관계가 존재(relationships among data exist)

② 알려진 조건에 반증이 없는 한 그러한 관계가 지속된다(relationships continue in the absence of known conditions to the contrary)는 기대

3.2 데이터의 신뢰성

사용할 자료의 신뢰성 (ISA 520-A12)

데이터의 신뢰성은 그 원천과 성격에 영향을 받으며 데이터가 수집된 상황에도 의존된다. 따라서 실증적인 분석적절차를 설계하기 위한 목적상 제반 데이터가 신뢰할 수 있는지를 결정할 때는 다음 사항들이 관련성이 있다.

① 이용가능한 정보의 원천

예 정보의 원천은 외부정보가 내부정보보다, 독립적일수록, 그리고 내부정보는 내부통제가 효과적일수록 신뢰성이 높다.

② 이용가능한 정보의 비교가능성

예 광범위한 산업 데이터를 특정 제품을 생산, 판매하는 개별 기업의 데이터와 비교하기 위해서는 해당 데이터를 보완할 필요가 있을 것이다.

③ 이용가능한 정보의 성격과 관련성

예 어떤 예산이 달성하고자 하는 목표에 근거한 것이 아니라 예상되는 결과에 따라 수립되었는지 여부

④ 정보의 완전성과 정확성 및 타당성을 보장하도록 설계된, 정보의 작성에 대한 통제

예 예산의 작성과 검토 및 유지에 대한 통제

3.3 기대치가 충분히 정확한지에 대한 평가

기대치의 정확성을 결정짓는 요소 (ISA 520-A15) 13

다른 왜곡표시와 합쳐져서 재무제표를 중요하게 왜곡시킬 수 있는 왜곡표시를 식별할 정도로 기대치가 충분히 정확하게 도출될 수 있는지 여부를 감사인이 평가하는데 관련되는 사항은 다음과 같다.

- 실증적인 분석적절차의 예상결과가 예측되는 정확성

  예 감사인은 연구비 또는 광고비와 같은 재량적 비용을 비교하는 것 보다는 특정 기간의 매출총이익을 다른 기간의 그것과 비교할 때 기대치는 더 정확하다.

- 정보가 세분될 수 있는 정도

  예 실증적인 분석적절차는 재무제표 전체에 포괄적으로 분석할 때보다 개별 단위별로 세분화할 때 더욱 효과적이다.

- 재무 및 비재무 정보의 이용가능성

  예 예산 또는 예측과 같은 재무정보와 생산수량 또는 판매수량과 같은 비재무정보를 이용할 수 있는 경우 기대치는 더 정확하다.

3.4 기록된 금액과 기대치의 수용될 수 있는 차이

Q 감사인이 기대치와 차이가 있는 금액이 추가적인 조사없이 수용될 수 있는지 여부를 결정할 때 고려할 요소는 무엇인가? (ISA 520-A16) 24

① 중요성(위험평가 수준)

② 요구되는 확신수준과의 부합 정도

③ 왜곡표시가 개별적으로 또는 다른 왜곡표시들과 합칠 때 재무제표를 중요하게 왜곡표시 시킬 가능성

4 분석적절차의 결과에 대한 조사

분석적절차 결과 장부와 기대치가 중요하게 차이가 있는 경우 추가적 감사절차(ISA 520-7) 25

분석적절차의 결과, 감사인이 다른 관련정보와 일관성이 없거나 기대치와 유의적인 금액만큼 차이가 있는 변동이나 관계를 식별한 경우에는 그러한 차이에 대하여 다음과 같이 조사하여야 한다.

(a) 경영진에게 질문하고 경영진의 답변과 관련성이 있는 적합한 감사증거를 입수함

(b) 그러한 상황에 필요한 기타의 감사절차를 수행함

5 분석적절차의 한계점

Q 감사인이 분석적절차를 이용할 경우 고려해야 할 한계점으로는 무엇이 있는가?

① 평가기준인 기대치가 부적합할 수 있다.

② 기대치와 특정 계정잔액의 차이가 왜곡표시인지 아니면 특정 계정잔액에 포함된 우연한 변화 때문인지를 판단하기 어렵다.

③ 회계기록이 역사적 원가에 기초하기 때문에 회사의 연혁(ages)이나 자산의 구성 등이 서로 상이한 회사와의 비교가 어렵다.

④ 회계처리방법의 차이는 회사 간 비교를 어렵게 한다.

⑤ 분석적절차는 왜곡표시사항을 직접 적발하는 것이 아니라 의미 있는 차이가 존재할 경우 추가적인 감사절차를 수행하도록 할 수 있다는 정황적 증거만을 제시한다.

SECTION

08 회계추정치와 관련된 공시에 대한 감사

1 회계추정치의 성격

1.1 회계추정치(Accounting Estimates)의 정의

용어의 정의

- 회계추정치: 해당 재무보고체계에 따른 측정에 추정불확실성이 따르는 화폐금액
- 감사인의 점추정치 또는 범위추정치: 경영진의 점추정치를 평가할 용도로 감사증거로부터 도출된 금액 또는 금액 범위
- 추정불확실성: 본질적으로 그 측정의 정확성이 결여되기 쉬운 성질
- 경영진의 편의: 정보의 작성에 있어 경영진의 중립성이 결여되는 것
- 경영진의 점추정치: 재무제표상의 인식 또는 공시를 위하여 경영진이 회계추정치로서 선택한 금액
- 회계추정치의 결과: 회계추정의 바탕이 되었던 기초적인 거래나 사건, 상황이 추후 해결되어 결정된 실제의 화폐금액

거래유형, 계정잔액 및 공시와 관련된 회계추정치의 예 (ISA 540-A1) 15 13

- 재고자산의 진부화
- 유형자산의 감가상각
- 기반시설 자산의 평가
- 금융상품의 평가
- 계류중인 소송의 결과
- 기대신용손실 충당금
- 보험계약부채의 평가
- 보증 채무
- 종업원퇴직급여부채
- 주식기준보상
- 영업권과 무형자산의 결정을 포함한 사업결합으로 취득한 자산과 부채의 공정가치
- 매각예정 장기성 자산 또는 유형자산의 손상
- 독립적인 당사자간의 자산이나 부채의 비화폐성교환
- 장기계약에 대한 수익인식

2 위험평가절차 및 관련 활동

2.1 회계추정치에 대한 감사인의 이해와 위험평가

회계추정치와 관련하여 이해하여야 할 사항 (ISA 540-13) 24 18

감사인은 기업의 내부통제 등 기업과 기업환경을 이해할 때, 기업의 회계추정치와 관련하여 다음 사항을 이해하여야 한다. 감사인의 이해 절차는 재무제표와 경영진주장 수준의 중요왜곡표시위험을 식별하고 평가하는데 적합한 근거를 제공하는 감사증거를 입수하기에 필요한 정도의 범위로 수행되어야 한다.

구분	내용
기업과 기업환경 및 해당 재무보고체계에 대한 이해	① 재무제표에 인식되거나 공시되는 회계추정치에 대한 필요성이나 회계추정치의 변경을 유발하는 기업의 거래와 기타 사건 및 상황 ② 회계추정치와 관련된 해당 재무보고체계의 요구사항(인식 기준, 측정 기준, 관련 표시와 공시 요구사항 포함), 이들이 기업과 기업환경의 성격과 상황의 관점에서 적용되는 방법(고유위험요소가 경영진주장의 왜곡표시 가능성에 영향을 주는 방법 포함). ③ 기업의 회계추정치에 대한 규제 요인(해당되는 경우 건전성 감독과 관련된 규제 체계 포함) ④ 감사인이 위 ①~③의 사항에 대한 이해를 바탕으로 기업의 재무제표에 포함될 것으로 기대하는 회계추정치와 관련 공시의 성격
기업의 내부통제시스템에 대한 이해	⑤ 회계추정치에 관한 경영진의 재무보고절차에 대한 기업의 감독과 관리의 성격과 범위 ⑥ 경영진이 경영진측 전문가의 활용을 포함하여 회계추정치와 관련된 전문적인 기술과 지식에 대한 필요성을 식별하고 적용하는 방법 ⑦ 기업의 위험평가절차가 회계추정치와 관련된 위험을 식별하고 대응하는 방법 ⑧ 다음과 관련된 내용을 포함한 기업의 정보시스템 (i) 기업의 정보시스템 내에서 유의적인 거래유형, 계정잔액 또는 공시에 대한 회계추정치 및 관련 공시에 관한 정보의 흐름 (ii) 그러한 회계추정치와 관련 공시에 대한 다음 사항 (a) 경영진이 해당 재무보고체계의 관점에서 적합한 관련 방법, 가정 또는 데이터의 원천 및 그 변경 필요성을 식별하는 방법. 다음을 포함한다. (ㄱ) 경영진이 모델의 이용을 포함하여 사용된 방법을 선택, 설계 및 적용한 방법 (ㄴ) 경영진이 사용된 가정을 선택(대안에 대한 고려 포함)하고 유의적 가정을 식별한 방법 (ㄷ) 경영진이 사용된 데이터를 선택한 방법

	(b) 측정 결과의 가능한 범위에 대한 고려를 포함하여 경영진이 추정불확실성의 정도를 이해하는 방법 (c) 재무제표에 포함될 점추정치와 관련 공시의 선택을 포함하여 경영진이 추정불확실성에 대응하는 방법 ⑨ 문단 ⑧의 (ⅱ)에 기술된 회계추정치를 도출하기 위한 경영진의 절차에 대한 통제활동 구성요소 내의 식별된 통제 ⑩ 경영진이 이전 회계추정치의 결과를 검토하고 검토결과에 대응하는 방법

2.2 전기 회계추정치의 검토

전기 회계추정치의 검토 (ISA 540-14) 25

감사인은 당기의 중요왜곡표시위험을 식별하고 평가하는 데 도움을 주기 위하여 이전 회계추정치의 결과, 또는 해당되는 경우 후속적인 재추정을 검토하여야 한다. 감사인은 이러한 검토의 성격과 범위를 결정할 때 회계추정치의 특성을 고려하여야 한다. 이러한 검토는 추정 당시 이용가능했던 정보에 근거하여 적합한 과거 보고기간의 회계추정치에 대한 판단에 의문을 제기하는 목적이 아니다.

소급적 검토를 수행함으로써 입수할 수 있는 사항 (ISA 540-A55) 18

과거 회계추정치의 결과검토 또는 재추정(소급적 검토)은 과거 회계추정치가 당기에 자산이나 부채의 이전이나 실현을 통하여 결과가 나오거나 당기 목적상 재추정되는 경우 중요왜곡표시위험을 식별하고 평가하는 데 도움을 준다. 소급적 검토를 수행함으로써 감사인은 다음과 같은 사항을 입수할 수 있을 것이다.

① 경영진의 과거 추정절차의 효과성에 관한 정보. 감사인은 이에 근거하여 경영진의 당기 추정절차가 효과적일 것인지 여부를 판단할 수 있을 것이다.

② 재무제표의 공시가 요구될 수 있는 변경의 원인과 같은 사항에 대한 감사증거

③ 회계추정치와 관련된 복잡성과 추정불확실성에 대한 정보

④ 회계추정치의 경영진 편의 가능성이나 경영진 편의의 가능성을 나타내는 징후에 대한 정보. 감사인의 전문가적 의구심은 그러한 상황이나 조건을 식별하고 추가감사절차의 성격, 시기 및 범위를 결정하는 데 도움을 준다.

3 중요왜곡표시위험의 식별과 평가

3.1 중요왜곡표시위험의 식별과 평가

중요왜곡표시위험의 식별과 평가 (ISA 540-16)

감사기준서에 따라 경영진주장 수준의 회계추정치와 관련 공시에 대한 중요왜곡표시위험을 식별하고 평가할 때(경영진주장 수준에서 고유위험과 통제위험을 분리하여 평가하는 것 포함), 감사인은 고유위험과 통제위험을 각각 평가하여야 한다. 감사인은 중요왜곡표시위험을 식별하고 고유위험을 평가할 때 다음을 고려하여야 한다.

① 회계추정치에 추정불확실성이 있는 정도

② 다음 사항이 복잡성과 주관성 또는 기타 고유위험요소에 영향을 받는 정도

(ⅰ) 회계추정치를 도출할 때 방법, 가정 그리고 데이터의 선택과 적용

(ⅱ) 재무제표에 포함될 경영진의 점추정치와 관련 공시의 선택

3.2 유의적 위험

중요왜곡표시위험의 식별과 평가 (ISA 540-17) 25

감사인은 식별되고 평가된 중요왜곡표시위험이 감사인이 판단하기에 유의적 위험인지 결정하여야 한다.
➡ 유의적 위험이 존재한다고 결정한 경우, 감사인은 ① 해당 위험에 대처하는 통제를 식별하고, 그러한 통제가 ② 효과적으로 설계되었는지 평가하고 ③ 실행되었는지 여부를 결정하여야 한다.

유의적 위험인지 여부 판단 시 도움을 주는 요소 (ISA 540-A80)

회계추정치가 추정불확실성, 복잡성, 주관성 또는 기타 고유위험요소를 가지거나 그 영향을 받는 정도를 고려한 감사인의 고유위험에 대한 평가는 감사인이 식별되고 평가된 중요왜곡표시위험 중 어느 것이 유의적 위험인지를 판단하는데 도움을 준다.

4 평가된 중요왜곡표시위험에 대한 대응

회계추정치에 대한 감사절차(평가된 중요왜곡표시위험에 대한 대응) (ISA 540-18) 18 13

감사인의 추가 감사절차는, 각 위험에 대한 평가 이유를 고려하여, 경영진주장 수준의 평가된 중요왜곡표시위험에 대응하여야 한다. 감사인의 추가적인 감사절차는 다음 접근방법 중 하나 이상을 포함하여야 한다.

① 감사보고서일까지 발생한 사건으로부터 감사증거를 입수

② 경영진의 회계추정치 도출방법에 대한 테스트 → 경영진의 회계추정치 도출방법을 테스트할 때, 감사인의 추가감사절차는 다음과 관련된 중요왜곡표시위험과 관련하여 충분하고 적합한 감사증거를 입수하기 위하여 계획되고 수행된 절차를 포함하여야 한다. (ISA 540-22)

(i) 회계추정치를 도출하는 데 경영진이 사용한 ❶ 방법, ❷ 유의적 가정 및 ❸ 데이터의 선택과 적용

(ii) ❹ 경영진이 점추정치를 선택하고 회계추정치에 대한 관련 공시를 개발한 방법

③ 감사인의 점추정치 또는 범위 추정치의 도출

감사인은 확인적인 감사증거를 입수하려 하거나 상반될 수 있는 감사증거를 배제하려 하는 방향으로 치우치지 않게 편향되지 않은 방식으로 추가감사절차를 설계하고 수행하여야 한다.

4.1 감사보고서일까지 발생한 사건으로부터 감사증거 입수

감사보고서일까지 발생한 사건으로부터 감사증거 입수 (ISA 540-21)

감사인의 추가감사절차가 감사보고서일까지 발생한 사건으로부터 감사증거를 입수하는 것을 포함하는 경우, 감사인은 그 사건과 측정일 사이의 환경 및 기타 관련 상황의 변화가 해당 재무보고체계의 관점에서 감사증거의 관련성에 영향을 줄 수 있다는 점을 고려하여 그러한 감사증거가 회계추정치에 대한 중요왜곡표시위험을 다루기에 충분하고 적합한지를 평가하여야 한다.

4.2 회계추정치 통제의 운용효과성에 대한 통제테스트

회계추정치 통제의 운용효과성에 대한 통제테스트를 수행하여야 할 경우 (ISA 540-19)

① 경영진주장 수준의 중요왜곡표시위험에 대한 감사인의 평가에 통제가 효과적으로 운영될 것이라는 기대가 포함되어 있는 경우

② 실증절차만으로는 경영진주장 수준에서 충분하고 적합한 감사증거를 제공할 수 없는 경우

회계추정치 관련 유의적 위험이 존재하는 경우 (ISA 540-20)

유의적 위험에 대해 감사인이 관련 통제에 의존할 계획인 경우	유의적 위험에 대한 접근방법이 실증절차로만 이루어지는(통제테스트를 수행하지 않는) 경우
감사인의 추가감사절차에는 당기에 해당 통제에 대한 테스트를 포함하여야 한다.	세부테스트를 포함하여야 한다.

회계추정치의 유의적 위험에 대해 수행할 수 있는 세부테스트의 예시는 무엇인가? (ISA 540-A90) 25

① 예를 들어 계약과 계약을 확인할 수 있는 조건이나 가정에 대한 조사

② 예를 들어 모델의 수학적 정확성을 검증하는 재계산

③ 제3자가 발행한 정보와 같은 근거 문서와 사용된 가정의 대사

추가감사절차에 포함되어야 하는 사항 (ISA 540-23~26)

구 분	추가감사절차에 포함되어야 하는 사항
❶ 방법	① 선택된 방법이 해당 재무보고체계의 관점에서 적합하며 해당되는 경우 전기 사용된 방법으로부터의 변경이 적합한지 여부 ② 방법을 선택할 때 이루어진 판단이 경영진의 편의가능성에 대한 징후를 발생시키는지 여부 ③ 계산이 방법에 맞고 수학적으로 정확하게 이루어졌는지 여부 ④ 경영진의 방법 적용에 복잡한 모델이 연관되는지 여부, 적용된 판단이 일관적인지 여부. 해당되는 경우 다음을 포함한다. (i) 모델의 설계가 해당 재무보고체계의 측정 목적을 충족하고, 상황에 적합하며, 해당되는 경우 전기 모델의 변경이 적절한지 여부 (ii) 모델의 결과에 대한 조정이 해당 재무보고체계의 측정 목적과 일관되며 상황에 적합한지 여부 ⑤ 방법의 적용에 있어 유의적 가정과 데이터의 무결성이 유지되는지 여부
❷ 유의적 가정	① 유의적 가정이 해당 재무보고체계의 관점에서 적합하며 해당되는 경우 전기로부터의 변경이 적합한지 여부 ② 유의적 가정을 선택할 때 이루어진 판단이 경영진의 편의가능성에 대한 징후를 발생시키는지 여부 ③ 유의적 가정이 서로 간에 그리고 다른 회계추정치에 사용되는 가정과 일관되는지, 또는 감사에서 입수한 감사인의 지식에 근거하였을 때 기업의 사업활동의 다른 분야에서 사용되는 가정과 일관되는지 여부 ④ 해당되는 경우 경영진이 특정한 일련의 조치를 취할 의도가 있고 그러한 능력이 있는지 여부

❸ 데이터	① 데이터가 해당 재무보고체계의 관점에서 적합하며, 해당되는 경우, 전기로부터의 변경이 적합한지 여부 ② 데이터를 선택할 때 이루어진 판단이 경영진의 편의가능성 징후를 발생시키는지 여부 ③ 데이터가 상황과 관련성이 있으며 신뢰할 수 있는지 여부 ④ 계약 조건을 포함하여 경영진이 데이터를 적절하게 이해했는지 또는 해석했는지 여부
❹ 경영진의 점추정치 선택 및 추정불확실성에 대한 관련 공시	① 추정불확실성에 대하여 이해함 ② 적합한 점추정치를 선택하고 추정불확실성에 대한 관련 공시를 개발하여 추정불확실성을 다룸

Q 입수된 감사증거에 기초하여 감사인이 판단하기에 경영진이 추정불확실성을 이해하고 다루기 위한 적합한 조치를 취하지 않는 경우 수행해야 할 절차는 무엇인가? (ISA 540 - 27)

① 경영진에게 추정불확실성을 이해하거나 경영진의 점추정치의 선택을 재고하거나 추정불확실성에 대한 추가적인 공시를 제공함으로써 추정불확실성을 다루는 추가적인 절차를 수행하도록 요구하고, 경영진의 대응을 평가한다.

② 감사인이 감사인의 요구에 대한 경영진의 대응이 추정불확실성을 충분히 다루고 있지 않다고 결정하는 경우, 실행가능한 정도까지 감사인의 점추정치 또는 범위추정치를 도출한다.

③ 내부통제의 미비점이 존재하는지를 평가하고 미비점이 존재하는 경우 내부통제 미비점에 대해 지배기구 및 경영진과 커뮤니케이션한다.

4.3 점추정치 또는 범위추정치의 도출

범위추정치를 도출하는 경우 수행해야 할 절차 (ISA 540 - 29) 20

① 충분하고 적합한 감사증거에 의하여 뒷받침되며 해당 재무보고체계의 측정목적과 기타 요구사항의 관점에서 합리적이라고 감사인에 의해 평가된 금액만 포함하는지를 결정한다.

② 추정불확실성을 기술하는 재무제표의 공시에 대한 평가된 중요왜곡표시위험과 관련된 충분하고 적합한 감사증거를 입수하기 위해 추가감사절차를 설계하고 수행한다.

Q 경영진의 점추정치의 합리성을 평가하기 위한 범위추정치는 어느 정도 수준까지 축소되는 것이 적절한가? (구 ISA 540 -A94, A95)

① 발생하지 않을 것으로 판단되는 극단치들을 해당 범위추정치에서 제거한다.

② 이용가능한 감사증거에 근거하여 범위추정치 내의 모든 결과가 합리적이라고 생각된다고 결론을 내릴

때까지 지속적으로 범위추정치를 축소한다. 드물지만, 감사인은 해당 감사증거가 점추정치를 보일 때까지 범위추정치를 축소할 수도 있을 것이다.

③ 일반적으로 수행중요성 이하의 금액으로 범위추정치를 축소하는 것이 적절하다.

④ 감사인의 범위추정치의 규모는, 특히 중요성이 운영성과(예를 들어 세전이익)에 근거하였을 때, 재무제표 전체에 대한 중요성의 배수일 수 있으며 이 기준은 자산이나 기타 재무상태표 기준에 비해 상대적으로 작다. (ISA 540 - A125)

5 경영진의 편의가능성을 나타내는 징후

경영진의 편의가능성을 나타내는 징후 (ISA 540 - 32)

감사인은 경영진이 재무제표에 포함된 회계추정치를 도출할 때 내린 판단과 결정이, 개별적으로는 합리적일지라도 경영진의 편의가능성을 나타내는 징후인지를 평가하여야 한다. ➡ 경영진의 편의가능성을 나타내는 징후가 식별된 경우 감사인은 감사에 대한 시사점을 평가하여야 한다. ➡ 오도할 의도가 있는 경우, 경영진의 편의는 본질적으로 부정에 해당된다.

회계추정치에 관련된 경영진의 편의가능성을 나타내는 징후 예시 (ISA 540 - A134)

회계추정치에 관련된 경영진의 편의가능성을 나타내는 징후에는 예를 들어 다음과 같은 사항이 포함된다.

① 경영진이 상황의 변화가 있었다고 주관적으로 평가한 경우의 회계추정치나 도출방법의 변경

② 경영진의 목적에 유리한 점추정치가 도출되는 유의적 가정을 선택하거나 구축함

③ 낙관적이거나 비관적으로 일정한 유형을 나타낼 수도 있는 점추정치의 선택

이런 징후가 식별되었을 때, 경영진주장 수준이나 재무제표 수준의 중요왜곡표시위험이 있을 수 있다. 경영진의 편의가능성 징후 자체가 개별 회계추정치의 합리성에 대한 결론을 도출하기 위한 목적상 왜곡표시에 해당되지는 않는다. 그러나 어떤 경우에는 단순히 경영진 편의의 징후가 아니라 왜곡표시라는 점을 감사증거가 보여줄 수 있다.

6 수행한 감사절차에 기초한 전반적인 평가

수행한 감사절차를 바탕으로 한 전반적인 평가 (ISA 540-33)

회계추정치에 감사기준서를 적용할 때 감사인은 수행한 감사절차와 입수한 감사증거를 바탕으로 다음을 평가하여야 한다.

① 경영진 편의가능성을 나타내는 징후가 식별되었을 때를 포함하여 경영진주장 수준의 중요왜곡표시위험의 평가가 여전히 적합한지 여부

② 회계추정치의 인식, 측정, 재무제표에의 표시 및 공시에 대한 경영진의 결정이 해당 재무보고체계에 따르는지 여부

③ 충분하고 적합한 감사증거를 입수하였는지 여부

충분하고 적합한 감사증거의 입수 여부 평가 (ISA 540-34, 36)

충분하고 적합한 감사증거를 입수하지 못하는 경우	공정표시체계인 경우	준수체계인 경우
재무제표에 대한 감사의견에 대한 시사점을 평가 - 중요하게 왜곡 → 한정의견 - 중요하고 + 전반적 왜곡 → 의견거절	체계에서 구체적으로 요구하는 공시 외에 전체 재무제표의 공정표시를 달성하기 위하여 필요한 공시를 포함하고 있는지 여부를 평가	공시가 재무제표가 오도하지 않기 위하여 필요한 공시인지 여부를 평가

6.1 점추정치를 채택할 경우 왜곡표시의 결정

점추정치를 채택할 경우 왜곡표시의 결정 (ISA 540-A139)

왜곡표시 = 경영진의 점추정치 - 감사인의 점추정치

6.2 범위추정치를 채택할 경우 왜곡표시의 결정

범위추정치를 채택할 경우 왜곡표시의 결정 (ISA 540-A139)

왜곡표시금액 ≥ 감사인의 범위추정치 중 경영진의 점추정치와 가장 가까운 값 - 경영진의 점추정치

7 서면진술

회계추정치 관련 서면진술 (ISA 540-37) 18

감사인은 경영진(적절한 경우 지배기구 포함)에게 회계추정치와 관련 공시를 도출할 때 사용한 방법, 유의적 가정, 데이터가 해당 재무보고체계에 따른 인식, 측정 또는 공시를 달성하기에 적합한지 여부에 대해 서면진술을 요청하여야 한다.

감사인은 또한 방법, 가정 또는 사용된 데이터와 관련된 진술을 포함하여 특정 회계추정치에 대한 진술을 입수할 필요가 있는지 고려하여야 한다.

8 지배기구, 경영진 또는 기타 관련 당사자와의 커뮤니케이션

회계추정치 관련 경영진 및 지배기구와 커뮤니케이션할 사항 (ISA 540-38)

중요왜곡표시위험의 원인이 ① 추정불확실성과 관련이 있는지 또는 ② 회계추정치 및 관련 공시를 도출하는 데 있어 복잡성, 주관성 또는 고유위험요소의 영향과 관련이 있는지 여부를 고려해야 한다.

9 문서화

회계추정치와 관련하여 문서화할 사항 (ISA 540-39)

① 기업의 회계추정치와 관련된 기업의 내부통제를 포함한 기업과 그 환경에 대한 감사인 이해의 핵심요소

② 고유위험 또는 통제위험의 평가에 대한 근거를 고려한, 감사인의 추가감사절차와 경영진주장 수준의 평가된 중요왜곡표시위험 간의 연결

③ 경영진이 추정불확실성을 이해하고 다루기 위해 적절한 조치를 취하지 않은 경우 감사인의 대응

④ 회계추정치와 관련한 경영진 편의의 징후가 있는 경우 그 징후와 감사에 미치는 영향에 대한 감사인의 평가

⑤ 회계추정치와 관련 공시가 해당 재무보고체계의 관점에서 합리적인지 또는 왜곡표시 되었는지에 대한 감사인의 결정과 관련된 유의적인 판단

SECTION

09 특수관계자

1 특수관계 및 특수관계자 거래의 성격 (Nature of Related Party Relationships and Transactions)

1.1 특수관계자의 정의

특수관계자의 정의 (ISA 550-10)

① 해당 재무보고체계에서 정의하고 있는 특수관계자

② 해당 재무보고체계에서 특수관계자에 관한 요구사항이 최소화되어 있거나 없는 경우에는 다음 중 하나에 해당되는 자

(a) 직접적으로 또는 하나 이상의 중개자를 통해 간접적으로 해당 보고기업에 대한 지배력이나 유의적 영향력을 보유한 개인이나 기업

(b) 직접적으로 또는 하나 이상의 중개자를 통해 간접적으로 해당 보고기업이 지배력이나 유의적 영향력을 보유한 다른 기업

(c) 해당 보고기업과 함께 동일 지배하에 있는 다른 기업

1.2 특수관계자 거래의 성격

특수관계자와의 거래가 중요왜곡표시위험이 높은 경우 (ISA 550-2) 24

많은 경우 특수관계자 거래는 정상적인 사업과정에서 존재한다. 그러한 상황에서 특수관계자 거래는 특수관계자가 아닌 자와의 유사한 거래보다 더 높은 재무제표의 중요왜곡표시위험을 수반하지 않을 수 있다. 그러나, 어떤 상황에서는 특수관계 및 특수관계자 거래는 그 성격상 특수관계자가 아닌 자와의 거래보다 더 높은 재무제표의 중요왜곡표시위험을 초래할 수 있다. 예를 들면 다음과 같다.

- 특수관계자들은 그 성격상 광범위하고 복잡한 관계 및 구조를 통해 사업을 수행하고 이에 따라 특수관계자 거래의 복잡성이 증가하는 경우
- 정보시스템이 해당 기업과 그 특수관계자들 간의 거래와 잔액을 식별하거나 요약하는 데 효과적이지 않을 경우
- 특수관계자 거래가 정상적인 시장의 계약조건 하에서 수행되지 않을 경우(예 특수관계자 거래가 대가의 교환 없이 수행될 경우)

2 감사인의 책임

2.1 중요왜곡표시위험을 식별 · 평가하고, 적절한 감사절차를 수행할 책임

Q 특수관계 및 특수관계자 거래 또는 잔액과 관련한 감사인의 책임은 무엇인가?

감사인은 특수관계 및 특수관계자 거래 또는 잔액을 해당 재무보고체계의 요구사항에 따라 적합하게 회계처리 하지 않거나 공시하지 않음으로써 발생하는 중요왜곡표시위험을 식별하고, 평가하며 이에 대응하기 위한 감사절차를 수행할 책임이 있다. (ISA 550-3)

2.2 특수관계 및 특수관계자와의 거래 · 잔액을 이해하는 이유

Q 감사인이 특수관계 및 특수관계자와의 거래 및 잔액을 이해하는 것이 중요한 이유는 무엇인가?

① 부정은 특수관계자를 통해 더 용이하게 실행될 수 있다. 따라서 감사인이 해당 기업의 특수관계 및 특수관계자 거래를 이해하는 것은 부정위험요소가 존재하고 있는지 여부를 평가하는 것과 관련성이 있다. (ISA 550-5)

② 특수관계자의 경우에는 고유한계가 감사인의 중요한 왜곡표시를 발견하는 능력에 미치는 잠재적인 영향이 더 커진다. (ISA 550-6)

특수관계자가 감사의 고유한계를 증가시키는 이유 (ISA 550-6) 18

- 특히 해당 재무보고체계에서 특수관계자에 관한 요구사항이 없는 경우, 경영진이 특수관계 및 특수관계자 거래를 모두 알지 못할 수 있음
- 특수관계는 경영진에 의한 공모, 은폐, 조작의 기회를 더 많이 제공할 수 있음

3 특수관계 및 특수관계자 거래와 연관된 위험평가절차

3.1 위험평가절차 및 관련 활동

특수관계 및 특수관계자 거래와 연관된 위험평가절차 (ISA 550-12~17) 24 18

구 분	내 용
기업의 특수관계 및 특수관계자 거래에 대한 이해	① 업무팀 내부의 토의 : 업무팀의 토의에는 해당 기업의 특수관계 및 특수관계자 거래로부터 유발될 수 있는, 부정이나 오류로 인한 재무제표가 중요하게 왜곡표시 될 취약성에 대한 구체적인 고려가 포함되어야 한다.

<table>
<tr><td></td><td>② 경영진에게 질문 : 감사인은 경영진에게 다음 사항에 대하여 질문하여야 한다.
(a) 특수관계자들의 신원(변동이 있는 경우에는 그 내용 포함)
(b) 기업과 특수관계자들 간 관계의 성격
(c) 기업이 해당 기간 중에 특수관계자와 거래를 체결했는지 여부, 만약 그렇다면 그러한 거래의 형태와 목적

③ 특수관계 및 특수관계자 거래에 대한 기업의 통제를 이해하기 위해 경영진 및 기업 내부에 질문 및 적절한 기타의 위험평가절차 수행 : 감사인은 다음 목적을 위해 수립한 통제를 이해하기 위해 경영진 및 기업 내부의 다른 사람에게 질문하고 또 적절하다고 고려되는 기타의 위험평가절차를 수행하여야 한다.
(a) 해당 재무보고체계에 따른 특수관계 및 특수관계자 거래의 식별, 회계처리 및 공시
(b) 특수관계자와의 유의적 거래와 약정에 대한 권한부여와 승인
(c) 정상적인 사업과정을 벗어난 유의적 거래와 약정에 대한 권한부여와 승인</td></tr>
<tr><td>기록 또는 문서의 검토에 있어 특수관계자 정보에 대한 주의유지</td><td>감사인은 특히 다음 사항을 검사하여야 한다.
① 감사절차의 일부로서 입수한 은행의 확인서(은행조회서)나 법률문제에 관한 확인서(은행조회서나 변호사조회서)
② 주주총회의사록과 지배기구(회의)의사록
③ 해당 기업의 상황에서 감사인이 필요하다고 생각하는 기타의 기록이나 문서

기업의 정상적인 사업과정을 벗어난 유의적인 거래를 식별한 경우, 감사인은 경영진에게 다음 사항에 대하여 질문하여야 한다.
① 해당 거래의 성격
② 특수관계자가 관여될 가능성</td></tr>
<tr><td>업무팀의 특수관계자 정보의 공유</td><td>감사인은 해당 기업의 특수관계자에 대하여 입수한 관련 정보를 업무팀의 다른 구성원과 공유하여야 한다.</td></tr>
</table>

3.2 특수관계 및 특수관계자 거래와 연관된 중요왜곡표시위험의 식별과 평가

특수관계 및 특수관계자 거래와 연관된 중요왜곡표시위험의 식별과 평가 (ISA 550 - 18)

감사인은 특수관계 및 특수관계자 거래와 연관된 중요왜곡표시위험을 식별하고 평가하여야 하며, 그러한 위험 중 유의적 위험이 있는지 여부를 결정하여야 한다. ➡ 이러한 결정 시, 식별된 유의적인 특수관계자 거래가 해당 기업의 정상적인 사업과정을 벗어난 경우에는, 감사인은 이를 유의적 위험으로 취급해야 한다.

4 특수관계 및 특수관계자 거래와 연관된 중요왜곡표시위험에 대한 대응

특수관계 및 특수관계자 거래와 연관된 중요왜곡표시위험에 대한 대응 (ISA 550 - 20)

감사인은 특수관계 및 특수관계자 거래와 연관된 중요왜곡표시위험의 평가결과에 대하여 충분하고 적합한 감사증거를 입수하기 위해 추가감사절차를 설계하고 수행한다.

특수관계 및 특수관계자 거래와 연관된 중요왜곡표시위험에 대한 대응 (ISA 550 - 22 ~ 24) 24 21 19 18 11

(1) 이전에 식별 또는 공개되지 않았던 특수관계자 또는 유의적인 특수관계자 거래의 식별	(a) 업무팀의 다른 구성원에게 관련 정보를 신속하게 커뮤니케이션을 함 (b) 해당 재무보고체계에서 특수관계자에 관한 요구사항을 정하고 있는 경우 다음의 절차를 수행함 • 감사인의 추가적인 평가를 위해 경영진에게 새로 식별된 특수관계자와의 모든 거래를 식별할 것을 요청함; 그리고 • 특수관계 및 특수관계자 거래에 대한 기업의 통제가 해당 특수관계나 특수관계자거래를 식별하거나 공개하는 데 실패한 이유를 질문함 (c) 새로 식별된 특수관계자 또는 이들과의 유의적 거래에 대하여 적합한 실증감사절차를 수행함 (d) 경영진이 이전에 식별하지 못하였거나 감사인에게 공개하지 않았던 다른 특수관계자 및 이들과의 유의적 거래가 존재할 위험을 다시 고려하고, 필요에 따라 추가적인 감사절차를 수행함 (e) 만약 경영진의 미공개가 고의적인 경우에는, 해당 감사에 대한 시사점을 평가함

(2) 기업의 정상적인 사업과정을 벗어난 유의적인 특수관계자 거래를 식별한 경우	(a) 근거 계약이나 약정이 존재한다면 이를 검사하여 다음 사항을 평가한다. • 해당 거래의 사업상 이유(또는 그러한 근거의 결여)에 비추어 볼 때, 그러한 거래가 부정한 재무보고를 행하거나 자산의 유용을 은폐하기 위해 체결되었을 것임을 나타내는지 여부 • 해당 거래의 조건이 경영진의 설명과 일관성이 있는지 여부 • 해당 거래가 해당 재무보고체계에 따라 적합하게 회계처리 되고 공시되었는지 여부 (b) 해당 거래가 적합하게 권한이 부여되고 승인되었다는 감사증거를 입수함
(3) 특수관계자 거래가 독립된 당사자 간의 거래에 통용되는 조건과 동등한 조건으로 수행되었다는 경영진의 주장 입수	감사인은 경영진의 주장에 대하여 충분하고 적합한 감사증거를 입수하여야 한다. (a) 경영진이 감사인에게 입증하는 절차 (ISA 550 - A43) • 해당 특수관계자 거래의 조건을 하나 이상의 특수관계가 아닌 당사자와의 동일하거나 유사한 거래의 조건과 비교함 • 해당 거래에 대한 시장가치의 결정 및 시장계약조건의 확인을 위하여 외부전문가를 활용함 • 해당 거래의 조건을 공개시장의 대체로 유사한 거래에 대하여 알려진 시장조건과 비교함 (b) 감사인이 경영진주장을 평가하는 절차 (ISA 550 - A44) • 해당 주장을 뒷받침하기 위한 경영진의 절차가 적합한지 고려함 • 해당 주장을 뒷받침하는 내 · 외부 데이터의 원천을 검증하고, 데이터의 정확성, 완전성 및 관련성을 결정하기 위해 이를 테스트 함 • 해당 주장의 근거가 되는 유의적 가정의 합리성을 평가함

특수관계자 거래를 해당 재무보고체계에 따라 적합하게 회계처리 또는 공시하지 아니하였을 유의적인 위험에 대한 실증감사절차 (ISA 550 - A32)

(부정이나 오류 여부에 관계없이) 경영진이 특정의 특수관계자 거래를 해당 재무보고체계에 따라 적합하게 회계처리 또는 공시하지 아니하였을 유의적인 위험을 감사인이 평가하였을 때 수행할 수 있는 실증감사절차의 예는 다음과 같다.

① 실행가능하고 법규 또는 윤리규정에서 금지하지 않는 한, 은행, 법무법인, 보증인 또는 대리인과 같은 중개자에게 해당 거래의 특정 측면을 조회하거나 이들과 토의함

② 해당 거래의 목적, 구체적인 조건 또는 금액을 해당 특수관계자에게 조회함(특수관계자가 감사인에게 회신하는 데 기업이 영향을 미칠 가능성이 있다고 감사인이 판단하는 경우에는 이러한 감사절차의 유효성이 떨어질 것이다)

③ 특수관계자의 재무제표 또는 기타 관련 재무정보를 이용할 수 있는 경우, 해당 거래의 회계처리에 대한 증거로써 특수관계자의 회계기록에 있는 재무정보나 또는 기타 관련 재무정보를 열람함

5 식별된 특수관계 및 특수관계자 거래에 대한 회계처리와 공시에 대한 평가

특수관계와 관련한 회계처리 및 공시의 평가절차 (ISA 550 - 25)

감사인은 재무제표에 대한 의견을 형성할 때 다음 사항을 평가하여야 한다.

(a) 식별된 특수관계 및 특수관계자 거래가 해당 재무보고체계에 따라 적합하게 회계처리 및 공시되었는지 여부

(b) 특수관계 및 특수관계자 거래가 재무제표에 영향을 미치는지 여부

6 서면진술

특수관계 및 특수관계자 거래에 대한 서면진술 내용 (ISA 550 - 26)

(a) 경영진(적절한 경우 지배기구 포함)은 그들이 알고 있는 기업의 특수관계자들의 신원과 모든 특수관계 및 특수관계자 거래의 내용을 감사인에게 모두 공개하였음

(b) 경영진(적절한 경우 지배기구 포함)은 이러한 관계 및 거래들을 해당 재무보고체계에 따라 적합하게 회계처리하고 공시하였음

7 지배기구와의 커뮤니케이션

특수관계자 관련 지배기구 커뮤니케이션 (ISA 550 - 27)

감사인은 지배기구의 모든 구성원이 해당 기업의 경영에 참여하고 있지 않는 한, 감사인은 해당 기업의 특수관계자와 관련하여 감사 중 발생한 유의적 사항들에 대하여 지배기구와 커뮤니케이션하여야 한다.

SECTION

10 감사인측 전문가가 수행한 업무의 활용

1 감사인측 전문가

감사인측 전문가의 정의 (ISA 620-6) 15

'감사인측 전문가'란 회계나 감사 외의 분야에서 전문성을 보유하고, 해당분야에서 감사인이 충분하고 적합한 감사증거를 입수하는 데 도움을 줄 수 있도록 해당 분야에서의 업무가 감사인에 의해 활용되는 개인 또는 조직을 말한다. 감사인측 전문가는 감사인의 내부전문가(당해 회계법인 또는 네트워크 회계법인의 파트너 또는 스태프. 임시적인 스태프도 포함한다)이거나 감사인의 외부전문가일 수 있다.

Q 감사인이 활용할 수 있는 전문가의 영역은 회계와 감사 이외의 분야에 국한되며, 회계와 감사분야의 외부전문가를 활용할 때 수행하여야 할 감사절차는 존재하지 않는다. 회계와 감사 분야의 외부 전문가는 활용할 수 없는 이유는 무엇인가?

회계감사기준은 감사인에게 적격성(competence)을 요구하고 있다. 감사인 스스로 적격하지 않다고 판단되면 해당 고객을 수임하여서는 안 되기 때문이다.

회계나 감사 외 분야의 전문성(감사인측 전문가 활용의 예시) (ISA 620-A1)

- 복잡한 금융상품, 토지 및 건물, 공장과 기계장치, 보석, 예술작품, 골동품, 무형자산, 사업결합으로 인수한 자산과 부채, 손상되었을 가능성이 있는 자산 등에 대한 평가(예 감정평가사)
- 보험계약이나 종업원급여제도와 연관된 부채의 보험수리적 계산(예 보험계리사)
- 원유 및 가스의 매장량에 대한 추정
- 환경부채 및 부지환경정화비용의 평가
- 계약 및 법규의 해석(예 변호사)
- 복잡하거나 비경상적인 세법준수이슈의 분석

2 감사인측 전문가의 필요성 결정

감사인이 감사인측 전문가 활용을 결정할 때 고려할 사항 (ISA 620 – A8~A9) 20

(1) 일반적인 경우 고려사항

- 경영진이 재무제표를 작성할 때 경영진측 전문가를 활용하였는지 여부
- 해당 사항의 복잡성 등 관련 사항의 성격과 유의성
- 해당 사항에 포함된 중요왜곡표시위험
- 해당 사항과 관련된 전문가의 업무에 대한 감사인의 지식과 경험 등 식별된 위험에 대응하는 감사절차의 예상되는 성격, 그리고 감사증거에 대한 대체적 원천의 이용가능성

(2) 경영진이 경영진측 전문가를 활용하여 재무제표를 작성하였을 경우 고려사항

- 경영진측 전문가의 업무의 성격, 범위 및 목적
- 경영진측 전문가가 기업에 고용되었는지 또는 관련 서비스를 제공하도록 기업과 계약된 계약당사자인지 여부
- 경영진이 경영진측 전문가의 업무에 대하여 통제를 하거나 영향을 줄 수 있는 정도
- 경영진측 전문가의 적격성과 역량
- 경영진측 전문가가 기술적인 수행기준 또는 기타 전문직 요구사항이나 소속 산업의 요구사항을 준수하여야 하는지 여부
- 경영진측 전문가의 업무에 대한 기업 내부의 통제

3 감사절차의 성격, 시기 및 범위

외부 전문가를 활용할 경우 감사절차의 성격, 시기 및 범위 (ISA 620 – 8) 24 20

감사인이 감사절차의 성격, 시기 및 범위를 결정할 때 고려할 사항은 다음과 같다.

① 전문가의 업무가 관련된 사항의 성격

② 전문가의 업무가 관련된 사항에서의 중요왜곡표시위험

③ 감사 관점에서 해당 전문가의 업무가 가지는 유의성

④ 해당 전문가가 이전에 수행한 업무에 대한 감사인의 지식과 경험

⑤ 해당 전문가가 감사인이 속한 회계법인의 품질관리정책과 절차의 적용대상인지 여부

4 감사인측 전문가의 적격성, 역량 및 객관성

감사인측 전문가의 적격성, 역량 및 객관성 평가(ISA 620 - 9)

- 감사인은 감사목적에 필요한 적격성, 역량 및 객관성을 감사인측 전문가가 보유하고 있는지를 평가하여야 한다.
- 감사인측 외부전문가의 경우, 객관성에 대한 평가는 해당 전문가의 객관성에 위협을 발생시킬 수 있는 이해 및 관계들에 대한 질문을 포함하여야 한다.

감사인측 전문가의 적격성, 역량 및 객관성 관련 정보의 원천(ISA 620 - A15) 15

감사인측 전문가의 적격성, 역량 및 객관성에 대한 정보는 예를 들어 다음과 같은 다양한 원천에서 나올 수 있다.

① 감사인측 전문가의 과거 업무에 대한 개인적 경험

② 감사인측 전문가와의 토의

③ 해당 감사인측 전문가의 업무에 익숙한 타감사인 또는 다른 사람들과의 토의

④ 해당 전문가의 관련 자격, 전문직 단체나 협회의 회원, 개업면허 또는 기타 형태의 외부적 공인에 대한 감사인의 지식

⑤ 해당 전문가가 저술한 문헌이나 저서

⑥ 감사인이 속한 회계법인의 품질관리정책과 절차

감사인측 외부전문가의 객관성 평가 시 관련 절차(ISA 620 - A20)

① 기업과 감사인측 외부전문가 간에 전문가의 객관성에 영향을 미칠 수 있는 알려진 이해 또는 관계들에 대하여 기업에 질문함.

② 적용가능한 안전장치(해당 전문가에 적용되는 전문직 요구사항 포함)에 대하여 해당 전문가와 토의하고, 그러한 안전장치가 위협을 수용가능한 수준으로 감소시키는 데 적절한지 여부를 평가함.

③ 감사인은 경우에 따라 감사인측 외부전문가가 알고 있는 기업과의 이해 또는 관계들에 대하여 감사인측 전문가로부터 서면진술을 입수하는 것이 적합할 수도 있다.

5 감사인측 전문가의 전문분야에 대한 이해

감사인이 감사인측 전문가의 전문분야를 이해하는 목적(ISA 620 - 10)

감사인은 다음이 기능하도록 감사인측 전문가의 해당 분야를 충분히 이해하여야 한다.

① 감사목적을 위해 감사인측 전문가 업무의 성격, 범위 및 목적을 결정함

② 감사목적을 위해 감사인측 전문가 업무의 적합성을 평가함

6 감사인측 전문가와 합의

감사인측 전문가와 합의할 사항(ISA 620 - 11) 21

감사인은 다음과 같은 내용에 대하여 감사인측 전문가와 (적합한 경우 문서로) 합의하여야 한다.

① 감사인측 전문가 업무의 성격, 범위 및 목적

② 감사인과 감사인측 전문가 각자의 역할과 책임

③ 감사인측 전문가가 작성하는 보고서의 형태 등 감사인과 감사인측 전문가 간 커뮤니케이션의 성격, 시기 및 범위

④ 감사인측 전문가가 비밀유지 요구사항을 준수할 필요성

7 감사인측 전문가가 수행한 업무에 대한 평가

7.1 감사인측 전문가가 수행한 업무의 적합성 평가

감사인측 전문가가 수행한 업무가 감사목적상 적합한지 여부를 평가할 때 고려할 사항(ISA 620-12) 18

감사인은 다음을 포함하여 감사인측 전문가의 업무가 감사목적상 적합한지 평가하여야 한다.

(a) 감사인측 전문가가 발견한 사항이나 결론의 관련성과 합리성 및 다른 감사증거와의 일관성

(b) 감사인측 전문가의 업무가 유의적인 가정과 방법을 수반하고 있다면 그 상황에서 그러한 가정과 방법의 관련성과 합리성

(c) 감사인측 전문가의 업무에 유의적인 원천데이터의 사용이 수반된다면 그러한 원천데이터의 관련성과 완전성 및 정확성

7.2 감사인측 전문가가 수행한 업무가 부적합할 경우

감사인측 전문가가 수행한 업무가 부적합할 경우 (ISA 620-13, A40)

- 감사인은 감사인측 전문가의 업무가 감사목적상 적합하지 않다고 판단한다면 다음의 절차를 수행하여야 한다.
  ① 해당 감사인측 전문가가 수행할 후속업무의 성격과 범위에 대하여 해당 전문가와 합의함
  ② 해당 상황에 적합한 추가적인 감사절차를 수행함
- ②의 추가적인 감사절차에는 감사인측 전문가가 수행하는 추가업무, 감사인이 (직접) 수행하는 추가업무, 또는 타 전문가를 고용하거나 계약하는 것이 포함된다.

만약 감사인이 감사인측 전문가의 업무가 감사목적상 적합하지 않다는 결론을 내려 추가적인 감사절차를 통하여 그 사항을 해결할 수 없다면 감사보고에 어떤 영향을 미치는가?

감사인은 충분하고 적합한 감사증거를 입수하지 못했으므로 감사보고서에 변형의견(한정 또는 의견거절)을 표명하는 것이 필요할 것이다. (ISA 620-A40)

8 감사보고서에서의 감사인측 전문가의 언급

감사인은 법규상 요구되는 것이 아닌 한 적정의견의 감사보고서에 감사인측 전문가의 업무를 언급하여서는 안 된다. 만약 법규상 이러한 언급이 요구되거나 감사의견의 변형을 이해하는 것과 관련이 있어 감사인측 전문가의 업무를 감사보고서에 언급하는 경우, 감사보고서에 표시되어야 하는 사항은 무엇인가? 21

감사인은 해당 언급이 감사의견에 대한 감사인의 책임을 경감시키지 않는다는 것을 감사보고서에 표시해야 한다. (ISA 620-14~15)

SECTION

11 법률과 규정을 위배한 사항의 고려

1 법규위반의 정의

법규위반의 정의 (ISA 250-12)

법규위반이란 기업, 지배기구, 경영진 또는 기업을 위해 일하거나 기업의 지시에 따르는 다른 개인이 현행 법률 또는 규정에 반하여 의도적으로 또는 비의도적으로 특정 행위를 누락하거나 실행하는 행위. 위반에는 기업의 사업활동과 관련되지 아니한 행위는 포함되지 아니한다.

Q 감사기준에서 다루는 법규위반에는 기업의 지배기구, 경영진 또는 종업원의 사적인 위법행위, 즉 기업의 사업활동과 관련되지 아니한 행위는 포함되지 않는다. 그 이유는 무엇인가?

사적인 행위의 결과는 기업의 책임이 아니라 재무제표에 영향을 미치지 않기 때문이다.

2 법규준수에 대한 책임

법규준수에 대한 책임 (ISA 250-3~5, 9)

경영진의 책임	기업의 재무제표에 보고되는 금액과 공시를 결정하는 법규를 준수하는 등 법규가 정하는 바에 따라 기업의 영업활동을 수행할 책임이 있으며, 지배기구는 경영진을 감시한다.
감사인의 책임	(1) 감사인은 법규위반을 예방할 책임이 없으며, 감사인이 모든 법규위반을 발견할 것이라고 기대할 수도 없다. (2) 감사인은 기업의 재무제표가 전체적으로 부정이나 오류에 의해 중요하게 왜곡표시되지 아니하였다는 합리적 확신을 얻을 책임이 있다. (3) 법규준수와 관련하여서는 특히 감사의 고유한계가 크다. (4) 법규 또는 관련 윤리적 요구사항에서 커뮤니케이션 등의 책임을 요구할 수도 있다.

법규의 관점에서, 중요한 왜곡표시를 발견할 수 있는 감사인의 능력에 대한 고유한계의 잠재적 영향이 더욱 큰 이유는 무엇인가? (ISA 250-5)

① 전형적으로 재무제표에 영향을 미치지 않고 기업의 재무보고와 관련된 정보시스템에 의해 포착되지 않는, 주로 기업의 영업활동 측면과 관련된 법규가 다수 존재한다.

② 법규위반은 공모, 위조, 거래의 고의적인 기재누락, 경영진의 통제무력화 또는 감사인에 대한 의도적인 허위진술 등을 은폐하기 위한 목적으로 설계된 행위들과 관련된 것일 수 있다.

③ 특정 행위가 위반에 해당되는지 여부는 궁극적으로 법원 또는 기타 적합한 판결기관이 결정할 사항이다.

3 법규별 감사인의 책임

법규별 감사인의 책임 (ISA 250-6, 7) 24

구 분	(a) 재무제표상의 중요한 금액과 공시를 결정하는 데 직접적인 영향을 준다고 일반적으로 인식되는 법규	(b) 재무제표상의 금액과 공시에 직접 영향을 미치지는 않지만, 해당 법규가 사업의 일상적인 운영, 사업의 계속 또는 중요한 처벌의 면제와 관련이 있는 기타 법규
사 례	세금 또는 연금 관련 법규	사업 허가조건의 준수나 지급능력에 관한 규정 준수, 또는 환경규제의 준수
재무제표에 미치는 영향	재무제표에 직접 영향을 미침	재무제표에 중요한 영향을 미칠 수 있음
감사인의 책임	감사인은 그 법규조항의 준수에 대하여 충분하고 적합한 감사증거를 입수할 책임이 있다.	감사인의 책임은 재무제표에 중요한 영향을 미칠 수 있는 법규의 위반을 식별하는 데 도움을 주는 특정의 감사절차만 수행하는 것으로 제한된다.

4 법규준수에 대한 감사인의 고려사항

법규준수에 대하여 감사인이 고려할 사항 (ISA 250-13~18)

① 기업과 환경에 대한 이해단계에서 회사에 적용되는 법규 이해 : 감사인은 기업과 기업환경에 대한 이해의 일부분으로, 다음 사항에 대한 일반적인 이해를 갖추어야 한다.

- 기업과 그 기업이 영업을 하고 있는 산업 또는 부문에 적용되는 법규
- 기업이 이러한 법규를 어떻게 준수하고 있는 지에 관한 사항

② 법규를 준수하고 있다는 충분하고 적합한 감사증거 입수 : 감사인은 일반적으로 재무제표의 중요한 금액과 공시의 결정에 직접적인 영향을 미칠 것으로 인식되는 법규조항의 준수에 관하여 충분하고 적합한 감사증거를 입수하여야한다.

③ 법규위반을 식별하기 위한 감사절차 수행 : 감사인은 재무제표에 중요한 영향을 미칠 수 있는 기타의 법규에 대한 위반사례를 식별하는 데 도움을 줄 수 있도록 아래의 감사절차를 수행하여야 한다.

- 기업이 이와 같은 법규를 준수하고 있는지 여부에 대하여 경영진(적절한 경우 지배기구를 포함)에게 질의함
- 관련 인허가기관이나 규제기관과의 왕복문서가 있는 경우 이를 검사함

④ 다른 감사절차에서 법규위반이 식별 또는 의심되는 사례가 있는지 주의유지 : 감사인은 재무제표에 대한 의견을 형성하기 위해 적용한 다른 감사절차에서 위반사례가 식별되거나 위반으로 의심되는 사례가 발견될 가능성에 대하여 감사 중 주의를 유지하여야 한다.

⑤ 서면진술 : 감사인은 경영진(적절한 경우 지배기구를 포함)에게 재무제표를 작성할 때 그 영향을 고려해야 하는 법규위반 또는 위반으로 의심되는 사항으로서 알고 있는 모든 사실들을 감사인에게 공개하였다는 내용의 서면진술을 제공하도록 요청하여야 한다.

⑥ 식별되었거나 의심되는 법규위반이 없는 경우, 감사인은 ①~⑤에 서술된 절차 외에는 기업의 법규준수에 관한 감사절차의 수행이 요구되지 아니한다.

5 법규위반이 식별되거나 의심될 때의 감사절차

법규위반이 식별되거나 의심될 때의 감사절차 (ISA 250-19~22)

① 법규위반 또는 의심되는 위반사례를 알게 될 경우

- 행위의 성격 및 그 행위가 발생한 상황을 이해함
- 재무제표에 미칠 수 있는 영향을 평가하기 위한 추가적 정보를 입수함

② 법규위반이 존재한다고 의심하는 경우

- 경영진(적절한 경우 지배기구를 포함)과 이를 논의

③ 의심되는 법규위반에 대한 감사증거를 입수하지 못할 경우

- 감사증거의 결여 때문에 감사의견에 미치는 영향 고려 : 감사범위의 제한(한정의견 또는 의견거절)

④ 법규위반에 대한 감사의 다른 측면 고려

- 감사인의 위험평가, 서면진술의 신뢰성 등

6 식별되었거나 의심되는 법규위반의 커뮤니케이션과 보고

식별되었거나 의심되는 법규위반의 커뮤니케이션과 보고 (ISA 250-23~29)

<table>
<tr><th>커뮤니케이션
(또는 보고)대상</th><th>커뮤니케이션과 보고</th></tr>
<tr><td rowspan="3">지배기구에 대한
커뮤니케이션
(또는 보고)</td><td>(1) 감사인이 감사과정에서 알게 된 법규위반 : 관련된 사항들이 명백히 경미한 경우를 제외하고는 이 사항을 법규상 금지되지 않는 한 지배기구와 커뮤니케이션하여야 한다.
• 만약 위의 법규위반이 의도적이며 중요하다고 판단되는 경우 : 실행가능한 한 가급적 조기에 이러한 사항을 지배기구에 커뮤니케이션하여야 한다.</td></tr>
<tr><td>(2) 법규위반에 경영진 또는 지배기구가 연루된 것으로 의심되는 경우 : 감사인은 기업의 감사위원회 또는 이사회 등과 같은 그 다음 상위기구에 이 사항을 커뮤니케이션하여야 한다.
• 만약 상위의 기구가 존재하지 않거나, 그러한 커뮤니케이션이 이루어지지 않을 것으로 판단되거나 보고대상자에 대한 확신이 없는 경우, 감사인은 법적 조언을 구할 필요성을 고려하여야 한다.</td></tr>
<tr><td>⇔ 외부감사법 : 감사인이 이사의 직무행위에 관하여 부정행위, 법령이나 정관에 위반되는 중대한 사항을 발견한 경우 감사(또는 감사위원회)에 통보하고, 주주총회에 보고하여야 한다(외부감사법 제22조)</td></tr>
<tr><td>감사보고서에
미치는
잠재적 영향</td><td>(1) 법규위반에 대한 증거를 수집하였고 재무제표에 반영되지 않은 경우: 한정의견 또는 부적정의견
(2) 법규위반과 관련된 감사증거를 수집할 때 경영진(지배지구)의 방해를 받은 경우: 감사범위의 제한(한정의견 또는 의견거절)</td></tr>
<tr><td rowspan="2">기업 외부의
적절한 기관에
대한 보고</td><td>만약 감사인이 법규위반을 식별하였거나 의심하고 있는 경우에는, 감사인은 다음에 해당하는지 결정하여야 한다.
(1) 법규 또는 관련 윤리적 요구사항에서 감사인이 기업 외부의 적절한 기관에 보고하도록 요구함
(2) 법규 또는 관련 윤리적 요구사항에서 확립된 책임에 따르면 기업 외부의 적절한 기관에 보고하는 것이 상황에 적합한 조치일 수 있음</td></tr>
<tr><td>⇔ 외부감사법 : 감사인이 이사의 직무행위에 관하여 부정행위 또는 법령 위반사항을 발견한 경우 증권선물위원회에 보고하여야 한다(외부감사법 제22조).</td></tr>
</table>

7 문서화

문서화 (ISA 250-30)

감사인은 감사문서에 식별되거나 의심되는 법규위반 및 다음 내용을 포함하여야 한다.

(a) 수행된 감사절차, 유의적인 전문가적 판단 그리고 이에 대한 결론

(b) 위반과 관련된 유의적인 사항들에 대한 경영진, 지배기구 및 기타의 인원들과의 토의 및 그 사항에 대한 경영진과 해당되는 경우 지배기구의 대응

SECTION 12 내부감사기능이 수행한 업무의 활용

1 내부감사기능의 기본개념

1.1 내부감사기능(Internal audit function)이란?

내부감사기능 (ISA 610-14)

내부감사기능이란 기업지배, 위험관리 및 내부통제 관련 절차들의 효과성을 평가 및 개선하기 위해 설계된 인증 및 자문활동을 수행하는 기업의 기능을 말한다. 예를 들면, 기업에서 상법상 감사, 감사위원회 및 내부감사팀이 여기에 해당된다.

Q 외부감사인이 내부감사기능을 '직접적 보조'로 활용할 수 있는가?

활용할 수 없다. 외부감사인의 지시, 감독 및 검토 하에 감사절차를 수행하는 내부감사인의 활용인 '직접적 보조'는 내부감사기능이 회사와 독립적이지 않기 때문에 우리나라 법률에서 허용하지 않는다. 다만, 일정 조건을 충족하는 경우 내부감사기능이 수행한 업무를 외부감사에 간접적으로 활용할 수는 있다.

1.2 내부감사기능 관련 외부감사인의 책임

기업이 내부감사기능을 가지고 있는 경우 이해해야 할 사항 (ISA 315-24, A118) 15

감사인은 위험평가절차의 수행을 통하여 재무제표 작성과 관련된 내부통제 시스템을 모니터링하는 기업의 절차를 이해하여야 한다. 내부감사기능이 있는 경우, 기업의 내부감사 기능. 그 성격, 책임 및 활동을 포함한다.

➞ 내부감사기능의 책임이 기업의 재무보고와 관련된다고 결정한 경우 감사인은 내부감사기능의 당기 감사계획(계획이 있는 경우)을 검토하고 적합한 개인과 계획에 대하여 논의함으로써 내부감사기능이 수행하였거나 수행할 활동에 대한 추가적인 이해를 할 수 있다.

➞ 이를 바탕으로 내부감사기능의 업무를 활용하여 감사인이 수행할 감사절차의 성격이나 시기를 수정하거나 범위를 줄일 수 있다.

Q 외부감사인은 표명된 감사의견에 대하여 책임을 진다. 내부감사인의 업무를 활용하는 경우 감사인의 책임은 어떻게 변경되는가?

감사인은 감사의견에 대한 전적인 책임을 진다. 그러한 책임은 내부감사기능 또는 감사업무팀에 직접적 보조를 제공하는 내부감사인의 업무를 활용하였다고 하더라도 경감되지 아니한다. (ISA 610-11)

2 내부감사기능이 수행한 업무가 활용될 수 있는지 여부

내부감사기능이 수행한 업무의 활용 여부 결정시 고려할 사항 (ISA 610-15, 16)

외부감사인은 다음 사항을 평가하여 내부감사기능이 수행한 업무가 감사목적을 위하여 활용될 수 있는지 여부를 결정하여야 한다.

① 내부감사기능의 조직 내 위상과 관련 정책 및 절차가 내부감사인의 객관성(편의, 이해의 상충 또는 타인의 부당한 영향이 전문가적 판단을 무력화하지 않고 해당 업무들을 수행할 수 있는 능력)을 지원하는 정도 ➞ 객관성을 적절히 지원하지 않는다고 결정한 경우, 내부감사기능이 수행한 업무를 활용해서는 안 된다.

② 내부감사기능의 적격성(부여된 업무가 성실히 그리고 해당 전문직 기준에 따라 수행될 수 있도록 요구되는 수준에서 내부감사기능 전체의 성과 및 지식과 기술의 달성 및 유지)수준 ➞ 충분한 적격성이 부족하다고 결정한 경우, 내부감사기능이 수행한 업무를 활용해서는 안 된다.

③ 품질관리를 포함하여 내부감사기능이 (계획, 수행, 감독, 검토 및 문서화하는) 체계적이고 규율된 접근법을 적용하는지 여부 ➞ 체계적이고 규율된 접근법을 적용하지 않는다고 결정한 경우, 내부감사기능이 수행한 업무를 활용해서는 안 된다.

Q 내부감사기능의 객관성 평가에 영향을 미칠 수 있는 요소는 무엇인가? (ISA 610-A7)

① 내부감사기능의 권한과 책임을 포함하여, 내부감사기능의 조직 내 위상이 전문가적 판단을 무력화하는 편의, 이해의 상충 또는 타인의 부당한 영향으로부터 자유로울 수 있는 내부감사기능의 능력을 지원하는지 여부

② 이해가 상충되는 내부감사기능의 책임이 없는지 여부

③ 지배기구가 내부감사기능과 관련된 고용결정을 감시하고 있는지 여부

④ 경영진이나 지배기구가 내부감사기능에 가한 어떠한 제약이나 제한이 있는지 여부

⑤ 내부감사인이 관련 전문직 단체의 회원인지 여부 및 객관성에 관한 관련 전문가 기준을 준수할 의무가 있는지 여부 또는 내부 정책이 동일한 목적을 달성하는지 여부

Q 내부감사기능의 적격성 평가에 영향을 미칠 수 있는 요소는 무엇인가? (ISA 610-A8)

① 내부감사기능이 기업규모 및 영업성격에 비례하여 적절하고 적합하게 자원을 갖추고 있는지 여부

② 내부감사업무에 대한 내부감사인의 고용, 훈련 및 업무부여 정책이 수립되어 있는지 여부

③ 내부감사인이 감사에서 적절한 기술적 훈련과 숙련도를 갖추고 있는지 여부.

④ 내부감사인이 기업의 재무보고 및 해당 재무보고체계와 관련하여 필요한 지식을 보유하는 지 여부 및 내부감사기능이 기업의 재무제표와 관련된 업무를 수행하는데 필요한 기술을 보유하는지 여부

⑤ 내부감사인이 관련 전문직 단체의 회원인지 여부

Q 내부감사기능이 체계적이고 규율된 접근법을 적용하는지 여부에 대한 외부감사인의 결정에 영향을 미칠 수 있는 요소는 무엇인가? (ISA 610-A11)

① 위험평가, 업무프로그램, 문서화 및 보고와 같은 영역을 다루는 문서화된 내부감사절차나 지침의 존재, 적절성 및 활용

② 내부감사기능이 적합한 품질관리정책과 절차를 보유하는지 여부

3 내부감사기능이 수행한 업무의 활용 영역 및 활용 범위의 결정

Q 내부감사기능이 수행한 업무가 활용될 수 있는 영역과 범위를 결정하는 근거로 고려될 수 있는 요소는 무엇인가? (ISA 610-17~18) 25

① 외부감사인의 전반감사전략 및 감사계획에 대한 관련성이 높을수록 업무활용을 늘림

② 관련된 감사절차의 계획 및 수행, 입수된 감사증거의 평가와 같이 많은 판단이 수반될수록 업무활용을 줄임

③ 유의적인 것으로 식별된 위험에 대한 특별한 고려와 함께, 경영진주장 수준의 평가된 중요왜곡표시위험이 높을수록 업무활용을 줄임

④ 내부감사기능의 조직 내 위상과 관련 정책 및 절차가 내부감사인의 객관성을 적절하게 지원하지 못할수록 업무활용을 줄임

⑤ 내부감사기능의 적격성 수준이 낮을수록 업무활용을 줄임

4 내부감사기능이 수행한 업무의 활용

4.1 내부감사기능이 수행한 업무의 활용

외부감사인이 활용할 수 있는 내부감사기능이 수행한 업무 (ISA 610-A16)

외부감사인이 활용할 수 있는 내부감사기능이 수행한 업무의 예로는 다음 사항들이 포함된다.

- 통제의 운영효과성 테스트
- 제한된 판단을 포함한 실증절차
- 재고실사의 입회
- 재무보고에 관련된 정보시스템을 통한 거래추적
- 규제 요구사항의 준수 테스트
- 상황에 따라, 그룹의 유의적 부문이 아닌 종속기업의 재무정보에 대한 감사 또는 검토

내부감사기능이 수행한 업무의 활용시 수행해야 할 절차 (ISA 610-21~23)

① 외부감사인이 내부감사기능이 수행한 업무를 활용할 계획인 경우, 외부감사인은 각자의 활동을 조정하는 근거로서 업무의 활용계획을 내부감사기능과 토의하여야 한다.

② 외부감사인은 내부감사인이 수행한 감사절차의 성격 및 범위와 관련된 발견사항을 이해하기 위하여 외부감사인이 활용하기로 계획한 내부감사기능이 수행한 업무와 관련된 내부감사기능의 보고서를 열람하여야 한다.

③ 외부감사인은 다음 사항에 대한 평가를 포함하여 감사목적에 대한 적절성을 결정하기 위해 활용하기로 계획한 내부감사기능의 업무 전체에 대하여 충분한 감사절차를 수행하여야 한다.

(a) 해당 업무가 적절히 계획, 수행, 감독, 검토 및 문서화되었는지 여부

(b) 합리적 결론 도출을 위한 충분하고 적합한 증거가 입수되었는지 여부

(c) 도달된 결론이 해당 상황에서 적합하고 내부감사기능이 작성한 보고서가 수행된 업무 결과와 일관성이 있는지 여부

4.2 문서화 : 내부감사기능이 수행한 업무의 활용

내부감사기능이 수행한 업무를 활용한 경우 문서화(ISA 610-36)

외부감사인이 내부감사기능이 수행한 업무를 활용하는 경우, 외부감사인은 감사문서에 다음 사항을 포함하여야 한다.

① 다음 사항에 대한 평가
  (a) 내부감사기능의 조직 내 위상과 관련 정책 및 절차가 내부감사인의 객관성을 적절하게 지원하는지 여부
  (b) 내부감사기능의 적격성 수준; 그리고
  (c) 품질관리를 포함하여 내부감사기능이 체계적이고 규율된 접근법을 적용하는지 여부

② 활용된 업무의 성격 및 범위 그리고 해당 결정의 근거; 그리고

③ 활용된 업무의 적절성을 평가하기 위하여 외부감사인이 수행한 감사 절차

SECTION 13 지배기구와의 커뮤니케이션

1 지배기구와의 커뮤니케이션의 의의

감사인의 지배기구와의 커뮤니케이션 책임

회계감사기준은 감사인이 지배기구와 수행하는 커뮤니케이션에 대하여 포괄적인 체계를 제공하며 지배기구와 커뮤니케이션할 구체적 사항을 설명한다.

감사인이 감사업무에 참여할 업무팀을 구성한 후 가장 먼저 해야 할 일은 지배기구와 커뮤니케이션하는 것이며, 이후에도 감사인은 감사의 전 과정에 걸쳐 감사기준서에서 요구되는 사항들에 대하여 지배기구와 커뮤니케이션할 책임이 있다.

지배기구와의 커뮤니케이션의 역할(효익) (ISA 260-4)

23 19 16

감사인과 지배기구와의 양방향 커뮤니케이션은 다음 사항에 대한 도움을 준다.

(a) 감사인과 지배기구가 감사에 관련된 사항을 이해하고 건설적인 업무관계를 수립함. 이러한 관계는 감사인의 독립성과 객관성을 유지하면서 발전된다.

(b) 감사인이 지배기구로부터 감사와 관련된 정보를 입수함. 예를 들어, 지배기구는 감사인이 기업과 그 환경을 이해하고, 감사증거의 적절한 원천을 식별하며, 구체적인 거래나 사건에 관한 정보를 제공할 때 감사인을 도울 수 있다.

(c) 지배기구가 재무보고절차를 감시하는 책임을 완수함으로써 재무제표의 중요왜곡표시위험을 감소시킴

2 커뮤니케이션에 대한 감사인과 경영진의 책임

Q 감사기준서에서 명시하는 감사인과 경영진의 커뮤니케이션 책임에 대해서 서술하시오. (ISA 260-5)

① 감사인 : 감사기준에서 요구하는 사항을 지배기구와 커뮤니케이션 할 책임이 있다. 감사인이 지배기구와 커뮤니케이션할 사항을 경영진이 커뮤니케이션하였다고 하여, 지배기구에 대한 감사인의 커뮤니케이션 책임이 경감되지는 아니한다. 다만, 경영진이 이러한 사항들에 대하여 지배기구와 커뮤니케이션하는 경우 감사인이 수행할 커뮤니케이션의 형태나 시기에는 영향을 미칠 수 있다.

② 경영진 : 기업지배와 관련된 사항을 지배기구와 커뮤니케이션할 책임이 있다. 감사인이 수행하는 커뮤니케이션은 경영진의 이러한 책임을 경감시키지 아니한다.

Q 지배기구를 위해 작성된 커뮤니케이션 문서가 제3자에게 제공될 때를 대비하여, 지배기구와의 커뮤니케이션 문서에 명시해야 하는 사항은 무엇인가? (ISA 260-A43)

① 커뮤니케이션 문서는 지배기구, 그리고 해당되는 경우 그룹경영진과 그룹감사인만을 위해 작성되었으며, 제3자가 이에 의존해서는 안됨

② 감사인은 제3자에 대하여 어떤 책임도 지지 아니함

③ 제3자에 대한 공개 또는 배포에 대한 제한사항

3 지배기구와의 커뮤니케이션

3.1 지배기구 내의 하위그룹과 커뮤니케이션

Q 감사위원회는 외부감사인과 외부감사 상황에 대하여 수시로 논의하여 외부감사에 대한 이해를 높이고 재무제표에 대한 내부감사기능을 수행하여야 한다. 또한, 외부감사인에게 구체적인 거래나 사건에 대한 정보를 제공하여 외부감사인의 감사증거 수집에 도움을 주는 등 외부감사인과의 공조를 통

해 감사역할을 수행하여야 한다. 이와 관련하여 회계감사기준에서 감사위원회가 수행하도록 권장하고 있는 사항(양호한 지배원칙)은 무엇인가? (ISA 260 - A7) 19

① 감사위원회의 회의에 감사인이 정기적으로 참여하도록 초청함

② 감사위원회의 위원장 및, 관련되는 경우 감사위원회의 구성원은 감사인과 주기적으로 연락함

③ 감사위원회는 최소한 1년에 한번씩 경영진을 참석시키지 않고 감사인과 만남

3.2 지배기구의 모든 구성원이 기업의 경영에 참여하는 경우(이사회 구성원 = 경영진)

경영진과의 사전 커뮤니케이션 (ISA 260 - A42)

- 그렇게 하는 것이 부적합하지 않는 한, 감사인은 어떤 사항들을 지배기구와 커뮤니케이션하기 전에 경영진과 그 사항들을 논의할 수 있다.
- 경영진과의 논의가 부적합한 것은 예를 들어 경영진의 적격성이나 성실성에 관한 논의가 이에 해당될 것이다.

Q 감사기준서에서 요구되는 사항들이 경영책임자들과 커뮤니케이션되었고, 이 책임자들이 지배책임도 가지고 있는 경우, 지배기구 구성원 중 경영책임자와 동일한 사람들과 재차 이 사항을 커뮤니케이션할 필요는 없다. 이 경우 감사인이 확인해야 하는 사항은 무엇인가?

경영책임자들과의 커뮤니케이션이 지배기구를 구성하는 모든 구성원들(경영책임자들과 커뮤니케이션하지 않았다면 감사인이 커뮤니케이션할 지배기구의 모든 구성원들)에게 적절히 알려졌는지에 대하여 확인한다. (ISA 260 - 13)

3.3 커뮤니케이션할 사항

감사인이 지배기구와 커뮤니케이션할 사항(ISA 260 -14 ~ 17, A12) 19

(1) 재무제표 감사와 관련된 감사인의 책임	① 감사인은 지배기구의 감시 하에 경영진이 작성한 재무제표에 대하여 의견을 형성하고 표명할 책임이 있음 ② 재무제표감사는 경영진 또는 지배기구의 책임을 경감시키지 아니함
(2) 계획된 감사 범위와 시기	감사인은 계획된 감사범위와 시기의 개요에 대하여 지배기구와 커뮤니케이션하여야 한다. (여기에는 감사인이 식별한 유의적 위험에 대하여 커뮤니케이션하는 것이 포함된다. ➡ 감사인이 식별한 유의적 위험을 커뮤니케이션하는 것은 지배기구가 감사인이 식별한 유의적 위험과 그 위험이 감사에서 특별히 고려되어야 하는 이유를 이해하는데 도움이 된다. 유의적 위험에 대한 커뮤니케이션은 지배기구가 재무보고절차를 감시하는 책임을 완수하는데 도움을 줄 수 있다.)

(3) 감사에서의 유의적 발견 사항	① 회계정책과 회계추정 및 재무제표 공시 등 해당 기업 회계실무의 유의적 질적 측면에 대한 감사인의 견해. (해당되는 경우, 감사인은 해당 재무보고체계 하에서 수용가능한 유의적 회계실무가 해당 기업의 특정 상황에 최적이지는 않다고 본다면, 지배기구에게 그 이유를 설명하여야 한다.) ② 감사 중 직면한 유의적 어려움이 있다면 그 내용 ③ 지배기구의 모든 구성원이 그 기업의 경영에 참여하고 있지 않는 한, 다음의 각 사항 (i) 감사 중 발생하여 경영진과 논의하였거나 서신을 교환하였던 유의적인 사항 (ii) 감사인이 요청하고 있는 서면진술 ④ 감사보고서의 형태와 내용에 영향을 미치는 상황이 있다면 그 상황 ⑤ 감사 중 발생한 기타 유의적 사항으로서, 감사인의 전문가적 판단에 비추어 볼 때 재무보고절차의 감시와 관련성이 있는 사항
(4) (상장기업) 감사인의 독립성	상장기업의 경우, 감사인은 다음 사항에 관하여 지배기구와 커뮤니케이션하여야 한다. ① 업무팀, 적합한 경우 회계법인의 타 구성원, 회계법인, 그리고 해당사항이 있는 경우 네트워크 회계법인은 독립성에 대한 관련 윤리적 요구사항들을 준수하고 있다는 진술 (i) 감사인의 전문가적 판단에 따라 회계법인, 네트워크 회계법인 그리고 기업 사이에 독립성 문제와 관련된다고 합리적으로 판단되는 모든 관계와 기타사항들. 여기에는 감사대상 재무제표의 보고기간에 해당 회계법인 및 네트워크 회계법인이 감사대상 기업 및 그 통제 하에 있는 부문들에 대하여 감사 및 비감사 서비스를 제공하고 청구한 총 보수가 포함되어야 한다. 이 보수는 지배기구가 각 서비스들이 감사인의 독립성에 미치는 영향을 평가하는 데 적절히 도움이 되도록 서비스유형 별로 배분되어야 한다. (ii) 식별된 독립성 훼손위협을 제거하거나 수용가능한 수준으로 감소시키기 위해 적용한 관련 제도적 안전장치

Q 감사인이 계획된 감사범위와 시기에 대해 지배기구와 커뮤니케이션하는 것은 어떤 사항에 도움을 주는가? (ISA 260-A11)

① 지배기구가 감사인의 업무결과를 더 잘 이해하고, 위험과 중요성의 개념에 대한 이슈에 대하여 감사인과 논의하고, 감사인이 추가적인 절차를 취하도록 요청할 분야를 식별함

② 감사인이 기업과 그 환경을 더 잘 이해함

감사인이 계획된 감사범위와 시기에 대해 지배기구와 커뮤니케이션할 때 포함될 수 있는 구체적인 사항들에는 무엇이 있는가? (ISA 260 - A13, A14)

① 부정이나 오류로 인한 유의적인 중요왜곡표시위험에 대처하기 위해 감사인이 계획하는 방법

② 감사와 관련 있는 내부통제에 대한 감사인의 접근방식

③ 감사상 중요성 개념의 적용

④ 기업에 내부감사기능이 있는 경우, 내부감사기능이 수행한 업무의 활용 계획을 포함하여 내부감사인과 외부감사인이 어떻게 건설적이고 보완적인 방식으로 업무를 할 수 있는지에 관한 사항

⑤ 해당되는 경우, 감사인이 유의적으로 주의를 기울이는 것이 요구되는 분야이므로 핵심감사사항이 될 수 있는 항목에 대한 감사인의 예비적 견해

지배기구 구성원의 일부 또는 전부가 기업경영에 참여하고 있는 경우, 계획된 감사범위와 시기에 대하여 지배기구와 커뮤니케이션 할 때 주의할 점은 무엇인가?

감사의 효과성을 훼손시키지 않기 위해 주의가 필요하다. 예를 들어, 감사절차의 성격이나 시기에 대하여 상세하게 커뮤니케이션하는 것은 감사절차를 지나치게 예측가능하게 함으로써 그러한 절차의 효과성을 감소시킬 수 있다. (ISA 260 - A16)

3.4 커뮤니케이션 절차

지배기구와 커뮤니케이션하는 경우, 커뮤니케이션의 ① 형태 및 ② 시기에 대하여 서술하시오.

① 형태 : 구두 또는 서면으로 커뮤니케이션하여야 한다. 서면 커뮤니케이션에 감사에서 발생한 모든 사항들을 포함시킬 필요는 없지만, 독립성 문제와 구두로 커뮤니케이션하는 것이 적절하지 않을 것으로 판단되는 유의적 사항에 대해서는 반드시 서면으로 커뮤니케이션하여야 한다. (ISA 260 - 19 ~ 20)

② 시기 : 감사인은 적시에 지배기구와 커뮤니케이션하여야 한다. (ISA 260 - 21)

커뮤니케이션 형태에 영향을 미치는 요인 (ISA 260 - A47)

커뮤니케이션 형태(예를 들어, 구두로 할 것인지 서면으로 할 것인지 여부, 커뮤니케이션의 상세함이나 요약의 정도, 체계적인 방법으로 할 것인지 형식에 치우치지 않는 방법으로 할 것인지 여부 포함)는 특정 사항의 유의성 외에도 다음과 같은 요인들에 영향을 받을 수 있다.

① 해당 사항의 논의가 감사보고서에 포함될 것인지 여부. 예를 들어 감사보고서에서 핵심감사사항을 커뮤니케이션하는 경우 감사인은 핵심감사사항이라고 결정된 사항을 서면으로 커뮤니케이션하는 것이 필요하다고 생각할 수 있다.

② 해당 사항들이 만족할 정도로 해결되었는지 여부

③ 경영진이 이전에 그러한 사항들에 대하여 커뮤니케이션한 적이 있었는지 여부

커뮤니케이션 시기에 영향을 미치는 요인 (ISA 260 - A49)

감사인은 적합한 시기에 지배기구와 커뮤니케이션하여야 한다. 적합한 커뮤니케이션 시기는 업무 상황에 따라 달라질 것이다.

① 유의성 : 감사인이 발견한 유의적 내부통제 미비점들은 서면으로 커뮤니케이션하기 전에, 실무적으로 가능한 한 조속히 지배기구에게 구두로 커뮤니케이션할 수도 있을 것이다.

② 성격 : 계획수립 사항에 대한 커뮤니케이션은 종종 감사업무 초반에 이루어질 것이며, 초도감사의 경우에는 감사업무 조건에 대한 합의과정의 일부로서 이루어질 수도 있다.

③ 지배기구가 취할 것으로 예상되는 조치 : 감사 중 감사인이 유의적 어려움에 직면하는 경우에는 만약 지배기구가 그러한 어려움을 극복하는 데 도움을 줄 수 있는 경우에는, 그러한 어려움에 대하여 실행가능한 한 가급적 조기에 커뮤니케이션하는 것이 적합할 것이다.

Q. 감사인은 감사인과 지배기구간의 양방향 커뮤니케이션이 해당 감사의 목적을 위하여 적절하였는지 여부를 평가하여야 한다 (ISA 260 - 22). 평가 결과 감사인과 지배기구간의 양방향 커뮤니케이션이 불충분하고 그 상황이 해결될 수 없는 경우, 감사인이 취할 수 있는 조치는 무엇인가? (ISA 260 - A53)

① 감사범위의 제한을 근거로 감사의견을 변형시킴

② 다른 일련의 조치의 경우 그 결과에 대한 법적 조언을 얻음

③ 제3자(예 규제기관), 기업의 소유주(예 주주총회의 주주)와 같이 지배구조상 기업의 외부에 존재하는 상위기관, 또는 공공부문의 경우 책임이 있는 정부의 주무부서나 의회와 커뮤니케이션함

④ 관련 법규상 가능하다면, 감사업무를 해지함

Q. 감사인은 지배기구와의 양방향 커뮤니케이션에 대한 평가를 뒷받침하기 위한 구체적 절차를 설계할 필요가 있는가? (ISA 260 - A51)

감사인은 지배기구와의 커뮤니케이션에 대한 평가를 뒷받침하기 위한 구체적 절차를 설계할 필요는 없으며, 그러한 평가는 오히려 다른 목적을 위해 수행된 감사절차의 관찰사항에 근거를 둘 수 있을 것이다. 이러한 관찰사항에는 다음과 같은 것이 포함될 수 있다.

① 감사인이 제기한 사항에 대하여 지배기구가 취한 조치의 적합성과 적시성

② 감사인과의 커뮤니케이션에 있어서 지배기구의 외관상 개방성 정도

③ 경영진의 참석 없이 감사인과 만나려는 지배기구의 의향과 능력(객관성)

④ 지배기구가 감사인이 제기한 사항들을 완전히 이해할 수 있는 외관상 능력(적격성)

커뮤니케이션 사항의 문서화 (ISA 260 - 23)

감사인은 감사기준에서 요구한 커뮤니케이션 사항들을 구두로 커뮤니케이션한 경우 그 내용과 함께 언제, 누구와 커뮤니케이션하였는지를 감사문서에 포함하여야 한다. 반면 이러한 사항들을 서면으로 커뮤니케이션하였다면, 감사인은 그 사본을 감사문서의 일부로 보관하여야 한다.

CHAPTER

08

감사의 수행 : 계정별 실증절차

SECTION

01 주요 거래 및 계정과목에 대한 기본적인 실증절차

주요 거래유형 및 계정잔액에 대한 유의적 경영진주장과 실증절차 예시

중요한 거래유형 계정과목	유의적 경영진주장 예시	실증절차 예시
현금 및 현금성자산	실재성, 권리와 의무	• 예금잔액 및 금융기관 지급보증, 금융상품에 대한 조회절차의 실시 • 은행계정조정표의 검토
매출채권	실재성, 평가, 완전성	• 매출채권에 대한 조회 • 매출채권의 회수가능성에 대한 검토 • 매출의 기간귀속에 대한 검토
재고자산	실재성, 평가	• 재고실사의 입회 • 재고자산의 원가계산 및 평가감의 적절성 검토
유가증권 및 투자자산	실재성, 평가	• 실사 또는 보관증권의 조회 • 당기 취득금액의 취득증빙의 확인 • 평가의 적절성에 대한 검토(지분법 포함) • 감액의 적절성에 대한 검토
유형자산	실재성, 권리와 의무, 배분	• 당기 취득금액의 취득증빙의 확인 • 감가상각비의 적절성에 대한 검토
무형자산	실재성, 배분	• 당기취득금액의 취득증빙의 확인 • 당기상각비 및 감액의 적절성에 대한 검토
매입채무	실재성, 완전성	• 재무제표일 후 지급금액 또는 매입거래증빙의 확인 • 부외부채 감사절차의 실시
차입금	실재성, 완전성	• 금융기관으로부터 잔액, 차입조건, 기타 계약사항에 대한 조회 • 부외부채 감사절차의 실시
퇴직급여 충당부채	완전성, 실재성	• 추계액의 적절성의 검토 • 당기지급액에 대한 확인
자본계정	실재성	• 등기부등본, 증자서류 등에 대한 검토 • 자본조정과 관련자산, 부채변동사항의 검토
손익항목	발생사실, 완전성	• 손익변동에 대한 분석적 검토절차

SECTION

02 현금및현금성자산

1 총괄표의 작성

Q 일반적으로 감사조서는 top-down 방식으로 각 계정과목별 총괄표(lead schedule)를 우선 작성한 후 구체적인 감사증거에 대한 감사조서를 작성한다. 감사인이 총괄표를 작성하는 이유는 무엇인가?

① 전반적인 내용을 파악할 수 있다.

② 총괄표상 잔액을 확인함으로써 감사목적 중 '정확성과 평가'를 달성할 수 있다.

③ 재무제표의 결산절차와 관련된 실증절차에 해당한다.

2 분석적절차 : 완전성, 실재성, 정확성, 평가 및 배분

Q 현금및현금성자산은 분석적절차의 중요성이 타계정에 비해 높다. 그 이유는 무엇인가?

일시차용 등으로 회계부정을 은폐하는 경우 감사인이 이를 적발하는 것이 쉽지 않다. 따라서 분석절차를 통해 보유규모 등의 합리성을 평가하고 사유의 타당성을 확인해야 한다.

현금및현금성자산의 분석적절차

① 현금/자산 비율 분석 : 전기 비율 또는 동종업계 내 비슷한 규모의 타회사 비율과 비교하였을 때 합리적인 수준인지 여부

② 합리성 분석 : 현금성자산 수익률을 크게 상회하는 이자율의 단기차입금을 현금성자산 대비 과도하게 보유하고 있는지 여부

③ 추세 분석 : 전기 혹은 기중 대비 중요한 비경상적 변동이 존재하는지 여부

현금및현금성자산의 저널엔트리 테스트(Journal Entry Test)

보고기간 말부터 감사종료일까지 총계정원장에 기록된 분개를 추출하여 특이사항이 있는지 검토한다. 만일 재무제표일 현재 보유 중이던 현금및현금성자산이 재무제표일 후 인출되었다면, 관련 증빙과 사용내역을 확인해야 한다.

3 현금잔액에 대한 실물검사 : 실재성

현금실사 시 유의사항

① 동시 실사 : 현금은 받을어음, 유가증권, 투자자산과 상호 호환성이 있기 때문에 동시에 실시하여야 한다. 동시 실사가 불가능할 경우 예고하지 않고 불시에 실시한다.

② 담당자 참관 : 실물의 분실 등으로 인한 오해의 소지를 없애기 위하여 담당자 참관 하에 실사를 진행하고, 실사 후 즉시 반환하였음을 확인증 등을 통해 확인받아야 한다.

③ 실사일 : 재무제표일에 실시한다. 부득이 재무제표일 전이나 후에 실물검사를 실시하는 경우 실물검사일로부터 재무제표일까지의 입 · 출금에 대하여 추가적인 증거(문서검사 등)를 확보하여야 한다.

4 예금잔액 및 중요한 약정사항에 대한 조회 : 완전성, 실재성, 권리와 의무

4.1 조회내용

은행조회서에 포함되어야 할 사항

① 조회대상회사의 금융상품 내용 : 금융상품 종류, 계좌번호, 금액, 연이자율, 최종이자지급일, 만기일, 인출제한 등

② 조회대상회사에 대한 은행의 대출 거래의 내용 : 대출종류, 금액, 대출일, 최종만기일, 연이자율, 최종이자지급일, 상환방법, 담보 · 보증 및 관련약정

③ 조회대상회사에 대한 당 은행의 지급보증 및 기타 약정사항의 내용

④ 미결제 파생상품계약 등(선물환, 스왑, 옵션, 기타 이와 유사한 계약 포함)의 내용

⑤ 조회대상회사가 타 법인(개인)을 위하여 은행 앞으로 제공한 담보 및 연대보증의 내용

⑥ 조회대상회사에 교부한 전자어음, 어음 · 수표의 용지 (미발행되거나 미결제된 전자어음과 미회수된 어음)

⑦ 조회대상회사로부터 담보, 견질 목적으로 보관하고 있는 어음이나 수표의 내역

⑧ 당좌거래명세서

4.2 은행조회서의 발송

Q 은행조회서 발송 대상 은행에 대해 서술하시오. 14

은행조회는 채권 · 채무조회와는 달리 총계정원장상 예금 · 적금 및 차입금잔액이 존재하는 거래처뿐만 아니라 잔액은 없지만 기중에 거래가 있었던 모든 은행에 대하여 조회서를 발송하여야 한다.

→ 예금 · 적금 및 차입금 잔액이 누락되었을 가능성을 조사하기 위함

은행조회의 구체적인 절차

① 은행조회는 기말감사 이전에 감사인 회신용, 은행 보관용의 2부를 감사인이 직접 작성하고 control sheet(조회서의 발송처, 회신여부 및 조회금액의 일치여부 등과 같은 조회결과를 요약하기 위하여 감사인이 작성하는 통제표)를 작성한다.

② 은행조회서는 은행으로부터 원본(전자 또는 우편)을 감사인이 직접 회수하는 것이 원칙이다.

③ 회수가 불가능할 경우 감사인이 직접 방문회수, 2차/3차 재발송, fax로 수령한 후 현장 철수 후 우편으로 회신하는 등의 대체적인 절차를 취할 수 있다.

④ 은행조회서를 회수하지 못한 경우 은행측 담당자와 직접 통화하여 수신여부를 확인하고 답신을 독촉한다.

4.3 회신된 은행조회서의 검토

은행조회서 회신 시 감사인이 검토할 사항

① 은행조회서와 은행계정명세서를 대조(reference)확인한다.

② 확인된 특별 약정사항이나 사용제한의 영향을 평가하고 주석으로 공시할 것인지 여부를 판단한다.

③ 감사종료일까지 조회서가 미회신된 경우 임시로 잔고증명, 통장 등을 활용하고 추후 반드시 은행조회서를 회수하여 보완한다.

5 은행계정조정표 검토: 정확성, 평가 및 배분, 기간귀속, 실재성

Q 회사측 당좌예금과 은행측 당좌예금의 차이를 조정하는 은행계정조정표를 감사인이 아닌 회사가 작성하는 이유는 무엇인가?

① 재무제표 작성 책임은 경영진에게 있으며, 회사측 담당자가 감사인에 비해 효율적으로 작성할 수 있다. 이때 기록과 보관 등 자금업무 담당자 이외의 회사 내 제3자가 수행해야 좋은 내부통제이다.

② 감사인이 작성한 은행계정조정표를 바탕으로 재무제표를 작성하는 경우 자기검토위협이 발생할 수 있다.

은행계정조정표 감사절차

① 계산검증을 통하여 은행계정조정표상에 계산상 오류가 없는지 확인한다.
② 은행계정조정표상의 회사측 잔액을 당좌원장과 대조한다.
③ 은행계정조정표상의 은행측 잔액을 은행거래내역서(bank statement)와 대조한다.
④ 차기 회계연도의 당좌원장을 추적하여 기발행미인출수표와 미기입예금을 확인한다.
⑤ 장기 미인출수표 등이 존재하는지 확인하고 회계처리가 적절한지 검토한다.
⑥ 당좌예금의 기간귀속을 검토하여 회계처리의 적절성을 검토한다.

6 은행간대체거래의 검토(kiting test) : 기간귀속

은행간대체거래를 추적하는 이유는 무엇인가?

재무제표일 전 · 후에 은행간대체거래를 통하여 예금의 이중기록 또는 누락가능성(일반적으로 이중기록 가능성)을 검토하기 위함이다.

은행간대체거래의 검토(kiting test) 12

① 재무제표일을 전후하여 발생한 회사의 은행간 자금이체거래는 은행거래내역서나 예금통장 또는 회사의 당좌원장과 대조한다.
② 회사와 은행간 자금이체의 입금과 출금이 각각 동일한 회계기간에 기록되었는지를 검증한다.
③ 은행계정조정표의 항목 중 적정한 회계기간에 은행측 장부(통장)에 기록되지 않은 항목이 있는지 확인한다.

7 현금거래의 기간귀속 검토(cut-off test) : 기간귀속

현금거래의 기간귀속 검토(cut-off test)

재무제표일 전후 일정기간(일반적으로 약 15일 내외) 동안의 당좌원장과 은행거래내역서의 거래 중 일부를 표본추출하여 거래가 적절한 회계기간에 회계처리되었는지 검토한다.

SECTION

03 매출채권 및 매입채무

1 분석적절차 : 완전성, 기간귀속, 실재성 및 평가

매출채권 분석적절차

① 추세분석 : 전기에 비하여 중대한 비정상적 변동이 존재하는지를 파악한다. ➡ 비정상적인 항목이 존재하면 경영진에게 질문하고, 회사의 장부 및 증빙자료 등을 통하여(문서검사) 근거를 확인한다.

② 비율분석 : 매출채권이 총자산, 당좌자산, 유동자산에서 차지하는 비중을 계산하고 기대치와 비교하여 특이한 차이는 그 원인을 규명한다.

③ 비율분석 : 대손충당금이 매출채권에서 차지하는 비중을 계산하고 기대치와 비교하여 특이한 차이는 그 원인을 규명한다.

④ 비율분석 : 매출채권의 구성요소별 또는 총액별로 회전율, 회수기간을 계산하여 기대치와 비교하고 회사의 채권 회수정책과 일치하는지를 조사한다.

$\text{매출채권회전율} = \dfrac{\text{(순)매출액}}{\text{평균매출채권}}$	$\text{매출채권회수기간} = \dfrac{\text{365일}}{\text{매출채권회전율}}$
매출채권회전율 감소(매출채권회수기간 증가)	매출채권회전율 증가(매출채권회수기간 감소)
매출 및 매출채권의 과대계상 가능성 및 대손충당금의 과소계상 가능성이 존재한다.	기업에 유동성 부족이 발생했다는 신호가 될 수 있으므로 계속기업가정이 적절한지, 기업의 회수정책과 일관성이 있는지 여부를 검토해야 한다.

매입채무 분석적절차

① 추세분석 : 거래처별로 전기에 비하여 중대한 비정상적 변동이 존재하는지를 파악한다. ➡ 비정상적인 항목이 존재하면 경영진에게 질문하고, 회사의 장부 및 증빙자료 등을 통하여(문서검사) 근거를 확인한다.

② 비율분석 : 총매입액 대비 매입할인 금액의 비율이 감소하는 경우 유동성 부족이 발생했다는 신호가 될 수 있으며, 담당자의 유용(부정) 가능성을 의심해 볼 수 있다.

2 받을어음에 대한 실물검사 : 실재성

받을어음에 대한 실물검사

① 회사가 실물로 보관하는 경우 : 실물검사 실시

② 은행에 위탁하는 경우 : 수탁통장(원본)과 대조 또는 조회(은행조회서) 확인

3 매출채권(매입채무)에 대한 조회 : 실재성, 완전성

3.1 조회대상의 선정

Q 일반적으로 매출채권의 경우 금액이 큰 거래처 순으로 누적하여 잔액의 일정 금액 이상을 포괄할 수 있는 거래처까지 조회대상으로 선정하는데 이와 같은 조회대상 선정 방법을 사용하는 이유는 무엇인가?

매출채권의 경우 과소계상보다는 과대계상하려는 유인이 있기 때문이다. 과대계상 오류를 적발하는 데는 금액이 큰 거래처 잔액을 조회하는 것이 효과적이다.

Q 매출채권과 달리 매입채무의 경우 일반적으로 과소계상하려는 유인을 가지고 있으며, 이 경우 금액이 큰 거래처 위주로 조회대상을 선정하는 방법은 과소계상 오류를 적발하는 데 매우 취약하다. 매입채무와 관련하여 적절한 조회대상 선정 방법은 무엇인가? 17 12 11

모든 거래처에 대하여 무작위 추출하거나 주된 거래처임에도 불구하고 잔액이 적거나 없는 거래처를 조회대상으로 선정하는 것이 바람직할 것이다. 이 경우 조회대상은 반드시 감사인이 직접 선정하여야 한다.

3.2 조회서의 발송

조회서 발송절차

① 조회서에 표시된 거래처명, 주소, 금액을 채권자(또는 채무자)의 인명계정(거래처별 채권/채무의 보조부)과 대조한다. 조회과정을 통제하기 위하여 control sheet를 작성한다.

② 모든 조회서는 감사인이 직접 발송한다. 물론 이 과정에서 감사인의 통제하에 기계적인 처리과정(예 조회서의 작성)은 회사의 도움을 받을 수 있다.

3.3 조회확인의 한계

Q 매입채무에 대한 외부조회는 실재성에 대한 증거를 제공하지만 완전성 목적을 검증하는 데는 한계가 있다. 그 이유는 무엇인가?

과소계상채무 및 부외부채의 경우 근본적으로 조회대상에서 누락될 가능성이 있기 때문이다.

4 매출채권의 회수가능성 검토

매출채권의 회수가능성(대손충당금) 검토

회계추정치에 대한 감사절차를 수행한다. 구체적으로 다음과 같다.

① 합리적이고 객관적인 대손추계액의 산정기준(주로 개별법 또는 과거 대손경험률 등)에 의하여 대손충당금이 설정되고 있으며 당해 기준을 계속적으로 적용하고 있는지를 확인한다.

② 연령분석표 등을 기준으로 매출채권의 회수가능성을 검토하고, 회수불능채권의 경우 책임자의 승인하에 적절하게 대손처리되었는지 확인한다.

5 기간귀속 (cut-off)

매출의 기간귀속(cut-off) 18 17 12

① 회계연도말 전후 최종 및 최초 인도분에 대한 적송서류번호와 차기 회계연도의 매출거래기록을 비교한다.

② 재무제표일을 전후한 일정기간(일반적으로 약 5일 내외) 동안의 재고인도(재고실사의 입회 때 입수한 cut-off 자료에 의한 감사 포함) 및 용역의 제공이 해당기간에 적절히 반영되었는지 검사한다. 이때 매출 기록에서 표본을 추출하여 기간귀속 테스트를 수행하는 경우 실재성에 대한 감사증거를 입수할 수 있으며, 선적서류 등 관련증빙에서 표본을 추출하여 기간귀속 테스트를 수행하는 경우 완전성에 대한 감사증거를 입수할 수 있다.

③ 재무제표일 이전에 판매한 재고의 반품에 대한 수정이 재무제표일 현재 적절하게 처리되었는지 검사한다.

④ 재무제표일 전후의 최근 월(또는 최근 일)에 대한 매출채권의 분석적절차(일반적으로 추세분석)를 통하여 기간귀속이 왜곡되었을 징후를 파악한다.

SECTION

04 재고자산

1 분석적절차 : 완전성, 기간귀속, 실재성 및 평가

재고자산 분석적절차

① 추세분석 : 전기에 비하여 중대한 비정상적 변동이 존재하는지를 파악한다. ➡ 비정상적인 항목이 존재하면 경영진에게 질문하고, 회사의 장부 및 증빙자료 등을 통하여(문서검사) 근거를 확인한다.

② 비율분석 : 재고자산이 총자산, 유동자산에서 차지하는 비중을 계산하고 기대치와 비교하여 특이한 차이는 그 원인을 규명한다.

③ 비율분석 : 재고자산회전율(재고자산회전기간), 매출원가율, 제조원가구성비율 등을 계산하여 기대치와 비교한다.

Q 재고자산회전율이 기대치에 비해 감소(재고자산 회전기간이 증가)하는 경우 감사인이 의심할 수 있는 상황은 무엇인가?

① 재고자산의 과대계상 및 매출원가의 과소계상을 통한 당기순이익의 과대계상 가능성

② 재고자산의 진부화 가능성

Q 재고자산은 실재성 뿐 아니라 완전성을 확인하는 것도 중요하다. 재고자산이 재무제표의 다른 항목에 미치는 영향을 고려하여 완전성 확인이 중요한 이유를 서술하시오. 12

① 손익계산서상 매출원가의 과대계상을 통한 당기손익의 조작 가능성이 있다.

② 재무상태표상 매입채무의 과소계상 즉, 부외부채 가능성이 있다.

2 단가의 적정성 평가

재고자산 단가의 적정성 평가

① 원가계산서를 입수하여 전기와의 계속성, 원가계산논리의 합리성 검토

② 재고자산 단가적용과 계산과정의 정확성 검토

③ 진부화된 재고자산을 파악하고 평가의 적정성 검토

④ 순실현가능가액이 취득원가보다 하락한 경우 순실현가능가액으로 평가하였는지 검토

⑤ 재무제표일 전 · 후로 일정기간 동안의 재고자산의 기간귀속 검토(cut-off test)

3 특수관계자와의 거래 및 내부거래의 타당성

특수관계자와의 거래 및 내부거래의 타당성

① 관계회사 등 특수관계자와 거래유무를 파악하고 거래가격의 타당성(부당한 고가 또는 저가)을 파악한다.

② 본 · 지점 등 내부거래가 있는 경우 내부거래이익이 적절하게 제거되었는가를 검토한다.

SECTION 05 유형자산

1 분석적절차

유형자산 및 감가상각비 분석적절차

① 감가상각비 overall test : 상각대상금액 × 기대상각률 vs 장부상 감가상각비금액

② 수선비 · 보험료/자산 비율분석 : 전기 비율과 비교하였을 때 합리적인 수준인지 여부 확인

2 거래유형에 대한 세부테스트(Tests of Details of Transactions)

유형자산의 거래유형에 대한 세부테스트

① 당기 중 중요한 증감(취득과 처분) 내용에 대하여 계약서(원본) 등의 증빙을 대조하고 취득승인 및 회계처리의 적정성을 검토한다.

② 수익적 지출 및 자본적 지출 구분의 타당성 및 계속성을 검토한다.

③ 유형자산처분명세서를 별도로 제시받아 그 적정성을 검토하고 처분손익 등 관련 손익계정과 상호검토(cross check)한다.

Q 감사인은 유형자산 관련 실증절차 수행시 거래유형에 대한 세부테스트에 의존할 수 있다. 이 경우 선행되어야 하는 조건은 무엇인가?

① 기초잔액에 대한 충분하고 적합한 증거가 존재함

② 당기 중 거래량이 많지 않아 회전율이 낮음

③ 내부통제가 효과적임

3 소유권과 소유권의 제한

유형자산의 계정잔액에 대한 세부테스트 14

권리증서(등기부등본 · 등록원부 등)를 입수하여 유형자산의 **실재성**, **소유권**, **담보제공** 및 보험가입여부를 확인한다.

등기부등본의 구성

① 표제부 : 부동산의 소재 및 현황 ➡ 실재성 확인

② 갑구 : 부동산의 소유권에 관한 사항 ➡ 권리 확인

③ 을구 : 부동산 소유권 외 권리관계 ➡ 담보 관련 공시 및 부채 완전성 확인

4 감가상각비

감가상각비 관련 감사절차

① 감가상각비명세서를 입수하여 분석적절차, 재계산 검증을 실시한다.

② 계속 적용여부 및 제조원가 · 비용배부기준의 타당성을 검토한다.

③ 감가상각방법을 변경한 경우 그 타당성과 재무제표에 미치는 영향을 확인한다.

SECTION

06 차입금

1 은행조회

차입금의 경우 조회를 통하여 상당부분의 감사목적을 달성할 수 있으므로 누락하거나 생략하여서는 안 된다. 이때 재무제표일 현재 차입금잔액이 없는 거래처라 할지라도 기중에 은행과 금융거래가 있었다면 반드시 조회하여야 하는 이유는 무엇인가? 19 14

예금거래만 있는 은행이라 할지라도 장부에 기록되지 않은 차입금이 존재할 가능성이 있기 때문이다.

2 분석적절차

이자비용 overall test

1단계: 이자비용의 기대치 산출	① 차입금 장부에서 이자율별 차입금 적수 산출 ② 차입금 적수로부터 평균차입금 산출 ③ 이자비용의 기대치 = 평균차입금 × 평균이자율
↓	
2단계: 수용할 수 있는 기대치와의 차이금액을 계산(중요성수준)	
↓	
3단계: 장부상 이자비용과 이자비용의 기대치를 비교	차이 = 기대 이자비용 − 장부상 이자비용
↓	
4단계: 계정잔액과 기대치와의 중요한 차이 조사	• Case 1: 기대 이자비용 < 장부상 이자비용 이자비용의 기대치를 계산할 때 장부로부터 차입금을 추출하여 평균차입금을 계산하였기 때문에 차입금이 장부에서 누락되었을 경우 기대 이자비용이 낮을 수 있다. 이 경우 부외부채가능성이 존재한다. • Case 2: 기대 이자비용 > 장부상 이자비용 미지급이자 등 발생주의 이자비용 등을 계상하지 않았을 가능성이 존재한다.

3 이자비용(미지급 · 선급이자 및 당기 이자비용 포함)의 검토

이자비용의 검토

① 주요금액에 대한 미지급 · 선급이자의 계산을 은행조회서상의 최종이자지급일을 활용하여 검토하고 이것을 미지급비용명세서 또는 선급비용명세서와 상호검토(cross check)한다.

② 차입금과 이자비용의 상관관계를 이용하여 당기 이자비용에 대한 분석적절차를 실시한다.

③ 분석적절차에 만족할 수 없는 경우 중요 이자지급거래에 대하여 이자지급 증빙에 대하여 문서검사하고 관련 손익계정과 상호검토(cross check)한다.

CHAPTER

09

감사의 수행 : 실증절차의 완료

SECTION

01 후속사건에 대한 감사

1 재무제표일과 감사보고서일

재무제표 발행과정 일자별 개념 (ISA 560-2, 5, A3) 20

일 자	개 념
재무제표일	재무제표가 포함하는 가장 최근 보고기간의 말일
재무제표 승인일	재무제표를 구성하는 모든 내용이 작성이 완료되고 인정된 권한을 가진 기구(예 이사회)가 해당 재무제표에 대하여 책임을 진다고 확인한 날
감사보고서일	감사인과 경영진 간의 책임의 한계를 구분짓는 하나의 기준일로서 '그 날까지 발생한 사건에 대하여 감사인이 알게 된 사건과 거래의 영향을 감사인이 고려하였다는 것을 감사보고서 이용자들에게 알리는 것'
재무제표 발행일	감사보고서와 감사받은 재무제표를 제3자들이 이용할 수 있게 된 날

Q ① 감사보고서일을 정할 때 적용되는 원칙을 서술하고, ② 재무제표 발행일과 동일한 일자를 서술하시오.

① 감사보고서일은 감사의견의 기초가 되는 충분하고 적합한 감사증거를 입수하는 날, 재무제표 승인일, 업무품질관리검토의 종료일 및 서면진술일보다 빨라서는 안된다.

② 일반적으로 정기주주총회일이 재무제표 발행일이다.

2 후속사건의 회계처리

후속사건에 대한 회계처리

구 분	올바른 회계처리
재무제표일 현재에 존재하였던 상황에 대한 추가적인 증거가 발견되는 경우	재무제표를 수정

재무제표일 현재로는 존재하지 않았으나 그 후에 발생한 상황에 대한 증거를 제공하는 사건	정보이용자의 합리적인 의사결정에 영향을 미칠만큼 중요할 경우 주석에 공시

2.1 재무제표일 현재에 존재하던 사실에 대한 추가적 증거가 발견되는 경우 : 재무제표를 수정

재무제표의 수정을 요하는 사항의 예 (IFRS 1010.9)

① 보고기간 말에 존재하였던 현재의무가 보고기간 후에 소송사건의 확정에 의해 확인되는 경우

② 보고기간 말에 이미 자산손상이 발생되었음을 나타내는 정보를 보고기간 후에 입수하거나, 이미 손상차손을 인식한 자산에 대하여 손상차손금액의 수정이 필요한 정보를 보고기간 후에 입수하는 경우

③ 보고기간 말 이전에 구입한 자산의 취득원가나 매각한 자산의 대가를 보고기간 후에 결정하는 경우

④ 보고기간 말 이전 사건의 결과로서 보고기간 말에 종업원에게 지급해야 할 법적의무나 의제의무가 있는 이익분배나 상여금지급 금액을 보고기간 후에 확정하는 경우

⑤ 재무제표가 부정확하다는 것을 보여주는 부정이나 오류를 발견한 경우

2.2 재무제표일 현재로는 존재하지 않았으나 그 후에 발생한 중요한 상황에 대한 증거 : 주석공시

주석으로 공시해야 하는 사례 (IFRS 1010.22)

① 보고기간 후에 발생한 주요 사업결합 또는 주요 종속기업의 처분

② 영업 중단 계획의 발표

③ 주요 자산 구입, 기준서 제1105호 '매각예정비유동자산과 중단영업'에 따라 자산을 매각예정으로 분류, 자산 매각, 정부에 의한 주요 자산의 수용

④ 보고기간 후에 발생한 화재로 인한 주요 생산 설비의 파손

⑤ 주요한 구조조정계획의 공표나 이행착수

⑥ 보고기간 후에 발생한 주요한 보통주 거래와 잠재적보통주 거래

⑦ 보고기간 후에 발생한 자산 가격이나 환율의 비정상적 변동

⑧ 당기법인세 자산과 부채 및 이연법인세 자산과 부채에 중요한 영향을 미치는 세법이나 세율에 대한 보고기간 후의 변경 또는 변경 예고

⑨ 중요한 지급보증 등에 의한 우발부채의 발생이나 중요한 계약의 체결

⑩ 보고기간 후에 발생한 사건에만 관련되어 제기된 주요한 소송의 개시

3 재무제표일과 감사보고서일 사이에 발생한 사건

3.1 후속사건 감사절차

후속사건 감사절차 (ISA 560-6)

재무제표일과 감사보고서일 사이에 발생한 사건은 아직 감사가 종료되지 않았기 때문에 감사인의 노력 여하에 따라 충분하고 적합한 감사증거를 수집할 수 있다. 따라서 감사인은 감사보고서일까지 발생한 사건으로서 재무제표의 수정이나 공시를 필요로 하는 사건을 모두 파악(적극적 책임)하는데 필요한 충분하고 적합한 감사증거를 수집할 수 있도록 감사절차를 설계 · 수행하여야 한다. 그러나 이전에 적용한 감사절차에서 만족할 만한 결론이 제공된 사항들에 대하여는 감사인이 추가적인 감사절차를 수행하도록 기대되지 아니한다.

재무제표일 후 감사보고서일까지 발생한 사건에 대한 후속사건 감사절차 (ISA 560-7) 21 14

후속사건 감사절차	구체적인 절차
① 후속사건에 대한 경영진의 절차 이해	경영진이 후속사건을 식별하기 위해 수립한 절차들을 이해한다.
② 후속사건에 대하여 경영진에 질문	재무제표에 영향을 미칠 수 있는 후속사건이 발생했는지 여부에 대하여 경영진(적절한 경우 지배기구 포함)에게 질문한다. 경영진에게 하는 질문의 구체적 사례는 다음과 같다. (ISA 560-A9) • 새로운 약정이나 차입 또는 보증이 발생하였는지 여부 • 자산의 매각 또는 취득이 발생하였거나 예정되었는지 여부 • 신주 및 사채의 발행과 같이 자본의 증가 또는 채무상품의 발행이 있었는지, 또는 합병이나 청산에 대한 계약이 체결되었거나 예정되었는지 여부 • 정부에 수용되거나 화재 또는 홍수에 의해 멸실된 자산이 있었는지 여부 • 우발상황에 관한 진전이 있었는지 여부 • 비경상적인 회계수정이 이루어졌는지 또는 고려중인지 여부 • 재무제표에 적용된 회계정책의 적합성에 의문을 유발할 사건이 발생하였거나 발생할 가능성이 있는지 여부. 예를 들어, 계속기업 가정의 타당성에 의문을 제기하는 사건이 이에 해당될 것이다. • 재무제표에 반영된 추정치나 충당부채의 측정과 관련된 사건이 발생하였는지 여부 • 자산의 회수가능성과 관련된 사건이 발생하였는지 여부
③ 주요 회의록 열람	재무제표일 후에 개최된 주주, 경영진 그리고 지배기구회의록이 있을 경우 이를 열람하고, 회의록이 아직 이용가능하지 않는 경우에는 해당 회의에서 논의된 사항들에 대하여 질문함
④ 기업의 최근 후속 중간재무제표 열람	기업의 최근 후속 중간재무제표가 있다면, 이를 열람한다.

추가적인 후속사건 감사절차 (ISA 560 - A8)

감사인은 재무제표일과 감사보고서일 사이에 발생한 사건에 대하여 다음의 절차가 필요하고 적합하다고 고려할 수 있을 것이다.

- 재무제표일 후의 기간에 대하여 해당 기업의 이용가능한 최근의 예산, 현금흐름 예측 및 기타 관련된 경영관리보고서를 열람함
- 기업의 법률고문에게 소송과 배상청구에 관하여 질문하거나 기존의 구두 및 서면 질문을 확장함
- 다른 감사증거를 뒷받침하고 이에 따라 충분하고 적합한 감사증거를 입수하기 위해 특정의 후속사건에 대한 서면진술이 필요할 것인지 여부를 고려함

3.2 후속사건에 대한 감사절차의 기간

Q 후속사건에 대한 감사절차는 언제까지 수행해야 하는가?

재무제표일로부터 감사보고서일 또는 감사보고서일과 가장 가까운 실행가능한 일자까지의 기간에 대하여 상기의 후속사건 감사절차를 수행하여야 한다. (ISA 560 - 7)

3.3 서면진술

후속사건 관련 서면진술 (ISA 560 - 9)

감사인은 경영진(적절한 경우 지배기구)에게 재무제표일 후에 발생한 사건으로서 해당 재무보고체계에 따라 수정이나 공시가 요구되는 사건이 모두 수정 또는 공시되었다는 서면진술을 경영진(적절한 경우 지배기구 포함)에게 요청하여야 한다.

4 감사보고서일 후 재무제표 발행일 전에 알게 된 사실

4.1 소극적 책임과 감사절차

감사보고서일 후 후속사건에 대한 감사인의 책임 (ISA 560 -10) 25

감사인은 감사보고서일 후에는 재무제표에 대하여 어떠한 감사절차도 수행할 의무가 없다.

Q. 경영진은 감사업무 조건에 의하여 감사보고서일부터 재무제표 발행일까지의 기간 중 알게 되는 사실을 감사인에게 통지할 의무가 있다. 그 이유는 무엇인가?

① 감사기준서 720은 감사보고서일 후 재무제표 발행일 전에 입수한 기타정보가 포함된 감사보고서일 후에 입수한 기타정보에 관한 요구사항과 지침을 포함하고 있다. (ISA 560-A11)

② 감사업무의 조건에는 재무제표에 영향을 미칠 수 있는 사실로서 경영진이 감사보고서일부터 재무제표 발행일까지의 기간 중 알게 되는 사실을 감사인에게 통지하는 것에 대한 동의를 포함하고 있기 때문이다. (ISA 560-A12)

감사보고서일 후 재무제표 발행일 전에 알게 된 경우 감사절차 (ISA 560-10) [25]

감사인이 감사보고서일에 알았더라면 감사보고서를 수정할 원인이 될 수도 있었던 사실을 감사보고서일 후 재무제표 발행일 전에 알게 된 경우, 감사인은 다음의 절차를 수행하여야 한다.

① 경영진(적절한 경우 지배기구 포함)과 이 사항을 토의함

② 재무제표의 수정이 필요한지 여부를 결정함

③ 재무제표의 수정이 필요하다고 결정했다면, 경영진이 재무제표에 이 사항을 어떻게 다룰 계획인지에 대하여 질문함

4.2 경영진이 재무제표를 수정하는 경우

모든 후속사건에 대하여 새로운 감사보고서일까지 감사절차를 확대하는 경우 (ISA 560-11) [25]

I. 새로운 감사보고서일까지 필요한 감사절차를 수행	① 해당 수정사항 : 해당 수정사항에 대하여 해당 상황에 필요한 감사절차를 수행함 ② 모든 후속사건 : 해당 후속사건 이외에도 모든 후속사건에 대하여 상기의 '후속사건 감사절차'를 새로운 감사보고서일자까지 연장함
II. 수정된 재무제표에 대한 새로운 감사보고서를 작성하여 경영진에게 제출	수정된 재무제표에 대하여 감사인은 새로운 감사보고서를 경영진에게 제출함. 단, 새로운 감사보고서의 일자는 수정된 재무제표의 승인일보다 빠르지 않아야 한다.

추가 후속사건에만 한정하여 새로운 감사보고서일까지 감사절차를 확대하는 경우 (ISA 560-12) [25] [23] [19] [16]

재무제표의 수정을 발생시키는 후속사건의 영향에 대해서만 경영진이 재무제표를 수정하고 재무제표 승인권자가 이에 대해서만 승인하는 것이 법규나 재무보고체계에서 금지되지 않는다면, 감사인은 추가적인 후속사건에 대한 감사절차를 해당 수정사항에만 한정하는 것이 허용된다. 이와 같은 경우에는 감사인은 다음 중 하나의 절차를 수행하여야 한다.

- 이중 감사보고서일(최초 감사보고서일 + 새로운 감사보고서일)을 사용

  (1) 기존 후속사건에 대해서는 이미 최초 감사보고서일까지 후속사건 감사절차를 완료하였기 때문에 최초 감사보고서일을 유지하고, (2) 추가 후속사건에 대해서는 새로운 감사보고서일까지 후속사건 감사절차를 수행하고 새로운 감사보고서일을 추가함. 이는 추가적인 후속사건 감사절차가 오직 재무제표의 관련 주석에 기술된 수정(추가 후속사건)에만 한정하여 수행되었다는 것을 나타낸다.

- 최초 감사보고서일만을 사용 + 추가 후속사건을 강조(기타)사항문단에 추가하여 설명

  추가 후속사건에 대한 감사절차는 오직 재무제표의 관련 주석에 기술된 수정에만 한정하여 수행되었다는 설명을 강조사항문단 또는 기타사항문단에 포함하는 새로운(또는 수정된) 감사보고서를 제출

추가 후속사건에만 한정하여 새로운 감사보고서일까지 감사절차를 확대하는 경우, 기존 후속사건은 최초 감사보고서일이 적용되며, 추가 후속사건은 새로운 감사보고서일이 적용(이중감사보고서일 사용)되도록 하는 이유는 무엇인가? (ISA 560-A13)

최초 일자는 감사보고서의 이용자들에게 해당 재무제표에 대한 감사업무가 언제 종료되었는지 알려주기 위해 변경없이 남는다. 추가적인 일자는 최초 일자 후에 수행된 감사인의 절차는 해당 재무제표의 후속적 수정에만 한정되었다는 점을 알리기 위해 감사보고서에 포함된다.

추가적인 일자의 사례 (ISA 560-A13)

(감사보고서일), 주석 Y에 관한 사항을 제외한다.

(추가적인 일자), 주석 Y에 기술된 수정사항에 한정하여 수행된 감사절차의 종료일

4.3 경영진이 재무제표를 수정하지 않는 경우

경영진이 재무제표를 수정하지 않는 경우 (ISA 560-13)

I. 감사보고서를 기업에 제출하지 않은 경우	감사인은 감사보고서를 재발행하여 감사의견을 변형(한정의견 or 부적정의견)하여야 한다. 감사인이 수정을 권고하였음에도 불구하고 경영진이 이를 받아들이지 않으면 회계기준위배이기 때문이다.
II. 감사보고서를 기업에 제출한 경우	① 감사인은 경영진(지배기구의 모든 구성원이 그 기업의 경영에 참여하는 경우가 아니라면 지배기구를 포함)에게, 필요한 수정을 하기 전에는 재무제표를 제3자에게 발행하지 말라고 통보하여야 한다. ② 그럼에도 불구하고 필요한 수정 없이 재무제표가 발행된 경우, 감사인은 재무제표 이용자가 해당 감사보고서에 의존하는 것을 방지하기 위한 적합한 조치를 취하여야 한다. 이때 적합한 조치란 감사인의 법적 권리와 의무에 따른다. 따라서 감사인은 법적 조언을 구하는 것이 적절하다고 생각할 수도 있다.

Q 감사보고서일 후 재무제표 발행일 전에 발생한 사건으로 경영진이 재무제표를 수정하지 않는 경우 감사범위제한으로 인한 한정의견이나 의견거절이 가능하지 않은 이유는 무엇인가?

감사보고서일 후 후속사건으로 재무제표가 수정되어야 한다는 것은 해당 후속사건에 대하여 경영진이 충분하고 적합한 감사증거를 감사인에게 제시하였다는 것을 의미한다. 따라서 감사범위제한으로 인한 감사의견의 변형은 고려하지 않아도 된다.

5 재무제표 발행일 후 알게 된 사실

감사보고서일 후 후속사건에 대한 감사인의 책임 (ISA 560-14)

재무제표가 발행된 후에는, 감사인은 그 재무제표에 대하여 어떠한 감사절차도 수행할 의무가 없다.

재무제표 발행일 후 알게 된 경우 감사절차 (ISA 560-14) 19

감사인이 감사보고서일에 알았더라면 감사보고서를 수정할 원인이 될 수도 있었던 사실을 재무제표 발행일 후에 알게 된 경우, 감사인은 다음의 절차를 수행하여야 한다.

① 경영진(적절한 경우 지배기구 포함)과 이 사항을 토의함

② 재무제표의 수정이 필요한지 여부를 결정함

③ 재무제표의 수정이 필요하다고 결정했다면, 경영진이 재무제표에서 이 사항을 어떻게 다룰 계획인지 질문함

5.1 경영진이 재무제표를 수정하는 경우

경영진이 재무제표를 수정하는 경우 (ISA 560-15~16) 23 16

I. 해당 수정사항에 대하여 해당 상황에 필요한 감사절차(후속사건 감사절차)를 수행함	이때 감사보고서일을 단일로 사용할 것인지 아니면 이중으로 사용할 것인지에 따라 후속사건 감사절차를 수행할 기간이 달라진다.
II. 재무제표 재발행 상황에 대하여 경영진이 취한 조치를 검토	이전에 발행된 재무제표와 감사보고서를 수령한 모든 사람들이 이러한 상황에 대한 통보를 받았는지 확인하게 하기 위하여 경영진이 취한 조치를 검토함

	① 모든 후속사건에 대하여 새로운 감사보고서일까지 감사절차를 확대하는 경우 : 단일 감사보고서일을 사용
	※ 새로운 감사보고서일은 수정된 재무제표의 승인일 보다 빠르지 않아야 함
III. 수정된 재무제표에 대한 새로운 감사보고서 제출	② 추가 후속사건에만 한정하여 새로운 감사보고서일까지 감사절차를 확대하는 경우 : 다음 중 어느 하나의 절차를 수행함 • 이중 감사보고서일(최초 감사보고서일+새로운 감사보고서일)을 사용 (1) 기존 후속사건에 대해서는 이미 최초 감사보고서일까지 후속사건 감사절차를 완료하였기 때문에 최초 감사보고서일을 유지하고, (2) 추가 후속사건에 대해서는 새로운 감사보고서일까지 후속사건 감사절차를 수행하고 새로운 감사보고서일을 추가함. 이는 추가적인 후속사건 감사절차가 오직 재무제표의 관련 주석에 기술된 수정(추가 후속사건)에만 한정하여 수행되었다는 것을 나타낸다. • 최초(또는 새로운) 감사보고서일만을 사용 + 추가 후속사건을 강조(기타)사항문단에 추가하여 설명 추가적인 후속사건 감사절차는 오직 재무제표의 관련 주석에 기술된 수정(추가적인 후속사건)에만 한정하여 수행되었다는 설명을 강조사항문단 또는 기타사항문단에 포함하는 새로운 감사보고서 또는 수정된 감사보고서를 제출함
IV. 강조사항문단 또는 기타사항문단에 다음을 추가	감사인은 새로운 감사보고서 또는 수정된 감사보고서에 강조사항문단 또는 기타사항문단을 추가한다. 그 문단에는 ① 이전에 발행한 재무제표의 수정이유를 더 넓게 논의한 재무제표 주석을 참조하라는 내용과 ② 감사인이 이전에 발행한 감사보고서를 언급한다.

5.2 경영진이 재무제표를 수정하지 않는 경우

경영진이 재무제표를 수정하지 않고 필요조치를 취하지 않는 경우(ISA 560 - 17)

감사인이 재무제표의 수정이 필요하다고 믿는 상황에서, 경영진이 이전에 발행된 재무제표를 수령한 사람들에게 이러한 상황을 확실히 알리기 위한 필요조치를 취하지 않고 재무제표를 수정하지 않는 경우에는,

① 경영진(그리고 지배기구의 모든 구성원이 그 기업의 경영에 참여하고 있는 경우가 아니라면, 지배기구를 포함)에게 감사보고서에 대한 차후의 의존을 방지할 조치를 취할 것이라고 통보하여야 한다.

② 그러한 통보에도 불구하고 경영진 또는 지배기구가 필요한 조치를 취하지 않으면, 감사인은 해당 감사보고서에 의존을 방지하기 위한 적합한 조치를 취하여야 한다.

SECTION

02 계속기업에 대한 감사

1 회계의 계속기업전제(Going Concern Basis of Accounting)

회계의 계속기업전제 (ISA 570-2)

회계의 계속기업전제 하에서의 재무제표는 기업은 계속기업이고 예측할 수 있는 미래의 기간 동안 영업을 계속할 것이라는 가정에서 작성된다.

2 계속기업으로서 존속능력에 대한 평가 책임

2.1 경영진의 책임

계속기업존속능력 평가책임 (ISA 570-3)

계속기업은 재무제표 작성을 위한 전제이므로 계속기업으로서의 존속능력을 평가할 책임은 경영진에게 있다.

계속기업으로서 존속능력에 대한 경영진의 평가에 영향을 미치는 사항 (ISA 570-5)

① 장래의 시간 : 사건이나 상황 또는 그 결과가 보다 먼 미래에 발생할수록 그 결과와 연관된 불확실성의 정도가 유의적으로 증가함. 그러한 이유로, 경영진 평가를 명시적으로 요구하는 대부분의 재무보고체계는 경영진이 이용가능한 모든 정보를 고려해야하는 기간(IFRS에서는 12개월)을 명시한다.

② 기업의 규모와 복잡성, 사업의 성격과 상황 : 기업의 규모와 복잡성, 사업의 성격과 상황 그리고 기업이 외적 요인에 영향을 받는 정도는 사건이나 상황의 결과를 판단하는 데 영향을 미친다.

③ 후속사건 : 미래에 대한 어떠한 판단도 판단 시점에서 이용가능한 정보에 기초하여 이루어짐. 후속사건들은 그 당시에는 합리적이었던 판단과는 일관되지 아니한 결과를 초래할 수 있다.

계속기업가정에 유의적 의문을 불러일으킬 수 있는 사건이나 상황의 사례 (ISA 570-A3)

구 분	내 용
재무적 상황	① 순부채 또는 순유동부채 상태 ② 현실적으로 갱신이나 상환의 가능성이 없는 확정만기차입금의 만기 도래, 또는 장기성 자산의 취득자금을 단기차입금에 지나치게 의존 ③ 채권자들의 금융지원 철회 징후 ④ 역사적 재무제표 또는 추정 재무제표상 부의 순영업현금흐름 ⑤ 핵심 재무비율의 악화 ⑥ 상당한 규모의 영업손실의 발생, 또는 현금흐름의 창출에 사용된 자산가치의 유의적 악화 ⑦ 배당금 지급의 연체 또는 배당의 중단 ⑧ 채무의 지급기일 준수 불능 ⑨ 차입약정 조건의 준수 불능 ⑩ 공급자와의 거래가 신용에서 현금결제조건으로 변경 ⑪ 핵심 신제품의 개발이나 기타 필수적 투자에 대한 자금조달 능력의 부재
영업적 상황	① 경영진의 기업청산이나 영업중단 의도 ② 후임자의 선임 없이 주요 경영진이 퇴진 ③ 주요 시장, 주요 고객, 프랜차이즈, 면허 혹은 주요 공급자의 상실 ④ 노사문제의 어려움 ⑤ 주요 부품의 부족 ⑥ 대단히 성공적인 경쟁자의 출현
기 타	① 금융기관에 대한 지급능력 또는 유동성 요건 같은 자본에 대한 요구사항 또는 기타 법령상의 요구사항에 대한 위반 ② 기업을 상대로 소송 또는 징계절차가 진행 중이며, 실패할 경우에는 기업이 감당할 수 없을 정도의 배상책임을 부담할 수 있는 경우 ③ 기업에 불리한 영향을 미칠 것으로 예상되는 법규나 정부정책의 변화 ④ 발생할 경우에 재앙이 될 사고에 대한 보험에 미가입 또는 불충분한 부보금액

2.2 감사인의 책임

계속기업전제와 관련된 감사인의 책임 (ISA 570 - 6)

계속기업전제와 관련된 감사인의 책임은 다음과 같다.

① 재무제표의 작성에 있어 경영진의 회계의 계속기업전제 사용의 적합성에 대하여 충분하고 적합한 감사증거를 입수하고 결론을 내릴 책임

② 입수된 감사증거에 기초하여 계속기업으로서의 존속능력에 대한 중요한 불확실성이 존재하는지 여부에 대하여 결론을 내릴 책임

계속기업전제 관련 감사인의 책임과 고유한계 (ISA 570 - 7)

계속기업으로서의 존속을 중단시킬 미래의 사건이나 상황의 경우에는, 고유한계가 중요한 왜곡표시를 발견할 수 있는 감사인의 능력에 미치는 잠재적 영향이 더 크다. 감사인은 그러한 미래 사건이나 상황을 예측할 수 없다. 따라서 감사보고서에서 계속기업으로서의 존속능력에 대한 중요한 불확실성에 대한 언급이 없다고 하여 계속기업으로서의 존속능력을 보장하는 것으로 보아서는 안 된다.

3 계속기업으로서의 존속능력과 감사계획 : 위험평가절차 및 관련활동

경영진의 예비평가 관련 감사절차 (ISA 570 - 10) 16

감사인은 위험평가절차를 수행할 때 계속기업으로서의 존속능력에 대하여 유의적 의문을 초래할 수 있는 사건이나 상황이 존재하는지 여부를 고려하여야 한다. 이 경우 감사인은 경영진이 이미 계속기업으로서의 존속능력에 대한 예비평가를 수행했는지 여부를 결정하여야 하고, 다음 절차 중 하나를 수행하여야 한다.

<경영진이 예비평가를 수행한 경우>	<경영진이 예비평가를 수행하지 않은 경우>
경영진이 수행한 그 평가에 대하여 경영진과 토의함	경영진이 계획하는 회계의 계속기업전제 사용의 근거에 대하여 감사인은 경영진과 토의함
⬇	⬇
경영진이 개별적으로 또는 집합적으로 계속기업으로서의 존속능력에 유의적 의문을 제기할 수 있는 사건이나 상황을 식별하였는지 여부를 확인함	개별적으로 또는 집합적으로 계속기업으로서의 존속능력에 유의적 의문을 초래할 수 있는 사건이나 상황이 존재하는지 여부를 질문함
⬇	
식별된 경우에는 이에 대한 경영진의 계획을 확인함	

Q 감사인은 위험평가절차를 수행할 때 계속기업으로서의 존속능력에 유의적 의문을 초래할 수 있는 사건이나 상황이 존재하는 지 여부를 고려하여야 한다. 이때 위험평가절차를 수행하는 시기는 언제를 의미하는가?

감사인은 감사의 전 과정을 통하여 계속기업으로서의 존속능력에 유의적 의문을 초래할 수 있는 사건이나 상황에 대한 감사증거에 주의를 유지하여야 한다(ISA 570-11). 위험평가는 감사의 전 과정을 거쳐 수정될 수 있고 이에 따라 계획된 추가감사절차가 변경될 수 있기 때문이다.

4 계속기업에 대한 감사절차

4.1 경영진의 평가에 대한 감사인의 평가

경영진의 평가에 대한 감사인의 평가(ISA 570-12, A10, 14)

- 감사인은 계속기업으로서의 존속능력에 대한 경영진의 평가에 대하여, 감사인으로서 이를 평가하여야 한다.
- 감사인이 평가할 경영진의 평가에 포함될 사항은 다음과 같다
  ① 경영진이 그 평가를 위해 수행한 절차
  ② 평가의 기초가 된 가정
  ③ 경영진의 향후 실행계획
  ④ 해당 상황에서 경영진 계획의 실행가능성 여부
- 감사인은 이러한 평가를 수행할 때, 감사를 수행한 결과 알게 된 관련 정보가 경영진의 평가에 모두 포함되었는지 여부를 고려하여야 한다.

4.2 경영진의 평가에 대한 감사인의 평가와 관련한 기타 사항

경영진의 평가에 대한 감사인의 평가와 관련한 기타 사항(ISA 570-13, 15, A8~A9, A15) 16

경영진의 평가기간	• 감사인은 계속기업으로서의 존속능력에 대한 경영진의 평가에 대하여 감사인으로서 이를 평가할 때, 해당 재무보고체계의 요구에 따라 경영진이 평가한 기간과 동일한 기간을 대상으로 평가하여야 한다. • 경영진이 계속기업으로서의 존속능력을 평가한 기간이 재무제표일로부터 12개월에 미달되는 경우, 감사인은 경영진에게 그 평가기간을 적어도 12개월로 확장하도록 요청하여야 한다.

경영진의 평가기간	• 감사인은 경영진이 평가한 기간 후의 기간 중 경영진이 계속기업으로서의 존속능력에 대하여 유의적 의문을 초래할 수 있는 사건이나 상황을 알고 있는지 질문하여야 한다. ➠ 감사인은 경영진에 대한 질문 외에는 경영진의 평가기간(적어도 재무제표일로부터 12개월일 것이다)을 초과하여, 계속기업으로서의 존속능력에 유의적 의문을 불러일으키는 사건이나 상황을 식별하기 위한 다른 감사절차를 수행할 책임이 없다.
경영진의 평가와 이를 뒷받침하는 분석	• 감사인이 경영진이 적용한 회계의 계속기업전제를 고려할 때의 주요 부분은 계속기업으로서의 존속능력에 대한 경영진의 평가이다. • 경영진이 수행한 분석 부족을 바로잡는 것은 것은 감사인의 책임이 아니다. • 그러나 어떤 상황에서는, 경영진의 평가를 뒷받침하기 위한 경영진의 세부분석이 부족하다고 해서, 해당상황에 경영진의 회계의 계속기업전제 사용이 적합한지 여부에 대하여 감사인이 결론을 내릴 수 없는 것은 아니다. 예를 들어 ① 기업이 이익을 실현해 왔고 ② 용이하게 금융자원에 접근할 수 있으면, 경영진은 세부적인 분석을 수행하지 않아도 계속기업으로서의 존속능력을 평가할 수 있다.

4.3 계속기업 문제와 관련된 사건이나 상황이 파악된 경우의 추가적 감사절차

계속기업 존속능력에 유의적 의문을 불러일으킬 만한 사건 · 상황이 파악된 경우 (ISA 570-16) 20 16

계속기업으로서의 존속능력에 대하여 유의적 의문을 초래할 만한 사건이나 상황이 식별된 경우, 감사인은 계속기업으로서의 존속능력에 대하여 유의적 의문을 초래할 수 있는 사건이나 상황과 관련된 중요한 불확실성이 존재하는지 여부를 결정하기 위해 다음과 같은 추가적인 감사절차를 수행하여야 한다.

① 경영진이 계속기업으로서의 존속능력에 대한 평가를 아직 수행하지 않은 경우, 평가를 수행하도록 요청함

② 계속기업에 대한 경영진의 평가와 관련된 경영진의 향후 실행계획에 대하여, 이러한 계획의 결과가 상황을 개선시킬지 여부 그리고 경영진의 계획이 해당 상황에서 실행가능한지 여부를 평가함

③ 기업이 현금흐름을 예측하였고 이 예측에 대한 분석이 경영진의 미래 실행계획을 평가할 때 사건이나 상황의 미래결과를 고려하는 데 유의적인 요소인 경우, 다음의 절차를 수행함

- 예측을 위해 생성된 기초 데이터의 신뢰성을 평가함
- 예측의 기초가 되는 가정들에 대한 적절한 근거가 있는지 여부를 결정함

④ 경영진이 평가를 실시한 날 후에 추가적인 사실이나 정보가 이용가능하게 되었는지 여부를 고려함

⑤ 경영진(적절한 경우 지배기구 포함)에게 향후 실행계획과 이러한 계획의 실행가능성에 대하여 서면진술을 요청함

계속기업 존속능력 관련 사건 · 상황에 대한 지배기구와 커뮤니케이션 (ISA 570-25) 21

지배기구의 모든 구성원이 그 기업의 경영에 참여하고 있지 않는 한, 감사인은 계속기업으로서의 존속능력에 유의적 의문을 초래할 수 있다고 식별된 사건 또는 상황에 대하여 지배기구와 커뮤니케이션하여야 한다. 지배기구와 커뮤니케이션할 사항에는 다음이 포함되어야 한다.

(a) 사건이나 상황이 중요한 불확실성을 구성하는지 여부

(b) 재무제표의 작성에 있어 경영진의 회계의 계속기업전제 사용이 적합한지 여부

(c) 재무제표의 관련 공시의 적절성

(d) 해당되는 경우, 감사보고서에 대한 시사점

5 감사결론

5.1 사건이나 상황이 식별되었고 중요한 불확실성이 존재하는 경우 공시의 적절성

중요한 불확실성이 존재하는 경우 재무제표와 관련하여 결정할 사항 (ISA 570-19) 16

감사인은 해당 상황에서 경영진의 회계의 계속기업전제의 사용은 적합하나 중요한 불확실성이 존재한다고 결론을 내리면, 재무제표와 관련하여 다음 사항을 결정하여야 한다.

① 계속기업으로서의 존속능력에 대하여 유의적 의문을 초래할 수 있는 주요 사건이나 상황 및 이러한 사건이나 상황을 다루기 위한 경영진의 계획이 재무제표에 적절히 기술되어 있는지 여부

② 계속기업으로서의 존속능력에 대하여 유의적 의문을 초래할 수 있는 사건이나 상황과 관련하여 중요한 불확실성이 존재하고, 따라서 정상적인 사업과정에서 자산을 회수하고 부채를 상환하지 못할 수 있다는 사실이 재무제표에 명확히 공시되어 있는지 여부

5.2 사건이나 상황이 식별되었으나 중요한 불확실성이 존재하지 않는 경우 공시의 적절성

'close call' 상황 (ISA 570-20) 22

계속기업으로서의 존속능력에 대해 유의적 의문을 초래할 수 있는 사건이나 상황이 식별되었으나, 이러한 사건이나 상황을 다루기 위한 경영진의 계획을 고려한 후 경영진과 감사인이 중요한 불확실성이 존재하지 않는다는 결론을 내리는 상황

close call 상황에서 수행할 절차 (ISA 570-20)

감사인은 해당 재무보고체계의 요구사항에 비추어, 재무제표에 이러한 사건이나 상황에 대한 적절한 공시가 이루어지는지 여부를 평가하여야 한다.

'close call'에 대한 해당 재무보고체계의 공시 요구사항 (ISA 570-A24)

일부 재무보고체계는 다음 사항에 대한 공시를 다룰 수 있다.

① 주요 사건이나 상황

② 의무를 충족할 수 있는 기업의 능력과 관련된 해당 사건이나 상황의 유의성에 대한 경영진의 평가

③ 이러한 사건이나 상황의 영향을 완화하는 경영진의 계획; 또는

④ 계속기업으로서의 존속능력에 대한 평가의 일부분으로서 경영진이 내린 유의적 판단

Q. 계속기업으로서 존속능력에 의문을 초래할 수 있는 사건이나 상황이 식별되었으나 중요한 불확실성이 존재하지 않는다고 결론을 내린 경우, 감사인이 해당 재무보고체계의 요구사항에 비추어 재무제표에 이러한 사건이나 상황에 대한 적절한 공시가 이루어지는지 여부를 평가하여야 한다. 이러한 제도의 ① 도입취지 및 ② 기대효과는 무엇인가? 19

① 도입취지 : 중요한 불확실성이 존재하지 않는 경우에도 관련 공시를 평가하도록 요구함으로써, 계속기업가정의 적절성 공시에 대한 감사인의 평가절차를 보다 강화하기 위함이다.

② 기대효과 : 이용자에게 보다 많은 정보가 제공됨에 따라 감사보고서의 유용성이 증가(커뮤니케이션 가치 향상)할 것이며, 감사인이 감사절차에 보다 주의를 기울이게 함으로써 감사품질이 향상될 것으로 기대된다.

6 감사보고서에 대한 시사점

6.1 회계의 계속기업전제의 사용이 부적합한 경우

회계의 계속기업전제의 사용이 부적합한 경우 (ISA 570-21) 22 13

재무제표가 회계의 계속기업전제를 사용하여 작성되었지만 재무제표 작성에 있어 경영진의 회계의 계속기업전제 사용이 부적합하다고 판단되면, 감사인은 부적정의견을 표명하여야 한다.

회계의 계속기업전제의 사용이 부적합하여 경영진이 다른 회계기준을 적용한 경우(계속기업 전제를 사용하지 않은 경우) (ISA 570-A27) 22

- 회계의 계속기업전제의 사용이 적합하지 않은 경우, 경영진은 다른 기준(예를 들어, 청산 기준)에 근거하여 재무제표를 작성해야 하거나 작성하기로 할 수 있다. 감사인이 해당 상황에서 다른 회계기준이 수용가능하다라고 결정한다면, 감사인은 그러한 재무제표에 대하여 감사를 수행하는 것이 가능할 수도 있다. 재무제표가 작성되는 회계기준에 대하여 재무제표에 적절한 공시가 있다면, 감사인이 적정의견을 표명하는 것이 가능할 수도 있을 것이다.
- 이 경우 감사인은 대체적인 회계기준 및 이를 적용한 이유에 대한 재무제표 이용자의 주의를 환기시키기 위하여 감사보고서에 강조사항문단을 포함하는 것이 적절하거나 필요하다고 생각할 수도 있다.

6.2 회계의 계속기업전제의 사용이 적합하나 중요한 불확실성이 존재하는 경우

중요한 불확실성에 대한 적절한 공시가 이루어진 경우 (ISA 570-22) 22 20 19

적정의견을 표명하여야 하며 다음의 목적을 위한 "계속기업 관련 중요한 불확실성"이라는 제목의 별도 단락을 감사보고서에 포함하여야 한다.

① 계속기업 관련 중요한 불확실성을 공시하고 있는 재무제표의 주석에 주의를 기울이도록 함

② 이러한 사건과 상황이 계속기업으로서의 존속능력에 유의적 의문을 초래할 수 있는 중요한 불확실성이 존재한다는 사실을 나타낸다는 점을 명시하고 해당 사항과 관련하여 감사의견이 변형되지 않았음을 명시함

중요한 불확실성에 대한 적절한 공시가 이루어지지 않은 경우 (ISA 570-23) 22 19

① 해당 중요성에 따라 한정의견이나 부적정의견을 표명함

② 감사보고서의 한정의견근거(부적정의견근거) 단락에, 계속기업으로서의 존속능력에 유의적 의문을 초래할 수 있는 중요한 불확실성이 존재한다는 점을 명시하고 재무제표에는 이 사항이 적절하게 공시되어 있지 않음을 명시함

6.3 경영진이 계속기업전제에 대한 평가 또는 평가의 확대를 기피하는 경우

경영진이 계속기업에 대한 평가 또는 평가의 확대를 기피하는 경우 (ISA 570-24, A35) 22

감사인이 요청하는데도 경영진이 계속기업에 대한 평가 또는 평가의 확대를 꺼리는 경우, 이러한 경영진의 행동으로 감사인이 충분하고 적합한 감사증거를 수집할 수 없다고 판단하면, 감사인은 한정의견 또는 의견거절한다.

6.4 재무제표 승인의 유의적 지연

재무제표 승인의 유의적 지연 (ISA 570-26)

감사인은 재무제표일 후 경영진이나 지배기구에 의한 재무제표 승인이 유의적으로 지연되고 있으면, 그 사유를 질문하여야 한다.

재무제표 승인의 유의적 지연이 계속기업 평가와 관련된 경우 수행절차 (ISA 570-26)

① 중요한 불확실성의 존재에 대하여 감사인의 결론에 미치는 영향을 고려한다.

② 계속기업으로서 존속능력에 대하여 유의적 의문을 초래할 만한 사건이나 상황과 관련된 중요한 불확실성이 존재하는지 여부를 결정하기 위해 필요한 추가적인 감사절차를 수행하여야 한다.

SECTION 03 공시사항의 검토

1 공시사항의 점검

재무제표에 공시할 사항

① 계정과목분류에 관한 사항

② 주석 및 주기하여야 할 사항

③ 관련 법률에서 특별히 요청하는 명세서(예 상장법인 재무관리규정 관련 명세서)

2 공시사항과 감사의견

Q 회계기준에서는 회사가 재무제표와 함께 공시하여야 할 사항을 규정하고 있다. 만약 중요한 공시사항이 누락되었거나 적절하게 공시되지 않은 경우, 감사인이 표명해야 하는 감사의견은 무엇인가?

재무제표의 왜곡표시에 해당하므로 중요성에 따라 한정의견 또는 부적정의견을 표명한다.

SECTION 04 감사인이 발견한 왜곡표시의 요약 및 수정권고

1 식별된 왜곡표시의 집계

왜곡표시의 정의 (ISA 450-4)

재무제표에 보고된 금액, 분류, 표시 또는 공시와 해당 재무보고체계의 요구에 따른 금액, 분류, 표시 또는 공시와의 차이. 왜곡표시는 오류 또는 부정으로 발생될 수 있다.

왜곡표시의 발생원인 (ISA 450-A1)

왜곡표시는 다음과 같은 원인으로 발생할 수 있다.

① 재무제표 작성의 원천이 되는 데이터를 수집하고 처리할 때의 부정확성

② 금액이나 공시의 누락(불충분하거나 불완전한 공시와 특정 재무보고체계의 공시 목적을 충족하기 위해 요구되는 공시 누락 포함)

③ 사실에 대한 간과나 명백한 해석상 오류에 따른 부정확한 회계추정치

④ 감사인이 비합리적이라고 고려하는 회계추정치와 관련한 경영진의 판단, 또는 감사인이 적합하지 않다고 고려하는 경영진의 회계정책의 선택과 적용

⑤ 정보의 부적절한 분류, 합계 또는 세분화

⑥ 공정표시 체계에 따라 작성된 재무제표에서, 재무보고체계에서 구체적으로 요구되는 공시를 넘어 공정표시를 달성하기 위하여 재무제표에 필요한 공시의 누락

왜곡표시의 구분 (ISA 450-A6) 15

- 사실적 왜곡표시(Factual Misstatements) : 사실적 왜곡표시는 의심의 여지가 없는 왜곡표시를 말한다.
- 판단적 왜곡표시(Judgmental Misstatements) : 판단적 왜곡표시는 감사인이 비합리적이라고 고려하는, 재무제표의 인식, 측정, 표시와 공시(회계정책의 선택 또는 적용 포함) 등과 관련된 경영진의 판단으로 인하여 발생하는 차이를 말한다.
- 투영된 왜곡표시(Projected Misstatements) : 투영된 왜곡표시는 모집단의 왜곡표시에 대한 감사인의 최선의 추정치이며, 감사표본에서 식별된 왜곡표시를 표본이 추출된 전체 모집단으로 투영하는 것을 말한다.

Q 감사인이 왜곡표시를 사실적 왜곡표시, 판단적 왜곡표시, 그리고 투영된 왜곡표시로 구별하는 것의 유용성은 무엇인가?

① 감사 중 집계한 왜곡표시의 영향을 평가하는 데 유익하다.

② 경영진 및 지배기구와 왜곡표시에 대한 커뮤니케이션하는 데 유익하다. (ISA 450-A6)

2 감사 진행 중 식별된 왜곡표시에 대한 고려

식별된 왜곡표시의 집계 (ISA 450-5) 23

감사인은 명백하게 사소한(clearly trivial) 것을 제외하고는 감사 중 식별된 왜곡표시를 집계하여야 한다.

감사 진행 중 식별된 왜곡표시에 대한 고려 (ISA 450-6)

감사인은 다음 중 하나의 경우 전반감사전략과 감사계획을 수정할 필요가 있는지 결정하여야 한다.

(a) 식별된 왜곡표시의 성격과 그 발생된 상황에 따르면 다른 왜곡표시가 존재할 가능성을 나타내고 있으며, 이것이 감사 중 집계한 (다른) 왜곡표시들과 합쳐졌을 때 중요할 수 있는 경우

(b) 감사 중 집계한 왜곡표시의 합계가 중요성에 근접하는 경우

3 왜곡표시의 커뮤니케이션과 수정

3.1 왜곡표시의 커뮤니케이션 및 수정요청

왜곡표시를 집계한 경우 감사절차 (ISA 450-8)

감사인은 법규상 금지되지 않는 한 감사 중 집계한 모든 왜곡표시에 대하여 적합한 수준의 경영진과 ① 적시에 커뮤니케이션하여야 한다. 또한 감사인은 경영진에게 이러한 왜곡표시를 ② 수정할 것을 요청하여야 한다.

왜곡표시에 대하여 (왜곡표시를 평가하고 필요한 조치를 취할 수 있는 책임과 권한을 가진) 적절한 수준의 경영진과 적시에 커뮤니케이션함으로써 얻을 수 있는 효과는 무엇인가? (ISA 450-A10)

① 경영진이 거래유형, 계정잔액 및 공시가 왜곡표시 되었는지를 평가하게 한다.

② 경영진이 동의하지 않는 경우, 감사인에게 이것을 알리고 필요한 조치를 취할 수 있게 한다.

감사인이 경영진과 커뮤니케이션한 왜곡표시 등 모든 왜곡표시를 경영진에게 수정하게 함으로써 얻을 수 있는 효과는 무엇인가? (ISA 450-A12)

① 정확한 회계장부와 회계기록을 유지할 수 있게 한다.

② 과거의 중요하지 않은 미수정왜곡표시가 누적되어 향후 재무제표도 중요하게 왜곡표시될 위험을 감소시킨다.

3.2 경영진이 왜곡표시를 수정한 경우 감사절차

감사인의 요청으로 경영진이 왜곡표시를 수정한 경우 감사절차 (ISA 450-7) 23

만약 감사인의 요청으로 경영진이 거래유형, 계정잔액 혹은 공시를 조사하여 그 발견된 왜곡표시들을 수정한 경우에는, 감사인은 왜곡표시가 잔존하고 있는지 여부를 결정하기 위해 추가적인 감사절차를 수행하여야 한다.

감사인의 요청으로 경영진이 왜곡표시를 수정한 경우에 감사인이 왜곡표시가 잔존하고 있는지 여부를 결정하기 위해 감사인이 수행할 추가적인 감사절차를 서술하시오.

① 식별한 왜곡표시의 원인을 이해할 수 있도록 거래유형, 계정잔액 또는 공시를 조사하고,

② 이 항목들에서의 실제 왜곡표시 금액을 결정하는 절차를 수행하고,

③ 재무제표에 적합한 수정을 하도록 경영진에게 요청할 수 있다. (ISA 450-A9)

3.3 경영진이 왜곡표시의 일부 또는 전부를 수정 거부한 경우

경영진이 왜곡표시 수정을 거부한 경우 감사절차 (ISA 450-9) 16

① 경영진이 수정하지 않는 사유를 이해하여야 한다.

② 재무제표 전체에 중요한 왜곡표시가 없는지 여부를 평가할 때 그 사유를 고려하여야 한다.

4 미수정왜곡표시의 영향에 대한 평가

4.1 중요성의 재평가 및 감사계획의 수정

미수정왜곡표시의 영향 평가 전 수행해야 할 감사절차 (ISA 450-10) 23

감사인은 미수정왜곡표시의 영향을 평가하기 전에, 중요성이 기업의 실제 재무결과의 관점에서도 여전히 적합한지 여부를 재평가하여야 한다.

Q. 감사인이 미수정왜곡표시의 영향을 평가하기 전에, 중요성이 기업의 실제 재무결과의 관점에서도 여전히 적합한지 여부를 재평가한 결과 중요성 금액이 작아진 경우에 감사인이 수행해야 하는 절차는 무엇인가?

중요성을 재평가한 결과 중요성 금액이 작아진 경우에는 감사의견의 근거가 되는 충분하고 적합한 감사증거를 입수하기 위하여 수행중요성과 추가감사절차의 성격, 시기 및 범위의 적합성을 재고려하여야 한다. (ISA 450-A15)

4.2 미수정왜곡표시의 평가

미수정왜곡표시의 중요성을 평가할 때 고려하는 사항 (ISA 450-11) 23 16

감사인은 미수정왜곡표시가 개별적으로 또는 집합적으로 중요한지 여부를 결정하기 위하여 다음 사항을 고려하여야 한다.

① 특정 거래유형, 계정잔액 혹은 공시 그리고 재무제표 전체와 관련된 왜곡표시의 규모와 성격, 그리고 그러한 왜곡표시가 발생된 특정 상황

② 과거 보고기간에 관련된 미수정왜곡표시가 관련 거래유형, 계정잔액 또는 공시 그리고 재무제표 전체에 미치는 영향(예 감가상각비 누적효과)

Q 개별 왜곡표시가 중요하다고 판단되는 경우, 다른 왜곡표시에 의해 상계될 가능성은 희박하다. 그러나 동일한 계정잔액이나 거래유형 내에서 발생된 중요하지 않은 왜곡표시는 상계하는 것이 적절할 수도 있는데, 감사인이 해당 결론을 내리기 전 고려해야 할 사항은 무엇인가?

추가적인 미발견 왜곡표시가 존재할 위험이 고려되어야 한다. (ISA 450-A19)

분류의 왜곡표시 (ISA 450-A20)

분류의 왜곡표시가 중요한지 여부를 결정할 때는 분류의 왜곡표시가 부채 또는 기타 계약상의 약정사항들에 대하여 미치는 영향, 개별 항목이나 소계에 미치는 영향, 또는 주요 비율에 미치는 영향과 같이 질적인 면에 대한 평가가 수반된다.

재무제표 전체의 중요성에 미달하는 경우 (ISA 450-A21)

왜곡표시와 관련된 상황에 따라서는 비록 해당 왜곡표시가 재무제표 전체의 중요성에 미달하는 경우에도, 감사인이 개별적으로 또는 감사 중 누적된 다른 왜곡표시들과 집합적으로 고려할 때는 중요하다고 평가할 수 있을 것이다.

4.3 지배기구와의 커뮤니케이션

지배기구와의 커뮤니케이션 (ISA 450-12, 13)

감사인은 법규상 금지되지 않는 한 미수정왜곡표시 및 미수정왜곡표시가 개별적으로 또는 집합적으로 감사의견에 미칠 영향에 대하여 지배기구와 커뮤니케이션하여야 한다. 감사인은 커뮤니케이션을 할 때 중요한 미수정왜곡표시들을 개별적으로 식별하여야 한다. 감사인은 그러한 미수정왜곡표시들을 수정하도록 요청하여야 한다.

또한 감사인은 과거 보고기간에 관련된 미수정왜곡표시가 관련 거래유형, 계정잔액 혹은 공시 그리고 재무제표 전체에 미치는 영향에 대하여 지배기구와 커뮤니케이션하여야 한다.

5 서면진술

미수정왜곡표시 관련 서면진술에 포함될 사항 (ISA 450-14) 17

① 미수정사항들은 해당 서면진술에 요약되어 포함되거나 첨부되어야 한다.

② 경영진(적절한 경우 지배기구 포함)에게 이들이 미수정왜곡표시가 개별적으로 또는 집합적으로 재무제표 전체에 중요하지 않다고 믿는지 여부에 대한 서면진술을 요청

6 문서화 : 미수정왜곡표시

명백하게 사소한 금액기준, 미수정왜곡표시, 그 수정 및 영향의 문서화 (ISA 450-15)

감사인은 다음 사항을 감사문서에 포함하여야 한다.

① 일정 금액 미만의 왜곡표시로서 명백하게 사소하다(clearly trivial)고 간주하게 되는 금액

② 감사 중 집계한 모든 왜곡표시 및 그러한 왜곡표시가 수정되었는지 여부

③ 미수정왜곡표시가 개별적으로 또는 집합적으로 중요한지 여부에 대한 감사인의 결론과 그 근거

SECTION 05 공표용 재무제표 요청

공표용 재무제표 요청

감사인은 자신이 수정권고한 미수정왜곡표시가 공표용 재무제표에 반영되었는가를 판단하기 위하여 회사의 대표이사가 기명날인한 공표용 재무제표를 요청한다.

SECTION

06 서면진술(Written Representations)

1 서면진술(Written Representations)의 의의

1.1 서면진술의 정의

서면진술 (ISA 580-7, 4)

1. 서면진술(서)의 정의

   서면진술(서)이란 특정 사항을 확인하거나 다른 감사증거를 뒷받침하기 위하여, 경영진이 감사인에게 제공하는 서면진술(서)을 말한다. 따라서 재무제표, 재무제표 내 경영진주장, 이를 뒷받침하는 장부와 기록은 서면진술에 포함되지 아니한다.

2. 감사증거로서의 서면진술

   서면진술이 비록 필요감사증거를 제공하지만, 서면진술이 다루는 그 어떠한 사항에 대해서도 서면진술 그 자체는 충분하고 적합한 감사증거를 제공하지 않는다. 뿐만 아니라, 신뢰할 수 있는 서면진술을 경영진이 제공했다는 사실이 경영진의 책임완수 또는 특정 경영진주장에 대하여 감사인이 입수하는 다른 감사증거의 성격이나 범위에 영향을 미치는 것은 아니다.

1.2 서면진술이 요청되는 경영진

서면진술이 요청되는 경영진 (ISA 580-9, A2)

감사인은 재무제표에 대한 적절한 책임을 갖고 있고 관심 사항에 대한 지식이 있는 경영진으로부터 서면진술을 요청하여야 한다(일반적으로 최고경영자와 재무담당임원).

Q. 경우에 따라서, 서면진술이 요청되는 경영진은 '본인이 알고 있고 믿는 최선의 범위에서 진술을 하였다'는 제한적인 문구를 서면진술에 포함할 수도 있다. 감사인이 그러한 제한 문구를 수용하는 것이 합리적일 수 있는 조건은 무엇인가?

해당 진술이 진술에 포함된 사항에 대하여 적합한 책임과 지식을 가지고 있는 사람들에 의하여 이루어지고 있다는 것에 감사인이 만족한다면, 감사인이 그러한 문구를 수용하는 것은 합리적이다. (ISA 580-A5)

2 요청할 서면진술

2.1 필수 서면진술

필수 서면진술 (ISA 580 - 10, 11)

① 재무제표의 작성 : 경영진이 해당 재무보고체계에 따라 재무제표를 작성할 책임을 완수하였다.

② 제공된 정보 및 거래의 완전성 : 경영진은 감사업무조건에서 합의한 대로 모든 관련 정보를 감사인에게 제공하고 접근하게 하였다. 또한 경영진은 모든 거래를 기록하고 재무제표에 반영하였다.

경영진과 외부감사인의 책임을 명백하게 하기 위하여 경영진의 책임을 기술하고 있는 문서를 제시하시오. 19

① 계약서

② 서면진술

③ 감사보고서

재무제표의 작성 관련 필수 서면진술에 포함되는 사항 (ISA 580 -보론 2 진술서 예시)

① 감사 전제조건 : 우리는 20××년 ×월 ×일자 감사업무의 조건에서 정해진 바와 같이 한국채택국제회계기준에 따라 재무제표를 작성할 우리의 책임을 완수하였습니다. 특히 재무제표는 이에 따라 공정하게 표시되고 있습니다.

② 회계추정치 : 회계추정치와 관련 가정 도출시 우리가 사용한 방법, 데이터 및 유의적 가정은 해당 재무보고체계의 관점에서 합리적인 인식, 측정 또는 공시를 달성하기에 적합합니다.

③ 특수관계자 : 특수관계 및 특수관계자 거래는 한국채택국제회계기준의 요구사항에 따라 적합하게 회계처리되고 공시되었습니다.

④ 후속사건 : 수정이나 공시가 요구되는 재무제표일 후의 모든 후속사건은 한국채택국제회계기준의 요구에 따라 수정되고 공시되었습니다.

⑤ 미수정왜곡표시 : 미수정왜곡표시는 개별적으로나 집합적으로 재무제표에 대한 영향이 중요하지 않습니다. 또한 미수정왜곡표시의 목록은 본 진술서한에 첨부되었습니다.

진술서 예시에 포함되어 있지는 않지만, 추가적으로 감사인은 경영진(적절한 경우 지배기구 포함)에게 이들이 재무제표를 작성할 때 그 영향을 고려해야 할 알려진 실제의 또는 발생가능한 소송과 배상청구를 해당 재무보고체계에 따라 회계처리하고 공시하였다는 내용의 서면진술을 제공하도록 요구하여야 한다.

제공된 정보 및 거래의 완전성 관련 필수 서면진술에 포함되는 사항 (ISA 580-보론 2 진술서 예시)

① 감사 전제조건 : 우리는 귀감사인에게 다음 사항을 제공하였습니다.

- 기록, 문서 그리고 기타의 사항과 같이, 재무제표의 작성과 관련하여 우리가 알고 있는 모든 정보에 대한 접근
- 감사를 위해 귀 감사인이 우리에게 요청한 추가적인 정보
- 귀 감사인이 감사증거의 입수를 위해 필요하다고 결정한 기업 내부 사람들에 대한 제한 없는 접근

② 감사 전제조건 : 모든 거래는 회계기록에 기재되고 재무제표에 반영되었습니다.

③ 부정 : 우리는 부정으로 인하여 재무제표가 중요하게 왜곡표시될 위험에 대하여 우리의 평가결과를 귀 감사인에게 공개하였습니다.

④ 부정 : 우리는, 우리가 알고 있고 기업에 영향을 미치며 다음의 사람들이 개입되어 있는 부정이나 의심되는 부정과 관련하여 모든 정보를 귀 감사인에게 공개하였습니다.

- 경영진
- 내부통제에 유의적인 역할을 수행하는 종업원
- 부정이 재무제표에 중요한 영향을 미칠 수 있는 기타의 사람들

⑤ 부정 : 우리는 종업원, 과거에 종업원이었던 사람, 분석가, 규제기관 또는 기타의 사람들로부터 커뮤니케이션된, 기업의 재무제표에 영향을 미치는 부정혐의 또는 의심되는 부정과 관련된 모든 정보를 귀 감사인에게 공개하였습니다.

⑥ 법규 : 우리는 재무제표를 작성할 때 그 영향을 고려해야 하는 법규위반 또는 의심되는 법규 위반에 관한 알려진 사례를 모두 귀 감사인에게 공개하였습니다.

⑦ 특수관계자 : 우리는 우리가 알고 있는 특수관계자의 신원과 모든 특수관계 및 특수관계자 거래에 대하여 귀 감사인에게 공개하였습니다.

진술서 예시에 포함되어 있지는 않지만, 추가적으로 감사인은 경영진(적절한 경우 지배기구 포함)에게 이들이 재무제표를 작성할 때 그 영향을 고려해야 할 알려진 실제의 또는 발생가능한 소송과 배상청구를 감사인에게 모두 공개하였다는 내용의 서면진술을 제공하도록 요구하여야 한다.

2.2 기타 서면진술

기타 서면진술 (ISA 580 - A10, A11, A13)

(1) 재무제표에 대한 추가적인 서면진술	추가적인 서면진술에는 다음 사항에 대한 진술이 포함될 수 있다. ① 회계정책의 선택과 적용이 적합한지 여부 ② 해당 재무보고체계 하에서 관련성이 있는 경우, 다음과 같은 사항들이 해당 체계에 따라 인식, 측정, 표시 또는 공시되었는지 여부 • 자산과 부채의 장부가액이나 그 분류에 영향을 미칠 수 있는 계획 또는 의도 • 실제 발생된 부채 및 우발부채 • 자산에 대한 권리 또는 통제, 자산에 대한 담보 또는 저당, 그리고 담보로 제공된 자산 • 재무제표에 영향을 미칠 수 있는 법규와 계약(이에 대한 위반 포함)에 관한 측면
(2) 감사인에게 제공된 정보에 대한 추가적인 서면진술	경영진이 알고 있는 내부통제의 모든 미비점을 감사인에게 전달하였다는 서면진술을 경영진에게 요청할 필요가 있다고 감사인은 생각할 수 있다.
(3) 특정 경영진주장에 대한 서면진술	감사인은 재무제표의 특정 경영진주장에 대하여 경영진에게 서면진술을 제공해 줄 것을 요청하는 것이 필요하다고 생각할 수 있다. 특히, 특정 경영진주장과 관련된 경영진의 판단이나 의도, 또는 특정 경영진주장의 완전성에 대하여 다른 감사증거로부터 입수한 이해를 뒷받침하기 위해서이다. 예를 들어, 경영진의 의도가 투자에 대한 평가기준에 중요하다면, 경영진으로부터 그 의도에 대한 서면진술을 수령하지 않고는 충분하고 적합한 감사증거를 입수하는 것이 가능하지 않을 것이다.

감사인이 재무제표 전체 중 특정 경영진주장(제한된 특정분야)에 대한 판단과 의도에 대한 증거를 입수하거나, 판단과 의도를 평가할 때 고려할 수 있는 항목에는 무엇이 있는가? (ISA 580 - A12)

① 기업이 그 진술한 의도를 수행한 과거의 이력

② 기업이 특정한 일련의 행동을 선택한 이유

③ 기업이 특정한 일련의 행동을 추진할 능력

④ 감사 중 입수하였을 수 있는 기타의 정보로서 경영진의 판단이나 의도와는 일관성이 없을 수 있는 기타 정보의 존재 또는 결여

3 한도기준금액의 커뮤니케이션

한도기준금액의 커뮤니케이션 (ISA 580-A14)

감사기준서는 명백하게 사소한(clearly trivial) 것을 제외하고는 감사 중 식별된 왜곡표시를 집계하도록 감사인에게 요구하고 있다. 감사인은 그 금액 이상은 명백하게 사소하다(clearly trivial)고 간주될 수 없는 한도기준을 결정할 것이다. 마찬가지로, 감사인은 요청된 서면진술의 목적을 위하여 한도기준을 경영진과 커뮤니케이션할 것을 고려할 수 있다.

4 서면진술일과 대상기간

4.1 서면진술일과 감사보고서일

감사보고서일자를 정할 때 적용되는 원칙

① 발행될 감사보고서(감사의견)를 뒷받침하는데 충분하고 적합한 감사증거를 수집한 날보다 빨라서는 안 된다.

② 공시할 재무제표를 이사회가 승인한 날보다 빨라서는 안 된다.

③ 감사보고서일은 업무품질관리검토일보다 빨라서는 안 된다

④ 감사보고서일은 서면진술일보다 빨라서는 안 된다.

⑤ 감사보고서일 후 최종감사파일의 취합을 완료하는 것은 새로운 감사절차의 수행이나 새로운 결론의 도출과는 관계없는 행정적 절차이다. 따라서 감사보고서일에 영향을 미치지 아니한다.

Q 서면진술의 대상기간을 서술하시오. 20

서면진술은 감사보고서에서 언급된 모든 재무제표와 기간을 대상으로 한다. (ISA 580-14)

Q 서면진술일은 언제로 하여야 하는가? 16

서면진술일은 가능한 재무제표에 대한 감사보고서일에 실행가능한 가장 근접한 날로 하되, 감사보고서일보다 늦지 않아야 한다. (ISA 580-14)

Q 서면진술일이 감사보고서일과 같을 수는 있지만 감사보고서일보다 늦을 수는 없는 이유는 무엇인가?

서면진술은 감사인이 수집하는 감사증거 중 가장 최후에 수집하는 필요 감사증거이다. 감사인은 감사증거를 수집 완료한 후에 감사의견을 표명할 수 있기 때문에 감사증거수집완료일인 감사보고서일은 서면진술일보다 빠를 수 없다. (ISA 580-A15)

감사 수행 중에 서면진술을 입수하는 경우 감사절차 (ISA 580 - A16)

상황에 따라서는 재무제표 내의 특정 경영진주장에 대하여 감사의 수행 중에 서면진술을 입수하는 것이 적합할 수 있다. 이 경우, 서면진술을 최신의 것으로 갱신해 달라고 요청하는 것이 필요할 수 있다.

4.2 회계기간 중 경영진이 교체된 경우

현재의 경영진이 감사보고서에 언급된 모든 기간 동안 재직하지 않았을 경우에도 현재의 경영진에게 관련된 전체 기간을 포함하는 서면진술을 요청해야 하는 이유는 무엇인가? 16

감사보고서에 언급된 모든 기간 동안 재직하지 않았다는 사실이 **재무제표 전체에 대한 이들의 책임을 경감하지는 않기 때문**이다. (ISA 580 - A18)

5 서면진술의 형태

서면진술의 형태 (ISA 580 - 15)

서면진술은 감사인을 수신인으로 하는 진술서 형태이어야 한다.

6 서면진술의 신뢰성에 대한 의문 및 요청된 서면진술의 미제공

6.1 서면진술의 신뢰성에 대한 의문

서면진술이 다른 감사증거와 일관성이 없는 경우 감사절차 (ISA 580 - 17~18)

① 이러한 사항의 해결을 시도하는 감사절차를 수행하여야 한다.

② 이러한 사항이 해결되지 않고 있으면, 감사인은 경영진의 적격성, 성실성, 윤리적 가치나 근면성 또는 이에 대한 경영진의 약속이나 그 이행에 대한 평가를 재고하여야 하며, 경영진 진술(구두 또는 서면) 및 감사증거일반의 신뢰성에 미칠 수 있는 영향을 결정하여야 한다.

③ 만약 서면진술을 신뢰할 수 없다면, 감사의견에 미칠 수 있는 영향을 결정하는 등 적절한 조치를 취하여야 한다.

6.2 요청한 서면진술의 미제공 시 감사절차

서면진술을 거부할 경우 감사절차 (ISA 580-19) 20

경영진이 감사인이 요청한 서면진술 중 하나 이상을 제공하지 않는 경우, 감사인은 다음의 절차를 수행하여야 한다.

① 해당 사항을 경영진과 토의함

② 경영진의 성실성을 다시 평가하고, 경영진 진술(구두 또는 서면) 및 감사증거일반의 신뢰성에 미칠 수 있는 영향을 평가함

③ 감사의견에 미칠 가능성이 있는 영향의 결정을 포함한 적절한 조치를 취함

6.3 필수 서면진술 미제공 시 감사보고

경영진 책임에 관한 서면진술 (ISA 580-20)

다음 중 어느 하나와 같이 필수 서면진술에 의문이 있거나 서면진술을 거부하는 경우, 감사인은 재무제표에 대한 의견표명을 거절하여야 한다.

① 경영진의 성실성에 대해서, 재무제표의 작성과 제공된 정보 및 거래의 완전성에 대한 서면진술을 신뢰할 수 없을 정도로 의문이 있다고 감사인이 결론을 내린 경우

② 경영진이 재무제표의 작성과 제공된 정보 및 거래의 완전성에 대한 서면진술을 제공하지 않는 경우

Q 필수 서면진술을 거부하는 경우 감사인은 대체적인 감사절차를 수행하여야 하는가?

그렇지 않다. 왜냐하면, 필수 서면진술은 감사의 전제조건이기 때문에 경영진이 진술을 거부할 타당한 사유가 없다. 타당한 이유가 없는 경우에 감사인은 대체적 감사절차를 수행하지 않아도 된다.

Q 기타 서면진술을 거부하는 경우 감사인은 대체적인 감사절차를 수행하여야 하는가?

그렇다. 왜냐하면, 이는 감사인이 수집한 감사증거(예 질문 등)를 보완하기 위하여 경영진에게 추가적으로 진술을 요청하는 것이기 때문이다. 만약, 대체적 절차로서도 충분하고 적합한 감사증거를 수집할 수 없는 경우 감사인은 감사범위제한으로 감사의견을 변형할 수 있다.

SECTION

07 감사의견의 결정 및 분석적절차

1 전반적인 결론을 내리기 위한 분석적절차

1.1 전반적인 결론을 내리기 위한 분석적절차의 목적

감사 단계별 분석적절차의 목적 18

단 계	분석적절차의 목적	생략가능여부
위험평가절차로서의 분석적절차	감사인이 ① 알지 못한 기업의 측면들을 식별하고, 변화와 같은 고유위험요소가 경영진주장의 왜곡표시 가능성에 어떻게 영향을 미치는지 이해함으로써 ② 중요왜곡표시위험의 식별과 평가에 도움 (ISA 315-A28)	생략 불가 (위험평가절차에는 분석적절차가 포함되어야 함) (ISA 315-14)
실증적인 분석적절차	관련성이 있고 신뢰할 수 있는 감사증거를 입수함 (ISA 520-3)	생략 가능 (효과성과 효율성에 대한 판단에 근거하여) (ISA 520-A4)
전반적인 결론을 내리기 위한 분석적절차	감사의 종료시점에 근접하여 기업에 대하여 이해한 바와 재무제표가 일관성이 있는지에 대하여 전반적인 결론을 내릴 때 도움 (ISA 520-3)	생략 불가 (ISA 520-6)

Q 전반적인 결론을 내리기 위한 분석적절차의 결과, 이전에 인식되지 않았던 중요왜곡표시위험이 식별된다면 감사인에게 요구되는 절차는 무엇인가?

중요왜곡표시위험에 대한 감사인의 평가를 수정하고 이에 따라 계획된 추가감사절차를 변경할 것이 요구된다. (ISA 520-A18)

1.2 분석적절차의 내용

전반적 결론을 내리기 위한 분석적 절차

전반적 결론을 내리기 위한 분석적절차는 구체적인 감사증거를 확보하는 목적이 아니라 감사인의 확신에 도움을 주기 위한 것이므로 다음과 같은 절차를 실시할 수 있다.

① 백분율 재무상태표를 작성하고 주요 변동원인 규명

② 백분율 포괄손익계산서를 작성하고 원가율 등 주요 변동원인 규명

③ 재무상태표와 포괄손익계산서의 주요항목에 대한 추세비율을 분석하고 동종 산업의 일반적인 추세 등과 대비

④ 제조원가구성비율 등의 분석

⑤ 활동성비율(총자본회전율, 자기자본회전율, 재고자산회전율, 매출채권회전율 등)을 분석하고 주요 변동원인 규명

⑥ 안정성비율(유동비율, 당좌비율, 부채비율 등)을 분석하고 주요 변동원인 규명

⑦ 수익성비율(총자본이익률, 자기자본이익률 등)을 분석하고 주요 변동원인 규명

⑧ 자기자본이 잠식되어 있거나 매출총손실이 나타나는 경우에는 기업의 계속적 존속가능 여부, 정상조업도, 판매가격형성, 생산성 등과 관련하여 주요 변동원인을 분석하여 정상화 방안 검토

CHAPTER

10

감사의 완료 : 감사보고

SECTION

01 감사보고서

1 회계감사기준이 추구하는 감사보고서

회계감사기준이 추구하는 감사보고서 (ISA 700-4)

감사기준서의 요구사항은 감사인 보고에 있어 국제적인 일관성 및 비교가능성이 필요하다는 점과 감사보고서가 제공하는 정보가 이용자에게 보다 목적 적합하여 감사보고서의 가치를 증진시킬 필요가 있다는 점 간의 균형을 달성하는 것을 목표로 한다. 감사가 감사기준에 따라 수행된 경우, 감사보고서의 일관성은 국제적으로 인정된 기준에 따라 수행된 감사를 보다 용이하게 식별하게 함으로써 국제시장에서의 신뢰성을 증진한다. 또한 감사보고서의 일관성은 이용자의 이해를 증진시키고 비경상적인 상황이 발생한 경우 이를 식별하는 데도 도움이 된다.

2 감사기준에 따라 수행된 감사에 대한 감사보고서(Auditor's Report for Audits Conducted in Accordance with International Standards on Auditing)

감사보고서의 기본요소

<table>
<tr><th>기본요소</th><th>구체적인 내용</th></tr>
<tr><td>1. 제 목</td><td>독립된 감사인의 감사보고서 (ISA 700-21)</td></tr>
<tr><td>2. 수 신 인</td><td>감사계약 또는 법규의 규정에 따름 (통상적으로 주주 또는 지배기구) (ISA 700-A21) 13</td></tr>
<tr><td>3. 감사보고서</td><td></td></tr>
<tr><td>감 사 의 견</td><td>
<table>
<tr><th rowspan="2">형식적인 정보 (ISA 700-24)</th><th colspan="2">실질적인 정보 (적정의견 가정)</th></tr>
<tr><th>공정표시체계
(ISA 700-25)</th><th>준수체계
(ISA 700-26)</th></tr>
<tr><td>① 감사대상 기업
② 해당 재무제표가 감사받았다는 사실
③ 재무제표를 구성하는 단위재무제표의 명칭
④ 유의적인 회계정책의 요약을 포함한 재무제표의 주석에 대한 언급
⑤ 재무제표를 구성하는 단위재무제표의 보고대상 일자나 기간</td><td>"우리의 의견으로는 별첨된 재무제표는 [...]을 [해당 재무보고체계]에 따라 중요성의 관점에서 공정하게 표시하고 있음"</td><td>"별첨된 재무제표는 중요성의 관점에서 [해당 재무보고체계]에 따라 작성되었다"</td></tr>
</table>
</td></tr>
</table>

감사의견근거 (ISA 700-28)	① 감사가 감사기준에 따라 수행되었음을 기술 ② 감사기준에 따른 감사인의 책임을 기술하는 감사보고서의 단락 언급 ③ 감사인은 감사와 관련된 윤리적 요구사항에 따라 기업으로부터 독립적이며 그러한 요구사항에 따른 기타의 윤리적 책임들을 이행하였다는 기술 포함 ④ 입수한 감사증거가 감사의견의 근거를 제공하기에 충분하고 적합하다고 감사인이 믿는지 여부에 대한 기술
계속기업 관련 중요한 불확실성 (ISA 700-29) (일정조건을 충족하는 경우에 한정)	회계의 계속기업전제의 사용이 적합 + 중요한 불확실성이 존재 + 경영진이 재무제표에 중요한 불확실성을 적절하게 공시 ➡ 적정의견 + "계속기업 관련 중요한 불확실성" 단락 추가
핵심감사사항	핵심감사사항은 유가증권시장과 코스닥시장에 상장된 기업에만 의무적용하며, 그 외 기업은 자율적으로 적용함 (ISA 701-6) (ISA 700-30) 25
기타정보 (의견거절의 경우를 제외하고 필요한 경우)	① 경영진이 기타정보에 책임이 있다는 설명 ② 감사보고서일 전에 입수한 기타정보와 상장기업의 경우 감사보고서일 후에 입수할 것으로 예상되는 기타정보의 식별 ③ 감사의견은 기타정보를 포함하지 않으며, 따라서 감사인은 기타정보에 대해 감사의견이나 어떠한 형태의 확신도 표명하지 않고 앞으로도 표명하지 않을 것이라는 설명 ④ 이 감사기준서에서 요구하는 기타정보의 열람, 고려, 보고와 관련된 감사인의 책임에 대한 기술 ⑤ 기타정보가 감사보고서일 전에 입수된 경우 다음 중 하나 (i) 감사인이 보고할 내용이 없다는 설명 (ii) 감사인이 기타정보에 중요한 미수정왜곡표시가 있다고 결론내린 경우, 기타정보의 중요한 미수정왜곡표시를 기술하는 설명
재무제표에 대한 경영진과 지배기구의 책임	• 경영진의 책임 (ISA 700-34) ① 해당 재무보고체계에 따른 재무제표의 작성, 그리고 ② 부정이나 오류로 인한 중요한 왜곡표시가 없는 재무제표를 작성하기 위해 필요하다고 경영진이 결정한 내부통제에 대한 책임 ③ 해당 기업의 계속기업으로서의 존속능력에 대한 평가와 해당되는 경우 계속기업 관련 사항의 공시뿐 아니라 회계의 계속기업전제 사용이 적합한지 여부에 대한 평가에 대한 책임 • 지배기구의 책임 (ISA 700-35) 재무보고절차의 감시에 대한 책임
재무제표감사에 대한 감사인의 책임	① 감사인의 목적은 재무제표가 전체적으로 부정이나 오류로 인하여 중요하게 왜곡표시 되지 아니하였는지 여부에 대하여 합리적인 확신을 얻어, 감사의견을 포함한 감사보고서를 발행하는 것임

기본요소	구체적인 내용
	② 합리적인 확신은 높은 수준의 확신을 의미하나, 감사기준에 따라 수행된 감사가 항상 중요한 왜곡표시를 발견할 것을 보장하지는 않음 ③ 왜곡표시는 부정이나 오류로부터 발생할 수 있음 및 해당재무보고체계에 따른 중요성의 정의 또는 설명의 제공 (ISA 700-38)
	④ 감사기준에 따른 감사의 일부로서 감사인은 감사의 전 과정에 걸쳐 전문가적 판단을 하고 전문가적 의구심을 유지함 ⑤ 감사인의 책임을 명시함으로써 감사에 대하여 기술함 (ISA 700-39)
	⑥ 유의적인 감사의 발견사항에 대하여 지배기구와 커뮤니케이션 한다는 것 ⑦ 독립성에 대한 관련 윤리적 요구사항들을 준수 ⑧ 핵심감사사항(상장기업 이외에 한함) (ISA 700-40)
	④~⑧에서 요구하는 내용은 (1) 감사보고서 본문 내, (2) 감사보고서 보론 내, (3) 관계 당국의 웹사이트(법규 또는 해당 국가의 감사기준에서 명시적으로 허용하는 경우) 중 한 곳에 기술하여야 한다. (ISA 700-41)
4. 강조사항 및 기타사항 (필요할 경우)	• 재무제표에 적절하게 표시되거나 공시된 것 (강조사항) • 재무제표에 표시되거나 공시되지 아니한 사항 (기타사항)
5. 업무수행이사의 이름 25 19	① 업무수행이사의 이름을 감사보고서에 기재하는 것은 상장기업에만 의무적용하며, 그 외 기업은 자율적으로 적용함 (ISA 700-45) ② 업무수행이사의 이름을 공시하는 것이 개인의 안전에 대한 유의적 위협을 발생시킨다고 합리적으로 예상되는 경우에는 업무수행이사의 이름을 생략 가능. 이 경우, 감사인은 개인의 안전에 대한 유의적 위협의 발생가능성과 심각성에 대한 감사인의 평가를 알리기 위해 업무수행이사의 이름을 기재하지 않으려는 감사인의 의도를 지배기구와 논의하여야 함 (ISA 700-46). 그리고 이름을 기재하지 않는 이유와 지배기구와 논의한 내용 및 그 사실을 문서화함
6. 감사인의 서명	감사보고서에는 감사인의 명칭을 기재하고 관련법규에 따라 회계법인의 경우 대표이사, 감사반의 경우 감사에 참여한 구성원 전원이 기명·날인한다.
7. 감사인의 주소	감사인이 직무를 수행하고 있는 국가 내의 소재지
8. 감사보고서일	① 감사보고서일은 감사인이 재무제표에 대한 감사의견의 형성에 기초가 되는 충분하고 적합한 증거를 입수한 날보다 빠르지 않아야 한다. (사실상 감사를 종료한 날 = 서면진술일) ≦ (감사보고서일 = 감사인과 경영진의 책임한계 구분일) 11 ② 감사인의 책임은 경영진이 작성하고 제시한 재무제표에 대한 의견을 표명하는 것이므로 감사보고서 일자는 경영진이 재무제표에 서명하고 승인한 일자 이후이어야 한다.

감사보고서에 '독립된 감사인의 감사보고서'라는 것을 명확히 나타내는 제목을 사용하여야 하는 이유는 무엇인가?

① **감사인이 독립성에 관한 윤리적 요구사항을 모두 충족**시켰으며, 따라서 이러한 보고서는 ② **다른 사람들(예 내부감사)이 발행한 보고서와 구별된다는 것을 확인**하는 것이다. (ISA 700-A20)

상장법인에만 해당되는 감사보고서 기재사항으로는 무엇이 있는가? 25

① **핵심감사사항** (ISA 701-5)

② **업무수행이사 이름** (ISA 700-46)

③ **재무제표에 대한 감사인의 책임** 중 감사인의 **독립성**에 대한 관련 윤리적 요구사항의 준수 및 안전장치를 포함한 관련 사항을 지배기구와 커뮤니케이션한다는 진술을 지배기구에게 제공한다는 것 (ISA 700-40)

감사보고서에 '기타정보' 또는 다른 적절한 제목으로 별도의 단락을 포함하여야 하는 경우는 언제인가? (ISA 720-21)

① 상장기업의 재무제표 감사인인 경우 : 감사인이 기타정보를 입수하였거나 입수할 것으로 예상함

② 상장기업이 아닌 기업의 재무제표 감사인인 경우 : 감사인이 기타정보의 일부 혹은 전부를 입수하였음

감사보고서에 기재되는 '재무제표감사에 대한 감사인의 책임' 중 반드시 감사보고서 본문에 기재되어야 하는 사항은 무엇인가? (ISA 700-38)

① 감사인의 목적은 합리적 확신을 얻어 감사의견을 포함한 감사보고서를 발행한다는 것

② 합리적인 확신은 높은 수준의 확신이며, 감사기준에 따라 수행된 감사가 항상 중요한 왜곡표시를 발견할 것을 보장하지 않음

③ 왜곡표시는 부정이나 오류로부터 발생할 수 있음 및 재무보고체계에 따른 중요성의 정의

감사기준에서 업무수행이사(담당이사)의 이름을 감사보고서에 기재하도록 요구하는 이유는 무엇인가?

① 이용자에 대한 투명성 제고 (ISA 700-A61)

② 업무수행이사의 개인적 책임성 강화

감사보고서에서 감사인이 특정일자를 감사보고서일로 지정하여 기재하는 이유(또는 효과)는 무엇인가? 14

감사보고서일은 이 날까지 발생된 사항으로서 감사인이 알게 된 사건과 거래의 영향을 고려하였다는 사실을 정보이용자들에게 알리는 것이다. (ISA 700-A66) 이를 통해 감사보고서일 후에 발생된 사건과 거래에 대해서는 적극적인 책임을 지지 않겠다는 사실을 명확히 할 수 있다.

재무제표감사에 대한 감사인의 책임을 기술하는 위치 (ISA 700-41)

반드시 감사보고서 본문에 기재되어야 하는 사항 이외의 재무제표감사에 대한 감사인의 책임은 다음 중 한 곳에 기술하여야 한다.

(a) 감사보고서 본문 내

(b) 감사보고서 보론 내. 이 경우 감사보고서는 해당 보론의 위치에 대한 언급을 포함하여야 함

(c) 법규 또는 해당 국가의 감사기준에서 명시적으로 허용하는 경우, 관계 당국의 웹사이트. 감사인은 해당 웹사이트 상의 기재 위치를 감사보고서 내에 구체적으로 언급하여야 함

감사보고서일과 충분하고 적합한 감사증거 입수일 (ISA 700-49)

감사보고서일은 감사인이 재무제표에 대한 감사의견의 형성에 기초가 되는 충분하고 적합한 증거를 입수한 날보다 빠르지 않아야 한다. 이러한 감사증거에는 다음에 관한 증거들도 포함된다.

(a) 재무제표(관련 주석 포함)를 구성하는 모든 단위재무제표가 작성되었음.

(b) 인정된 권한을 가진 기구가 해당 재무제표에 대하여 책임을 진다고 주장하였음.

3 감사의견에 영향을 미치는 요소

감사의견의 변형 사유 (ISA 705-6)

감사인은 다음 중 하나의 경우 감사의견을 변형시켜야 한다.

① 감사인이 입수한 감사증거에 근거하여 재무제표 전체에 중요한 왜곡표시가 존재한다고 결론을 내리는 경우

② 감사인이 재무제표 전체에 중요한 왜곡표시가 없다고 결론을 내릴 수 있을 정도로 충분하고 적합한 감사증거를 입수할 수 없는 경우

감사인이 충분하고 적합한 감사증거를 입수하지 못하는 상황 중 '경영진에 의한 제한'이 발생한 경우, 이러한 상황이 해당 감사와 관련하여 감사인에게 어떠한 점을 시사하는가? 24

경영진에 의한 제한은 부정위험에 대한 감사인의 평가 또는 감사의 계속적 수행여부에 대한 고려와 같이 해당 감사와 관련하여 다른 시사점을 가질 수도 있다. (ISA 705-A9)

3.1 재무제표의 왜곡표시(Misstatements)

재무제표의 중요한 왜곡표시가 발생될 수 있는 경우 (ISA 705 – A3~A7)

재무제표가 왜곡표시된 경우	구체적인 사례
(a) 선택된 회계정책의 적합성	• 선택된 회계정책이 해당 재무보고체계와 일관성이 없는 경우 • 재무제표가 재무상태표, 포괄손익계산서, 자본변동표 또는 현금흐름표의 유의적인 항목에 대한 회계정책을 정확하게 기술하고 있지 않은 경우 • 재무제표가 공정한 표시를 달성하는 방식으로 기본적인 거래와 사건들을 나타내거나 공시하고 있지 않는 경우
(b) 선택된 회계정책의 적용	• 선택된 회계정책을 보고기간 간 또는 유사한 거래와 사건에 일관되게 적용하지 않은 경우 등 경영진이 선택된 회계정책을 해당 재무보고체계와 일관되게 적용하지 않은 경우(적용의 일관성) • 선택된 회계정책의 적용방법으로 인한 경우(예 의도하지 아니한 적용 오류)
(c) 재무제표 공시의 적합성 또는 적절성	• 재무제표가 해당 재무보고체계에서 요구하는 모든 공시를 포함하지 않은 경우 • 재무제표 공시가 해당 재무보고체계에 따라 표시되지 않은 경우 • 해당 재무보고체계에서 구체적으로 요구하는 공시를 넘어 공정한 표시를 달성하는 데 필요한 추가 공시를 재무제표가 제공하지 않은 경우

3.2 감사인이 충분하고 적합한 감사증거를 입수할 수 없는 경우

충분하고 적합한 감사증거를 입수할 수 없는 경우 (ISA 705 – A8~A12) 24

감사범위가 제한되는 경우	구체적인 사례
(a) 기업의 통제를 벗어난 상황	• 기업의 회계기록이 파기 · 훼손된 경우 • 유의적 부문의 회계기록이 정부 당국에 의해 무기한 압류 또는 압수된 경우
(b) 감사인 업무의 성격이나 시기와 관련된 상황	• 관계기업에 대한 회계처리에 지분법을 적용하도록 요구되는 상황에서, 감사인이 지분법의 적합한 적용여부를 평가하는 데 관계기업의 재무정보에 대하여 충분하고 적합한 감사증거를 입수할 수 없는 경우 • 감사인이 그 선임시기 때문에 재고자산의 실사에 입회할 수 없는 경우 • 감사인이 실증절차를 수행하는 것만으로는 충분하지 않다고 판단하였으나, 기업의 통제가 효과적이지 않은 경우
(c) 경영진에 의한 의도적인 제한	• 경영진이 재고자산 실사에 감사인의 입회를 막는 경우 • 경영진이 특정 계정잔액에 대한 감사인의 외부조회를 막는 경우

경영진에 의하여 감사범위가 제한된 경우 감사절차(ISA 705-11~13)

[1단계] 경영진이 의도적으로 감사범위를 제한할 경우 : 범위 제한 제거를 요청	감사인이 업무를 수임한 후 경영진에 의하여 (감사의견에 영향을 미칠 수 있는 정도로 중요한) 감사범위가 제한된 경우, 감사인은 경영진에게 해당 제한을 제거하도록 요청하여야 한다.
[2단계] 경영진이 제한 제거를 거부한 경우 : 지배기구와 협의 + 대체적인 절차 가능성 고려	만약, 경영진이 감사인의 요구를 거절하는 경우, 지배기구의 모든 구성원이 그 기업의 경영에 참여하고 있지 않는 한, 감사인은 해당 사항을 지배기구에게 커뮤니케이션하고 충분하고 적합한 감사증거를 입수할 수 있는 대체적 절차의 수행이 가능한지 여부를 결정하여야 한다.
[3단계] 감사의견에 미치는 영향 고려	감사인이 충분하고 적합한 감사증거를 입수할 수 없는 경우, 그 시사점을 결정한다. ❶ 감사범위제한이 중요한 경우 ➠ 한정의견 ❷ 감사범위제한이 중요 + 전반적인 경우 ➠ – 1st : 감사계약해지(실행가능하며 관련 법규상 가능한 경우) – 2nd : 의견거절 ※ 의견거절이 기대되는 경우 감사인은 우선 감사계약해지를 고려하고, 가능하지 않은 경우 의견거절한다.

경영진이 의도적으로 감사범위를 제한한 경우에 감사인이 몇 가지 사전절차를 거쳐 감사계약을 해지할 수 있는 이유는 무엇인가?

감사인과 경영진은 감사계약에서 '감사인의 제한되지 않은 감사증거의 접근'을 조건으로 한다. 그런데 경영진이 의도적으로 감사범위를 제한(예를 들면, 비합리적인 사유로 외부조회를 거부한 경우 등)한다면 이는 감사계약의 조건을 위반한 것이고 이 경우 감사인은 몇 가지 사전절차를 거쳐 감사계약을 해지할 수 있게 하였다.

4 감사의견의 형성(Forming an Opinion on the Financial Statements)

감사인이 합리적인 확신을 얻었는가를 평가할 때 고려할 사항(ISA 700-11, 12)

① 감사기준에 따라 충분하고 적합한 감사증거를 입수했는지 여부에 대한 감사인의 결론
② 미수정왜곡표시가 감사기준에 따라 개별적으로 또는 집합적으로 중요한지 여부에 대한 감사인의 결론
③ 재무제표가 중요성의 관점에서 해당 재무보고체계에 따라 작성되었는지 여부에 대한 평가

해당 재무보고체계의 요구사항을 따랐는가를 평가할 때 점검할 사항 (ISA 700-13)

① 경영진이 선택하고 적용한 유의적인 회계정책이 재무제표에 적절히 공시(disclose)되었는지 여부

② 경영진이 선택하고 적용한 회계정책이 해당 재무보고체계와 일관성(consistent)이 있으며 또한 적합(appropriate)한지 여부

③ 경영진이 도출한 회계추정치가 합리적인지 여부

④ 재무제표에 표시된 정보가 목적적합하고(relevant), 신뢰할 수 있고(reliable), 비교가능하며(comparable), 이해가능한지(understandable) 여부

⑤ 의도된 이용자(intended users)들이 중요한 거래와 사건이 재무제표의 정보에 미치는 영향을 이해할 수 있도록 재무제표의 공시(adequate disclosures)는 적절한지 여부

⑥ 재무제표에 사용된 용어(단위재무제표의 명칭 포함)가 적합한지 여부

5 감사의견(Auditor's Opinions)

감사의견에 영향을 미치는 사항과 감사의견 (ISA 705-A1) 21 16 15 14 13 12

감사의견의 변형을 초래한 사항의 성격	해당 사항이 재무제표에 미치거나 미칠 수 있는 영향의 전반성에 대한 감사인의 판단		
	중요하지 않은 경우	중요하지만 전반적이지 않은 경우	중요하면서 전반적인 경우
재무제표가 왜곡표시된 경우 (회계기준위배)	적정의견	한정의견	부적정의견
충분하고 적합한 감사증거를 입수할 수 없는 경우 (감사범위제한)	적정의견	한정의견	의견거절

Q 전반적이라는 용어는 왜곡표시가 재무제표에 미치는 영향(또는 충분하고 적합한 감사증거를 입수할 수 없어서 발견되지 아니한 왜곡표시가 재무제표에 미칠 수 있는 영향)을 기술하기 위해 왜곡표시의 관점에서 사용되는 용어이다. 감사인은 어떤 경우에 재무제표에 대한 영향이 전반적(pervasive)이라고 판단하는가? (ISA 705-5) 24

다음 중 하나에 해당한다고 감사인이 판단하는 경우

① 재무제표의 특정 요소, 계정과목 또는 항목에 국한되지 않음

② 재무제표의 특정 요소, 계정과목 또는 항목에 국한되지만 이들이 재무제표의 상당한 부분을 나타내거나 나타낼 수 있음

③ 공시와 관련하여, 이용자가 재무제표를 이해하는 데 근본적임

서술적 공시와 관련하여 재무제표의 중요한 왜곡표시가 존재하는 경우, 감사인은 해당 공시가 어떻게 왜곡표시 되어있는지에 대한 설명을 감사의견근거 단락에 포함하여야 한다. 공시가 요구되는 정보의 미공시와 관련하여 재무제표의 중요한 왜곡표시가 존재하는 경우, 감사인이 수행해야 할 감사절차는 무엇인가? (ISA 705-23) 21

① 미공시에 대하여 지배기구와 토의

② 누락된 정보의 성격을 감사의견근거 단락에 기술

③ 감사인이 누락된 공시를 포함하는 것이 실행가능하고 누락된 정보에 대하여 충분하고 적합한 감사증거를 입수한 경우, 감사인은 법규상 금지되지 않는 한 누락된 공시를 포함

6 감사보고서 핵심감사사항 커뮤니케이션

6.1 핵심감사사항의 의의

핵심감사사항의 정의 (ISA 701-8)

감사인의 전문가적 판단에 따라, 당기 재무제표감사에서 가장 유의적인 사항. 핵심감사사항은 지배기구와 커뮤니케이션한 사항 중에서 선택된다.

핵심감사사항에 대한 커뮤니케이션의 목적 (ISA 701-2, 3) 17

① 당기 재무제표 감사에서 가장 유의적인 사항들을 이해하는 데 도움이 될 수 있도록 추가적인 정보를 제공한다.

② 의도된 이용자들이 기업과 감사받은 재무제표에서 유의적경영진판단 분야를 이해하는데 도움을 준다.

③ 의도된 이용자에게 경영진과 지배기구에 더 많이 관여할 수 있는 근거를 제공한다.

④ 수행된 감사에 대하여 투명성을 제고함으로써 감사보고서에서의 커뮤니케이션 가치를 향상시킨다.

핵심감사사항 커뮤니케이션이 제공하지 않는 것 (ISA 701-4)

감사보고서에서 핵심감사사항에 대하여 커뮤니케이션하는 것은 감사인이 재무제표 전체에 대하여 의견을 형성하는 맥락에서 이루어진다. 감사보고서에서 핵심감사사항에 대하여 커뮤니케이션하는 것이 다음의 각 항목에 해당되는 것은 아니다.

① 해당 재무보고체계에서 경영진에게 작성하도록 요구하거나 또는 공정한 표시를 달성하기 위해 필요한 재무제표 공시를 대체

② 특정 감사업무의 상황에서 요구되는 경우 감사인의 변형의견 표명을 대체

③ 계속기업으로서의 존속능력에 대하여 유의적 의문을 불러일으킬 수 있는 사건이나 상황과 관련한 중요한 불확실성이 존재하는 경우 감사기준서상 "계속기업에 대한 보고"를 대체

④ 개별 사항들에 대한 별도 의견

6.2 핵심감사사항의 결정(Determining Key Audit Matters)

핵심감사사항의 결정 단계 (ISA 701-9, 10, A10) 22

[1단계] 지배기구와 커뮤니케이션한 사항	지배기구와 커뮤니케이션한 사항은 핵심감사사항으로 분류될 수 있는 후보군에 속한다. 즉, 핵심감사사항은 지배기구와 커뮤니케이션한 것 중에서 후속단계를 거쳐 산정한다.
[2단계] 유의적감사인주의를 요구한 사항	지배기구와 커뮤니케이션한 사항 중에서, 감사를 수행하는 과정에서 유의적감사인주의를 요구한 사항(significant auditor attention)을 파악한다.
[3단계] 가장 유의한 사항	유의적감사인주의를 요구한 사항 중에서 가장 유의적인(most significant) 사항에 해당되는 것들을 핵심감사사항으로 분류한다. ➡ 비록 비교재무제표가 표시되는 경우라도(즉, 감사의견이 재무제표가 표시되는 각각의 기간에 대하여 표명된 경우라도), 핵심감사사항에 대한 감사인의 결정은 당기 재무제표감사에서 가장 유의적인 사항들로 제한된다.

[2단계] 유의적감사인주의를 요구한 사항 결정 시 고려사항 (ISA 701-9) 21 18

① 중요왜곡표시위험이 더 높게 평가되거나 유의적 위험으로 식별된 분야

② 높은 추정불확실성을 가지는 회계추정치를 포함하여, 유의적경영진판단이 수반된 재무제표 분야와 관련되는 유의적감사인판단

③ 보고기간 중 발생한 유의적인 사건이나 거래가 감사에 미치는 영향

[3단계] 가장 유의적인 사항 결정 시 고려사항(ISA 701-10, A27~A30)

감사인은 유의적감사인주의를 요구한 사항 중 어떤 사항들이 당기 재무제표감사에서 가장 유의적인 사항들, 즉 핵심감사사항인지를 결정하여야 한다.

① 지배기구와 커뮤니케이션 성격, 범위 및 빈도 등 고려

② 상대적 중요성(유의성)을 결정할 때 고려할 기타사항

- 재무제표에서 해당 사항의 중요성
- 경영진의 회계정책 선택에 수반되는 복잡성이나 주관성
- 해당 사항과 관련된 부정이나 오류로 인한 수정왜곡표시와 집계된 미수정왜곡표시의 질적 또는 양적 성격과 중요성
- 해당 사항을 다루기 위해 필요한 감사노력의 성격과 범위
- 감사증거를 입수하는데 있어서의 어려움의 성격과 심각성(특히 감사인의 판단이 더 주관적이 될수록 증거수집이 어려움)
- 식별된 통제 미비점의 심각성
- 해당 사항이 다수의 감사 고려사항과 관련되는지 여부(예 장기계약은 수익인식, 소송 또는 기타 우발사항에 대하여 유의적감사인주의를 수반할 수 있으며 기타의 회계추정치에 영향을 미칠 수 있음)

Q! 감사기준에서 지나치게 많은 핵심감사사항을 지양하는 이유는 무엇인가? (ISA 701-A30)

① 감사인이 이러한 사항들 각각이 핵심감사사항의 정의를 충족시키는지 여부를 재고할 필요가 더 많을 수 있다.

② 지나치게 많은 핵심감사사항 목록은 감사에서 가장 유의적인 사항이라는 핵심감사사항의 개념에 반할 수 있다.

6.3 핵심감사사항에 대한 커뮤니케이션(Communicating Key Audit Matters)

핵심감사사항의 보고(ISA 701-11, 13) 24 21 19

제 목	"핵심감사사항"이라는 제목의 별도 단락을 사용한다.
도입 문구	① 핵심감사사항은 감사인의 전문가적 판단에 따라 [당기] 재무제표감사에서 가장 유의적인 사항임 ② 해당 사항은 재무제표 전체에 대한 감사의 관점에서, 재무제표 전체에 대한 감사의견을 형성할 때 다루어진 사항이며, 감사인은 이 사항에 대하여 별도의 의견을 제공하지 않음

개별 핵심감사사항 기술	감사보고서의 핵심감사사항 단락의 각각의 핵심감사사항에 대한 기술은 재무제표의 관련 공시에 대한 언급을 포함하여야 하고 다음 사항을 다루어야 한다. ① 해당 사항이 감사에서 가장 유의적인 사항 중 하나로 고려되어 핵심감사사항으로 결정된 이유 ② 해당 사항이 감사에서 다루어진 방법

Q 핵심감사사항이 감사에서 어떻게 다루어졌는지를 기술하기 위해 감사보고서에 제공할 상세내역의 양은 전문가적 판단사항이다. 감사인이 이러한 전문가적 판단으로 기술할 수 있는 사항에는 무엇이 있는지 서술하시오.

① 해당 사항에 가장 관련성이 있거나 평가된 중요왜곡표시위험에 특유한 감사인의 대응 및 접근방법

② 수행된 감사절차의 개략적인 개요

③ 감사절차의 결과에 대한 암시

④ 해당 사항과 관련한 주요 관찰사항

또는 이러한 요소들 중 일부의 결합 (ISA 701 - A46)

Q 핵심감사사항으로 결정된 사항을 감사보고서에 기재하지 않을 수 있는 예외적인 경우 두 가지는 무엇인가? (ISA 701-14) 18

① 법규에서 해당 사항에 대한 공시를 배제함

② 극히 드문 상황에서, 해당 사항을 감사보고서에 커뮤니케이션함으로써 발생할 수 있는 부정적 결과가 그러한 커뮤니케이션의 공익적 효익을 훨씬 넘어설 것이라고 합리적으로 예상되기 때문에 감사인이 감사보고서에 해당 사항을 커뮤니케이션해서는 안 된다고 결정한 사항(예 기업의 기밀정보) 단, 기업이 해당 사항에 관한 정보를 공시한 적이 있는 경우에는 동 문단을 적용해서는 안됨.

감사의견 변형 또는 계속기업 유의적 의문에 대한 중요한 불확실성과 핵심감사사항 (ISA 701 -15)

변형의견을 초래하는 사항 또는 계속기업 관련 중요한 불확실성은 그 특성상 핵심감사사항이다. 그러나, 그러한 상황에서, 이 사항들은 감사보고서의 핵심감사사항 단락에 기술되어서는 안 되며, 감사인은 다음의 절차를 수행하여야 한다.

① 해당 감사기준서에 따라 이 사항들에 대하여 보고함 ➡ 예를 들면, 감사의견근거 단락 또는 계속기업 관련 중요한 불확실성 단락에 반영

② 핵심감사사항 단락에 한정의견(부적정의견)근거 단락 또는 계속기업 관련 중요한 불확실성 단락에 대한 언급을 포함함 ➡ 해당 사항을 구체적으로 설명하는 것이 아니라 언급(Include a reference)만 하는 것임. 예를 들면, 핵심감사사항 단락 본문 중간에 다음과 같이 기술할 수 있다. "...우리는 한정의견근거 단락에 기술된 사항에 추가하여, 아래에 기술된 사항을 이 감사보고서에서 커뮤니케이션 할 핵심감사사항으로 결정하였습니다..."

핵심감사사항과 감사보고서 다른 요소간의 상호작용 25

감사보고서에 포함되도록 요구되는 다른 요소	핵심감사사항	
	직접 영향을 미침	직접 관련이 없음
한정의견	핵심감사사항단락에 포함하지 않음	핵심감사사항단락에 포함
부적정의견	핵심감사사항단락에 포함하지 않음	핵심감사사항단락에 포함하지 않을 수 있음
의견거절	핵심감사사항단락 없음	

Q 감사인이 의견을 거절할 경우 법규에서 달리 요구하지 않는 한 핵심감사사항 단락을 감사보고서에 포함하는 것을 금지하는 이유는 무엇인가?

의견거절을 초래한 사항 외에 핵심감사사항을 커뮤니케이션하는 것은, 핵심감사사항과 관련하여서는 더 신뢰성이 있다는 의미를 나타낼 수 있고, 이는 재무제표 전체에 대한 의견거절과는 일관성이 없기 때문이다. (ISA 705 - A26)

Q 감사의견 변형 사유를 핵심감사사항 단락이 아니라 한정의견(부적정의견)근거 단락에 기재하는 이유는 무엇인가?

감사인이 한정의견 또는 부적정의견을 표명하는 경우, 한정의견(부적정의견)근거 단락에 변형의견을 초래하는 사항을 기술하는 것은 의도된 이용자들의 이해를 증진시키고 그러한 상황들이 발생하는 경우 이를 식별하는데 도움이 된다. 그러므로 핵심감사사항 단락에 기술된 다른 핵심감사사항으로부터 이 사항에 대한 커뮤니케이션을 분리하는 것이 감사보고서에서 이 사항을 적절하게 부각시킨다. (ISA 701 - A6)

Q 감사인이 부적정의견을 표명하는 경우, 부적정의견을 초래하는 사항 외의 다른 사항들은 핵심감사사항이 아니라고 결정할 수 있도록 감사기준에서 제시하는 이유는 무엇인가?

재무제표 전체에 대한 부적정의견이 적합한 상황에서, 다른 핵심감사사항에 대한 기술로 인해 재무제표가 전체적인 관점에서 더 신뢰할만하다고 암시하지 않는 것은 매우 중요하기 때문이다. (ISA 701 - A7)

6.4 지배기구와의 커뮤니케이션

핵심감사사항과 관련하여 지배기구와 커뮤니케이션할 사항 (ISA 701 - 17)

① 감사인이 핵심감사사항이라고 결정한 사항들

② 해당되는 경우, 해당 기업과 해당 감사의 사실과 상황에 따라, 감사보고서에 커뮤니케이션할 핵심감사사항이 없다는 감사인의 결정

6.5 문서화(Documentation)

핵심감사사항 관련 문서화 (ISA 701 - 18) 19

감사인은 감사문서에 다음 사항을 모두 포함하여야 한다.

① 유의적감사인주의를 요구한 사항들과, 이러한 사항들 각각이 핵심감사사항인지 아닌지 여부에 대한 감사인의 결정에 대한 논리적 근거

② 해당되는 경우, 감사보고서에서 커뮤니케이션할 핵심감사사항이 없다거나 커뮤니케이션할 핵심감사사항이 특정사항들(예 변형의견을 초래하는 사항 또는 계속기업관련 중요한 불확실성 관련 사항) 뿐이라는 감사인의 결정에 대한 논리적 근거

③ 해당되는 경우, 핵심감사사항으로 결정된 사항을 감사보고서에서 커뮤니케이션 하지 않기로 한 감사인의 결정에 대한 논리적 근거

7 강조사항문단

7.1 강조사항의 의의

강조사항문단의 정의 (ISA 706 - 7) 23 14

강조사항문단(Emphasis of Matter Paragraph)이란 재무제표에 적절하게 표시되거나 공시되어 있지만, 이용자가 재무제표를 이해하는데 근본이 될 정도로 중요한 사항이라고 판단되어 감사인이 이러한 사항을 언급하는 감사보고서에 포함된 문단을 말한다.

Q 재무제표 주석 등에 이미 공시된 사항을 감사보고서에 강조사항으로 추가하는 이유는 무엇인가?

재무제표 주석은 그 내용이 매우 광범위하다. 정보이용자의 의사결정에 영향을 미칠 수 있는 특히 중요한 사항이 있을 경우 정보이용자가 이를 정확히 인지하고 파악하는데는 한계가 있다. 따라서 강조사항에 이러한 사항을 추가함으로써 이용자의 주의를 환기시키고 이용자에게 보다 친절하게(friendly) 정보를 제공할 수 있다.

7.2 강조사항에 포함할 사항

강조사항에 포함될 조건 (ISA 706 - 8)

23 21 19 16

감사인은 재무제표에 표시되거나 또는 공시된 사항으로서 이용자가 재무제표를 이해하는데 근본이 될 정도로 중요하다고 판단되어 이들에 대하여 이용자의 주의를 환기시켜야 할 필요가 있다고 고려하는 경우, 다음의 경우가 모두 해당된다면 감사보고서에 강조사항문단을 포함하여야 한다.

① 감사인이 해당 사항으로 인하여 의견을 변형할 것으로 요구되지는 않을 것

② 해당사항이 감사보고서에서 커뮤니케이션되어야 하는 핵심감사사항으로 결정되지 않았음

Q. 감사기준서에는 명시되어 있지 않으나, 강조사항문단으로 대체할 수 없는 사안에는 또 무엇이 있는가?

계속기업 관련 중요한 불확실성 단락을 추가해야 하는 사안

특정한 상황에서 강조사항문단을 포함해야 하는 경우 (ISA 706 - A4)

22

특정한 상황에서 감사보고서에 강조사항문단을 포함하도록 하는 구체적인 요구사항을 포함하는 경우는 다음과 같다.

- 법규에 의해 규정된 재무보고체계가 그것이 법규에 의해 규정되었다는 사실을 제외하면 수용가능하지 않았을 경우
- 재무제표가 특수목적체계에 따라 작성되었음을 이용자에게 주의를 환기시키기 위한 경우
- 감사보고서일 이후 감사인이 알게 된 사실로 인하여 감사인이 새로운 또는 수정된 감사보고서를 제공한 경우(즉, 후속사건)

강조사항문단을 포함시킬 필요가 있다고 고려할 수 있는 상황 예 (ISA 706 - A5)

- 예외적인 소송이나 규제조치의 미래 결과에 대한 불확실성
- 재무제표일과 감사보고서일 사이에 발생한 유의적인 후속사건
- 재무제표에 중요한 영향을 미치는 새로운 회계기준을 조기적용하는 경우
- 해당 기업의 재무상태에 유의적인 영향을 미쳤거나 계속해서 영향을 미치고 있는 주요 재해

Q. 강조사항문단을 지나치게 광범위하게 사용하면 안되는 이유는 무엇인가?

강조사항문단을 광범위하게 사용할 경우, 강조하고자 하는 사항에 대한 감사인의 커뮤니케이션의 효과성이 감소된다. (ISA 706 - A6)

7.3 강조사항문단을 포함할 경우 준수할 사항

감사보고서에 강조사항문단을 포함시키는 경우 준수할 사항 (ISA 706-9) 23 19

① "강조사항" 이라는 용어를 포함하는 적합한 제목을 가진 감사보고서의 별도의 단락 내에 해당 문단을 포함함

② 강조될 사항 및 이를 상세하게 기술하고 있는 재무제표의 관련 공시의 위치를 명확하게 언급함. 강조사항문단에서는 재무제표에 표시되거나 공시된 정보만을 언급하여야 함

③ 강조된 사항과 관련하여 감사의견이 변형되지 않는다는 점을 나타냄

감사보고서 내 강조사항문단의 위치 (ISA 706-A16) 23

감사보고서 내 강조사항문단의 위치는 커뮤니케이션할 정보의 성격과 감사인의 판단 (감사기준서 700에서 보고하도록 요구하는 다른 요소들과 비교했을 때 의도된 이용자에게 해당 정보가 상대적으로 유의한지 여부에 대한)에 따라 달라진다.

- 강조사항문단이 해당재무보고체계와 관련이 있는 경우 : 감사인은 감사의견의 적합한 관점을 제시하기 위해 강조사항문단을 감사의견근거 단락 바로 다음에 위치시키는 것이 필요하다고 판단할 수 있다(감사인이 법규에 규정된 해당재무보고체계가 수용가능하지 않다고 결정하는 상황 등).
- 핵심감사사항 단락이 감사보고서에 표시되는 경우 : 강조사항문단은 강조사항문단에 포함된 정보의 상대적 유의성에 대한 감사인의 판단에 근거하여, 핵심감사사항 단락 이전이나 다음에 직접적으로 표시될 수 있다. 또한, 감사인은 핵심감사사항 단락에 기술된 개별 사항과 강조사항문단을 구별하기 위하여, "강조사항 – 후속사건"과 같이 "강조사항" 제목에 부연하는 문구로 추가할 수도 있다.

강조사항문단을 포함시킬 것으로 예상하는 경우 수행절차 (ISA 706-12)

감사인이 감사보고서에 강조사항문단을 포함시킬 것으로 예상하는 경우, ① 이와 같은 예상 및 ② 해당 문단의 문안에 대하여 지배기구와 커뮤니케이션하여야 한다.

8 기타사항문단(Other Matter Paragraphs)

8.1 기타사항의 의의

기타사항문단의 정의 (ISA 706-7) 14

기타사항문단(Other Matter Paragraph)이란 재무제표에 표시되거나 공시되지 아니한 사항으로서 이용자가 감사, 감사인의 책임 또는 감사보고서를 이해하는데 관련성이 있다고 판단되어 감사인이 이러한 사항을 언급하는 감사보고서에 포함된 문단을 말한다.

감사보고서에 기타사항문단을 포함시키는 경우 준수할 사항 (ISA 706-11)

"기타사항" 또는 기타 적합한 제목을 가진 별도의 단락 내에 해당 문단을 포함하여야 한다.

Q. 감사보고서에 기타사항문단을 포함하는 경우, 감사기준상 요구되는 사항은 무엇인가?

① 기타사항문단의 내용에는 해당 기타사항이 재무제표에 표시 또는 공시가 요구되지 않는다는 점을 명확하게 반영한다.

② 그러나 법규 또는 기타의 전문직 기준(예, 비밀유지와 관련된 윤리기준)에 따라 감사인이 제공하는 것이 금지되는 정보는 기타사항문단에 포함시키지 않도록 한다.

③ 또한 경영진이 제공하도록 요구되는 정보도 기타사항문단에는 포함시키지 아니한다. (ISA 706-A15)

Q. 재무제표와 관련이 없는데도 불구하고 감사보고서를 이해하는데 관련성이 있다고 판단되는 사항에 대해 기타사항문단을 포함시키는 이유는 무엇인가?

감사인이 감사인의 책임과 감사에 대하여 이용자에게 친절하게 설명함으로써 불필요한 갈등이나 소송을 미연에 방지하는데 그 목적이 있다.

8.2 기타사항에 포함할 경우 준수할 사항

기타사항에 포함될 조건 (ISA 706-10) 21 16

감사인은 재무제표에 표시 또는 공시되지 아니한 사항으로서 이용자가 해당 감사, 감사인의 책임 또는 감사보고서를 이해하는데 관련성이 있다고 판단되어 이를 커뮤니케이션할 필요가 있다고 고려하는 경우, 다음의 경우가 모두 해당된다면 감사보고서에 기타사항문단을 포함하여야 한다.

① 기타사항문단을 포함하는 것이 법규상 금지되어 있지 않음

② 해당사항이 감사보고서에서 커뮤니케이션되어야 하는 핵심감사사항으로 결정되지 않았음

기타사항문단으로 포함할 수 있는 예 (ISA 706 - A10 ~ A15)

① 감사에 대한 이용자의 이해와 관련성이 있는 경우	경영진에 의한 감사범위의 제한으로 인하여 감사인이 충분하고 적합한 감사증거를 입수할 수 없고 이로 인하여 미칠 수 있는 영향이 전반적인데도 감사를 해지할 수 없는 드문 상황에서, 감사를 해지하는 것이 가능하지 않은 이유를 설명하기 위함
② 감사인의 책임이나 감사보고서에 대한 이용자의 이해와 관련성이 있는 경우	국가의 법규 등에서 재무제표감사에 대한 감사인의 책임이나 이에 따른 감사보고서에 대하여 추가적인 설명을 상세히 기술하도록 요구하거나 허용함
③ 하나 이상의 재무제표에 대한 보고	기업이 하나의 일반목적 재무보고체계(예, 해당 국가의 회계기준) 및 다른 일반목적 재무보고체계(예, 국제회계기준)를 적용한 재무제표를 작성하고, 두 재무제표 모두에 대하여 감사계약을 체결한 경우, 별첨된 재무제표 외에 다른 일반목적체계에 따른 재무제표도 기업이 작성하였다는 사실과 해당 재무제표에 대하여도 감사보고서가 발행되었다는 사실을 언급하기 위함
④ 감사보고서의 배포나 이용의 제한	특정목적에 따라 작성되는 재무제표가 일반목적체계에 따라 작성될 수 있는데 이러한 상황에서 감사인은, 이러한 감사보고서는 특정의 이용자들을 위해 의도된 것이므로, 제3자에게 배포되거나 이용될 수 없다고 설명하기 위함

회계감사기준에서 재무제표 감사 시 기타사항문단을 포함하도록 요구되는 상황은 언제인가?

① 감사보고서일 후(재무제표 발행일 후 포함)에 감사인이 알게 된 추가 후속사건에 대해 경영진이 재무제표를 수정하고 감사인이 해당 후속사건에만 한정하여 새로운 감사보고서일까지 감사절차를 확대하는 경우에 최초 감사보고서일만을 기재하는 경우 : 강조사항문단 또는 기타사항문단 (ISA 560 - 12,15)

② 재무제표 발행일 후에 감사인이 알게 된 추가 후속사건으로 인해 경영진이 재무제표를 수정하고 이에 대해 감사인이 새로운(수정된) 감사보고서를 발행하는 경우 : 강조사항문단 또는 기타사항문단 (ISA 560 - 16)

③ 비교재무제표에 대하여 계속감사 시, 당기의 감사와 관련하여 전기재무제표에 대하여 보고할 때 해당 감사인이 전기에 표명한 의견과 다른 경우 : 기타사항문단 (ISA 710 - 16)

④ 비교재무제표에 대하여 초도감사 시, 전기재무제표를 타 감사인이 감사하였고 전기재무제표에 대한 전임감사인의 감사보고서가 당기에 재발행되지 않는 경우 : 기타사항문단 (ISA 710 - 17)

⑤ 비교재무제표에 대하여 초도감사 시, 전기재무제표가 감사를 받지 아니한 경우 : 기타사항문단 (ISA 710 - 19)

감사보고서 내 기타사항문단의 위치 (ISA 706 - A16)

감사보고서 내 기타사항문단의 위치는 커뮤니케이션할 정보의 성격과 감사인의 판단 (감사기준서 700에서 보고하도록 요구하는 다른 요소들과 비교했을 때 의도된 이용자에게 해당 정보가 상대적으로 유의한지 여부에 대한)에 따라 달라진다.

- 핵심감사사항 단락을 감사보고서에 표시하고 기타사항문단의 필요성을 고려하는 경우 : 감사인은 핵심감사사항 단락에 기술된 개별 사항과 기타사항문단을 구별하기 위하여 "기타사항 - 감사범위"와 같이 "기타사항" 제목에 부연하는 문구로 추가할 수 있다.
- 감사보고서에서 다루는 "기타의 보고책임"과 관련된 사항에 대하여 이용자의 주의를 환기시키기 위하여 기타사항문단을 포함시키는 경우 : "기타 법규의 요구사항에 대한 보고" 단락에 포함시킬 수 있을 것이다.
- 모든 감사인의 책임이나 감사보고서에 대한 이용자의 이해와 관련되는 경우 : 기타사항문단을 "재무제표감사에 대한 보고"와 "기타 법규의 요구사항에 대한 보고" 다음에 별도의 단락으로 포함시킬 수 있을 것이다.

기타사항문단을 포함시킬 것으로 예상하는 경우 수행절차 (ISA 706-12)

감사인이 감사보고서에 기타사항문단을 포함시킬 것으로 예상하는 경우, ① 이와 같은 예상 및 ② 해당 문단의 문안에 대하여 지배기구와 커뮤니케이션하여야 한다.

9 감사보고서

9.1 적정의견 감사보고서

적정의견 감사보고서 (ISA 700 - 보론) 25 23 20 13 12

독립된 감사인의 감사보고서

ABC주식회사의 주주 귀중 [또는 다른 적합한 수신인]

재무제표감사에 대한 보고

감사의견

우리는 ABC 주식회사(이하 "회사")의 재무제표를 감사하였습니다. 해당 재무제표는 20×1년 12월 31일 현재의 재무상태표, 동일로 종료된 보고기간의 포괄손익계산서, 자본변동표, 현금흐름표 그리고 중요한 회계정책 정보(유의적인 회계정책의 요약)를 포함한 재무제표의 주석으로 구성되어 있습니다.

우리의 의견으로는 별첨된 회사의 재무제표는 회사의 20×1년 12월 31일 현재의 재무상태와 동일로 종료되는 보고기간의 재무성과 및 현금흐름을 한국채택국제회계기준에 따라, 중요성의 관점에서 공정하게 표시하고 있습니다.

감사의견근거

우리는 감사기준에 따라 감사를 수행하였습니다. 이 기준에 따른 우리의 책임은 이 감사보고서의 재무제표감사에 대한 감사인의 책임 단락에 기술되어 있습니다. 우리는 재무제표감사와 관련된 국제윤리기준과 함께 대한민국의 윤리적 요구사항에 따라 회사로부터 독립적이며 그러한 요구사항과 국제윤리기준에 따른 기타의 윤리적 책임들을 이행하였습니다. 우리가 입수한 감사증거가 감사의견을 위한 근거로서 충분하고 적합하다고 우리는 믿습니다.

핵심감사사항

핵심감사사항은 우리의 전문가적 판단에 따라 당기 재무제표감사에서 가장 유의적인 사항들입니다. 해당 사항들은 재무제표 전체에 대한 감사의 관점에서 우리의 의견형성 시 다루어졌으며, 우리는 이런 사항에 대하여 별도의 의견을 제공하지는 않습니다.

[핵심감사사항 각각에 대한 기술]

기타정보(또는 '재무제표와 이에 대한 감사보고서 외의 정보'와 같은 적절한 제목)

[감사기준서 720에 따른 보고를 기술]

재무제표에 대한 경영진과 지배기구의 책임

경영진은 한국채택국제회계기준에 따라 이 재무제표를 작성하고 공정하게 표시할 책임이 있으며, 부정이나 오류로 인한 중요한 왜곡표시가 없는 재무제표를 작성하는데 필요하다고 결정한 내부통제에 대해서도 책임이 있습니다.

경영진은 재무제표를 작성할 때, 회사의 계속기업으로서의 존속능력을 평가하고 해당되는 경우 계속기업 관련 사항을 공시할 책임이 있습니다. 그리고 경영진이 기업을 청산하거나 영업을 중단할 의도가 없는 한 또는 그 외에는 다른 현실적인 대안이 없는 한, 회계의 계속기업전제의 사용에 대해서도 책임이 있습니다.

지배기구는 회사의 재무보고절차의 감시에 대한 책임이 있습니다.

재무제표감사에 대한 감사인의 책임

우리의 목적은 재무제표에 전체적으로 부정이나 오류로 인한 중요한 왜곡표시가 없는지에 대하여 합리적인 확신을 얻어 우리의 의견이 포함된 감사보고서를 발행하는데 있습니다. 합리적인 확신은 높은 수준의 확신을 의미하나 감사기준에 따라 수행된 감사가 항상 중요한 왜곡표시를 발견한다는 것을 보장하지는 않습니다. 왜곡표시는 부정이나 오류로부터 발생할 수 있으며 왜곡표시가 재무제표를 근거로 하는 이용자의 경제적 의사결정에 개별적으로 또는 집합적으로 영향을 미칠 것이 합리적으로 예상되면 그 왜곡표시는 중요하다고 간주됩니다.

기타 법규의 요구사항에 대한 보고

[기타 법규의 요구사항에 대한 보고를 기술]

이 독립된 감사인의 감사보고서의 근거가 된 감사를 실시한 업무수행이사는 ○○○입니다.

○○회계법인 대표이사 ×××

[감사인의 주소]

[감사보고서일]

9.2 한정의견 감사보고서

한정의견 감사보고서 (ISA 705 - 17, 20, 21, 22, 24)

13 12

단락 제목	한정의견 : 재무제표가 중요하게 왜곡표시된 경우
한 정 의 견	회사의 재무제표는 … 공정하게 표시하고 있습니다. → 회사의 재무제표는 이 감사보고서의 한정의견근거 단락에 기술된 사항이 미치는 영향을 제외하고는 … 공정하게 표시하고 있습니다.
한 정 의 견 근 거	- 의견변형을 발생시키는 사항에 대한 설명 포함(즉, 한정의견의 근거와 재무제표에 미치는 영향 추가) • 특정 금액(양적 공시 포함)과 관련한 재무제표의 중요한 왜곡표시가 존재하는 경우 : 실행불가능하지 않는 한 해당 왜곡표시의 재무적 영향의 설명과 계량화한 내용. 재무적 영향을 계량화하는 것이 실행가능하지 않다면, 그러한 사실. • 질적 공시와 관련하여 재무제표의 중요한 왜곡표시가 존재하는 경우 : 해당 공시가 어떻게 왜곡표시 되어있는지에 대한 설명 - 일부 문장 수정 : 우리가 입수한 감사증거가 한정의견을 위한 근거로서 충분하고 적합하다고 우리는 믿습니다.
핵 심 감 사 사 항	일부 문장 수정 : 우리는 한정의견근거 단락에 기술된 사항에 추가하여, 아래에 기술된 사항을 이 감사보고서에서 커뮤니케이션할 핵심감사사항으로 결정하였습니다.
재무제표에 대한 경영진과 지배기구의 책임	표준감사보고서와 동일
재무제표감사에 대한 감사인의 책임	표준감사보고서와 동일

단락 제목	한정의견 : 감사범위제한이 중요한 경우
한 정 의 견	회사의 재무제표는 … 공정하게 표시하고 있습니다. ➡ 회사의 재무제표는 이 감사보고서의 한정의견근거 단락에 기술된 사항이 미칠 수 있는 영향을 제외하고는 … 공정하게 표시하고 있습니다.
한 정 의 견 근 거	- 의견변형을 발생시키는 사항에 대한 설명 포함(즉, 한정의견의 근거가 되는 감사범위 제한을 추가) • 충분하고 적합한 감사증거를 입수할 수 없어 감사의견의 변형이 초래된 이유 - 일부 문장 수정 : 우리가 입수한 감사증거가 한정의견을 위한 근거로서 충분하고 적합하다고 우리는 믿습니다.
핵 심 감 사 사 항	일부 문장 수정 : 우리는 한정의견근거 단락에 기술된 사항에 추가하여, 아래에 기술된 사항을 이 감사보고서에서 커뮤니케이션할 핵심감사사항으로 결정하였습니다.
재무제표에 대한 경영진과 지배기구의 책임	표준감사보고서와 동일
재무제표감사에 대한 감사인의 책임	표준감사보고서와 동일

9.3 부적정의견 감사보고서

부적정의견 감사보고서 (ISA 705 - 18, 20, 21, 22) 13 12

단락 제목	감사보고서가 변형되는 사항
부 적 정 의 견	회사의 재무제표는 … 공정하게 표시하고 있습니다. ➡ 회사의 재무제표는 이 감사보고서의 부적정의견근거 단락에 기술된 사항의 유의성 때문에 … 공정하게 표시하고 있지 않습니다.
부 적 정 의 견 근 거	- 의견변형을 발생시키는 사항에 대한 설명 포함(즉, 부적정의견의 근거와 재무제표에 미치는 영향 추가) • 특정 금액(양적 공시 포함)과 관련한 재무제표의 중요한 왜곡표시가 존재하는 경우 : 실행불가능하지 않는 한 해당 왜곡표시의 재무적 영향의 설명과 계량화한 내용. 재무적 영향을 계량화하는 것이 실행가능하지 않다면, 그러한 사실 • 질적 공시와 관련하여 재무제표의 중요한 왜곡표시가 존재하는 경우 : 해당 공시가 어떻게 왜곡표시 되어있는지에 대한 설명 - 일부 문장 수정 : 우리가 입수한 감사증거가 부적정의견을 위한 근거로서 충분하고 적합하다고 우리는 믿습니다.

단락 제목	감사보고서가 변형되는 사항
핵심감사사항	① 추가하는 경우 일부 문장 수정 : 우리는 부적정의견근거 단락에 기술된 사항에 추가하여, 아래에 기술된 사항을 이 감사보고서에서 커뮤니케이션할 핵심감사사항으로 결정하였습니다. ② 추가하지 않는 경우 일부 문장 수정 : 우리는 부적정의견근거 단락에 기술된 사항을 제외하고는 감사보고서에서 커뮤니케이션할 다른 핵심감사사항은 없다고 결정하였습니다.
재무제표에 대한 경영진과 지배기구의 책임	표준감사보고서와 동일
재무제표감사에 대한 감사인의 책임	표준감사보고서와 동일

9.4 의견거절 감사보고서

의견거절 감사보고서 (ISA 705-19, 20, 24)

25 24 22 14 13

단락 제목	감사보고서가 변형되는 사항
의견거절	1. 우리는 회사의 재무제표를 감사하였습니다. ➡ 우리는 회사의 재무제표에 대한 감사계약을 체결하였습니다. 2. 우리의 의견으로는 별첨된 회사의 재무제표는 … 공정하게 표시하고 있습니다. ➡ 우리는 별첨된 회사의 재무제표에 대하여 의견을 표명하지 않습니다. 우리는 이 감사보고서의 의견거절근거 단락에서 기술된 사항의 유의성 때문에 재무제표에 대한 감사의견의 근거를 제공하는 충분하고 적합한 감사증거를 입수할 수 없었습니다.
의견거절근거	– 의견변형을 발생시키는 사항에 대한 설명 포함(즉, 의견거절의 근거가 되는 감사범위 제한을 추가) • 충분하고 적합한 감사증거를 입수할 수 없어 감사의견의 변형이 초래된 이유 – 다음 문장을 삭제 : • 감사인의 책임이 기술된 감사보고서 단락에 관한 언급 • 입수한 감사증거가 감사의견의 근거를 제공하는 데 충분하고 적합한지 여부에 관한 기술
핵심감사사항	의견거절 보고서에는 핵심감사사항을 기재하지 않음

기 타 정 보	의견거절 보고서에는 기타정보 단락을 기재하지 않음
재무제표에 대한 경 영 진 과 지배기구의 책임	표준감사보고서와 동일
재무제표감사에 대한 감사인의 책임	문구를 전반적으로 수정 : ① 우리의 책임은 회계감사기준에 따라 회사의 재무제표를 감사하고 감사보고서를 발행하는데 있습니다. ② 그러나 우리는 이 감사보고서의 의견거절근거 단락에서 기술된 사항의 유의성 때문에 해당 재무제표에 대한 감사의견의 근거를 제공하는 충분하고 적합한 감사증거를 입수할 수 없었습니다. ③ 우리는 연결재무제표 감사와 관련된 대한민국의 윤리적 요구사항에 따라 연결회사로부터 독립적이며 그러한 요구사항에 따른 기타의 윤리적 책임들을 이행하였습니다.

부적정의견 또는 의견거절의 경우 기타의 의견변형사항 (ISA 705-27)

부적정의견을 표명하였거나 의견을 거절한 경우라도, 의견의 변형이 요구되었을 기타의 사항을 알고 있는 경우 감사인은 감사의견근거 단락에 그 이유와 영향을 기술하여야 한다.

9.5 의견거절 감사보고서 작성 사례

의견거절 감사보고서 사례(한국공인회계사회 감사보고서 작성 사례) 25 24 22 14 13

독립된 감사인의 감사보고서

ABC주식회사

주주 및 이사회 귀중

재무제표감사에 대한 보고

의견거절

우리는 ABC 주식회사(이하"회사")의 재무제표에 대한 감사계약을 체결하였습니다. 해당 재무제표는 20X1년 12월 31일 현재의 재무상태표, 동일로 종료되는 보고기간의 손익계산서(또는 포괄손익계산서), 자본변동표, 현금흐름표 그리고 중요한 회계정책 정보(또는 유의적인 회계정책의 요약)를 포함한 재무제표의 주석으로 구성되어 있습니다.

우리는 별첨된 회사의 재무제표에 대하여 의견을 표명하지 않습니다. 우리는 이 감사보고서의 의견거절근거 단락에서 기술된 사항의 유의성 때문에 재무제표에 대한 감사의견의 근거를 제공하는 충분하고 적합한 감사증거를 입수할 수 없었습니다.

의견거절근거

회사는 X국 소재 조인트벤처XYZ에 대한 투자에 대하여 재무상태표에 XXX원을 계상하고 있습니다. 이는 20X1년 12월 31일 현재 회사 순자산의 90%를 초과하고 있습니다. 우리는 조인트벤처XYZ의 감사인의 감사문서를 비롯하여 XYZ의 경영진과 감사인에 대한 접근이 허용되지 않았습니다. 이에 따라 우리는 회사가 공동으로 지배하는 XYZ의 자산에 대한 비례지분, 회사가 공동으로 책임을 지는 XYZ의 부채에 대한 비례지분 및 XYZ의 당기순이익과 비용에 대한 비례지분 그리고 자본변동표와 현금흐름표의 구성요소들에 관하여 수정이 필요한지 여부를 결정할 수 없었습니다.

재무제표에 대한 경영진과 지배기구의 책임

경영진은 한국채택국제회계기준(또는 일반기업회계기준)에 따라 이 재무제표를 작성하고 공정하게 표시할 책임이 있으며, 부정이나 오류로 인한 중요한 왜곡표시가 없는 재무제표를 작성하는데 필요하다고 결정한 내부통제에 대해서도 책임이 있습니다.

경영진은 재무제표를 작성할 때, 회사의 계속기업으로서의 존속능력을 평가하고 해당되는 경우, 계속기업 관련 사항을 공시할 책임이 있습니다. 그리고 경영진이 기업을 청산하거나 영업을 중단할 의도가 없는 한, 회계의 계속기업전제의 사용에 대해서도 책임이 있습니다.

지배기구는 회사의 재무보고절차의 감시에 대한 책임이 있습니다.

재무제표감사에 대한 감사인의 책임

우리의 책임은 대한민국의 회계감사기준에 따라 회사의 재무제표를 감사하고 감사보고서를 발행하는데 있습니다. 그러나 우리는 이 감사보고서의 의견거절근거 단락에서 기술된 사항의 유의성 때문에 해당 재무제표에 대한 감사의견의 근거를 제공하는 충분하고 적합한 감사증거를 입수할 수 없었습니다.

우리는 재무제표 감사와 관련된 대한민국의 윤리적 요구사항에 따라 회사로부터 독립적이며, 그러한 요구사항에 따른 기타의 윤리적 책임들을 이행하였습니다.

기타 법규의 요구사항에 대한 보고

[감사보고서에서 이 문단의 형태와 내용은 감사인의 기타의 보고책임에 대한 성격에 따라 달라짐]

이 감사보고서의 근거가 된 감사를 실시한 업무수행이사는 *[이름]*입니다.(상장 기업인 경우에만 필수 기재)

서울특별시 XX구 XX로 XXX
X X 회 계 법 인
대표이사 X X X (인)

20X2년 X월 X일

SECTION

02 비교정보

1 비교정보의 의의

비교정보의 두 가지 상이한 접근법 11

대 응 수 치	대응수치(Corresponding Figures)란 당기의 정보와 관련하여 이용할 수 있도록 당기의 재무제표에 표시된 전기수치를 말한다. 재무제표에 대한 감사의견은 당기만을 언급한다.
비교재무제표	비교재무제표(Comparative Financial Statements)란 전기의 재무제표를 비교목적으로 당기 재무제표와 같이 표시하는 것이다. 감사의견은 재무제표에 표시된 각각의 기간을 언급한다. 외부감사법에 따른 회계감사의 경우 비교재무제표 방식에 따라 재무제표가 작성되고 감사되어야 한다.

2 비교정보에 대한 감사절차

비교표시 전기재무제표에 대한 감사절차 (ISA 710-7~9)

구 분	계속감사	초도감사 (전기에 타감사인이 감사한 경우와 감사받지 아니한 경우를 포함)
평가할 사항	① 비교정보가 전기에 표시되었던 금액 및 기타 공시와 일치하는지, 또는 적절한 경우 재작성된 금액 및 기타 공시와 일치하는지 여부 ② 비교정보에 반영된 회계정책이 당기의 회계정책과 일관성이 있는지, 또는 회계정책의 변경이 있었다면 그러한 변경이 적절히 회계처리되고 적절하게 표시 및 공시되었는지 여부	좌 동

구 분	계속감사	초도감사 (전기에 타감사인이 감사한 경우와 감사받지 아니한 경우를 포함)
감 사 절 차	(a) 당기의 감사를 수행하는 과정에서 비교정보에 대한 중요한 왜곡표시의 가능성을 알게 된 경우, 해당 상황에서 필요한 정도의 추가적인 감사절차를 수행	좌 동
	(b) 후속사건에 대한 감사절차도 준수하여야 함	해당 없음
	(c) 전기재무제표가 수정되었다면 비교정보가 수정된 재무제표와 일치하는지 여부를 결정하여야 함	좌 동
	(d) 감사의견에서 언급된 모든 기간에 대하여 서면진술을 요구하여야 함. 또한 비교정보에 영향을 미치는 전기재무제표의 중요한 왜곡표시를 수정하기 위해 행해진 재작성에 대하여 구체적인 서면진술을 입수하여야 함	
	해당 없음	기초잔액에 대한 감사절차를 수행

3 계속감사의 경우 비교재무제표에 대한 감사보고

3.1 양회계연도에 대한 감사보고

양회계연도에 대한 감사보고 (ISA 710-15, A9)

비교재무제표가 표시되는 경우, 감사의견은 재무제표가 표시되는 각각의 기간과 감사의견이 표명되는 각각의 기간을 언급하여야 한다.

비교재무제표에 대한 감사보고서는 표시된 각 기간의 재무제표에 대하여 적용되기 때문에, 감사인은 하나 혹은 그 이상의 기간에 대하여는 한정의견 또는 부적정의견을 표명하거나 의견을 거절하거나 또는 강조사항문단을 포함시킬 수 있으며, 다른 기간의 재무제표에 대하여는 이와 다른 의견을 표명할 수도 있다.

3.2 계속감사의 전년도 감사의견 수정

Q 당기의 감사와 관련하여 전기재무제표에 대하여 보고할 때 만약 전기재무제표에 대한 감사의견이 해당 감사인이 이전에 표명한 의견과 다른 경우, 감사보고서에 포함해야 하는 사항은 무엇인가? 23

기타사항문단에 상이한 의견에 대한 중요한 사유를 공시하여야 한다. (ISA 710-16)

4 전기재무제표를 타감사인이 감사한 경우 비교재무제표에 대한 감사보고

4.1 일반적인 경우

타감사인이 감사한 비교재무제표에 대한 감사보고(ISA 710-17~18) 23 20 16

	당기감사인	전기감사인
선택 1	당기재무제표에 대하여만 감사의견 표명 + 다음 사항을 감사보고서 기타사항문단에 기재 ① 전기재무제표는 전임감사인이 감사하였음 ② 전임감사인이 표명한 의견의 유형, 그리고 해당 의견이 변형되었으면 그 이유 ③ 전임감사인의 감사보고서일	
선택 2	전기재무제표에 대하여 전임감사인이 감사보고서를 재발행하는 경우 당기재무제표에 대하여만 감사의견 표명	필요한 추가적 절차(예 후속사건 감사절차)를 수행한 후 전기재무제표에 대한 감사보고서를 재발행

4.2 타감사인이 감사한 전기재무제표에 대한 감사의견을 수정할 필요가 있는 경우

전임감사인이 적정의견 표명한 전기재무제표에 중요한 왜곡표시 존재시 감사절차(ISA 710-18) 25 17 12

① 적합한 수준의 경영진, 그리고 지배기구의 모든 구성원이 그 기업의 경영에 참여하고 있지 않는 한 지배기구와 해당 왜곡표시를 커뮤니케이션함

② 이러한 사실을 전임감사인에게 알리도록 요청함

전기감사보고서 재발행 여부에 따른 감사보고 (ISA 710-18, A12) 23 20 17

전기감사보고서 재발행 여부	감사보고
재발행하는 경우	전기재무제표가 수정되고 전임감사인이 수정된 전기재무제표에 대하여 새로운 감사보고서를 발행하는 데 동의한다면, 감사인은 당기에 대해서만 보고하여야 한다.
재발행하지 않는 경우	1. 전임감사인은 전기재무제표에 대한 감사보고서를 재발행할 수 없거나, 또는 재발행하려고 하지 않을 수 있다. 이 경우 감사인은 감사보고서의 기타사항문단에 전임감사인은 수정전 전기재무제표에 대하여 의견을 표명했다는 사실을 나타낼 수 있을 것이다.
	2. 수정의 적절성에 대하여 만족할 만큼 충분하고 적합한 감사증거를 얻은 경우에는, 감사보고서에 다음의 문단을 포함시킬 수도 있을 것이다. "우리는 20×2 재무제표에 대한 감사의 일부로서, ① 재무제표에 대한 주석 X에서 설명하는 바와 같이 20×1 재무제표를 수정하기 위해 적용된 조정사항들에 대하여도 감사를 수행하였습니다. 우리의 의견으로는, ② 해당 조정사항들은 적절하며 바르게 적용되었습니다. 우리는 위의 조정사항을 제외하고는 회사의 ③ 20×1 재무제표에 대하여 감사나 검토, 기타 어떠한 계약도 체결하지 않았습니다. 따라서 우리는 ④ 20×1 재무제표 전체에 대하여 감사의견 또는 기타 어떠한 형태의 확신도 표명하지 아니합니다"

5 전기재무제표가 감사받지 않은 경우 비교정보에 대한 감사보고

전기재무제표가 감사받지 아니한 경우 (ISA 710-19)

전기재무제표가 감사를 받지 아니한 경우에는 감사인은 기타사항문단에 비교재무제표는 감사받지 아니하였다고 기술하여야 한다. 그러나 감사인이 이러한 기타사항을 기재하여도, 당기재무제표에 중요한 영향을 미치는 왜곡표시가 기초잔액에 포함되지 않았다는 점에 대하여 충분하고 적합한 감사증거를 입수하여야 하는 요구사항은 경감되지 아니한다.

SECTION

03 기타정보

1 기타정보에 대한 감사인의 책임

감사인에게 책임이 있는 기타정보와 책임이 없는 보고서 (ISA 720-12, A5)

기타정보	사업보고서	기타정보가 아닌 보고서
기업의 사업보고서에 포함되어 있는 (재무제표와 재무제표에 대한 감사보고서 외의) 재무정보와 비재무정보	경영진 또는 지배기구가 법규 또는 관습에 따라 통상적으로 연차 기준으로 작성한 문서 또는 문서의 결합으로, 소유주(또는 유사한 이해관계자)에게 기업의 영업과 재무제표에 기술된 재무성과와 재무상태에 대한 정보를 제공하는 것을 목적으로 한다. 사업보고서에는 재무제표와 재무제표에 대한 감사보고서가 포함되거나 첨부되며 일반적으로 기업의 발전, 기업의 미래전망과 위험 및 불확실성, 기업 지배기구의 진술, 기업의 지배구조와 관련된 보고서를 포함한다.	- 은행, 보험 및 연금 산업에서 작성되는 별도 산업 또는 규제 보고서 (예 : 자본적정성보고서) - 기업의 사회적 책임 성과보고서 - 지속가능성 보고서 - 다양성 및 기회평등 보고서 - 제조물책임 보고서 - 노동행위 및 근무환경 보고서 - 인권 보고서
감사인에게 책임이 있음	감사인에게 책임이 있음	감사인에게 책임이 없음

2 기타정보의 입수

기타정보의 입수 (ISA 720-13)

감사인은 다음 절차를 수행하여야 한다.

① 경영진과의 논의를 통해 사업보고서를 구성하는 문서(들)와 기업이 계획한 그러한 문서(들)의 발행 방식과 시기를 결정함.

② 사업보고서를 구성하는 문서(들)의 최종본을 적시에, 가능하다면 감사보고서일 전에 입수하기 위하여 경영진과 적절한 협의를 함.

③ ①에서 결정된 문서(들)의 일부 혹은 전부가 감사보고서일 이후에야 제공될 수 있는 경우, 경영진에게 감사인이 이 감사기준서에서 요구되는 절차들을 완료할 수 있도록 해당 문서(들)의 최종본을 제공할 수 있을 때, 기업이 발행하기 전에 감사인에게 제공하겠다는 서면 진술을 요청함.

3 기타정보의 열람과 고려

기타정보에 대한 감사절차 (ISA 720-14)

감사인은 기타정보를 열람하여야 하며 이 과정에서 다음 절차를 수행하여야 한다.

① 기타정보와 재무제표 간 중요한 불일치가 있는지 고려함. 이러한 고려의 기초로서 감사인은 일치 여부를 평가하기 위하여 기타정보에서 선택된 금액이나 기타 항목(재무제표상 금액이나 기타 항목과 동일하거나 이를 요약하거나 더 자세히 설명하기 위한 금액이나 기타 항목)을 재무제표상 해당 금액이나 기타 항목과 비교하여야 한다.

② 감사에서 입수한 감사증거와 도달한 결론의 관점에서, 기타정보와 감사에서 얻은 감사인의 지식 간에 중요한 불일치가 있는지 고려함.

4 중요한 불일치가 존재하는 것으로 보이거나, 기타정보가 중요하게 왜곡표시된 것으로 보이는 경우의 대응

중요한 불일치의 존재나 기타정보가 중요하게 왜곡표시된 것으로 보이는 경우의 대응 (ISA 720-16)

감사인이 중요한 불일치가 존재하는 것으로 보이는 것을 식별한 경우 (또는 기타정보가 중요하게 왜곡표시된 것으로 보이는 것을 알게 된 경우), 감사인은 이 사실을 경영진과 논의하여야 하고 필요한 경우 다음에 대한 결론을 내리기 위한 절차를 수행하여야 한다.

① 기타정보에 중요한 왜곡표시가 존재하는지 여부

② 재무제표에 중요한 왜곡표시가 존재하는지 여부

③ 기업과 기업 환경에 대한 감사인의 이해가 갱신될 필요가 있는지 여부

5 감사인이 기타정보에 중요한 왜곡표시가 존재한다고 결론을 내린 경우의 대응

감사인이 기타정보에 중요한 왜곡표시가 존재한다고 결론을 내린 경우의 대응 (ISA 720-17)

감사인이 기타정보에 중요한 왜곡표시가 존재한다고 결론을 내린 경우, 감사인은 경영진에게 기타정보를 수정할 것을 요구하여야 한다. 이후 감사인은 다음의 절차를 수행하여야 한다.

① 경영진이 수정에 동의하는 경우 : 수정이 이루어졌는지 결정함

② 경영진이 수정을 거부하는 경우 : 이 사실을 지배기구와 커뮤니케이션하고 수정을 요구함

5.1 감사보고서일 전 기타정보에 중요한 왜곡표시

감사보고서일 전 기타정보가 수정되지 않은 경우 조치 (ISA 720-18) 25 19

감사인이 감사보고서일 전에 기타정보에 중요한 왜곡표시가 있다고 결론을 내렸고, 지배기구와 커뮤니케이션한 이후에도 기타정보가 수정되지 않은 경우, 감사인은 다음 조치를 포함하여 적절한 조치를 취하여야 한다.

① 감사보고서에 미치는 시사점을 고려하고, 감사보고서에서 중요한 왜곡표시를 어떻게 다룰 계획인지 지배기구와 커뮤니케이션함

② 해당 법규에서 가능한 경우 감사업무를 해지함

5.2 감사보고서일 후 기타정보에 중요한 왜곡표시

감사보고서일 후 기타정보가 수정되어야 하는 경우 감사절차 (ISA 720-19)

기타정보가 수정되는 경우	기타정보가 수정되지 않는 경우
↓	↓
해당 상황에서 필요한 절차를 수행	감사보고서 이용자가 중요한 미수정왜곡표시에 적절하게 주의를 기울일 수 있도록 감사인의 법적 권리와 의무를 고려하여 적절한 조치를 취함
감사인이 감사보고서일 후에 입수한 기타정보에 중요한 왜곡표시가 존재한다고 결론을 내리고 그러한 중요한 왜곡표시가 수정되었다면, 그러한 상황에서 감사인에게 필요한 절차에는 다음을 포함한다. (ISA 720-A48) a. 경영진이 수정에 동의하는 경우, 수정이 이루어졌는지 결정함. b. 경영진이 이전에 발행된 기타정보의 수신인에게 그 수정을 커뮤니케이션하기 위해 취한 절차를 검토함	❶ 지배기구가 기타정보를 갱신하는 것에 동의하지 않는다면, 감사보고서 이용자에게 미수정왜곡표시에 적합하게 주의를 환기시키게 하는 적합한 조치를 취할 때 전문가적 판단을 행사할 필요가 있으며 국가의 관련 법규에 영향을 받을 수 있다. 따라서 감사인은 감사인의 법적 책임과 의무에 대하여 법률 조언을 구하는 것이 적절하다고 생각할 수 있다. (ISA 720-A49) ❷ 기타정보의 중요한 왜곡표시가 여전히 수정되지 않은 경우 감사보고서 이용자에게 중요한 미수정왜곡표시에 적합하게 주의를 환기시키도록 감사인이 취할 수 있는 법규에서 허용되는 경우 적합한 조치의 예는 다음과 같다. (ISA 720-A50) a. 경영진에게 변형된 단락이 포함된 신규 또는 수정된 감사보고서를 제공하고 경영진이 신규 또는 수정된 감사보고서를 감사보고서 이용자에게 제공할 것을 요청한다. 이 때 감사인은 신규 또는 수정된 감사보고서일에 미치는 영향이 있는 경우 감사기준서 또는 해당 법규의 요구사항의 관점에서 그 영향을 고려할 필요가 있을 수 있다. 감사인은 또한 경영진이 신규 또는 수정된 감사보고서를 관련 이용자에게 제공하기 위해 취한 조치를 검토할 수 있다. b. 기타정보의 중요한 왜곡표시에 감사보고서 이용자의 주의를 환기시킨다. (예를 들어 주주총회에서 해당 사항을 다룸) c. 중요한 미수정왜곡표시에 대하여 규제당국이나 관련 전문직 단체와 커뮤니케이션한다. d. 업무유지에 미치는 시사점을 고려한다.

6 보고

감사보고서에 '기타정보' 또는 다른 적절한 제목으로 별도의 단락을 포함하여야 하는 경우는 언제인가? (ISA 720-21)

① 상장기업의 재무제표 감사인인 경우 : 감사인이 기타정보를 입수하였거나 입수할 것으로 예상함

② 상장기업이 아닌 기업의 재무제표 감사인인 경우 : 감사인이 기타정보의 일부 혹은 전부를 입수하였음

기타정보 단락에 포함하여야 할 사항 (ISA 720-22)

감사보고서에 기타정보 단락을 포함하여야 할 경우, 기타정보 단락에는 다음을 포함하여야 한다.

① 경영진이 기타정보에 책임이 있다는 설명 ➡ "경영진은 기타정보에 대한 책임이 있습니다."

② 감사보고서일 전에 입수한 기타정보와 상장기업의 경우 감사보고서일 후에 입수할 것으로 예상되는 기타정보의 식별

③ 감사의견은 기타정보를 포함하지 않으며, 따라서 감사인은 기타정보에 대해 감사의견이나 어떠한 형태의 확신도 표명하지 않고 앞으로도 표명하지 않을 것이라는 설명 ➡ "재무제표에 대한 우리의 의견은 기타정보를 대상으로 하지 않으며 우리는 기타정보에 대해 어떠한 형태의 확신도 표명하지 아니합니다."

④ 이 감사기준서에서 요구하는 기타정보의 열람, 고려, 보고와 관련된 감사인의 책임에 대한 기술 ➡ "재무제표 감사와 관련하여 우리의 책임은 기타정보를 열람하고 기타정보가 재무제표 또는 감사에서 입수한 우리의 지식과 중요하게 불일치하거나 중요하게 왜곡표시된 것으로 보이는지에 대하여 고려하는 것입니다. 만약 우리가 수행한 업무에 근거하여 상기 기타정보에 중요한 왜곡표시가 있다는 결론을 내린다면 우리는 그 사실을 보고하여야 합니다."

⑤ 기타정보가 감사보고서일 전에 입수된 경우 다음 중 하나

(i) 감사인이 (기타정보에 중요한 왜곡표시가 있다는) 보고할 내용이 없다는 설명

(ii) 감사인이 기타정보에 중요한 미수정왜곡표시가 있다고 결론내린 경우, 기타정보의 중요한 미수정왜곡표시를 기술하는 설명

SECTION

04 감사보고서의 제출

재무제표 및 연결재무제표 감사보고서의 제출 (외부감사법 시행령 제27조)

<table>
<tr><th colspan="2" rowspan="2">적용
회계기준</th><th colspan="2">감사보고서 제출기한</th></tr>
<tr><th>회사(감사 또는 감사위원회 포함)</th><th>증권선물위원회 및
한국공인회계사회</th></tr>
<tr><td colspan="2">K-IFRS</td><td>정기총회 개최 1주 전
(별도 · 연결 동시 제출)</td><td>정기총회 종료 후 2주 이내</td></tr>
<tr><td rowspan="2">일반기업
회계기준</td><td>자산 2조원 이상</td><td>별도 : 정기총회 개최 1주 전
연결 : 사업연도 종료 후 90일 이내</td><td>별도 : 정기총회 종료 후 2주 이내
연결 : 사업연도 종료 후 90일 이내</td></tr>
<tr><td>자산 2조원 미만</td><td>별도 : 정기총회 개최 1주 전
연결 : 사업연도 종료 후 120일 이내</td><td>별도 : 정기총회 종료 후 2주 이내
연결 : 사업연도 종료 후 120일 이내</td></tr>
</table>

CHAPTER

11

그룹재무제표감사, 검토 및 기타 인증서비스

SECTION

01 그룹재무제표 감사

용어의 정의 (ISA 600 - 9)

구 분	내 용
부 문	그룹경영진 또는 부문경영진이 그룹재무제표에 포함되어야 하는 재무정보를 작성하는 대상인 실체 또는 사업활동
부 문 감 사 인	그룹감사를 위하여 그룹업무팀의 요청으로 부문과 관련된 재무정보에 대하여 업무를 수행하는 감사인
부 문 경 영 진	부문재무정보를 작성할 책임이 있는 경영진
부 문 중 요 성	그룹업무팀이 부문에 대하여 설정한 중요성
그 룹	그룹재무제표에 재무정보가 포함되는 모든 부문. 그룹은 항상 둘 이상의 부문을 가진다.
그 룹 감 사	그룹재무제표에 대한 감사
그룹감사의견	그룹재무제표에 대한 감사의견
그룹업무수행이사	그룹감사업무와 그룹감사업무수행 및 발행된 그룹재무제표에 대한 감사보고서에 대해서 회계법인을 대신하여 책임을 지는 파트너 또는 회계법인 내 기타의 사람. 공동감사인이 그룹감사를 수행하는 경우에는, 공동감사의 각 파트너들과 그 업무팀은 집합적으로 그룹업무수행이사와 그룹업무팀을 구성한다. 그러나 이 감사기준서는 공동감사인(joint auditor) 사이의 관계 또는 공동감사인이 다른 공동감사인의 업무(joint engagement)와 관련하여 수행하는 업무에 대하여는 다루지 아니한다.
그 룹 업 무 팀 (그룹감사업무팀)	그룹의 전반그룹감사전략을 수립하고 부문감사인과 커뮤니케이션을 하며 연결절차에 관한 업무를 수행하고 그룹재무제표에 대한 의견을 형성하는 기초로서 감사증거로부터 도출된 결론을 평가하는 그룹업무수행이사 등 파트너와 스태프
그룹재무제표	2개 이상 부문의 재무정보를 포함하는 재무제표. 그룹재무제표는 또한 모기업이 없는 동일지배하에 있는 부문이 작성한 재무정보를 합산한 결합재무제표를 지칭하기도 한다.
그 룹 경 영 진	그룹재무제표를 작성할 책임이 있는 경영진
그룹차원의 통제	그룹경영진이 그룹의 재무보고에 대하여 설계, 실행하고 유지하는 통제
유 의 적 부 문	그룹업무팀이 다음 중 하나의 특성을 갖는 것으로 식별한 부문 • 그룹에 대하여 개별적으로 재무적 유의성을 가짐 • 고유한 성격이나 상황으로 인하여 그룹재무제표의 유의적인 중요왜곡표시위험을 포함

지배회사의 권한 (외부감사법 제7조)

① 지배회사는 연결재무제표 작성을 위하여 필요한 범위에서 종속회사의 회계에 관한 장부와 서류를 열람 또는 복사하거나 회계에 관한 자료의 제출을 요구할 수 있다.

② 지배회사는 제1항에 따르더라도 연결재무제표 작성에 필요한 자료를 입수할 수 없거나 그 자료의 내용을 확인할 필요가 있을 때에는 종속회사의 업무와 재산상태를 조사할 수 있다.

감사인의 권한 등 (외부감사법 제21조)

① 감사인은 언제든지 회사 및 해당 회사의 주식 또는 지분을 일정 비율 이상 소유하고 있는 관계회사의 회계에 관한 장부와 서류를 열람 또는 복사하거나 회계에 관한 자료의 제출을 요구할 수 있으며, 그 직무를 수행하기 위하여 특히 필요하면 회사 및 관계회사의 업무와 재산상태를 조사할 수 있다. 이 경우 회사 및 관계회사는 지체 없이 감사인의 자료 제출 요구에 따라야 한다.

② 연결재무제표를 감사하는 감사인은 그 직무의 수행을 위하여 필요하면 회사 또는 관계회사의 감사인에게 감사 관련 자료의 제출 등 필요한 협조를 요청할 수 있다. 이 경우 회사 또는 관계회사의 감사인은 지체 없이 이에 따라야 한다.

1 그룹감사인과 부문감사인의 책임

그룹감사인과 부문감사인의 책임 (ISA 600-11, A8, A9) 16 14 13

감 사 인	책임과 감사보고
그룹감사인	그룹업무수행이사는 전문직기준 및 법규의 요구사항에 따라 그룹 감사업무를 지휘·감독하고 수행하며 발행된 감사보고서가 상황에 적합한지 여부에 대하여 책임을 진다. 그룹감사의견에 대한 책임은 전적으로 그룹업무수행이사나 해당 그룹업무수행이사가 소속된 회계법인에 있다. 따라서 법규에서 요구하지 않는 한, 그룹재무제표에 대한 감사보고서에는 부문감사인을 언급하여서는 안 된다.
감사보고서에 부문감사인을 언급하는 경우	① 법규상 부문감사인의 언급이 요구되는 경우 : 부문감사인을 언급한다. ② 그룹업무팀이 하나 이상의 부문재무정보에 대하여 충분하고 적합한 감사증거를 입수할 수 없어 그룹감사의견을 변형시키는 경우 : 이 경우에도 해당 상황을 적절히 설명하기 위해 부문감사인을 언급하는 것이 필요한 경우에만 부문감사인을 언급한다. 그 이외에는 그룹재무제표에 대한 감사보고서의 변형근거문단에 부문감사인을 언급하지 않고 충분하고 적합한 감사증거를 입수하지 못한 이유를 기술한다. ③ 부문감사인을 언급하는 경우 : 그룹업무수행이사 또는 그룹업무수행이사가 속한 회계법인의 그룹감사의견에 대한 책임이 경감되지 아니함을 그룹재무제표에 대한 감사보고서에 나타내야 한다.
부문감사인	① 회계감사기준 : 부문감사인은 그룹감사를 위하여 부문재무정보에 대한 업무를 수행하고 이에 대한 전반적인 감사 발견사항이나 결론 또는 의견에 대하여 책임을 진다. ② 외부감사법 : 연결재무제표에 대한 감사보고서에 중요한 사항을 적지 아니하거나 거짓으로 적은 책임이 종속회사 또는 관계회사의 감사인(부문감사인)에게 있는 경우에는 해당 감사인은 이를 믿고 이용한 제3자에게 손해를 배상할 책임이 있다. (외부감사법 제31조)

2 수용 및 유지(Acceptance and Continuance)

수용 및 유지 결정 시 수행절차 (ISA 600-12)

그룹업무수행이사	재무제표감사의 품질관리를 할 때 그룹감사의견의 근거가 되는 ① 연결절차 및 ② 부문재무정보에 관한 충분하고 적합한 감사증거가 입수될 수 있을 것으로 합리적으로 기대가능한지 여부를 결정하여야 한다. 또한 부문감사인이 그러한 부문의 재무정보에 대한 업무를 수행할 예정인 경우, 그룹업무팀이 충분하고 적합한 감사증거를 입수하는데 필요한 만큼 ③ 부문감사인들의 업무에 관여할 수 있을 것인지 여부를 평가하여야 한다.
그룹업무팀	유의적일 것 같은 부문을 식별하는데 충분하도록 해당 그룹과 부문 및 그 환경을 이해하여야 한다.

2.1 수용 또는 유지 단계에서의 이해

수용 및 유지 여부 결정 시 이해할 사항 (ISA 600-A11)

그룹업무팀이 수용 및 유지 단계에서 그룹과 부문 및 그 환경을 이해할 때, 그 이해사항에는 다음과 같은 것이 포함될 것이다.

- 법적 구조와 조직체계 등 그룹의 구조(즉, 그룹의 재무보고시스템이 조직화되어 있는 방법)
- 그룹에 유의적인 부문사업활동(그러한 활동이 발생하는 산업과 규제적, 경제적, 정치적 환경 포함)
- 공유 서비스센터 등 서비스조직의 이용
- 그룹차원의 통제에 대한 기술서
- 연결절차의 복잡성
- 그룹업무수행이사가 소속된 회계법인이나 그 네트워크 회계법인에 소속되지 않은 부문감사인이 부문의 재무정보에 대한 업무를 수행할 것인지 여부, 그리고 그룹경영진이 둘 이상의 감사인을 선임한 논리적 근거
- 그룹업무팀이 다음의 권한을 보유하고 있는지 여부
  - 그룹지배기구, 그룹경영진, 부문지배기구, 부문경영진, 부문정보 및 부문감사인에 대하여 제약을 받지 않고 접근할 수 있음(관련 감사문서 포함)
  - 그룹업무팀이 부문의 재무정보에 대하여 필요한 업무를 수행할 수 있음

Q 신규업무의 경우, 그룹업무팀은 무엇을 통해 그룹, 부문 및 그 환경을 이해할 수 있는가?

① 그룹경영진이 제공한 정보

② 그룹경영진과의 커뮤니케이션

③ 해당되는 경우, 이전의 그룹업무팀, 부문경영진 또는 부문감사인과의 커뮤니케이션 (ISA 600-A10)

Q 계속감사업무의 경우, 그룹업무팀이 충분하고 적합한 감사증거를 입수할 능력은 유의적 변경사항에 영향을 받는다. 감사기준에서 제시하는 그러한 유의적 변경사항의 예시를 서술하시오.

① 그룹구조의 변경 (예: 매수, 매각, 그룹의 조직변경 또는 그룹 재무보고시스템의 조직방법 변경)

② 그룹에 유의적인 부문사업활동의 변경

③ 그룹지배기구, 그룹경영진, 또는 유의적 부문의 주요경영진의 구성변경

④ 그룹경영진이나 부문경영진의 성실성 및 적격성에 관한 그룹업무팀의 우려

⑤ 그룹차원의 통제의 변경

⑥ 해당 재무보고체계의 변경 (ISA 600-A12)

2.2 수용 및 유지의 결정

수용 및 유지 여부에 대한 결정 (ISA 600-13) 14

그룹경영진에 의한 제약으로 인하여 그룹업무팀이 충분하고 적합한 감사증거를 입수하는 것이 가능하지 않을 것이고, 이러한 감사증거의 입수 불가능에 따른 발생가능한 영향의 결과로서 그룹재무제표에 대한 의견거절을 표명하게 될 것임 ➡ 다음 중 하나의 절차를 수행하여야 한다.

① 신규업무 : 수임을 거절 / 계속업무 : (관련 법규상 가능하다면) 업무를 해지

② 법규에 의해 감사업무의 수임거부가 금지되거나 해지가 가능하지 아니한 경우 : 그룹재무제표에 대한 감사를 가능한 범위까지 수행하고 그룹재무제표에 대하여는 의견표명을 거절함

수용 및 유지의 결정 : 구체적 상황 (ISA 600-A13, A15~A18)

충분하고 적합한 감사증거를 입수하는 것이 가능한 경우	① 유의적이지 않다고 생각되는 부문으로만 구성되어 있는 경우 : 다음의 절차를 모두 수행할 수 있으면 충분하고 적합한 감사증거를 입수할 수 있다. (a) 일부 부문의 재무정보에 대한 업무를 수행함 (b) 그 외 다른 부문들의 재무정보에 대하여 부문감사인이 수행한 업무에 대하여 필요한 정도로 관여함

	② 특정한 상황으로 정보에 대한 접근이 제한되지만 해당 부문의 유의성이 낮은 경우 : 충분하고 적합한 감사증거를 입수할 수 있다.(예 그룹업무팀이 지분법으로 회계처리되는 부문의 지배기구, 경영진, 부문감사인, 그룹업무팀이 원하는 관련 감사문서에 접근하지 못하지만, 해당 부문이 그룹에 유의적이지 않고 그룹업무팀이 해당 부문에 대한 전체재무제표 및 이에 대한 감사보고서를 갖고 있으며, 그룹경영진이 보유하고 있는 해당 부문과 관련된 정보에 대하여는 접근할 수 있는 경우) ③ 그룹경영진이 유의적이지 않은 부문의 정보에 대한 접근을 제한하는 경우 : 충분하고 적합한 감사증거를 입수할 수도 있지만, 이러한 제한에 대한 사유는 그룹감사의견에 영향을 미칠 수 있을 것이다.(예 그룹업무팀의 질문에 대한 그룹경영진의 답변이나 그룹경영진진술의 신뢰성에 영향)
충분하고 적합한 감사증거를 입수하는 것이 불가능한 경우	① 특정한 상황으로 정보에 대한 접근이 제한되며, 해당 부문의 유의성이 증가하는 경우 : 충분하고 적합한 감사증거를 입수할 가능성이 낮아진다. (예 그룹업무팀이 지분법으로 회계처리되는 부문의 지배기구, 경영진 또는 부문감사인에 접근하지 못함 : 해당 부문이 그룹에 유의적인 경우) ② 그룹경영진이 유의적 부문의 정보에 대한 접근을 제한하는 경우 : 충분하고 적합한 감사증거를 입수할 수 없다.

그룹경영진이 해결할 수 없는 그룹업무팀의 정보에 대한 접근제한 상황(특정한 상황)의 사례를 서술하시오. (ISA 600-A14)

① 비밀유지 및 정보보호 관련 법률에 의한 경우

② 부문감사인이 그룹업무팀이 원하는 관련 감사문서에 대하여 접근을 거부하는 경우

2.3 업무의 조건(Terms of Engagement)

그룹감사업무의 조건 (ISA 600-A20)

① 해당 재무보고체계를 명시한다.

② 그 외에도 다음과 같은 사항이 그룹감사업무의 조건에 추가적으로 포함될 수 있음

- 그룹업무팀과 부문감사인간의 커뮤니케이션은 법규상 가능한 정도까지 제한 없이 이루어져야 함
- 부문감사인, 부문지배기구 및 부문경영진간의 중요한 커뮤니케이션 내용(부문 내부통제의 유의적 미비점에 관한 커뮤니케이션 포함)은 그룹업무팀에도 커뮤니케이션 되어야 함
- 재무보고 사항에 관한 규제기관과 부문 간의 중요한 커뮤니케이션 내용은 그룹업무팀에 커뮤니케이션되어야 함
- 다음의 사항은 그룹업무팀이 필요하다고 판단하는 정도까지 허용되어야 함
  - 부문정보, 부문지배기구, 부문경영진 및 부문감사인에 대한 접근(그룹업무팀이 원하는 관련 감사문서를 포함함)
  - 부문재무정보에 대한 업무를 그룹업무팀이 수행하거나 부문감사인이 수행하도록 요청함

3 전반감사전략 및 감사계획

전반감사전략 및 감사계획 (ISA 600-15, 16)

그룹업무팀	전반그룹감사전략을 수립하고 감사계획을 개발하여야 한다.
그룹업무수행이사	전반그룹감사전략과 감사계획을 검토하여야 한다.

4 그룹·부문과 그 환경에 대한 이해를 통한 위험평가절차

4.1 그룹·부문과 그 환경에 대한 이해를 통한 위험평가절차

그룹·부문과 그 환경에 대한 이해를 통한 위험평가절차 (ISA 600-17)

감사인은 해당 실체와 그 환경을 이해함으로써 중요왜곡표시위험을 식별하고 평가하여야 한다. 그룹업무팀은 다음의 절차를 수행하여야 한다.

(a) 업무의 수용 또는 유지 단계에서 입수한 그룹·부문과 그 환경(그룹차원의 통제 포함)에 대한 이해를 강화함

(b) 연결절차(그룹경영진이 부문들에 내린 지침 포함)를 이해함

Q 그룹경영진은 재무정보의 통일성과 비교가능성을 달성하기 위해 부문에 지침을 내리는 것이 일반적이다. 이러한 지침은 주로 그룹재무제표에 포함될 부문의 재무정보에 대한 요구사항을 명시하고 있으며 종종 재무보고절차에 관한 매뉴얼과 보고패키지가 포함되기도 한다. 일반적으로 그룹경영진의 지침에 포함되는 사항에는 무엇이 있는가? (ISA 600-A24, A25)

① 적용될 회계정책

② 그룹재무제표에 적용되는 법규상 또는 기타의 공시요구사항

③ 보고일정

4.2 그룹·부문과 그 환경에 대한 이해의 목적(필요한 이해의 정도)

그룹·부문과 그 환경에 대한 이해의 목적(필요한 이해의 정도) (ISA 600-18)

그룹업무팀은 다음을 수행하는데 충분하도록 관련 사항을 이해하여야 한다.

(a) 유의적일 것 같은 부문에 대한 최초 식별내용을 재확인하거나 수정함

(b) 부정이나 오류로 인한 그룹재무제표의 중요왜곡표시위험을 평가함

5 부문감사인에 대한 이해

그룹업무팀이 부문감사인에 대해 이해할 사항 (ISA 600-19, A38)

22 17 13 12 11

그룹업무팀이 부문감사인에게 부문재무정보에 대한 업무의 수행을 요청하기로 계획하는 경우, 그룹업무팀은 다음 사항을 이해하여야 한다.

(a) 부문감사인이 그룹감사와 관련된 윤리적 요구사항을 이해하고 있으며 이를 준수할 것인지 여부, 특히 부문감사인이 독립적인지 여부

(b) 부문감사인의 전문가적 적격성

- 부문감사인이 그룹감사에서 부문감사인의 책임을 완수하는 데 충분할 만큼 그룹감사에 적용되는 감사기준과 기타의 기준에 대하여 지식을 보유하고 있는지 여부
- 부문감사인이 해당 부문재무정보에 대한 업무를 수행하는 데 필요한 전문기술(예 해당 산업에 고유한 지식)을 보유하고 있는지 여부
- 해당되는 경우, 부문감사인이 그룹감사에서 부문감사인의 책임을 완수하는 데 충분할 만큼 해당 재무보고체계를 이해하고 있는지 여부 (그룹경영진이 부문에 내리는 지침에는 종종 해당 재무보고체계에 대한 특성이 기술된다)

(c) 그룹업무팀이 충분하고 적합한 감사증거를 입수하는 데 필요한 만큼 부문감사인들의 업무에 관여할 수 있을 것인지 여부

(d) 감사인을 적극적으로 감독하는 규제환경하에서 부문감사인이 업무를 수행하는지 여부

(최초 연도의) 부문감사인 이해 방법 (ISA 600-A35)

12

- 공통의 모니터링 정책과 절차에 따라 운영되고 이를 준수하는 회계법인이나 네트워크 회계법인에 그룹업무팀과 부문감사인이 함께 속해있는 경우 품질관리 모니터링 시스템의 결과를 평가함
- (a)~(c)의 사항을 토의하기 위해 부문감사인을 방문함
- 부문감사인에게 (a)~(c)에 기술된 사항에 대하여 서면으로 확인해 줄 것을 요청함
- 부문감사인에게 (a)~(c)에 기술된 사항에 관한 질문서에 대하여 답변을 작성할 것을 요청함
- 그룹업무수행이사가 소속된 회계법인의 동료나 부문감사인에 대한 지식이 있는 명망있는 제3자와 부문감사인에 대하여 토의함
- 부문감사인이 소속된 전문직 조직이나 부문감사인의 전문자격을 부여하는 기관 또는 기타의 제3자로부터 확인서를 입수함

(최초 연도 이후의) 부문감사인 이해 방법 (ISA 600-A35)

다음 연도부터의 부문감사인에 대한 그룹업무팀의 이해는 부문감사인에 대한 이전의 업무경험에 근거할 수 있다. 그룹업무팀은 이전 연도와 다른 변동사항이 있는지 여부를 부문감사인이 확인해 주도록 요청할 수 있을 것이다.

부문감사인에 대한 이해의 적용 (ISA 600-20, A39~A40) 24 18

① 독립성 ② 독립성 외의 사항에 대한 심각한 우려	부문감사인이 그룹감사 관련 독립성 요구사항을 충족시키지 못하거나 그룹업무팀이 (a)-(c)에 열거된 기타의 사항에 대하여 심각한 우려를 갖고 있다면 ➡ 부문재무정보에 관한 부문감사인의 업무수행을 요청하지 말고, 해당 부문의 재무정보에 관하여 충분하고 적합한 감사증거를 그룹감사인이 입수하여야 한다. 이 경우, 그룹업무팀은 부문감사인의 업무에 관여하거나 부문재무정보에 대한 추가적인 위험평가나 추가감사절차를 수행하는 것으로 이를 극복할 수 없기 때문이다.
③ 독립성 외의 사항에 대한 심각하지 않은 우려	그러나 부문감사인의 전문가적 적격성에 대한 우려 (예를 들어 해당 산업에 고유한 지식의 결여), 또는 부문감사인이 속한 국가의 감사인 감독환경이 활발하지 않다는 사실과 같이 심각하지는 않은 우려는 ➡ 그룹업무팀이 부문감사인의 업무에 관여하거나 부문재무정보에 대하여 추가적인 위험평가나 추가감사절차를 수행함으로써 이를 극복할 수 있을 것이다.

Q 부문감사인의 관련 감사문서에 대한 접근이 법규에 의해 금지된 경우, 그룹업무팀이 해당 사항을 해결하는 방법으로 무엇이 있는가? 24

그룹업무팀은 부문감사인이 관련 정보를 포괄하는 비망록을 작성하는 방식으로 이 사항을 해결하도록 요청할 수 있을 것이다. (ISA 600-A41)

6 중요성

중요성에 대한 세부사항의 결정 (ISA 600-21) 24 23 21

그룹업무팀은 중요성에 대한 세부사항을 결정하여야 한다.

(a) 그룹재무제표 전체에 대한 중요성 : 전반그룹감사전략을 수립할 때 그룹재무제표 전체에 대한 중요성

(b) 특정 유형의 거래, 계정잔액 또는 공시에 적용될 중요성 : 그룹의 특정 상황에서 그룹재무제표 전체에 대한 중요성보다 적은 금액의 왜곡표시가 그룹재무제표에 근거한 이용자의 경제적 의사결정에 영향을 줄 것으로 합리적으로 예상될 수 있는 거래유형, 계정잔액 또는 공시가 그룹재무제표에 존재하면, 이러한 특정 유형의 거래, 계정잔액 또는 공시에 적용될 중요성 수준(들).

(c) 부문감사인이 적용할 중요성 : 부문감사인이 그룹감사의 목적으로 감사 또는 검토를 수행할 예정인 경우, 그러한 부문들에 대한 부문중요성은 그룹재무제표 내의 미수정왜곡표시와 미발견왜곡표시의 합계가 그룹재무제표 전체에 대한 중요성을 초과할 확률을 적절하게 낮은 수준으로 감소시키기 위해, 그룹재무제표 전체에 대한 중요성보다 낮아야 한다.

(d) 명백하게 사소한 중요성(clearly trivial) : 왜곡표시가 그 기준을 초과하면 그룹재무제표에 대하여 명백하게 사소하다(clearly trivial)고 간주할 수 없는 한도기준

Q 전반그룹감사전략을 수립할 때 결정되어야 하는 중요성은 무엇인가?

① 그룹재무제표 전체에 대한 중요성

② 그룹의 특정 상황에서 그룹재무제표 전체의 중요성 수준보다 적은 금액의 왜곡표시가 그룹재무제표에 근거한 이용자의 경제적 의사결정에 영향을 줄 것으로 합리적으로 예상될 수 있는 특정거래유형, 계정잔액 또는 공시가 존재하면, 그룹재무제표의 이러한 특정거래유형, 계정잔액 또는 공시에 적용될 중요성 수준(들) (ISA 600-A42)

Q ① 각 부문의 부문중요성과 그룹재무제표 전체에 대한 중요성의 크기를 비교하시오. 또한, ② 모든 부문의 부문중요성 합계와 그룹재무제표 전체에 대한 중요성의 크기를 비교하시오. 23

① 그룹재무제표의 미수정왜곡표시와 미발견왜곡표시의 합계가 그룹재무제표 전체에 대한 중요성을 초과할 확률을 적절하게 낮은 수준으로 감소시키기 위해서 부문중요성은 그룹재무제표 전체에 대한 중요성보다 낮게 설정된다.

② 부문중요성은 각 부문마다 다르게 설정될 수 있다. 부문중요성은 그룹재무제표 전체에 대한 중요성의 일정 비율로 설정되어야 할 필요가 없으므로 모든 부문중요성의 합계는 그룹재무제표 전체에 대한 중요성을 초과할 수 있다. (ISA 600-A43)

Q 그룹업무팀은 모든 부문에 대하여 부문중요성을 결정해야 하는가? 24

아니오. 부문중요성은 그룹감사의 일부로 재무정보에 대한 감사나 검토가 수행될 부문만을 대상으로 설정된다. 부문중요성은 발견된 미수정왜곡표시가 개별적으로 또는 집합적으로 중요한지 여부를 부문감사인이 평가할 때 이용된다. (ISA 600-A44)

Q 부문감사인이 부문재무정보에서 식별된 왜곡표시가 그룹재무제표에 대하여 명백하게 사소하다고 간주할 수 없는 한도기준을 초과하는 경우에 수행할 절차는 무엇인가? 24

그룹업무팀에 커뮤니케이션한다. (부문재무정보에서 식별된 왜곡표시가 이러한 한도기준을 초과하는 경우에는 그룹업무팀에 커뮤니케이션 된다.) (ISA 600-A45)

부문수준 중요성의 평가 (ISA 600-22~23) 21 17

그룹감사의 목적으로 부문감사인이 감사를 수행할 예정인 경우	그룹업무팀은 부문 수준에서 결정된 수행중요성의 적합성을 평가하여야 한다.
부문이 법규 또는 기타의 이유로 감사를 받아야 하고, 그룹업무팀이 그룹감사 목적의 감사증거를 입수하기 위해 해당 부문 감사를 이용하기로 결정하는 경우	그룹업무팀은 다음의 중요성들이 감사기준을 충족시키는지 여부를 결정하여야 한다. ① 해당 부문재무제표 전체에 대하여 결정된 중요성 ② 부문 수준에서 결정된 수행중요성

Q. 부문감사인 (또는 그룹업무팀)이 부문재무정보를 감사하는 경우 부문의 수준에서 수행중요성을 결정한다. 이러한 부문 수준의 수행중요성이 필요한 이유는 무엇인가?

부문재무정보의 미수정왜곡표시와 미발견왜곡표시의 합계가 부문중요성을 초과할 확률을 적절하게 낮은 수준으로 감소시키기 위해 필요하다. (ISA 600-A46)

7 평가된 위험에 대한 대응(감사계획 및 감사절차)

평가된 위험에 대한 대응 (ISA 600-24)

그룹업무팀은 그룹업무팀 또는 그룹업무팀을 대신하는 부문감사인이 ① 부문의 재무정보에 대하여 수행할 업무의 유형을 결정하여야 한다. 또한 그룹업무팀은 ② 부문감사인의 업무에 대한 관여의 성격, 시기 및 범위를 결정하여야 한다.

7.1 부문재무정보에 대하여 수행할 업무유형의 결정

부문재무정보가 유의한지 여부를 판단하는 기준 (ISA 600-26, 27) 15 12

① 재무적으로 유의한 경우

② 부문재무정보가 고유한 성격이나 상황으로 인하여 유의적인 중요왜곡표시위험을 포함할 경우

유의적 부문 감사절차 (ISA 600-26, 27)

23 22 21 20 16

부문재무정보가 유의적일 경우	그룹에 대한 개별적인 재무적 유의성으로 인해 유의한 부문	부문재무정보가 고유한 성격이나 상황으로 인하여 그룹재무제표에 대하여 유의적인 중요왜곡표시위험을 포함함으로써 유의한 부문
수행할 감사인	그룹업무팀 또는 그룹업무팀을 대신하는 부문감사인	그룹업무팀 또는 그룹업무팀을 대신하는 부문감사인
감사절차	① 부문중요성을 사용하여 부문재무정보에 대한 감사 ➡ 일반감사절차 (검사, 관찰, 외부조회, 재계산, 재수행, 분석적절차, 질문)	① 부문중요성을 사용하여 부문재무정보에 대한 감사 ➡ 일반감사절차 (검사, 관찰, 외부조회, 재계산, 재수행, 분석적절차, 질문) ② 그룹재무제표의 발생가능한 유의적인 중요왜곡표시위험과 관련된 하나 이상의 거래유형, 계정잔액 또는 공시에 대한 감사 ③ 그룹재무제표의 발생가능한 유의적인 중요왜곡표시위험과 관련된 특정 감사절차

Q '부문중요성을 사용하여 부문재무정보에 대한 감사를 수행한다'의 의미에 대해 서술하시오.

① 해당 부문을 감사할 때 일반적인 감사절차인 검사, 관찰, 외부조회, 재계산, 재수행, 분석적절차, 질문에 따라 감사를 수행한다는 의미를 내포하고 있다.

② 해당 부문을 감사할 때 적용할 중요성은 연결재무제표의 중요성이 아니라 해당 부문의 중요성을 기준으로 감사하여야 한다는 것을 의미한다.

유의적이지 않은 부문 감사절차 (ISA 600-28)

21 13

그룹업무팀은 유의적이지 않은 부문에 대하여는 그룹 수준의 분석적절차를 수행하여야 한다.

연결재무제표 감사절차 (ISA 600-29)

23

(a) 유의적 부문의 재무정보에 대하여 수행한 업무
(b) 그룹차원의 통제 및 연결절차에 대하여 수행한 업무
(c) 그룹수준에서 수행한 분석적절차

연결재무제표 감사절차로 충분하고 적합한 감사증거를 수집할 수 없는 경우 (ISA 600-29) 25 23 20

연결재무제표 감사절차를 통해서 그룹감사의견의 근거가 되는 충분하고 적합한 감사증거를 그룹업무팀이 입수하지 못하는 경우, 그룹업무팀은 유의적이지 아니한 부문 중 일부를 추출한 후 추출된 개별 부문의 재무정보에 대하여 다음의 절차 중 하나 이상을 수행하거나 부문감사인에게 이를 수행하도록 요청하여야 한다.

① 부문중요성을 사용하여 해당 부문의 재무정보에 대한 감사

② 하나 이상의 거래유형, 계정잔액 또는 공시에 대한 감사

③ 부문중요성을 사용하여 해당부문의 재무정보에 대한 검토

④ 특정의 절차

한편, 그룹업무팀은 기간 경과에 따라 부문의 선택을 변경하여야 한다.

7.2 부문감사인이 수행한 업무에 대한 관여

부문감사인의 위험평가에 대한 관여 (ISA 600-30) 20

부문감사인이 유의적 부문의 재무정보에 대하여 감사를 수행하면, 그룹업무팀은 그룹재무제표의 유의적인 중요왜곡표시위험을 식별하기 위하여 부문감사인의 위험평가에 관여하여야 한다. 그룹감사인의 이러한 관여의 성격, 시기 및 범위는 부문감사인에 대한 이해 정도에 영향을 받지만, 최소한 다음의 절차는 포함되어야 한다.

(a) 그룹에 유의적인 부문사업활동에 대하여 부문감사인이나 부문경영진과 토의함

(b) 부정이나 오류로 인한 재무정보의 중요한 왜곡표시에 대한 부문의 취약성에 대하여 부문감사인과 토의함

(c) 그룹재무제표의 식별된 유의적인 중요왜곡표시위험에 대한 부문감사인의 문서화 내용을 검토함

부문감사인의 추가감사절차에 대한 관여 (ISA 600-31)

부문감사인이 업무를 수행하는 부문에서 그룹재무제표의 유의적인 중요왜곡표시위험이 식별된 경우, 다음 절차를 수행하여야 한다.

(a) 그룹업무팀은 해당 위험에 대응하여 수행할 추가감사절차의 적합성을 평가하여야 한다.

(b) 그룹업무팀은 부문감사인에 대한 이해를 바탕으로 하여 추가감사절차에 관여할 필요가 있는지 여부를 결정하여야 한다.

8 연결절차(Consolidation Process)에 대한 감사절차

그룹업무팀이 연결절차에서 발생할 수 있는 위험에 대응하여 수행하는 감사절차

그룹차원의 통제운영 효과성 검증 감사절차 24 17	• 그룹차원의 통제 운영효과성 검증 감사절차 (ISA 600-32) ① 그룹업무팀은 그룹차원의 통제 및 연결절차(그룹경영진이 부문들에게 내린 지침 포함)를 이해한다. ② 그룹업무팀은 (직접) 그룹차원의 통제의 운영효과성을 테스트하거나, 또는 ③ 그룹업무팀의 요청을 받은 부문감사인이 이를 테스트한다. • 그룹차원의 통제 운영효과성을 테스트하는 경우 (ISA 600-32) ① 연결절차에 대하여 수행할 업무의 성격, 시기 및 범위가 그룹차원의 통제가 효과적으로 운영되고 있다는 기대에 근거하거나, ② 실증절차만으로는 경영진주장 수준의 충분하고 적합한 감사증거가 제공될 수 없는 경우
그 외의 감사절차 17	• 그룹업무팀은 연결절차에서 발생하는 그룹재무제표의 평가된 중요왜곡표시위험에 대응하여 연결절차에 대한 추가감사절차를 설계하고 수행(여기에는 그룹재무제표에 모든 부문들이 포함되어 있는지에 대한 평가도 포함) (ISA 600-33) • 그룹업무팀은 연결조정과 재분류의 적합성, 완전성 및 정확성을 평가하여야 하며, 또 부정위험요소나 경영진의 편의가능성 징후가 존재하는지 여부를 평가 (ISA 600-34) • 그룹업무팀은 어떤 부문재무정보가 그룹재무제표에 적용된 것과 동일한 회계정책에 따라 작성되지 아니한 경우에는, 해당 부문의 재무정보가 그룹재무제표의 작성과 표시 목적을 위하여 적절하게 수정되었는지 여부를 평가 (ISA 600-35) • 그룹업무팀은 부문감사인의 커뮤니케이션에서 식별된 재무정보가 그룹재무제표에 포함되어 있는지 여부를 결정 (ISA 600-36) • 그룹과 보고기간말이 다른 부문재무제표가 그룹재무제표에 포함된 경우, 그룹업무팀은 그러한 재무제표가 해당 재무보고체계에 따라 적합하게 조정되었는지 여부를 평가 (ISA 600-37)

Q 일상적인 거래처리 시스템을 거치지 않으면서 다른 재무정보에 적용되는 내부통제와 동일한 통제가 적용되지 않는 그룹재무제표의 보고금액은 연결절차상 그 조정이 요구될 수 있다. 이러한 조정사항의 적절성, 완전성 및 정확성에 대한 그룹업무팀의 평가에 포함될 사항은 무엇인가? 12

① 유의적 조정사항은 그 근거가 되는 사건이나 거래를 적합하게 반영하고 있는지 여부를 평가함

② 그룹경영진, 그리고 해당되는 경우 부문경영진이 유의적 조정사항을 올바르게 계산, 처리 및 승인하였는지 여부를 결정함

③ 유의적 조정사항은 적절히 뒷받침되고 충분히 문서화되었는지 여부를 결정함

④ 그룹 내부거래 및 미실현이익 그리고 그룹내부거래 계정잔액은 조정 및 제거되었는지를 점검함

(ISA 600 - A56)

9 후속사건(Subsequent Events)

그룹재무제표감사의 후속사건 감사절차

① 그룹업무팀(or 부문감사인)이 부문재무정보를 감사한 경우 (ISA 600 - 38)	그룹업무팀이나 부문감사인이 부문재무정보에 대하여 감사를 수행하는 경우, 그룹업무팀이나 부문감사인은 부문의 재무정보일과 그룹감사보고서일 사이에 발생하여, 그룹재무제표의 수정이나 공시가 요구될 수 있는 부문에서의 사건을 식별하기 위해 설계된 절차(후속사건 감사절차)를 수행하여야 한다. 연결재무제표의 후속사건은 그룹자체의 후속사건이 아닌 부문 후속사건의 집합이다. 따라서 후속사건 감사절차는 부문을 대상으로 수행한다.
② 부문감사인이 감사 외의 업무를 수행한 경우 (ISA 600 - 39)	부문감사인이 부문재무정보에 대하여 감사 외의 업무를 수행한 경우, 그룹업무팀은 부문감사인이 그룹재무제표의 수정이나 공시가 요구될 수 있는 후속사건을 알게 되면 이를 그룹업무팀에게 통지하도록 부문감사인에게 요청하여야 한다.

10 부문감사인과의 커뮤니케이션

10.1 수행할 감사절차의 요청사항

(요구사항과 관련 있는) 부문감사인과 커뮤니케이션을 통해 결정할 사항(목적) (ISA 600 - 40)

그룹업무팀은 부문감사인에게 요구사항을 적시에 커뮤니케이션하여야 한다. 그룹업무팀은 이러한 커뮤니케이션을 통하여 부문감사인이 수행할 업무, 그 업무의 활용, 그리고 부문감사인이 그룹업무팀과 커뮤니케이션할 사항의 형식과 내용을 정하여야 한다.

(요구사항과 관련 있는) 부문감사인과 커뮤니케이션할 사항 (ISA 600-40) 25 15

① 그룹업무팀이 자신의 업무를 활용할 것을 알고 있는 부문감사인이 그룹업무팀에 협조할 것을 확인해 주도록 하는 요청

② 그룹감사와 관련된 윤리적 요구사항, 특히 독립성 요구사항

③ 부문의 재무정보에 대한 감사나 검토를 수행하는 경우, 부문중요성(그리고 적용가능한 경우, 특정 거래유형, 계정잔액 또는 공시에 대한 중요성 수준들) 및 한도기준(즉, 왜곡표시가 그 기준을 초과하면 그룹재무제표에 대하여 명백하게 사소하다(clearly trivial)고 간주할 수 없는 한도기준)

④ 부문감사인의 업무와 관련성이 있는 부정이나 오류로 인한, 그룹재무제표의 식별된 유의적인 중요왜곡표시위험. 그러한 위험에 대한 부문감사인의 대응

⑤ 그룹경영진이 작성한 특수관계자 목록 및 그룹업무팀이 알고 있는 기타의 특수관계자

10.2 그룹업무팀의 결론과 관련 있는 사항

(그룹업무팀의 결론과 관련 있는) 부문감사인과 커뮤니케이션할 사항 (ISA 600-41) 25 15 13

① 부문감사인이 그룹감사와 관련된 윤리적 요구사항(독립성 및 전문가적 적격성 포함)을 준수했는지 여부

② 그룹재무제표에 중요한 왜곡표시를 초래할 수 있는 법규위반 사례에 대한 정보

③ 부문재무정보에 대한 미수정왜곡표시의 목록 (이 목록에는 그룹업무팀이 커뮤니케이션한, 명백하게 사소한(clearly trivial) 왜곡표시의 한도기준에 미달되는 왜곡표시는 포함될 필요가 없다)

④ 경영진의 편의가능성을 나타내는 징후

⑤ 부문수준에서 식별된 유의적인 내부통제 미비점에 대한 설명

⑥ 부문감사인이 지배구조에게 커뮤니케이션했거나 커뮤니케이션할 것으로 기대되는 기타의 유의적 사항들

⑦ 부문감사인의 전반적 발견사항, 결론 또는 의견

⑧ 부문감사인이 그룹업무팀의 요구사항을 준수했는지 여부

⑨ 부문감사인의 보고대상인 부문재무정보의 식별

⑩ 그룹감사와 관련성이 있을 수 있거나, 부문감사인이 그룹업무팀의 주의를 끌고 싶어하는 기타사항들(부문감사인이 부문경영진에게 요청한 서면진술에 나타난 예외사항 포함)

11 입수한 감사증거의 충분성과 적합성에 대한 평가

11.1 부문감사인의 커뮤니케이션과 그 수행업무의 적절성에 대한 평가

부문감사인의 커뮤니케이션 평가 시 그룹업무팀이 수행할 절차 (ISA 600 - 42)

그룹업무팀은 부문감사인의 커뮤니케이션을 평가하여야 하며, 이를 위해 다음의 절차를 수행하여야 한다.

① 이러한 평가에서 나타난 유의적 사항을 부문감사인, 부문경영진 또는 그룹경영진 등 적절한 대상과 토의함

② 부문감사인의 감사문서 중 기타의 관련 부분을 검토할 필요가 있는지 여부를 결정함

부문감사인의 업무가 불충분하다고 결론을 내린 경우 수행할 절차 (ISA 600 - 43) 15

① 어떠한 추가적인 절차가 수행되어야 할지를 결정

② 이 절차를 부문감사인이 수행할지 그룹업무팀이 수행할지 여부를 결정

11.2 감사증거의 충분성과 적합성

감사증거의 충분성과 적합성 평가 및 그룹감사의견에 미치는 영향 평가 (ISA 600 - 44 ~ 45, A62 ~ 63) 17

그룹업무팀	그룹업무팀은 연결절차에 대하여 수행한 감사절차 및 부문재무정보에 대하여 그룹업무팀과 부문감사인이 수행한 업무를 통하여 그룹감사의견의 근거가 되는 충분하고 적합한 감사증거를 입수하였는지 여부를 평가하여야 한다.
	• 그룹업무팀이 그룹감사의견의 근거가 되는 충분하고 적합한 감사증거를 입수하지 못하였다고 결론을 내리는 경우, 그룹업무팀은 부문감사인에게 추가적인 절차를 수행하도록 요청할 것이다. 부문감사인에 의한 추가적인 절차의 수행이 실행가능 하지 않은 경우, 그룹업무팀은 부문재무정보에 대하여 직접 그 자신의 절차를 수행할 것이다.
그룹업무 수행이사	그룹업무수행이사는 (그룹업무팀이 식별하였거나 부문감사인이 커뮤니케이션한) 미수정왜곡표시들과, 충분하고 적합한 감사증거를 입수할 수 없었던 각 상황들이 그룹감사의견에 미치는 영향을 평가하여야 한다.
	• 그룹업무수행이사는 (그룹업무팀이 식별하거나 부문감사인이 전달한) 왜곡표시의 총영향을 평가함으로써, 그룹재무제표가 전체적으로 중요하게 왜곡표시되었는지 여부를 판단할 수 있다.

12 그룹경영진 및 그룹지배기구와의 커뮤니케이션

12.1 그룹경영진과의 커뮤니케이션

그룹경영진과 커뮤니케이션할 사항 (ISA 600 - 46~48)

① 식별한 내부통제미비점

② 부정을 식별하였거나 부정의 존재가능성을 나타내는 정보가 있는 경우

③ 부문감사인이 법규 또는 기타의 이유로 부문의 재무제표에 대한 감사의견을 표명하는 경우, 부문의 재무제표에 유의적일 수도 있다고 그룹업무팀은 알게 되었으나 부문경영진은 이를 모를 수 있는 경우 해당 사항(만약 그룹경영진이 이 사항을 해당 부문경영진에게 커뮤니케이션하는 것을 거부한다면 그룹업무팀은 이 사항을 그룹의 지배기구와 논의하여야 한다.)

12.2 그룹지배기구와의 커뮤니케이션

그룹지배기구와 커뮤니케이션할 사항 (ISA 600 - 49)

① 부문재무정보에 대하여 수행되는 업무유형의 개요

② 유의적 부문의 재무정보에 대하여 부문감사인이 수행할 업무에 대하여 그룹업무팀이 계획하고 있는 관여의 성격에 대한 개요

③ 부문감사인의 업무에 대한 그룹업무팀의 평가가 해당 감사인의 업무품질에 대하여 우려를 발생시키는 사례

④ 그룹감사에 대한 제한. 예를 들어, 그룹업무팀이 정보에 접근하는 데 제약이 가해진 경우

⑤ 경영진, 부문경영진, 그룹차원의 통제에 유의적인 역할을 수행하는 종업원, 또는 그룹재무제표에 중요한 왜곡표시가 초래되는 부정과 관련된 기타의 사람들이 연루되어 있는 부정이나 의심되는 부정

13 문서화

그룹업무팀의 문서화 (ISA 600 - 50)

① 유의적인 부문을 파악하는 부문 분석 및 부문재무정보에 대하여 수행된 업무의 유형

② 유의적 부문에 대하여 부문감사인이 수행한 업무에 대한 그룹업무팀의 관여의 성격, 시기 및 범위(해당되는 경우, 부문감사인의 감사문서와 그 결론 중 관련성이 있는 부문에 대한 그룹업무팀의 검토 포함)

③ 그룹업무팀의 요구사항에 대하여 그룹업무팀과 부문감사인 간에 이루어진 서면 커뮤니케이션

14 연결감사보고서의 사례

한정의견 연결감사보고서 (ISA 600 - 보론1)

독립된 감사인의 감사보고서

[ABC주식회사의 주주 귀중]

연결재무제표감사에 대한 보고

한정의견

우리는 ABC주식회사와 그 종속기업들(이하 "연결회사")의 연결재무제표를 감사하였습니다. 해당 연결재무제표는 20×1년 12월 31일 현재의 연결재무상태표, 동일로 종료되는 보고기간의 연결포괄손익계산서, 연결자본변동표, 연결현금흐름표 그리고 중요한 회계정책 정보를 포함한 연결재무제표의 주석으로 구성되어 있습니다.

우리의 의견으로는 이 감사보고서의 한정의견근거 단락에서 언급하고 있는 사항이 미칠 수 있는 영향을 제외하고는 별첨된 연결재무제표는 연결회사의 20×1년 12월 31일 현재의 재무상태와 동일로 종료되는 보고기간의 재무성과 및 현금흐름을 한국채택국제회계기준에 따라 중요성의 관점에서 공정하게 표시하고 있습니다.

한정의견근거

[의견변형을 발생시키는 사항에 대한 설명]

우리는 감사기준에 따라 감사를 수행하였습니다. 이 기준에 따른 우리의 책임은 이 감사보고서의 연결재무제표감사에 대한 감사인의 책임 단락에 기술되어 있습니다. 우리는 공인회계사윤리기준에 따라 연결회사로부터 독립적이며 공인회계사윤리기준에 따른 기타 윤리적 책임들을 이행하였습니다. 우리가 입수한 감사증거가 한정의견을 위한 근거로서 충분하고 적합하다고 우리는 믿습니다.

핵심감사사항

핵심감사사항은 우리의 전문가적 판단에 따라 당기 연결재무제표감사에서 가장 유의적인 사항들입니다. 해당 사항들은 연결재무제표 전체에 대한 감사의 관점에서 그리고 우리의 의견형성 시 다루어졌으며, 우리는 이러한 사항에 대하여 별도의 의견을 제공하지 않습니다.

[핵심감사사항 각각에 대한 기술]

연결재무제표에 대한 경영진과 지배기구의 책임

경영진은 한국채택국제회계기준에 따라 이 연결재무제표를 작성하고 공정하게 표시할 책임이 있으며, 부정이나 오류로 인한 중요한 왜곡표시가 없는 연결재무제표를 작성하는데 필요하다고 결정한 내부통제에 대해서도 책임이 있습니다.

경영진은 연결재무제표를 작성할 때, 연결회사의 계속기업으로서의 존속능력을 평가하고 해당되는 경우 계속기업 관련 사항을 공시할 책임이 있습니다. 그리고 경영진이 기업을 청산하거나 영업을 중단할 의도가 없는 한 또는 그 외에 다른 현실적인 대안이 없는 한, 회계의 계속기업전제의 사용에 대해서도 책임이 있습니다.

지배기구는 연결회사의 재무보고절차의 감시에 대한 책임이 있습니다.

연결재무제표감사에 대한 감사인의 책임

우리의 목적은 연결재무제표에 전체적으로 부정이나 오류로 인한 중요한 왜곡표시가 없는지에 대하여 합리적인 확신을 얻어 우리의 의견이 포함된 감사보고서를 발행하는데 있습니다. 합리적인 확신은 높은 수준의 확신을 의미하나 감사기준에 따라 수행된 감사가 항상 중요한 왜곡표시를 발견한다는 것을 보장하지는 않습니다. 왜곡표시는 부정이나 오류로부터 발생할 수 있으며 왜곡표시가 연결재무제표를 근거로 하는 이용자의 경제적 의사결정에 개별적으로 또는 집합적으로 영향을 미칠 것이 합리적으로 예상되면 그 왜곡표시는 중요하다고 간주됩니다.

기타 법규의 요구사항에 대한 보고

[기타 법규의 요구사항에 대한 보고를 기술]

이 독립된 감사인의 감사보고서의 근거가 된 감사를 실시한 업무수행이사는 ○○○입니다.

○○ 회계법인 대표이사 ○○○

[감사인의 주소]

[감사보고서일]

SECTION

02 중간재무제표 등에 대한 검토

1 검토업무의 목적

1.1 검토업무의 의의

Q 외부감사법에서 연간재무제표에 대해서는 감사를 받도록 규정하고 있으나, 반기 및 분기재무제표에 대해서는 감사보다 낮은 수준의 확신을 제공하는 검토(Review)를 받게 하는 이유는 무엇인가?

반기 및 분기재무제표는 그 목적이 적시성을 제고하는 데 있기 때문이다.

1.2 검토업무의 목적

중간재무제표 검토업무의 목적 (검토준칙 7)

중간재무제표 검토업무는 중간재무제표가 중요성의 관점에서 회계기준에 따라 작성되지 않았다고 믿게 하는 사항이 발견되었는지 여부(소극적 확신)에 대하여 보고하는 것을 목적으로 한다.

1.3 중간재무제표검토와 재무제표 감사의 비교

재무제표 감사와 중간재무제표 검토의 비교 23 15

구분	재무제표 감사	중간재무제표 검토
업무수행기준	회계감사기준	분 · 반기 재무제표 검토준칙
제공하는 확신의 수준 (검토준칙 9)	적극적 확신 (= 높은 수준의 확신, 합리적 확신) 예: 우리의 의견으로는 상기 재무제표는 20x1년 12월 31일 현재의 재무상태표와 동일로 종료된 보고기간의 재무성과 및 현금흐름을 한국채택국제회계기준에 따라, 중요성의 관점에서 공정하게 표시하고 있습니다.	소극적 확신 (= 중간 수준의 확신, 제한적 확신) 예: 본인의 검토결과 상기 재무제표가 회계처리기준에 따라 중요성의 관점에서 공정하게 표시하지 않은 사항이 발견되지 아니하였습니다.
독립성 요구사항	만족 필요(∵인증업무)	만족 필요(∵인증 업무)

요구되는 증거의 수준 (검토준칙 9)	충분하고 적합한 수준	감사보다 낮은 수준
감사의견 (검토준칙 8)	제공함	제공하지 않음(감사의견이 아닌 검토의견을 제공)
의견의 종류 (검토준칙 49~57)	적정, 한정, 부적정, 의견거절	적정, 한정, 부적정, 의견거절 (감사와 의견 종류 동일)
중요성 판단기준 (기준O, 금액X) (검토준칙 20)	회계감사기준에 따라 설정	감사와 동일하게 적용(감사에 비해 중요성 판단 기준을 완화하면 안됨)
감사(검토) 절차 (검토준칙 21,22)	질문, 분석적절차, 검사, 관찰, 외부조회, 재계산, 재수행	질문, 분석적절차 및 기타 검토절차 (∵일반적으로 검토업무에서는 검사, 관찰 또는 조회를 통한 계정잔액에 대한 테스트가 요구되지 않음)
내부통제 등 기업과 기업환경에 대한 이해 (검토준칙 12, 13)	충분한 이해 필요	충분한 이해 필요
통제테스트	회계감사기준에 따라 (필요시) 수행	일반적으로 수행하지 않음
서면진술 (검토준칙 36)	입수 필요	입수 필요

2 검토업무 조건의 합의

검토업무 계약조건에 포함될 사항(검토준칙 11)

(1) 중간재무제표 검토의 목적

(2) 검토의 범위

(3) 중간재무제표에 대한 경영진의 책임

(4) 중간재무제표의 작성과 관련된 효과적인 내부통제의 구축 및 운영에 대한 경영진의 책임

(5) 감사인이 회사의 모든 재무기록과 관련 정보를 이용할 수 있도록 하게 할 경영진의 책임

(6) 회사의 재무기록에 내재된 경영진주장과 검토 수행 중 구두로 진술된 내용을 확인하는 서면진술을 감사인에게 제공하겠다는 경영진의 동의

(7) 보고서의 수신인 등 발행될 보고서의 예상 형식과 내용

(8) 회사의 문서에 검토 받은 사실을 명시한 중간재무제표를 포함시킬 경우, 경영진이 동 문서에 중간재무제표에 대한 감사인의 검토보고서도 포함시키겠다는 동의

3 중간재무제표의 검토절차

3.1 중요성의 원칙

검토 시 중요성의 판단기준 (검토준칙 20) 15

감사인은 검토업무 수행 시에도 재무제표에 대한 감사의견 표명 시 적용하였을 중요성에 관한 사항을 동일하게 고려하여야 한다. 감사와 비교할 경우 검토업무는 왜곡표시를 발견하지 못할 위험이 더욱 크다. 그러므로 감사인은 보고해야 하는 정보와 이런 정보를 신뢰하고 이용하는 측의 요구에 의거하여 무엇이 중요한 것인지를 판단해야 하며, 검토업무라고 하여 감사업무 수행 시에 비하여 중요성의 판단기준을 완화해서는 안된다.

3.2 질문, 분석적절차 및 기타 검토절차

이중목적검토 (검토준칙 25) 15

중간재무제표를 검토하는 감사인은 동시에 연간재무제표의 감사인이기도 하다. 감사인은 업무의 편의와 효율을 위하여 특정 감사절차에 대하여 중간재무제표의 검토절차와 동시에 수행할 수도 있다.

Q 중간재무제표의 검토에서 소송 및 배상청구와 관련하여 수행해야 할 절차는 무엇인가?

일반적으로 중간재무제표의 검토에서는 소송이나 배상청구에 대한 질문 외에 추가 보강절차를 요구하지 않으며, 따라서 담당변호사에게 변호사조회서를 보내는 것도 일반적으로 요구되지 않는다. 그러나 중간재무제표가 중요성의 관점에서 회계처리기준에 따라 작성되지 않았다고 믿게 하는 소송 또는 배상청구 사항이 발견되었으며 변호사가 관련된 유효한 정보를 가지고 있다고 판단되는 경우에는 담당변호사와 직접 커뮤니케이션한다. (검토준칙 26)

Q 중간재무제표의 검토에서 후속사건과 관련하여 수행해야 할 절차는 무엇인가? 15

감사인은 경영진이 검토보고서일까지 발생된 사건으로서 중간재무제표의 수정이나 공시를 요하는 모든 사건을 파악하였는지 질문하여야 한다. 그러나 감사인은 검토보고서일 후에 발생된 사건을 확인하는 다른 절차를 수행할 필요는 없다. (검토준칙 28)

4 서면진술

서면진술 (검토준칙 36) 23 15

감사인은 경영진으로부터 다음과 같은 내용이 포함된 서면진술을 입수하여야 한다. 다만 ③의 경우 경영진은 수정반영 하지 아니한 사항들을 요약하여 서면진술에 기재하거나 별도로 첨부하여야 한다.

① 경영진은 부정과 오류의 예방과 적발을 위한 내부통제제도를 수립하고 운영할 책임이 있다는 사실을 인정함

② 중간재무제표는 회계기준에 따라 작성 · 표시되었음

③ 경영진은 감사인이 집계하여 제시한 중간재무제표의 왜곡표시 중 회사가 이를 수정반영 하지 않은 사항들은 그 개별금액 또는 합계금액의 영향이 재무제표 전체적으로 중요하지 않다고 믿음

④ 경영진은 회사에 영향을 미칠 수 있는 부정이나 부정으로 의문시되는 사항으로서 경영진이 알고 있는 유의적 사실들을 감사인에게 모두 공개하였음

⑤ 경영진은 부정으로 인해 중간재무제표가 중요하게 왜곡표시 될 수 있는 위험의 평가결과를 감사인에게 공개하였음

⑥ 경영진은 중간재무제표의 작성 시 그 영향을 고려해야 할 법규 위반이나 그 위반가능성이 있는 사항으로서 경영진이 알고 있는 것을 감사인에게 모두 공개하였음

⑦ 경영진은 재무제표일 후 검토보고서일까지 발생된 사건으로서 중간재무제표의 수정이나 공시를 요하는 유의적인 사건을 감사인에게 모두 공개하였음

5 중간재무제표 검토의 성격과 범위 및 그 결과의 보고

5.1 검토의견에 영향을 미치는 사항과 검토의견

검토의견(감사의견과 일치) 23 15

검토의견의 변형을 초래한 사항의 성격	해당 사항이 재무제표에 미치거나 미칠 수 있는 영향의 전반성에 대한 감사인의 판단		
	중요하지 않은 경우	중요하지만 전반적이지 아니한 경우	중요하면서 전반적인 경우
재무제표가 왜곡표시된 경우 (회계기준위배)	적정의견	한정의견	부적정의견
충분하고 적합한 감사증거를 입수할 수 없는 경우 (검토범위제한)	적정의견	한정의견	의견거절

5.2 검토보고서

반기재무제표에 대한 검토보고서 (검토준칙 보론) 15

반기재무제표에 대한 검토보고서

(적절한 수신인)

검토대상 재무제표

본인은 별첨된 ××주식회사의 반기재무제표를 검토하였습니다. 동 재무제표는 20×1년 6월 30일 현재의 재무상태표, 동일로 종료되는 3개월 및 6개월 보고기간의 손익계산서, 현금흐름표 및 자본변동표 그리고 유의적 회계정책에 대한 요약과 기타의 서술정보로 구성되어 있습니다.

재무제표에 대한 경영진의 책임

경영진은 회계기준에 따라 이 재무제표를 작성하고 공정하게 표시할 책임이 있으며, 부정이나 오류에 의한 중요한 왜곡표시가 없는 재무제표를 작성하는데 필요하다고 결정한 내부통제에 대해서도 책임이 있습니다.

감사인의 책임

본인의 책임은 상기 재무제표에 대하여 검토를 실시하고 이를 근거로 이 재무제표에 대하여 검토결과를 보고하는데 있습니다.

본인은 분 · 반기재무제표 검토준칙에 따라 검토를 실시하였습니다. 이 기준은 본인이 재무제표가 중대하게 왜곡표시되지 아니하였다는 것에 관해 보통수준의 확신을 얻도록 검토를 계획하고 실시할 것을 요구하고 있습니다. 검토는 주로 질문과 분석적절차에 의거 수행되므로 감사보다는 낮은 수준의 확신을 제공합니다. 본인은 감사를 실시하지 아니하였으므로 감사의견을 표명하지 아니합니다.

검토의견

본인의 검토결과 상기 재무제표가 회계기준에 따라 중요성의 관점에서 공정하게 표시하지 않은 사항이 발견되지 아니하였습니다.

서울특별시 구 로 ××

××회계법인

대 표 이 사 × × × (인)

20×1년 ×월 ×일

5.3 검토의견의 변형

검토의견의 변형 (검토준칙 보론)

회계기준위배에 의한 한정 검토보고서	본인의 검토결과 한정의견의 근거문단에 기술된 사항이 미치는 영향을 제외하고는 상기 재무제표가 회계처리기준에 따라 중요성의 관점에서 공정하게 표시하지 않은 사항이 발견되지 아니하였습니다.
회계기준위배에 의한 부적정 검토보고서	본인의 검토결과 부적정의견의 근거문단에 기술된 사항이 재무제표에 미치는 광범위한 영향 때문에 상기 재무제표는 회계처리기준에 따라 중요성의 관점에서 공정하게 표시하고 있지 아니합니다.
검토범위 제한으로 인한 한정 검토보고서	본인의 검토결과 한정의견의 근거문단에 기술하고 있는 사항을 제외하고 상기 재무제표는 회계처리기준에 중요하게 위배되어 표시되었다는 점이 발견되지 아니하였습니다.
검토범위 제한으로 인한 검토의견거절 보고서	본인의 검토결과 의견거절의 근거문단에서 설명하고 있는 사항이 상기 재무제표에 미치는 영향의 중요성 때문에 동 재무제표에 대한 검토의견을 표명하지 아니합니다.

SECTION

03 특정목적 재무보고체계에 따라 작성된 재무제표의 감사

1 특정목적 재무보고체계

특정목적 재무보고체계의 예시 (ISA 800-A1)

- 세무신고서에 첨부하는 전체재무제표에 적용된 세무목적 회계기준
- 실체가 채권자들을 위해 작성하는 현금흐름정보에 적용된 현금수지회계기준
- 규제기관의 요구사항을 충족하기 위해 해당 규제기관이 제정한 재무보고규정
- 사채발행 약정, 차입약정, 프로젝트 지원 등 계약상의 재무보고조항

2 특정목적 재무제표의 감사업무 수임 시 고려사항

특정목적 재무보고체계의 수용가능성 결정 시 이해할 사항 (ISA 800-8)

특정목적 재무제표의 감사에 있어서, 감사인은 다음 사항을 이해하여야 한다.

① 해당 재무제표가 작성되는 목적

② 의도된 이용자

③ 해당 상황에서 해당 재무보고체계가 수용될 수 있는지 여부를 결정하기 위해 경영진이 취한 조치

3 특정목적 재무제표의 감사 계획 수립 및 수행 시 고려사항

특정목적 재무제표 감사 시 특별한 고려를 요구하는 사항

- 재무제표가 계약 조항에 따라 작성된 경우, 감사인은 경영진이 재무제표를 작성할 때 행한 유의적인 계약해석 내용을 이해하여야 한다. (ISA 800-10)
- 일반목적 재무제표 감사의 경우, 재무제표 이용자들에게 중요한 사항인지 여부는 집단으로서 이용자들의 공통적인 재무정보 수요를 고려하여 판단한다. 반면 특정목적 재무제표 감사의 경우, 그러한 판단은 의도된 이용자들의 재무정보 수요를 고려하여 이루어진다. (ISA 800-A10)
- 특정목적 재무제표(예를 들어, 특정 계약의 요구사항에 따라 작성된 재무제표)의 경우, 경영진은 감사 중에 식별된 왜곡표시가 일정한 기준에 미달하면 수정이나 조정을 하지 않는 한도기준을 의도된 이용자들과 합의를 할 수 있다. (ISA 800-A11)
- 기업이 일반목적 전체재무제표를 작성하는 경우, 특정목적 재무제표 작성을 감독할 책임이 있는 사람은 일반목적재무제표 작성을 감독할 책임이 있는 지배기구와 동일하지 않을 수 있다. (ISA 800-A12)

4 특정목적 재무제표의 감사 의견형성 및 보고 시 고려사항

해당 재무보고체계의 기술 (ISA 800-12) 25

감사기준서는 재무제표가 해당 재무보고체계를 적절히 언급하거나 기술하고 있는지 여부를 감사인이 평가하도록 요구하고 있다. 계약 조항에 따라 작성된 재무제표의 경우, 해당 재무제표가 근거하는 유의적인 계약해석 사항이 재무제표에 적절하게 기술되어 있는지 여부를 감사인은 평가하여야 한다.

특정목적 재무제표에 대한 감사보고서의 경우 포함될 내용 (ISA 800-13)

- 감사보고서에는 해당 재무제표가 작성된 목적을 (그리고 필요하다면 의도된 이용자도 포함) 기술하거나 이러한 정보를 포함하고 있는 특정목적 재무제표의 주석을 언급하여야 한다.
- 경영진이 해당 재무제표를 작성할 때 특정 재무보고체계를 선택한 경우, 재무제표에 대한 경영진 책임의 설명에는 해당 재무보고체계가 그 상황에서 수용가능 하다고 결정하는 것에 대한 경영진의 책임도 언급되어야 한다.

해당 재무제표가 특정목적체계에 따라 작성되었음을 이용자에게 주의 환기 (ISA 800-14)

특정목적 재무제표에 대한 감사보고서에는 재무제표가 특정목적체계에 따라 작성되었으며 그 결과 재무제표가 다른 목적에는 적합하지 않을 수 있음에 대하여 감사보고서 이용자의 주의를 환기하는 강조사항문단을 포함하여야 한다. 감사인은 이 문단을 적절한 제목 밑에 포함하여야 한다.

배포 또는 이용의 제한 (ISA 800-A21)

감사인은 해당 감사보고서가 오직 특정 이용자들만을 위한 것임을 나타내는 것이 적절하다고 생각할 수 있다. 국가에 따라서는 법규로 감사보고서의 배포나 이용을 제한할 수도 있다. 이 경우 강조사항문단은 이러한 다른 사항을 포함하기 위해 확대될 수 있으며, 또한 제목도 이에 맞도록 변경될 수 있을 것이다.

SECTION

04 인증업무와 관련서비스

1 확신(Assurance)

확신(Assurance)이란?

확신은 재무제표에 포함된 경영진주장의 신뢰성에 대하여 정보이용자의 입장에서 감사인이 만족하는 상태이다. 만족의 정도와 그에 따른 확신의 수준은 수행된 절차 및 그 결과에 따라 결정된다.

2 인증업무 및 관련 서비스의 체계

인증업무와 관련서비스

구 분	인증업무		관련 서비스	
업무의 성격	합리적 확신업무 : 재무제표감사	제한적 확신업무 : 분 · 반기 재무제표검토	합의된 절차 수행업무	재무정보 작성업무
제공하는 확신의 수준	높은 수준의 확신 (절대적 확신은 제공하지 않음)	중간수준의 확신	확신을 제공하지 아니함	확신을 제공하지 아니함
보고의 형태	주장에 대하여 적극적인 확신을 표명	주장에 대하여 소극적인 확신을 표명	절차의 수행결과 발견된 사항을 보고	정보의 수집, 분류 및 요약

합리적 확신업무와 제한적 확신업무의 의견형태 (인증업무개념체계 14, 15) 23

합리적 확신업무	합리적 확신업무에서 인증인의 결론은 준거기준에 따라 기초인증대상을 측정하거나 평가한 결과에 대해 인증인의 의견을 전달하는 형태로 표명된다.
제한적 확신업무	제한적 확신업무에서 인증인은 수행된 절차와 입수된 증거에 근거하여 인증대상정보가 중요하게 왜곡표시되었다는 점이 발견되었는지 여부를 전달하는 형태로 결론을 표명한다.

3 인증업무의 정의와 목적

3.1 인증업무의 정의

인증업무의 정의 (인증업무개념체계 10)

인증업무는 준거기준에 따라 기초인증대상을 측정하거나 평가한 결과에 대해 인증대상책임자가 아닌 의도된 이용자가 가지는 신뢰의 수준을 향상시킬 수 있게 설계된 결론을 표명하기 위하여 충분하고 적합한 증거를 입수하는 것을 목적으로 하는 업무이다.

기초인증대상 (인증업무개념체계 11)

① 재무제표(결과)는 재무보고체계(준거기준)를 적용하여 실체의 재무상태, 경영성과 및 현금흐름(기초인증대상)을 측정함으로써 산출된다.

② 내부통제의 효과성에 대한 보고서(결과)는 관련 준거기준을 적용하여 내부통제의 효과성(기초인증대상)을 평가함으로써 산출된다.

③ 기업 특유의 성과 측정치(결과)는 관련 측정 방법론(준거기준)을 적용하여 성과의 다양한 측면(기초인증대상)을 측정함으로써 산출된다.

④ 온실가스보고서(결과)는 인식, 측정, 표시 프로토콜(준거기준)을 적용하여 실체의 온실가스배출(기초인증대상)을 측정함으로써 산출된다.

⑤ 준수 확인서(결과)는 예를 들어 법률과 규정(준거기준)을 기업이 준수하였는지(기초인증대상)를 평가함으로써 산출된다.

3.2 입증업무와 직접업무

입증업무와 직접업무 (인증업무개념체계 12, 13)

입증업무	입증업무에서는 인증인이 아닌 다른 당사자가 준거기준에 따라 기초인증대상을 측정하거나 평가한다. 또한 인증인이 아닌 다른 당사자는 많은 경우에 보고서 또는 진술서에 산출된 인증대상정보를 제시한다. 그러나 일부 경우에는 인증인이 인증보고서 내에 인증대상정보를 제시하기도 한다. 입증업무에서 인증인의 결론은 인증대상정보에 중요한 왜곡표시가 없는지 여부를 다룬다.
직접업무	직접업무에서는 인증인이 준거기준에 따라 기초인증대상을 측정하거나 평가한다. 추가적으로 인증인은 준거기준에 따라 기초인증대상을 측정하거나 평가한 결과에 대해 충분하고 적합한 증거를 입수하기 위하여 인증기술과 기법을 적용한다. 인증인은 기초인증대상을 측정하거나 평가하면서 동시에 그러한 증거를 입수할 수도 있고, 측정하거나 평가하기 이전 또는 이후에 그러한 증거를 입수할 수도 있다. 직접업무에서 인증인의 결론은 준거기준에 따라 기초인증대상을 측정하거나 평가하여 보고된 결과를 다루며 기초인증대상과 준거기준 측면에서 표현된다.

4 개념체계의 범위

4.1 인증업무의 개념체계에 포함되지 않는 것

◎ 인증업무의 개념과 일치하지 않는 것 (인증업무개념체계 17)

① 합의된 절차 수행 업무 및 재무제표 작성 업무와 같이 관련 서비스 업무 기준에서 다루는 업무
② 세무조정계산서 작성과 같이 인증 결론이 표명되지 않는 업무
③ 경영컨설팅, 세무컨설팅과 같은 컨설팅 (또는 자문) 업무

◎ 인증업무의 개념과 일치할 수 있지만 인증업무개념체계에서 제외한 것 (인증업무개념체계 19)

① 소송 과정에서 회계, 감사, 세무 등의 문제에 대하여 증언하는 업무
② 이용자가 일정한 수준의 확신을 도출할 수도 있는 전문가적 의견, 견해, 문구 등을 포함한 업무로서 다음의 요건을 모두 충족하는 경우
  (i) 그러한 의견, 견해 또는 문구는 전반적인 업무에서 단순히 부수적임
  (ii) 서면으로 발행된 보고서는 보고서에서 특정한 의도된 이용자만 이용하도록 명시적으로 제한됨
  (iii) 해당 업무가 인증업무가 아니라는 점을 특정 의도된 이용자가 이해하고 문서상 합의함
  (iv) 인증인의 보고서상에서 해당 업무를 인증업무로 표현하지 않음

4.2 비인증업무 보고서

◎ 인증보고서가 아닌 보고서가 회피하여야 하는 사항 (인증업무개념체계 20)

개념체계의 범위 내에 있는 인증업무가 아닌 업무에 대해 인증인이 보고할 때는 해당 보고서를 인증업무보고서와 명확히 구분하여야 한다. 이용자를 혼동시키지 않도록 인증보고서가 아닌 보고서가 회피하여야 하는 사항을 예시하면 다음과 같다.

① 업무가 이 개념체계 또는 인증기준에 따라 수행되었다는 의미가 포함됨
② "인증", "감사", "검토"라는 단어를 부적절하게 사용함
③ 준거기준에 따라 기초인증대상을 평가하거나 측정한 결과에 대해 의도된 이용자의 신뢰수준을 향상시키도록 설계된 충분하고 적합한 증거에 근거한 결론인 것으로 상당히 오해를 불러일으킬 수 있는 문구가 포함됨

Q 인증대상책임자 외에는 의도된 이용자가 없지만 관련 인증기준의 모든 요구사항을 충족하는 업무에 개념체계의 원칙을 적용할 수 있다. 이 경우 보고서에 포함해야 하는 문구는 무엇인가?

인증인의 보고서에 보고서 이용자를 인증대상책임자로 제한하는 문구를 포함한다. (인증업무개념체계 21)

5 인증업무의 전제조건

인증업무의 수임 전제조건 (인증업무개념체계 22)

① 적절한 당사자들의 역할과 책임이 상황에 적합한지 여부. 그리고,

② 업무가 다음의 요건을 모두 충족하는지 여부

(i) 기초인증대상은 적절하다.

(ii) 인증인이 인증대상정보의 작성에 적용될 것으로 예상하는 준거기준이 업무상황에 적합하며, 인증업무의 특성들을 보여준다.

(iii) 인증인이 인증대상정보의 작성에 적용될 것으로 예상하는 준거기준을 의도된 이용자들이 이용할 수 있을 것이다.

(iv) 인증인이 인증인의 결론을 뒷받침하는 데 필요한 증거를 입수할 것으로 기대한다.

(v) 인증인의 결론은 보고서에 합리적 확신업무 또는 제한적 확신업무에 적합한 형태로 포함될 것이다. 그리고,

(vi) 인증업무에 합리적 목적이 존재한다. 제한적 확신업무의 경우에 인증인이 유의미한 수준의 확신을 얻을 것으로 기대하는 것도 포함된다.

6 인증업무의 구성요소

인증업무의 구성요소 (인증업무개념체계 26) 12

① 인증인, 인증대상책임자 및 의도된 이용자로 구성되는 삼자관계

② 적절한 인증대상

③ 적합한 준거기준

④ 충분하고 적합한 증거

⑤ 합리적 확신업무 또는 제한적 확신업무에 적합한 형태의 서면 인증보고서

6.1 삼자관계

삼자관계 (인증업무개념체계 29, 34, 35)

인증인	인증인은 인증대상정보에 중요한 왜곡표시가 없는지에 대해 합리적 확신 또는 제한적 확신을 얻고자 인증기술과 기법을 적용하여 업무를 수행하는 개인(들) (일반적으로 업무수행이사나 다른 업무팀원, 또는 해당되는 경우 법인)이다.
인증대상 책임자	인증대상책임자는 기초인증대상에 책임을 지는 당사자이다. 인증업무에서 많은 경우 인증대상책임자는 측정자 또는 평가자이기도 하다. 인증대상책임자는 인증인과 계약한 당사자(즉 업무의뢰자)일 수도 있고 아닐 수도 있다.
의도된 이용자	의도된 이용자는 인증보고서를 이용할 것으로 인증인이 예상하는 개인, 조직 또는 집단이다. 인증대상책임자도 의도된 이용자 중 하나가 될 수 있지만 유일한 의도된 이용자는 아니다.

6.2 기초인증대상

인증대상과 인증대상정보 (인증업무개념체계 보론4) 16

정보의 주제 :		역사적 정보	미래지향적 정보
재무적	성 과	수용가능한 재무보고체계에 따라 작성된 재무제표	예측/추정 현금흐름
	상 태		예측/추정 재무상태
비재무적	성 과/ 자원의 사용/ 경제성 분석	- 온실가스보고서 - 지속가능보고서 - 핵심성과지표 - 자원의 효과적 사용에 대한 진술 - 경제성 분석 보고서 - 기업의 사회적 책임보고서	- 새로운 기술 도입에 따른 예상 배출 감축량 또는 식물을 심음으로써 흡수되는 온실가스 - 제안된 조치가 경제성을 제공할 것이라는 진술
	상 태	- 특정 시점에 실행되고 있는 시스템/프로세스, 기술서 - 리스한 부동산의 규모와 같은 물리적 특성	
시스템/프로세스	기 술	내부통제시스템 기술서	
	설 계	서비스조직의 통제 설계	개시 예정인 생산 프로세스를 위해 제안된 통제의 설계
	운영/수행	직원의 고용, 훈련 절차의 운영 효과성	

행위 측면	준 수	차입약정, 특정 법규의 요구사항 등의 준수	
	행 동	감사위원회의 효과성 평가	
	기 타	소프트웨어 패키지의 목적적합성	

6.3 준거기준

준거기준 (인증업무개념체계 42)

준거기준은 기초인증대상을 측정하거나 평가할 때 사용하는 기준이다. 준거기준은 공식적일 수 있다. 예를 들어, 재무제표를 작성할 때 준거기준은 한국채택국제회계기준이나 일반기업회계기준일 수 있으며, 내부통제의 운영효과성에 대해 보고할 때 준거기준은 확립된 내부통제 개념체계 또는 해당 목적으로 특별히 설계된 개별 통제 목적일 수 있다. 또한 준수에 대해 보고할 때 준거기준은 해당 법규 또는 계약일 수 있다. 반면 준거기준은 덜 공식적일 수도 있는데 그러한 예로 내부적으로 개발된 윤리강령 또는 합의된 성과 수준(예 특정 위원회의 연간 회의 횟수) 등을 들 수 있다.

적합한 준거기준의 특징 (인증업무개념체계 44)

① 목적적합성 : 목적적합한 준거기준은 의도된 이용자의 의사결정에 도움을 주는 기초인증대상을 산출한다.

② 완전성 : 준거기준이 완전하다는 것은 이에 따라 작성된 인증대상정보가 해당 인증대상정보를 근거로 한 의도된 이용자의 결정에 영향을 미칠 것으로 합리적으로 예상되는 관련 요소를 누락하지 않는 것을 말한다. 완전한 준거기준은 관련이 있을 경우, 표시와 공시를 위한 기준을 포함한다.

③ 신뢰성 : 신뢰성 있는 준거기준은 다른 인증인이 유사한 상황에서 사용할 경우, 기초인증대상을 상당히 일관성 있게 측정 또는 평가할 수 있게 한다.

④ 중립성 : 중립적인 준거기준은 업무상황에 비추어 적절하게 편향되지 않은 인증대상정보를 산출한다.

⑤ 이해가능성 : 이해가능한 준거기준은 의도된 이용자가 이해할 수 있는 인증대상정보를 산출한다.

6.4 증거

증거 (인증업무개념체계 50)

인증업무는 준거기준에 따라 기초인증대상을 측정하거나 평가한 결과에 대해 업무상황상 충분하고 적합한 증거를 입수하기 위하여 전문가적 의구심의 태도를 가지고 계획하고 수행한다. 업무를 계획하고 수행할 때, 특히 절차의 성격 · 시기 · 범위를 결정할 때, 중요성, 업무위험, 이용가능한 증거의 양과 질을 고려하면서 전문가적 판단을 내릴 필요가 있다.

6.5 인증보고서

합리적 확신업무에 적절한 형태로 표명된 결론 사례 (인증업무개념체계 85)

- 기초인증대상과 해당 준거기준 측면에서 표명되는 경우. "우리의 의견으로는, 실체는 중요성의 관점에서 XYZ법률을 준수하였습니다."
- 인증대상정보와 해당 준거기준 측면에서 표명되는 경우. "우리의 의견으로는, 재무제표는 실체의 [특정 일자] 현재 재무상태와 동일로 종료하는 연도의 재무성과 및 현금흐름을 XYZ보고체계에 따라 중요성의 관점에서 공정하게 표시하고 있습니다."
- 적절한 당사자의 진술 측면에서 표명되는 경우, "우리의 의견으로는, 실체가 XYZ법률을 준수하였다는 [적절한 당사자]의 진술은 중요성의 관점에서 공정하게 작성되었습니다." 또는 "우리의 의견으로는, 핵심성과지표가 XYZ준거기준에 따라 표시되어 있다는 [적절한 당사자]의 진술은 중요성의 관점에서 공정하게 작성되었습니다."

제한적 확신업무에 적절한 형태로 표명된 결론 사례 (인증업무개념체계 86)

"수행된 절차와 입수된 증거에 근거하여 볼 때, 중요성의 관점에서 실체가 XYZ법률을 준수하지 않았다고 믿게 할 만한 점이 발견되지 아니하였습니다."

CHAPTER

12

내부회계관리제도에 대한 감사(검토)

SECTION

01 내부회계관리제도

1 내부회계관리제도의 적용

1.1 내부회계관리제도 적용 대상기업

내부회계관리제도 적용 대상기업 (외부감사법 제8조) 16

모든 주권상장법인과 직전연도 자산총액이 5천억 원 이상인 주권비상장회사는 내부회계관리제도를 구축하고 유지하여야 한다. (단, 공정거래법상 공시대상 기업집단 소속 국내 회사, 사업보고서 제출대상법인, 금융회사는 직전 사업연도 말의 자산총액이 1천억 원 이상이면 내부회계관리제도 적용 대상기업에 포함된다.)

1.2 내부회계관리제도 관련 외부감사법의 요구사항

내부회계관리제도 관련 회사의 의무 (외부감사법 제8조)

내부회계관리제도 적용 대상회사는 신뢰할 수 있는 회계정보의 작성과 공시를 위하여 다음 사항이 포함된 내부회계관리규정과 이를 관리 · 운영하는 조직을 갖추어야 한다.

① 회계정보(회계정보의 기초가 되는 거래에 관한 정보를 포함한다. 이하 이 조에서 같다)의 식별 · 측정 · 분류 · 기록 및 보고방법에 관한 사항

② 회계정보의 오류를 통제하고 이를 수정하는 방법에 관한 사항

③ 회계정보에 대한 정기적인 점검 및 조정 등 내부검증에 관한 사항

④ 회계정보를 기록 · 보관하는 장부(자기테이프 · 디스켓, 그 밖의 정보보존장치 포함)의 관리 방법과 위조 · 변조 · 훼손 및 파기를 방지하기 위한 통제 절차에 관한 사항

⑤ 회계정보의 작성 및 공시와 관련된 임직원의 업무 분장과 책임에 관한 사항

회사는 내부회계관리제도에 의하지 아니하고 회계정보를 작성하거나 내부회계관리제도에 따라 작성된 회계정보를 위조 · 변조 · 훼손 및 파기해서는 아니 된다.

내부회계관리제도 관련 대표자 및 감사(위원회)의 의무 (외부감사법 제8조) 16

대표자	감사(위원회)
① 회사의 대표자는 내부회계관리제도의 관리 · 운영을 책임지며, 이를 담당하는 상근이사(담당하는 이사가 없는 경우에는 해당 이사의 업무를 집행하는 자) 1명을 내부회계관리자로 지정하여야 한다. ② 회사의 대표자는 사업연도마다 주주총회, 이사회 및 감사(감사위원회가 설치된 경우에는 감사위원회)에게 해당 회사의 내부회계관리제도의 운영실태를 대면보고하여야 한다. 다만, 회사의 대표자가 필요하다고 판단하는 경우 이사회 및 감사에 대한 보고는 내부회계관리자가 하도록 할 수 있다.	회사의 감사는 내부회계관리제도의 운영실태를 평가하여 이사회에 사업연도마다 보고하고 그 평가보고서를 해당 회사의 본점에 5년간 비치하여야 한다. 이 경우 내부회계관리제도의 관리 · 운영에 대하여 시정 의견이 있으면 그 의견을 포함하여 보고하여야 한다.

Q 회사의 대표자가 이사회 및 감사(위원회)에게 내부회계관리제도의 운영실태를 직접 보고하지 않고 내부회계관리자가 하도록 한 경우, 대표자가 수행해야 하는 절차는 무엇인가?

내부회계관리자의 보고 전에 그 사유를 이사회 및 감사(위원회)에게 문서로 제출하여야 한다. (외부감사법 시행령 제9조)

내부회계관리제도 관련 감사인의 의무 (외부감사법 제8조)

① 감사인은 회계감사를 실시할 때 해당 회사가 이 조에서 정한 사항을 준수했는지 여부 및 제4항에 따른 내부회계관리제도의 운영실태에 관한 보고내용을 검토하여야 한다. 다만, 직전 사업연도 말 자산총액 1천억원 이상의 주권상장법인 감사인은 외부감사법 제8조에서 정한 내부회계관리제도 관련 사항을 준수했는지 여부 및 내부회계관리제도의 운영실태에 관한 보고내용을 감사하여야 한다.

② 내부회계관리제도에 대해 검토 또는 감사를 한 감사인은 그 검토결과 또는 감사결과에 대한 종합의견을 감사보고서에 표명하여야 한다.

1.3 내부회계관리제도 설계 · 운영의 준거기준과 평가 · 보고의 준거기준

내부회계관리제도 관련 준거기준

구 분	내부회계관리제도의 설계 및 운영	내부회계관리제도의 평가 및 보고
준거기준	내부회계관리제도 설계 및 운영 개념체계	내부회계관리제도 평가 · 보고 기준
제정기관	내부회계관리제도운영위원회	금융감독원

Q 금융감독원은 「외부감사 및 회계 등에 관한 규정 시행세칙」을 통해 내부회계관리제도 평가 · 보고 시 따라야 할 준거기준을 제시하였다. 자율규제로 운영되던 평가 및 보고 모범규준을 이렇게 규정화한 이유는 무엇인가?

법적 근거를 마련하고 단계별 절차 등을 상세히 제시함에 따라 경영진의 책임의식을 제고하여 내부회계관리제도가 보다 내실 있게 운영되도록 한다.

2 내부회계관리제도의 설계 및 운영

2.1 내부회계관리제도의 정의

내부회계관리제도의 정의 (개념체계 11)

내부회계관리제도는 회사의 재무제표가 일반적으로 인정되는 회계처리기준에 따라 작성 · 공시되었는지에 대한 합리적 확신을 제공하기 위해 설계 · 운영되는 내부통제제도의 일부분으로서 회사의 경영진과 이사회를 포함한 모든 구성원들에 의해 지속적으로 실행되는 과정을 의미한다.

2.2 내부회계관리제도의 범위

내부회계관리제도의 범위 (개념체계 12)

내부회계관리제도는 내부통제제도의 보고정보의 신뢰성 확보목적 중 외부에 공시되는 재무제표의 신뢰성 확보를 목적으로 하며, 여기에는 자산의 보호 및 부정방지 프로그램이 포함된다. 또한, 운영목적이나 법규준수목적 등 다른 목적과 관련된 내부통제제도가 재무제표의 신뢰성 확보와 관련된 경우 해당 내부통제제도는 내부회계관리제도의 범위에 포함된다.

2.3 효과적인 내부회계관리제도

효과적인 내부회계관리제도의 요건 (개념체계 16)

효과적인 내부회계관리제도는 외부 재무보고의 신뢰성 확보라는 목적 달성을 저해할 수 있는 위험을 합리적인 수준에서 감소시킬 수 있으며, 그러한 목적은 다음의 요건이 모두 충족될 때 달성될 수 있다.

- 내부회계관리제도의 각 구성요소와 관련 원칙이 존재하고 기능한다.
- 내부회계관리제도의 구성요소가 연계되어 통합적으로 운영된다.

Q 내부회계관리제도 구성요소와 관련 원칙이 "① 존재한다, ② 기능한다"는 개념이 의미하는 것은 무엇인가? (개념체계 20)

① "구성요소 및 원칙이 존재한다" 함은 내부회계관리제도 구성요소 및 관련 원칙이 설계 및 구축되어 있다고 판단할 수 있어야 함을 의미한다.

② "구성요소와 관련 원칙이 기능한다" 함은 내부회계관리제도 구성요소 및 관련 원칙이 계속적으로 운영되고 있다고 판단할 수 있어야 함을 의미한다.

Q 내부회계관리제도 구성요소가 "연계되어 통합적으로 운영된다"는 개념이 의미하는 것은 무엇인가? (개념체계 21)

"연계되어 통합적으로 운영된다" 함은 5가지 구성요소가 상호 유기적으로 연계되고 운영되어 외부 재무보고 신뢰성을 저해하는 위험을 감소시킨다고 합리적 수준에서 판단할 수 있어야 함을 의미한다.

2.4 5가지 구성요소 및 17가지 원칙

구성요소 및 원칙 (개념체계 38~54)

통제환경	① 원칙 1. 도덕성과 윤리적 가치에 대한 책임 : 회사는 도덕성과 윤리적 가치에 대한 책임을 강조한다. ② 원칙 2. 내부회계관리제도 감독 책임 : 이사회는 경영진으로부터 독립성을 유지하며 내부회계관리제도의 설계 및 운영을 감독한다. ③ 원칙 3. 조직구조, 권한 및 책임 정립 : 경영진은 내부회계관리제도의 목적을 달성하기 위해 이사회의 감독을 포함한 조직구조, 보고체계 및 적절한 권한과 책임을 정립한다. ④ 원칙 4. 적격성 유지 : 회사는 내부회계관리제도 목적에 부합하는 적격성 있는 인력을 선발, 육성하고 관리한다. ⑤ 원칙 5. 내부회계관리제도 책임 부여 : 회사는 조직 구성원들에게 내부회계관리제도의 목적을 달성하기 위해 필요한 책임을 부여한다.
위험평가	⑥ 원칙 6. 구체적인 목적 수립 : 회사는 관련된 위험을 식별하고 평가할 수 있도록 내부회계관리제도의 목적을 명확하게 설정한다. ⑦ 원칙 7. 위험 식별 및 분석 : 회사는 목적 달성에 영향을 미치는 위험을 전사적으로 식별하고, 위험관리방안을 수립하기 위해 위험을 분석한다. ⑧ 원칙 8. 부정위험 평가 : 내부회계관리제도 목적 달성에 대한 위험 평가 시 잠재적인 부정 가능성을 고려한다. ⑨ 원칙 9. 중요한 변화의 식별과 분석 : 회사는 내부회계관리제도에 중요한 영향을 미치는 변화를 식별 · 분석하여 내부회계관리제도를 유지 · 관리한다.

통제활동	⑩ 원칙 10. 통제활동의 선택과 구축 : 회사는 내부회계관리제도의 목적 달성을 저해하는 위험을 수용가능한 수준으로 줄일 수 있는 통제활동을 선택하고 구축한다. ⑪ 원칙 11. 정보기술 일반통제의 선정과 구축 : 회사는 내부회계관리제도 목적 달성을 지원하는 정보기술 일반통제를 선정하고 구축한다. ⑫ 원칙 12. 정책과 절차를 통한 실행 : 회사는 기대사항을 정한 정책과 그 정책을 실행하기 위한 절차를 통하여 통제활동을 적용한다.
정보 및 의사소통	⑬ 원칙 13. 관련 있는 정보의 사용 : 회사는 내부회계관리제도의 운영을 지원하기 위하여 관련 있는 양질의 정보를 취득 또는 생산하고 사용한다. ⑭ 원칙 14. 내부 의사소통 : 회사는 내부회계관리제도의 운영을 지원하기 위하여 필요한 내부회계관리제도에 대한 목적과 책임 등의 정보에 대해 내부적으로 의사소통한다. ⑮ 원칙 15. 외부 의사소통 : 회사는 내부회계관리제도의 운영에 영향을 미치는 사항에 대해 외부관계자와 의사소통 한다.
모니터링 활동	⑯ 원칙 16. 상시적인 모니터링과 독립적인 평가 수행 : 회사는 상시적인 모니터링과 독립적인 평가 방안을 수립하여 내부회계관리제도 설계 및 운영의 적정성을 평가한다. ⑰ 원칙 17. 미비점 평가와 개선활동 : 회사는 내부회계관리제도의 미비점을 평가하고 필요한 개선활동을 적시에 수행한다.

3 내부회계관리제도의 평가 및 보고

3.1 내부회계관리제도의 평가 및 보고 개요

◯ 내부회계관리제도 평가의 목적 (평가 및 보고 기준 3)

내부회계관리제도에 대한 평가는 신뢰할 수 있는 회계정보의 작성과 공시를 위한 회사의 내부회계관리제도가 회계연도 말 현재 회사에 적합한 형태로 효과적으로 설계 · 운영되는지에 대한 합리적인 확신을 제공하는 것을 목적으로 한다.

3.2 평가의 원칙

◯ 내부회계관리제도 평가의 원칙 (평가 및 보고 기준 4)

경영진은 효율적이고 효과적인 내부회계관리제도의 평가를 위해 위험기반 접근방법(하향식 접근방법)을 적용한다.

가. 재무제표의 중요한 왜곡표시 위험이 발생할 가능성이 낮지 않은 재무보고요소 및 중요한 왜곡표시를 적시에 예방하거나 적발하지 못할 위험에 대처하기 위한 통제가 적절히 설계되었는지에 중점을 두어 평가한다.

나. 통제 운영에 대한 평가를 진행함에 있어 위험 평가 결과에 따라 평가 절차의 성격과 범위를 결정한다.

다. 중소기업은 이 장에서 정한 평가 절차 및 방법에도 불구하고 회사가 처한 환경과 상황을 고려하여 보다 유연하고 완화된 방식으로 내부회계관리제도를 평가할 수 있다.

3.3 평가 절차 및 대상

내부회계관리제도 평가 절차 (평가 및 보고 기준 5)

가. 내부회계관리제도에 대한 평가는 ① 재무보고 위험의 식별, ② 재무보고 위험에 대처하는 통제의 식별, ③ 식별된 통제의 설계 및 운영의 효과성을 평가하는 절차로 이루어진다.

나. 내부회계관리제도의 효과성을 평가할 때에는 회사가 선택한 내부통제체계의 내부통제 구성내용이 효과적인 내부회계관리제도에 필요한 정책, 절차 및 활동을 포함하고 있는지 여부를 평가한다.

내부회계관리제도 평가 대상 (평가 및 보고 가이드라인 5)

내부회계관리제도의 5가지 구성요소가 모두 내부회계관리제도의 평가 대상에 포함된다.

(1) 통제환경 : 효과적인 내부회계관리제도를 위해 내부회계관리조직과 규정을 정비하여 외부 재무보고와 연관되는 임직원의 권한 및 책임을 제시하고 적격한 인력을 유지할 수 있는 정책과 통제활동이 설계되고 운영되는지 확인한다. 윤리 · 행동강령의 운영, 내부고발제도 및 감사(또는 감사위원회)의 관리감독기능 등도 포함된다.

(2) 위험평가 : 회사의 통제 환경와 주요 변화사항을 고려하여 재무제표의 주요 계정, 주석사항 및 관련 프로세스에 대한 위험의 평가가 수행될 수 있는 절차와 통제가 설계되고 운영되는지 확인한다. 또한, 부정위험에 대한 평가도 포함한다.

(3) 통제활동 : 평가된 위험에 근거하여 경영진이 통제활동을 설계할 수 있는 체계를 유지 · 운영하고 연계된 정책 및 절차가 관리되는지 확인한다. 재무보고와 연관된 정보기술 일반통제를 포함하여 확인한다.

(4) 정보 및 의사소통 : 임직원의 책임을 수행할 수 있는 시의적절한 정보를 제공할 수 있는 체계 및 이에 기반한 내 · 외부 의사소통이 원활하게 이뤄질 수 있는 체계와 통제활동이 설계되고 운영되는지 확인한다.

(5) 모니터링 활동 : 내부회계관리제도의 설계 및 운영 여부를 주기적으로 평가하는 체계를 수립하여 적용하고 있고 미비점에 대해 필요한 조치를 취하고 있음을 확인한다. 평가 결과와 미비점에 대한 개선계획이 포함된 내부회계관리제도 운영실태보고와 감사(또는 감사위원회)의 독립적인 평가가 이뤄지는지 확인한다.

3.4 내부회계관리제도의 미비점

Q 내부회계관리제도의 미비점은 언제 발생하며, 어떻게 구분되는가? (평가 및 보고 기준 2)

① 내부회계관리제도의 미비점은 경영진과 임직원이 담당 업무를 수행하는 정상적인 과정에서 재무제표 왜곡표시를 예방하거나 적시에 적발할 수 없을 때 발생한다.

② 내부회계관리제도의 미비점은 단순한 미비점, 유의한 미비점, 중요한 취약점으로 구분된다.

Q 내부회계관리제도에서 미비점을 구분하는데 영향을 미치는 요소는 무엇인가? (평가 및 보고 기준 2)

① 재무제표 왜곡표시의 발생가능성

② 금액적 중요성

내부회계관리제도의 미비점 분류 (평가 및 보고 기준 2) 20

구 분	내 용
중요한 취약점 (Material Weakness)	① 하나 또는 여러 개 미비점의 결합으로서 재무제표상 중요한 왜곡표시가 예방 또는 적시에 적발되지 못할 가능성이 낮지 않은(reasonable possibility) 경우 ② 내부회계관리제도가 효과적이라고 결론지을 수 없다.
유의한 미비점 (Significant Deficiency)	① 중요한 취약점으로 분류될 수준은 아니지만, 회사의 재무보고를 감독할 책임이 있는 이사회, 감사(위원회) 등이 주목할만한 하나 또는 여러 개 미비점의 결합을 말한다. ② 감사(또는 감사위원회)와 이사회 및 외부감사인에게 보고되어야 한다.
미비점 (Deficiency)	경영진과 임직원이 담당 업무를 수행하는 정상적인 과정에서 재무제표 왜곡표시를 예방하거나 적시에 적발할 수 없을 때 발생

내부회계관리제도 평가의 증거자료 결정 (평가 및 보고 기준 13) 23

가. 경영진은 통제위험 평가 결과에 따라 내부회계관리제도의 효과성 평가에 필요한 증거량 및 증거자료를 수집하기 위한 평가방법 및 절차를 결정한다.

나. 내부회계관리제도 평가를 위한 증거자료는 통제에 대한 독립적인 평가와 상시적인 모니터링을 통해 얻을 수 있으며 통제위험의 크기에 따라 독립적인 평가의 평가 범위 및 평가 대상기간, 평가 수행자의 객관성 정도 등 평가절차의 성격을 조정한다.

다. 경영진은 평가 수행 시 평가 대상이 되는 기간 중 일반적으로 회계연도 말을 포함하는 충분한 기간에 대한 증거자료를 고려한다.

라. 중간평가를 통해 발견된 통제 미비점을 개선한 경우 개선된 통제가 회계연도 말을 기점으로 충분한 기간동안 운영되어 향후에도 효과적인 것으로 판단할 수 있어야 한다.

마. 경영진은 내부회계관리제도 평가에 필요한 증거자료를 결정할 때 전사적 수준 통제의 영향을 고려하여야 한다.

중요한 취약점의 식별 (평가 및 보고 기준 5)

① 경영진은 회계연도 말 시점을 기준으로 각 미비점이 개별적으로 또는 결합하여 중요한 취약점인지 고려한다. (평가 및 보고 기준 18)

② 중요한 통제 미비점은 내부회계관리제도의 효과성 평가에 대한 경영진의 운영실태보고서에 반영되어야 한다. 또한 감사(또는 감사위원회)와 이사회 및 외부감사인에게 보고되어야 한다. (평가 및 보고 기준 18)

③ 경영진은 하나의 미비점 또는 미비점들의 결합이 중요한 취약점인지 결정할 때 보완통제의 영향을 평가하여야 한다. 보완통제란 본래의 통제에서 미비점이 발견되었다 하더라도 그 미비점에서 발생할 수 있는 유의한 재무제표 왜곡표시 위험을 경감시켜줄 수 있는 통제를 말한다. (평가 및 보고 기준 20)

④ 만약 미비점 또는 미비점의 결합으로 인해 회계와 내부회계관리제도에 충분한 전문지식을 갖춘 객관적인 관리자가 업무를 수행하는 과정에서 회계처리기준에 부합하는 재무제표가 작성되었다는 합리적인 확신을 가질 수 없다면 경영진은 해당 미비점 또는 미비점의 결합을 중요한 취약점으로 다루어야 한다. (평가 및 보고 기준 21)

⑤ 경영진은 다음 상황이 발생하는 경우에는 해당 내부회계관리제도의 미비점이 중요한 취약점인지를 평가하여야 한다. (평가 및 보고 기준 22)

㈎ 금액이 중요한지와 관계 없이 고위 경영진에 의한 부정이 발견된 경우

㈏ 중요한 왜곡표시의 수정을 반영하기 위하여 기존 재무제표를 재작성하는 경우

㈐ 회사의 내부회계관리제도에 의해 파악하지 못한 중요한 당기 수정사항으로써 외부감사인에 의하여 파악된 경우(최종 재무제표에 동 수정사항을 반영하였는지 여부는 관계 없음)

㈑ 회사의 외부 재무보고와 내부회계관리제도에 대한 감사(또는 감사위원회)의 감독기능이 효과적이지 않은 경우

㈒ 합리적인 근거 없이 외부감사법 제8조에서 정한 사항이 내부회계관리규정에 포함되지 않거나 준수되지 않은 경우

3.5 내부회계관리제도 운영실태보고서의 보고

내부회계관리제도 운영실태보고서 포함 내용 (평가 및 보고 기준 24)

가. 수신인이 주주총회, 이사회 및 감사(또는 감사위원회)임을 기술

나. 평가기준일에 평가 대상 기간에 대하여 내부회계관리제도의 설계 및 운영의 효과성에 대하여 평가하였다는 사실

다. 경영진이 선택한 내부통제체계와 이에 따른 내부회계관리제도의 설계 및 운영의 책임은 대표이사 및 내부회계관리자를 포함한 회사의 경영진에 있다는 사실

라. 내부회계관리제도의 설계 및 운영의 평가기준으로 평가 · 보고기준을 사용하였다는 사실

마. 중요성의 관점에서 평가 · 보고기준에 따른 내부회계관리제도 평가 결론

바. 중요한 취약점이 있는 경우 내부회계관리제도의 설계와 운영 상의 중요한 취약점에 대한 설명

사. 중요한 취약점에 대한 시정조치 계획. 단, 내부회계관리제도에 대하여 외부감사법 시행령 제29조에 따른 감리를 받은 경우에는 그 감리에 따른 시정조치계획을 포함한다.

아. 직전 사업연도에 보고한 중요한 취약점에 대한 시정조치 계획의 이행결과

자. 다음 (1)~(3)의 사항을 확인하고 서명하여 보고 내용에 첨부하였다는 사실

(1) 보고 내용이 거짓으로 기재되거나 표시되지 아니하였고, 기재하거나 표시하여야 할 사항을 빠뜨리고 있지 아니하다는 사실

(2) 보고 내용에 중대한 오해를 일으키는 내용이 기재되거나 표시되지 아니하였다는 사실

(3) 충분한 주의를 다하여 보고 내용의 기재 사항을 직접 확인 · 검토하였다는 사실

차. 횡령 등 자금 관련 부정위험에 대응하기 위해 회사가 수행한 내부통제 활동

카. 보고서 일자

타. 대표이사 및 내부회계관리자의 서명 날인

외부감사법에 의해 운영실태보고서에 포함되어야 할 사항 (외부감사법 시행령 제9조)

④ 회사의 대표자는 법 제8조제4항 본문에 따라 다음 각 호의 사항이 포함된 문서(이하 "내부회계관리제도 운영실태보고서"라 한다)를 작성하여 이사회 및 감사에게 대면(對面) 보고를 하여야 한다. 다만, 법 제8조제4항 단서에 따라 내부회계관리자가 보고하는 경우에는 보고 전에 회사의 대표자가 그 사유를 이사회 및 감사에게 문서로 제출하여야 한다.

1. 내부회계관리제도의 운영실태를 점검한 결과 및 취약 사항에 대한 시정조치 계획
2. 직전 사업연도에 보고한 제1호에 따른 시정조치 계획의 이행 결과
3. 다음 각 목의 사항을 확인하고 서명하여 보고 내용에 첨부하였다는 사실

가. 보고 내용이 거짓으로 기재되거나 표시되지 아니하였고, 기재하거나 표시하여야 할 사항을 빠뜨리고 있지 아니하다는 사실

나. 보고 내용에 중대한 오해를 일으키는 내용이 기재되거나 표시되지 아니하였다는 사실

다. 충분한 주의를 다하여 보고 내용의 기재 사항을 직접 확인 · 검토하였다는 사실

평가보고서 포함 내용(평가 및 보고 기준 28)

가. 수신인이 이사회임을 기술

나. 평가기준일에 평가 대상 기간에 대하여 내부회계관리제도가 신뢰성 있는 회계정보의 작성 및 공시에 실질적으로 기여하는지를 평가한 결과 및 시정의견

다. 경영진이 선택한 내부통제체계와 이에 따른 내부회계관리제도의 설계 및 운영의 책임은 대표이사 및 내부회계관리자를 포함한 회사의 경영진에 있으며 감사(또는 감사위원회)는 관리감독 책임이 있다는 사실

라. 내부회계관리제도의 설계 및 운영의 평가 기준으로 평가 · 보고기준을 사용하였다는 사실

마. 중요성의 관점에서 평가 · 보고기준에 따른 내부회계관리제도 평가 결론

바. 중요한 취약점이 있는 경우 내부회계관리제도의 설계 및 운영상의 중요한 취약점에 대한 설명

사. 중요한 취약점이 있는 경우 중요한 취약점에 대한 시정조치 계획 또는 이미 수행 중인 절차

아. 감사(또는 감사위원회)는 내부회계관리제도 운영실태보고서를 참고하여 평가하였다는 사실, 추가적인 검토절차를 수행한 경우 해당 사실

자. 내부회계관리제도 운영실태보고서에 거짓으로 기재되거나 표시된 사항이 있거나, 기재하거나 표시하여야 할 사항을 빠뜨리고 있는지를 점검한 결과 및 조치 내용

차. 내부회계관리제도 운영실태보고서의 시정 계획이 회사의 내부회계관리제도 개선에 실질적으로 기여할 수 있는지를 검토한 결과 및 대안

카. 내부회계관리제도 운영실태 평가를 위한 경영진과의 대면 협의 및 자금 관련 부정위험에 대한 감사인과의 의사소통 내역

타. 보고서 일자

파. 감사(위원회)의 서명 날인

SECTION

02 내부회계관리제도에 대한 감사인의 감사

용어의 정리(ISA 1100 - 6)

(a) 관련경영진주장(relevant assertion) : 재무제표의 중요한 왜곡표시를 야기할 왜곡표시 또는 왜곡표시들을 포함할 가능성이 낮지 않은(more than remote) 재무제표 주장. 경영진주장이 관련경영진주장인지 여부에 대한 결정은 통제의 효과와 상관없이, 고유위험에 근거하여야 한다.

(b) 내부회계관리제도(Internal control over financial reporting) : 기업의 재무제표가 해당 재무보고체계에 따라 신뢰성 있게 작성되었는지에 대한 합리적인 확신을 제공하기 위해 설계되어, 지배기구, 경영진 및 그 밖에 다른 직원에 의해 시행되는 프로세스로서 다음 내용의 정책과 절차를 포함한다.

- 기업 자산의 거래와 처분을 합리적으로 상세하게 그리고 정확하고 공정하게 반영하는 기록의 유지와 관련됨
- 해당 재무보고체계에 따른 재무제표의 작성을 위하여 필요에 맞게 거래가 기록되고, 경영진과 지배기구의 승인에 의해서만 기업의 수입과 지출이 이루어지고 있다는 합리적인 확신을 제공함
- 재무제표에 중요한 영향을 미칠 수 있는 기업 자산의 승인되지 않은 취득, 사용 또는 처분을 예방하거나 적시에 발견 · 수정하는 것에 대한 합리적인 확신을 제공함

내부회계관리제도는 고유한계를 가지고 있다. 내부회계관리제도는 인간의 성실성과 준법성이 관련되는 프로세스이며, 인적오류로 인하여 판단 착오가 발생하거나 와해될 수 있다. 또한 공모 또는 부적절한 경영진의 통제무력화로 내부회계관리제도를 우회할 수 있다. 이러한 한계 때문에, 내부회계관리제도에 의해 중요한 왜곡표시가 적시에 예방되거나 발견 · 수정되지 못할 위험이 존재한다. 그러나 이 고유한계는 재무보고 프로세스의 잘 알려진 특성이다. 따라서 프로세스 내에 안전장치를 설계함으로써 이러한 위험을 제거할 수는 없지만, 줄일 수는 있다.

(c) 내부회계관리제도감사(Audit of Internal control over financial reporting) : 기업의 내부회계관리제도의 설계 및 운영 효과성에 대한 감사

(d) 내부회계관리제도에 대한 경영진 평가(Management's assessment about internal control over financial reporting) : 적합하고 이용가능한 준거기준에 기초하여 기업의 내부회계관리제도의 효과성에 대해 경영진이 내린 결론. 경영진 평가는 내부회계관리제도 운영실태보고서에 포함된다.

(e) 예방통제(Preventive control) : 재무제표의 왜곡표시를 초래할 수 있는 오류나 부정을 예방하는 목적을 가진 통제

(f) 유의적인 거래유형, 계정잔액 및 공시(significant class of transaction, account balance or disclosure) : 과대표시와 과소표시 위험을 모두 고려하여, 거래유형, 계정잔액 및 공시가, 개별적으로 또는 집합적으로, 재무제표에 중요한 영향을 미치는 왜곡표시를 포함할 가능성이 낮지 않은(more than remote) 경우의 거래유형, 계정잔액 및 공시. 거래유형, 계정잔액 및 공시가 유의적인지 여부에 대한 결정은 통제의 효과와 상관없이, 고유위험에 근거하여야 한다.

(g) 적발통제(Detective control) : 이미 발생하여 이로 인해 재무제표의 왜곡표시를 가져올 것으로 예상되는 경우 해당 오류나 부정을 발견하고 수정하는 목적을 가진 통제

(h) 준거기준(Criteria) : 인증대상을 측정하거나 평가하는데 사용되는 기준

(i) 중요한 취약점(Material weakness) : 내부회계관리제도 미비점 혹은 미비점들의 결합으로, 기업의 연차 재무제표 또는 중간재무제표의 중요한 왜곡표시가 적시에 예방되거나 발견 · 수정되지 못할 가능성이 낮지 않은(more than remote) 경우에 존재한다.

(j) 통제목적(Control objective) : 통제의 목표 또는 목적. 통제목적은 통제가 완화하고자 하는 위험에 대처하는 것이다. 내부회계관리제도의 상황에서, 통제목적은 일반적으로 유의적인 거래유형, 계정잔액 및 공시에 대한 관련경영진주장과 관련되어 있으며 특정 영역의 통제가 관련경영진주장의 왜곡표시 또는 누락을 적시에 예방하거나 발견 · 수정한다는 합리적인 확신을 제공하지 못할 위험에 대처한다.

1 내부회계관리제도 감사의 의의

내부회계관리제도 평가 및 감사 3단계

구 분	평가 또는 감사 대상	수행주체	준거기준	보고서
1단계	내부회계관리제도 운영실태	대표자 (내부회계관리자)	평가 및 보고 기준	운영실태보고서
2단계	내부회계관리제도 운영실태	감사(위원회)	평가 및 보고 기준	평가보고서
3단계	내부회계관리제도 + 운영실태보고서	외부감사인	감사기준	감사보고서
	운영실태보고서	외부감사인	검토기준	검토보고서

내부회계관리제도 감사 및 검토대상기업 (외부감사법 제8조) 22

감 사	검 토
직전사업연도 말 자산총액 1천억 원 이상 주권상장법인	모든 내부회계관리제도 적용대상 기업 (단, 직전사업연도 말 자산총액 1천억 원 이상 주권상장법인은 감사대상이므로 검토대상에서 제외한다.)

1.1 내부회계관리제도감사에 대한 개요

내부회계관리제도감사에 대한 개요

구 분	주 요 내 용
감사목적 (ISA 1100-5) 24	다음 목적을 모두 달성 a. 평가기준일 현재 내부회계관리제도에 중요한 취약점이 존재하는지 여부에 대한 합리적인 확신을 얻음 b. 내부회계관리제도의 효과성에 대한 감사의견을 내부회계관리제도 감사보고서에 표명하고 경영진 및 지배기구와 커뮤니케이션함
감사대상과 준거기준	• 감사인은 내부회계관리제도가 평가기준일 현재 『내부회계관리제도 설계 및 운영 개념체계』에 따라 중요성의 관점에서 효과적으로 설계 및 운영되고 있는지에 대한 의견을 표명함 • 감사인은 내부회계관리제도감사를 수행할 때 내부회계관리제도 운영실태에 관한 보고내용이 외부감사법의 요구사항을 포함하여 『내부회계관리제도 평가 및 보고 기준』에 따라 작성되었는지를 평가함

구 분	주요내용
통합감사 [24]	• 내부회계관리제도감사와 재무제표감사의 목적이 동일하지 않더라도, 감사인은 각각의 감사목적을 동시에 달성할 수 있도록 통합감사를 계획하고 수행하여야 함. 감사인은 아래의 목적을 모두 달성할 수 있도록 통제테스트를 설계하여야 함. a. 평가기준일 (통상적으로 보고기간말일임) 현재의 내부회계관리제도에 대한 감사의견을 뒷받침할 충분하고 적합한 증거를 입수함 b. 재무제표감사 목적상 감사인의 통제위험 평가를 뒷받침할 충분하고 적합한 감사증거를 입수함 (ISA 1100-10) • 내부회계관리제도 감사의견 표명과 관련하여 재무제표감사에서의 통제테스트 결과를 반영하여야 하고, 재무제표감사에서 통제위험을 평가할 때 내부회계관리제도 감사목적으로 수행한 통제테스트 결과를 평가하여야 함 (ISA 1100-13, 15) • 내부회계관리제도 감사중에 미비점을 식별하는 경우, 동 미비점이 재무제표감사의 실증절차의 성격, 시기 및 범위에 미치는 영향을 결정하여야 하고, 재무제표감사의 실증절차에서 발견된 사항이 내부회계관리제도의 효과성에 미치는 영향을 평가하여야 함 (ISA 1100-14)
감사보고 [24]	• 내부회계관리제도 감사보고서는 재무제표 감사보고서와 별도로 작성되어야 함 (ISA 1100-69) • 재무제표에 대한 감사보고서의 의견문단 바로 뒤에 내부회계관리제도에 대한 의견을 기재하고, 내부회계관리제도에 대한 감사보고서의 의견문단 바로 뒤에 재무제표감사에 대한 의견을 기재하여야 함 (ISA 1100-70) • 내부회계관리제도 감사보고서의 수신인, 업무수행이사의 이름, 감사인의 서명, 감사인의 주소 및 감사보고서일은 재무제표 감사보고서와 같아야 함 (ISA 1100-69)
중요성 (ISA 1100-22)	내부회계관리제도감사에 적용한 중요성기준은 재무제표감사에 적용하는 중요성기준과 동일하다.
감사의견 변형	• 부적정의견 평가기준일 현재 하나 이상의 중요한 취약점이 존재하는 경우 업무 범위제한이 없는 한 부적정의견을 표명함. 재무제표감사의견에 미치는 영향을 결정하여야 함 (ISA 1100-73) • 범위제한 감사업무범위에 제한이 있는 경우 감사계약을 해지하거나 의견을 거절하여야 함. 재무제표 감사에 미치는 영향을 고려하여야 한다. (ISA 1100-78)
운영실태보고서의 부적절한 기재 등 (ISA 1100-77)	불완전하거나 부적절한 운영실태보고서의 내용을 경영진이 수정하지 않는 경우, 감사인이 운영실태보고서가 불완전하거나 부적절한다고 판단한 사유를 기타사항문단에 기술하여야함

경영진 및 지배기구와의 커뮤니케이션	• 유의적 미비점과 중요한 취약점의 경우 경영진과 지배기구에게 감사보고서가 발행되기 이전에 서면으로 커뮤니케이션하여야 함 (ISA 1100-63) • 모든 미비점을 경영진에게 감사보고서 발행 이전에 서면으로 커뮤니케이션하여야 하고, 이러한 커뮤니케이션이 언제 수행되었는지 또는 언제 수행될 예정인지를 지배기구에 알려야 함 (ISA 1100-66)
부문이 다수인 기업	• 부문과 관련된 그룹재무제표의 중요왜곡표시위험을 평가하여 통제테스트를 수행할 부문을 결정함 (ISA 1100-84) • 지분법투자의 경우, 감사범위는 재무제표에 보고된 내용에 대한 통제를 포함하여야 하며, 일반적으로 지분법 대상 피투자자의 통제까지 확대되지 않음 (ISA 1100-87, A110) • 감사범위에는 평가기준일 이전에 취득한 기업 및 평가기준일에 중단사업으로 재무제표에 계상된 사업이 포함됨. 다만, 『내부회계관리제도 평가 및 보고기준』 및 관련 지침에 의해 특정 부문이 경영진 평가에서 제외되는 경우, 감사인도 이와 동일하게 해당 부문을 감사에서 제외할 수 있음 (ISA 1100-88, 89)

감사대상과 준거기준

구 분	책임자	준거기준
내부회계관리제도	대표자	내부회계관리제도 설계 및 운영 개념체계
내부회계관리제도 운영실태보고서	대표자	내부회계관리제도 평가 및 보고 기준
내부회계관리제도에 대한 감사	감사인	회계감사기준

1.2 내부회계관리제도감사와 위험평가절차로서 내부통제평가의 목적

위험평가절차로서 내부통제평가와 내부회계관리제도감사의 목적

내부통제평가	내부회계관리제도감사
중요왜곡표시위험을 평가하여 추가감사절차의 성격, 시기 및 범위를 결정하기 위함	외부감사법에 따라 의무적으로 회사가 구축한 내부회계관리제도에 대한 감사의견을 표명

Q! 감사인의 내부회계관리제도감사와 감사인이 재무제표감사의 일환으로 수행하는 내부통제 평가는 그 업무범위와 성격에 있어 어떠한 차이점이 있는지 서술하시오. 16

① 내부회계관리제도 감사는 '내부회계관리제도 감사기준'에 따라 기업의 내부회계관리제도의 효과성에 대해 합리적 확신을 제공하는 업무이다. 외부감사법에 의해 일정 기준 이상을 만족하는 기업은 반드시 수행해야 하는 필수적 성격의 업무이며, 신뢰성 있는 회계정보의 작성과 공시에 관한 전반적인 사항을 모두 다루기 때문에 업무범위가 내부통제 평가보다 확대된다.

② 재무제표감사의 일환으로 수행하는 내부통제 평가는 재무보고와 관련된 내부통제의 효과성을 '회계감사기준'에 따라 평가하는 업무이다. 재무제표 감사과정에서 내부통제를 평가하는 것이 필요한 경우에만 수행하는 선택적 성격의 업무이며, 재무제표에 중요한 왜곡표시를 가져올 수 있는 사항에만 집중하기 때문에 업무범위가 내부회계관리제도 감사보다 축소된다.

통합감사에서의 내부통제 테스트의 범위 (ISA 1100-11)

내부회계관리제도에 대하여 전체적으로 의견을 표명하기 위해서는, 감사인은 모든 관련경영진주장에 대하여 선정된 통제의 효과성에 대한 증거를 입수하여야 한다. 따라서 재무제표에 대해서만 의견을 표명할 때는 일반적으로 테스트하지 않는 통제의 설계 및 운영 효과성을 테스트하도록 감사인에게 요구된다.

통합감사에서 실증절차의 범위 (ISA 1100-12)

감사인은 재무제표감사와 관련하여 평가된 통제위험의 수준이나 평가된 중요왜곡표시위험에 관계없이, 모든 관련경영진주장에 대하여 실증절차를 수행하여야 한다. 내부회계관리제도에 대한 의견을 표명하기 위한 절차를 수행한 경우에도 이 요구사항을 경감시키지 않는다.

1.3 내부회계관리제도감사의 전제조건

내부회계관리제도감사의 전제조건을 확인하기 위한 절차 (ISA 1100-7)

- 다음의 책임을 인정하고 이해하고 있다는 점에 대하여 경영진의 동의를 받음
  ① 효과적인 내부회계관리제도를 설계, 실행 및 유지할 책임
  ② 적합하고 이용가능한 준거기준을 사용하여 기업의 내부회계관리제도의 효과성을 평가할 책임
  ③ 감사보고서에 첨부되는 보고서에 내부회계관리제도에 대한 경영진 평가(내부회계관리제도 운영실태보고서를 말함)를 제공할 책임
  ④ 충분한 평가와 문서화를 통해 기업의 내부회계관리제도의 효과성에 대한 기업의 평가를 뒷받침할 책임
  ⑤ 다음 사항을 감사인에게 제공할 책임
    a. 기록, 문서, 기타사항 등 내부회계관리제도에 대한 경영진 평가와 관련하여 경영진이 알고 있는 모든 정보에 대한 접근
    b. 감사인이 내부회계관리제도감사 목적으로 경영진에게 요청하는 추가적인 정보
    c. 감사인이 감사증거를 입수하기 위하여 필요하다고 결정한 기업 내부의 관계자들에 대한 제한 없는 접근
- 해당 평가기준일이 해당 재무제표 대상 기간의 재무상태표일(또는 보고기간말일)과 일치한다는 결정

2 내부회계관리제도의 감사절차

2.1 하향식 접근법을 통한 테스트 대상 통제의 선정

하향식 접근법 (ISA 1100 - 23, A28 ~ A29)

- 감사인은 내부회계관리제도감사 수행 시 테스트 대상 통제를 선정하기 위해 하향식 접근법을 사용하여야 한다.
- 하향식 접근법은 위험과 테스트 대상 통제를 식별함에 있어서 감사인의 순차적인 사고프로세스를 기술하는 것으로, 감사인이 감사절차를 수행할 순서일 필요는 없다.

- 하향식 접근법은 다음을 포함한다.

① 재무제표수준에서 시작함

② 내부회계관리제도의 전반적인 위험에 대한 감사인의 이해를 사용함

③ 전사적 수준 통제에 초점을 둠

④ 유의적인 거래유형, 계정잔액, 공시 및 관련경영진주장으로 업무를 옮겨감

⑤ 재무제표에 중요한 왜곡표시가 존재할 가능성이 낮지 않음을 나타내는 거래유형, 계정, 공시 및 경영진주장으로 감사인의 주의를 기울이게 함

⑥ 기업의 프로세스 내에 존재하는 위험에 대한 감사인의 이해를 검증함

⑦ 각각의 관련경영진주장에 대한 평가된 왜곡표시위험에 충분히 대처하는 통제를 테스트 대상으로 선정함

전사적 수준 통제에 대한 초점 (ISA 1100 - 24)

감사인은 기업이 효과적인 내부회계관리제도를 갖추고 있는지 여부에 대한 감사인의 결론에 중요한 전사적 수준 통제를 식별하고 테스트하여야 한다.

회사의 보고기간 말 재무보고 프로세스 (ISA 1100 - 27)

재무보고 및 통합감사에 중요하기 때문에, 감사인은 보고기간말 재무보고 프로세스를 평가하여야 한다. 보고기간말 재무보고 프로세스에는 다음을 포함한다.

① 총계정원장에 거래 총액을 기표하기 위해 사용되는 절차

② 회계정책의 선택과 적용과 관련된 절차

③ 총계정원장에 분개를 생성, 승인, 기록 및 처리하기 위해 사용되는 절차

④ 연차 및 분기 재무제표에 반복적 · 비반복적 조정사항을 기록하기 위해 사용되는 절차

⑤ 연차 및 분기 재무제표를 작성하기 위한 절차

감사인의 보고기간 말 재무보고 프로세스 평가대상 (ISA 1100-28)

보고기간말 재무보고 프로세스 평가의 일환으로, 감사인은 다음을 평가하여야 한다.

① 기업이 재무제표 생성을 위해 사용하는 프로세스의 입력자료, 수행하는 절차 및 산출물

② 보고기간말 재무보고 프로세스에 정보기술이 관련되는 정도

③ 경영진에서 누가 참여하는지

④ 보고기간말 재무보고 프로세스에 포함되는 사업장

⑤ 조정사항 및 연결조정 분개의 유형

⑥ 경영진과 지배기구가 프로세스에 대해 수행하는 감시의 성격 및 범위

유의적인 거래유형, 계정잔액 및 공시와 관련경영진주장에 대한 주의 (ISA 1100-29, 31)

- 감사인은 유의적인 거래유형, 계정잔액 및 공시와 관련경영진주장을 식별하여야 한다. 관련경영진주장은 재무제표의 왜곡표시를 포함할 가능성이 낮지 않은(more than remote) 경영진주장이다.
- 유의적인 거래유형, 계정잔액 및 공시와 관련경영진주장을 식별하는 것의 일환으로, 감사인은 또한 재무제표의 중요한 왜곡표시를 야기할 잠재적 왜곡표시의 가능한 원천을 결정하여야 한다.

왜곡표시의 가능한 원천에 대한 이해 (ISA 1100-33, 34)

- 감사인은 잠재적 왜곡표시의 가능한 원천을 더 많이 이해하기 위하여, 그리고 테스트 대상 통제를 선정하는 것의 일부로써, 다음의 절차를 수행한다.

① 거래가 개시, 승인, 기록, 처리 및 보고되는 방법을 포함하여, 관련경영진주장과 관련된 거래의 흐름을 이해한다.

② 개별적으로 혹은 다른 왜곡표시와 결합하여 중요한 왜곡표시(부정으로 인한 왜곡표시 포함)가 발생할 수 있는 기업 프로세스 내의 지점을 식별한다(예를 들어, 정보가 개시, 이전 또는 수정되는 지점).

③ 잠재적 왜곡표시에 대처하기 위하여 경영진이 실행한 통제를 식별한다.

④ 재무제표에 중요한 영향을 미칠 수 있는 승인되지 않은 기업 자산의 취득, 사용 또는 처분을 예방하거나 적시에 발견 · 수정하기 위해 경영진이 실행한 통제를 식별한다.

- 요구되는 판단의 정도 때문에, 감사인은 위에 언급된 요구사항을 달성하기 위한 절차를 직접 수행하여야 한다.

왜곡표시의 가능한 원천을 더 많이 이해하고, 적절한 테스트 대상 통제를 선정하기 위해 가장 효과적인 방법은 무엇인가? (ISA 1100-A43)

추적조사 수행은 많은 경우에 해당 목적을 달성하는 가장 효과적인 방법일 것이다. 추적조사는 거래의 발생부터 해당 거래가 정보시스템을 포함한 기업의 프로세스를 거쳐 기업의 재무기록으로 반영되기까지, 기업 담당자가 사용하는 동일한 문서와 정보기술을 이용하여 거래를 따라가는 과정을 포함한다. 추적조사 절차는 적합한 담당자에 대한 질문, 특정 통제의 적용의 관찰, 관련 문서의 검사 및 통제 재수행이다. 감사인은 이 절차들의 어떤 조합이라도 선택할 수 있으나, 질문만으로는 해당 목적을 달성하는 데 충분하지 않다.

테스트 대상 통제의 선정 (ISA 1100-36, A46~A47)

감사인은 기업의 통제가 각 관련경영진주장의 평가된 왜곡표시위험에 충분히 대처하고 있는지 여부에 대한 감사인의 결론에 중요한 통제를 식별하고 테스트하여야 한다.

- 특정 관련경영진주장의 평가된 왜곡표시위험에 대처하는 통제는 하나 이상일 수 있다. 이와 반대로, 하나의 통제가 하나 이상의 관련경영진주장의 평가된 왜곡표시위험에 대처할 수도 있다. 관련경영진주장과 관련된 모든 통제를 테스트할 필요가 없고, 통제 중복 자체가 통제목적이 아닌 이상 중복된 통제를 테스트할 필요도 없을 수 있다.
- 통제를 테스트 대상으로 선정할 것인지 여부에 대한 결정은, 통제가 어떻게 분류되는지(예를 들어, 전사적 수준 통제, 거래수준통제, 통제활동, 모니터링 통제, 예방통제, 적발통제 등)보다는, 해당 통제가 개별적으로 혹은 결합하여 특정 관련경영진주장의 평가된 왜곡표시위험에 충분히 대처할 수 있는지 여부에 달려 있다.

2.2 선정된 통제에 대한 통제테스트의 수행

통제테스트의 두 가지 종류 (ISA 1100-37~38)

① 설계효과성의 테스트 : 해당 통제가 기업의 통제목적을 충족하고 재무제표의 중요한 왜곡표시를 초래할 수 있는 부정이나 오류로 인한 왜곡표시를 효과적으로 예방하거나 발견·수정할 수 있는지 여부를 결정하여야 한다.

② 운영효과성의 테스트 : 통제가 설계된 대로 운영되는지 여부와 통제를 수행하는 사람이 통제를 효과적으로 수행하는데 필요한 권한과 적격성을 갖추었는지 여부를 결정하여 통제의 운영효과성을 테스트하여야 한다.

Q 통제의 설계효과성을 평가하기 위해 수행되는 절차는 무엇이 있는가?

설계효과성을 평가하기 위해 수행되는 절차는 적합한 기업 담당자에 대한 질문, 특정 통제의 운영에 대한 관찰 그리고 관련 문서의 검사의 결합으로 이루어질 수 있다. 이러한 절차를 포함한 추적조사는 일반적으로 설계효과성을 평가하는데 충분하다. (ISA 1100 – A48)

Q 통제의 운영효과성을 테스트하기 위해 수행되는 절차는 무엇이 있는가?

운영효과성을 테스트하기 위해 수행되는 절차는 적합한 기업 담당자에 대한 질문, 특정 통제의 운영에 대한 관찰, 관련 문서의 검사 그리고 통제의 재수행의 결합으로 이루어질 수 있다. 그러나, 질문만으로는 그러한 목적을 달성하기에 충분하지 않다. (ISA 1100 – A50)

위험과 입수해야 할 증거와의 관계 (ISA 1100 – 39 ~ 41, A56)

24

① 테스트되고 있는 통제와 연관된 위험이 증가할수록, 감사인이 입수해야 할 증거의 충분성과 적합성도 증가하여야 한다.

② 감사인은 각각의 관련 경영진주장에 대하여 선정된 통제의 효과성에 대하여 증거를 입수하여야 한다. 하지만 감사인이 개별 통제 각각의 효과성에 대한 의견을 뒷받침하기 위해 충분하고 적합한 감사증거를 입수할 책임은 없다. (∵ 감사인의 목적은 기업의 내부회계관리제도 전반에 대한 의견을 표명하는 것이기 때문)

③ 선정된 통제가 효과적인지 여부에 대한 증거를 입수하기 위해서, 해당 통제 자체가 테스트되어야 한다. 즉, 실증절차에 의해 발견된 왜곡표시가 없다는 것이 통제의 운영효과성을 의미한다고 볼 수 없다.

통제테스트의 성격과 증거력 (ISA 1100 – A59)

어떤 유형의 테스트는 테스트의 성격으로 인해 다른 테스트보다 통제의 효과성에 대한 더 많은 증거를 산출한다. 감사인이 수행할 수 있는 테스트를 일반적으로 가장 적은 증거를 산출하는 테스트에서 가장 많은 증거를 산출하는 테스트를 순서대로 나열하면 다음과 같다.

질문 < 관찰 < 관련 문서의 검사 < 통제의 재수행

질문만으로는 통제의 효과성에 대한 결론을 뒷받침하는 충분하고 적합한 감사증거를 제공하지 않는다.

통제테스트의 시기와 범위 (ISA 1100 – 43, A64)

23

일정 시점의 내부회계관리제도에 대한 의견을 표명하기 위하여, 감사인은 내부회계관리제도가 충분한 기간 동안 효과적으로 운영되었다는 증거를 입수하여야 한다. 이 때, 충분한 기간은 기업의 재무제표의 대상기간인 전체 기간(일반적으로 1년)보다 짧을 수 있다. 감사인은 운영효과성에 대한 충분하고 적합한 감사증거를 얻기 위하여, 평가기준일에 가깝게 통제테스트를 수행하는 것과 충분한 기간에 걸쳐 통제를 테스트할 필요성이 있다는 것 간에 균형을 맞추어야 한다. 더 긴 기간에 대한 통제를 테스트하는 것이 더 짧은 기간에 대해 테스트하는 것보다 통제의 효과성에 대해 더 많은 증거를 제공하고, 평가기준일에 더 가까운 시기에 수행된 테스트가 해당 연도 내 더 이른 시기에 수행된 테스트보다 더 많은 증거를 제공하기 때문이다.

2.3 내부회계관리제도 미비점의 식별과 평가

내부회계관리제도 미비점의 식별 및 그 심각성의 평가 (ISA 1100-47, 48)

- 감사인은 수행한 감사업무를 근거로 하나 이상의 내부회계관리제도 미비점을 식별하였는지 여부를 결정하여야 한다.
- 내부회계관리제도의 효과성에 대한 의견을 형성할 목적으로, 감사인은 내부회계관리제도 미비점이, 개별적으로 혹은 결합하여, 평가기준일 현재 중요한 취약점인지 여부를 결정하기 위하여 내부회계관리제도 미비점 각각의 심각성을 평가하여야 한다.

감사인은 통합감사 중 내부회계관리제도 미비점이 개별적으로 또는 결합하여 유의적 미비점이 되는지 여부를 결정하기 위하여, 내부회계관리제도 미비점 각각의 심각성을 평가하여야 한다 (ISA 1100-51). 중요한 취약점뿐만 아니라 유의적 미비점이 되는지 여부도 결정해야 하는 이유는 무엇인가?

내부회계관리제도 미비점이 개별적으로 또는 결합하여 유의적 미비점이 되는지 여부를 결정하기 위하여 각각의 미비점의 심각성을 평가하는 것은, 통합감사 과정에서 식별된 유의적 미비점들을 경영진 및 지배기구에 서면으로 커뮤니케이션하기 위한 목적이다. (ISA 1100-A84)

내부회계관리제도 미비점의 심각성을 평가할 때 영향을 미치는 요소 (ISA 1100-A74) 20

- 내부회계관리제도 미비점 혹은 미비점들의 결합의 심각성은 다음에 따라 달라진다.

① 미비점 혹은 미비점들로부터 초래되는 잠재적 왜곡표시의 크기

② 기업의 통제가 거래유형, 계정잔액이나 공시의 왜곡표시의 예방 또는 발견·수정에 실패할 가능성이 낮지 않은(more than remote)지 여부

⇔ 중요한 취약점의 정의 : 내부회계관리제도 미비점 혹은 미비점들의 결합으로, 기업의 연차재무제표 또는 중간재무제표의 ① 중요한 왜곡표시가 ② 적시에 예방되거나 발견·수정되지 못할 가능성이 낮지 않은(more than remote) 경우에 존재한다. (ISA 1100-6)

- 즉, 미비점의 심각성은 왜곡표시가 실제로 발생하였는지 여부가 아니라, 오히려 기업의 통제가 왜곡표시를 예방 또는 발견·수정에 실패할 가능성이 낮지 않은(more than remote)지 여부로 결정된다.
- 따라서 감사인이 통합감사를 수행하는 동안에 왜곡표시를 식별하지 않았다고 하더라도 중요한 취약점은 존재할 수 있다.

중요한 취약점에 대한 추가 고려 사항 (ISA 1100 - 49, 50, A81)

① 감사인은 내부회계관리제도 미비점 혹은 미비점들의 결합이 내부회계관리제도에 대한 경영진 평가 기준일 현재의 중요한 취약점인지 여부를 결정할 때, 보완통제의 영향을 평가하여야 한다. 감사인은 보완통제가 중요한 왜곡표시를 예방 또는 발견 · 수정할 수 있는 정밀한 수준으로 운영되는지 여부를 결정하기 위하여, 그러한 보완통제의 운영효과성을 테스트하여야 한다.

- 보완통제는 내부회계관리제도 미비점의 심각성을 제한하고, 중요한 취약점이 되는 것을 예방할 수 있다. 중요한 왜곡표시를 예방 또는 발견 · 수정할 정도의 정밀한 수준으로 운영되는 보완통제만이 완화효과를 가질 수 있다. 비록 보완통제가 내부회계관리제도 미비점의 효과를 완화할 수 있다 하더라도, 보완통제가 미비점을 제거할 수는 없다.

② 감사인은 내부회계관리제도 미비점 혹은 미비점들의 결합이 중요한 취약점이 아니라고 결정하는 경우, 동일한 사실과 상황에 대한 지식을 가진, 회계와 내부회계관리제도에 충분한 전문지식을 갖춘 객관적인 사람이 동일한 결론에 도달할 것인지 여부를 고려하여야 한다.

- 만약 감사인이 하나의 미비점 혹은 미비점들의 결합으로 인해, 회계와 내부회계관리제도에 충분한 전문지식을 갖춘 객관적인 사람이 직무수행에 있어서 해당 재무보고체계에 따라 재무제표가 작성될 수 있도록 필요에 맞게 거래가 기록된다는 합리적인 확신을 가지고 있다는 결론을 내릴 수가 없다고 결정한다면, 이 경우 감사인은 해당 미비점 혹은 미비점들의 결합을 중요한 취약점의 지표로 다루어야 한다.

중요한 취약점을 나타내는 지표 (ISA 1100 - A82)

내부회계관리제도의 중요한 취약점을 나타내는 지표는 다음을 포함한다.

① 고위 경영진이 저지른 부정을 식별함(부정이 중요한지 여부는 관계없음). 여기서 고위 경영진은 대표이사, 재무담당임원, 그밖에 기업의 재무보고프로세스에 유의적인 역할을 하는 다른 고위 경영진을 포함한다.

② 부정이나 오류로 인한 중요한 왜곡표시의 수정을 반영하기 위해 이전에 발행된 재무제표를 재작성함

③ 재무제표의 중요한 왜곡표시가 기업의 내부회계관리제도에 의해 발견 · 수정되지 못하였을 상황에서 감사 중 감사인에 의해 해당 왜곡표시가 식별됨

④ 기업의 재무보고 및 내부회계관리제도에 대한 지배기구의 감시가 효과적이지 않음

2.4 의견형성 등 결론절차

의견의 형성 (ISA 1100 - 56)

감사인은 모든 원천에서 입수한 증거를 평가함으로써 내부회계관리제도의 효과성에 대한 의견을 형성하여야 한다.

Q 감사인이 의견을 형성할 때 평가하는 감사증거의 원천에는 무엇이 있는지 그 예시를 서술하시오.

① 내부회계관리제도감사를 위한 감사인의 통제테스트

② 재무제표에 대한 의견표명과 관련된 목적을 달성하기 위해 수행한 추가적인 통제테스트

③ 재무제표감사 과정에서 발견된 왜곡표시

④ 식별된 미비점들 (ISA 1100 – 56)

의견 형성 외에 수행할 기타 결론 절차 (ISA 1100 – 59, 60)

- 감사인은 기업의 내부회계관리제도의 효과성에 대하여 의견을 형성한 후, 외부감사법령에 따라 내부회계관리제도 운영실태보고서의 필수 요소에 대한 경영진의 표시내용을 평가하여야 한다.
- 감사인이 내부회계관리제도에 대한 운영실태보고서의 필수 요소가 불완전하거나 부적절하게 표시되었다고 결정하는 경우, 감사인은 경영진에게 내부회계관리제도 운영실태보고서를 수정하도록 요청하여야 한다.

2.5 내부회계관리제도 관련 사항의 커뮤니케이션

내부회계관리제도 관련 사항의 커뮤니케이션 대상 및 보고수단 (ISA 1100-63, 65, 66) 24 22 19

	경영진	지배기구	보고수단	커뮤니케이션 시기
① 미비점	○		서면	적시에, 감사보고서 발행 이전에
② 유의적 미비점	○	○	서면	적시에, 감사보고서 발행 이전에
③ 중요한 취약점	○	○	서면	적시에, 감사보고서 발행 이전에

커뮤니케이션 책임 (ISA 1100 – 63, 64, 66)

① 감사인은 통합감사 중에 시정되었거나 이전에 커뮤니케이션되었으나 아직 시정되지 않은 유의적 미비점과 중요한 취약점도 경영진과 지배기구에게 서면으로 커뮤니케이션하여야 한다.

② 감사인이 기업의 재무보고 및 내부회계관리제도에 대한 지배기구의 감시가 비효과적이라고 결론을 내리면, 감사인은 해당 결론을 이사회(또는 다른 유사한 기구)에 서면으로 커뮤니케이션하여야 한다.

③ 감사인은 통합감사 중에 식별한 내부회계관리제도의 모든 미비점을 경영진에게 서면으로 적시에, 감사보고서 발행 이전에 커뮤니케이션하여야 하며, 이러한 커뮤니케이션이 언제 수행되었는지 혹은 언제 수행될 예정인지를 지배기구에 알려야 한다. (경영진에게 서면 커뮤니케이션을 할 때, 감사인은 이전의 서면 커뮤니케이션에 포함되어 있는 미비점에 관한 정보를 반복할 필요가 없다. 이전의 커뮤니케이션이 감사인, 내부감사인 또는 조직 내의 다른 누군가에 의해 수행되었는지는 관계가 없다.)

Q (내부회계관리제도감사와 통합되지 않은) 재무제표 감사에서 명백하게 사소한 왜곡표시는 집계조차 하지 않아 경영진이나 지배기구와 커뮤니케이션되지 않는 것과는 달리, 내부회계관리제도 감사에서는 유의적 미비점이나 중요한 취약점에 이르지 못한 미비점도 서면으로 커뮤니케이션하여야 한다. 그 이유는 무엇인가?

내부회계관리제도감사의 근본적인 목적이 내부회계관리제도의 미비점을 식별하는데 중점을 두고 있기 때문이다. 반면 재무제표의 왜곡표시를 식별하는 데 중점을 두는 (내부회계관리제도감사와 통합되지 않은) 재무제표감사에서는 미비점을 식별하는 것은 부수적인 것이다. (ISA 1100－A95)

2.6 경영진 서면진술의 입수

서면진술에 포함될 사항 (ISA 1100－61)

감사인은 내부회계관리제도감사를 수행할 때, 다음 내용이 모두 포함된 경영진의 서면진술을 입수하여야 한다.

① 효과적인 내부회계관리제도를 수립하고 유지할 경영진의 책임을 인정함

② 경영진이 기업의 내부회계관리제도의 효과성에 대한 평가를 수행하였음을 진술하고, 준거기준을 구체적으로 명시함

③ 통합감사 중에 감사인이 수행한 감사절차를 경영진이 내부회계관리제도 효과성에 대한 경영진 평가에 대한 근거의 일부로 활용하지 않았음을 명시함

④ 평가기준일 현재 준거기준에 근거한 내부회계관리제도의 효과성에 대한 경영진의 평가내용을 명시함

⑤ 내부회계관리제도의 설계 또는 운영상의 모든 미비점을 감사인에게 공개하였음을 명시함(유의적 미비점이나 중요한 취약점이라고 생각되는 모든 미비점을 경영진이 별도로 감사인에게 공개한 것을 포함함)

⑥ 기업의 재무제표에 중요한 왜곡표시를 초래하는 부정과 재무제표에 중요한 왜곡표시를 초래하지는 않지만 고위경영진 또는 기업의 내부회계관리제도에서 유의적인 역할을 담당하는 경영진 또는 기타 직원이 연루된 부정을 기술함

⑦ 이전의 업무를 수행하는 동안에 식별되고 경영진과 지배기구에게 커뮤니케이션된 유의적 미비점과 중요한 취약점이 해결되었는지 여부를 명시하고, 해결되지 않은 미비점을 구체적으로 식별함

⑧ 유의적 미비점과 중요한 취약점에 대하여 경영진이 취한 시정조치를 포함하여, 내부회계관리제도의 변경 또는 내부회계관리제도에 유의적으로 영향을 미칠 수 있는 다른 상황이 평가기준일 후에 후속적으로 존재했는지 여부를 명시함

3 내부회계관리제도의 감사보고

내부회계관리제도에 대한 보고 (ISA 1100-69, 71)

내부회계관리제도 감사보고서는 재무제표 감사보고서와 별도로 작성되어야 하며 다음의 요소를 포함하여야 한다(내부회계관리제도 감사보고서의 수신인, 업무수행이사의 이름, 감사인의 서명, 감사인의 주소 및 감사보고서일은 재무제표 감사보고서와 같아야 한다).

요 소	내 용
제 목	독립된 감사인의 감사보고서임을 명확히 나타내기 위하여 "독립된(independent)" 문구를 포함
수신인	해당 감사의 상황에 기초하여 적합한 수신인을 기재
내부회계관리제도에 대한 의견	첫 번째 단락의 제목은 "내부회계관리제도에 대한 의견"으로 하고, 다음 요소를 기술 1) 내부회계관리제도 감사대상 기업의 이름 2) 통제 준거기준(예: 『내부회계관리제도 설계 및 운영 개념체계』)에 근거하여, 평가기준일 현재, 중요성의 관점에서 기업이 효과적인 내부회계관리제도를 유지하였는지 여부에 대한 감사의견
내부회계관리제도 감사의견의 근거	두 번째 단락의 제목은 "내부회계관리제도 감사의견의 근거"라고 하고, 다음 요소를 기술 1) 내부회계관리제도감사가 회계감사기준에 따라 수행되었다는 기술 2) 감사기준에 따른 감사인의 책임을 기술하는 감사보고서의 단락 언급 3) 감사인은 감사와 관련된 윤리적 요구사항에 따라 기업으로부터 독립적이며 그러한 요구사항에 따른 윤리적 책임을 이해하였다는 기술(관련 윤리적 요구사항의 원천에 대한 관할지의 표시 또는 국제윤리기준에 대한 언급이 포함되어야 함) 4) 입수한 감사증거가 감사의견의 근거를 제공하기에 충분하고 적합하다고 감사인이 믿는지 여부에 대한 기술
내부회계관리제도에 대한 경영진과 지배기구의 책임	세 번째 단락의 제목은 "내부회계관리제도에 대한 경영진과 지배기구의 책임"이라고 하고, 다음 사항에 대한 경영진과 지배기구의 책임을 기술 1) 내부회계관리제도 운영실태보고서에 대한 언급 2) 효과적인 내부회계관리제도를 유지하고 내부회계관리제도의 효과성을 평가할 책임이 경영진에게 있다는 진술 3) 내부회계관리제도를 감시할 책임이 지배기구에게 있다는 진술

요 소	내 용
내부회계관리제도 감사에 대한 감사인의 책임	"내부회계관리제도감사에 대한 감사인의 책임"이라는 제목의 단락을 포함하고, 다음 사항을 기술 1) 감사인의 책임은 감사에 근거하여 기업의 내부회계관리제도에 대한 의견을 표명하는 것이라는 진술 2) 회계감사기준은 감사인이 중요성의 관점에서 효과적인 내부회계관리제도가 유지되었는지 여부에 대한 합리적인 확신을 얻기 위해 감사를 계획하고 수행할 것을 요구한다는 진술 3) 내부회계관리제도감사가 내부회계관리제도에 대한 이해의 획득, 중요한 취약점이 존재할 위험의 평가, 평가된 위험에 근거한 내부통제의 설계 및 운영의 효과성에 대한 테스트 및 평가, 그리고 감사인이 상황에 따라 필요하다고 판단한 기타 절차의 수행을 포함하였다는 진술
내부회계관리제도의 정의와 한계	다섯번째 단락의 제목은 "내부회계관리제도의 정의와 한계" 라고 하고, 다음 요소를 포함 1) 내부회계관리제도의 정의 2) 고유한계로 인하여 내부회계관리제도가 왜곡표시를 예방하거나 발견 · 수정하지 못할 수 있고, 효과성의 평가를 미래 기간에 투영하는 것은 상황의 변화로 인하여 통제가 부적합하게 될 위험이 있으며, 또는 정책이나 절차의 준수 정도가 저하될 위험이 있을 수 있다는 설명
업무수행이사의 이름	감사대상 기업이 상장기업인 경우, 업무수행이사의 이름 기재는 재무제표 감사와 동일
감사인의 서명, 감사인의 주소 및 감사보고서일	1) 감사인의 서명이 있어야 한다. 2) 감사인의 소재지를 기재하여야 한다. 3) 감사보고서일은 재무제표 감사보고서일과 동일하게 기재하여야 한다(∵감사인이 재무제표를 감사하지 않고 내부회계관리제도만을 감사할 수가 없으므로 내부회계관리제도감사와 재무제표감사는 통합되어 진행).

Q 통합감사시 ① 재무제표 감사보고서의 의견문단 바로 뒤에 추가하여야 할 문단과 ② 내부회계관리제도 감사보고서의 의견문단 바로 뒤에 추가하여야 할 문단의 내용을 서술하시오. (ISA 1100－70)

① 재무제표 감사보고서 의견문단 뒤에 추가할 내용 : "우리는 또한 회계감사기준에 따라, [통제준거기준 식별]에 근거한 회사의 20X8년 12월 31일 현재의 내부회계관리제도를 감사하였으며, 20X9년 XX월 XX일자[재무제표에 대한 보고서일자와 동일한 보고서일자] 감사보고서에서 [의견의 성격 포함]을 표명하였습니다."

② 내부회계관리제도 감사보고서 의견문단 뒤에 추가할 내용 : "우리는 또한 회계감사기준에 따라, 회사의 [재무제표 식별]를 감사하였으며, 20X9년 XX월 XX일자[내부회계관리제도의 효과성에 대한 감사보고서일자와 동일한 보고서일자] 감사보고서에서 [의견의 성격 포함]을 표명하였습니다."

4 내부회계관리제도 감사보고서의 변형

감사보고서 변형 (ISA 1100 - 72)

다음 상황이 존재하는 경우, 감사인은 내부회계관리제도 감사보고서를 변형하여야 한다.

(a) 하나 이상의 중요한 취약점이 존재함

(b) 내부회계관리제도 운영실태보고서의 구성요소가 불완전하거나 부적절하게 표시되어 있음

(c) 업무의 범위에 제한이 존재함

(d) 내부회계관리제도 운영실태보고서에 추가정보가 포함되어 있음

4.1 하나 이상의 중요한 취약점이 존재하는 경우(부적정의견)

하나 이상의 중요한 취약점이 존재하는 경우 (ISA 1100 - 73 ~ 76) 24

감사의견변형	평가기준일 현재에 개별적으로 혹은 결합적으로 하나 이상의 중요한 취약점이 존재한다면, 감사인은 업무 범위에 대한 제한이 없는 한, 내부회계관리제도에 대해 부적정의견을 표명하여야 한다.
수행할 절차	내부회계관리제도에 대한 부적정의견이 재무제표에 대한 감사의견에 미치는 영향을 결정하여야 한다.
감사보고서에 포함될 사항	• 부적정의견 단락에 다음 사항을 공시하여야 한다. ① 내부회계관리제도에 대한 부적정의견이 재무제표에 대한 감사의견에 영향을 미쳤는지 여부
	• 부적정의견근거 단락에 다음 사항을 포함하여야 한다. ① 중요한 취약점의 정의 ② 하나 이상의 중요한 취약점이 식별되었다는 진술과, 해당 중요한 취약점이 내부회계관리제도 운영실태보고서에 기술되어 있다는 언급

4.2 운영실태보고서의 필수구성요소가 불완전하거나 부적절하게 표시되어 있는 경우

운영실태보고서의 필수구성요소가 불완전하거나 부적절하게 표시되어 있는 경우 (ISA 1100 - 77)

감사보고서에 포함될 사항	내부회계관리제도 운영실태보고서의 필수 구성요소가 불완전하거나 부적절하게 표시되어 있다고 감사인이 결정하고, 경영진이 이를 수정하지 않는다면, 감사인은 내부회계관리제도 감사보고서를 변형하여 해당 결정의 사유를 기술하는 기타사항문단을 포함하여야 한다.

Q 하나 이상의 중요한 취약점이 감사보고서에 첨부되는 내부회계관리제도 운영실태보고서에 포함되지 않았다면, 감사보고서는 이를 언급하도록 변형되어야 한다. 이와 관련하여 ① 감사보고서에 포함되어야 할 내용과 ② 감사인이 수행해야 할 절차는 무엇인가? (ISA 1100 - 75)

① 포함되어야 할 내용 : 하나 이상의 중요한 취약점이 식별되었으나 내부회계관리제도 운영실태보고서에 포함되지 않았다는 사실과 운영실태보고서에 포함되지 않은 각각의 중요한 취약점에 대한 설명이 포함되어야 한다.

② 수행해야 할 절차 : 운영실태보고서에 하나 이상의 중요한 취약점이 보고되지 않았거나 중요한 취약점으로 식별되지 않았음을 지배기구에 서면으로 커뮤니케이션하여야 한다.

4.3 업무의 범위에 제한이 있는 경우

업무범위에 제한이 있는 경우 (ISA 1100 - 78 ~ 82) 24

감사의견변형	통합감사 업무를 수임한 후에, 내부회계관리제도감사의 업무범위에 대한 제한이 있다면, 감사인은 법규에 의해 가능한 경우 통합감사 계약을 해지하거나 내부회계관리제도에 대한 의견을 거절하여야 한다.
수행할 절차	① 내부회계관리제도에 대한 의견거절이 재무제표 감사에 미치는 영향을 고려하여야 한다. ② 또한 내부회계관리제도감사가 만족스럽게 완료될 수 없음을 경영진과 지배기구에 서면으로 커뮤니케이션하여야 한다.
감사보고서에 포함될 사항	• 의견거절근거 단락에 다음 사항을 포함하여야 한다. ① 감사범위가 감사의견을 표명하는데 충분하지 않았다는 내용과 의견거절의 실질적인 사유
	• 감사인이 의견거절을 하는 상황에서 감사인이 수행한 제한된 절차에 의해 하나 이상의 중요한 취약점이 존재한다는 결론을 내리게 된 경우, 의견거절근거 단락에 다음 사항을 포함하여야 한다. ① 중요한 취약점의 정의 ② 기업의 내부회계관리제도에서 식별된 중요한 취약점에 대한 설명과 해당 중요한 취약점이 내부회계관리제도 운영실태보고서에 기술되어 있다는 언급 ③ 이 경우 의견거절 단락에 해당 결론이 재무제표에 대한 감사의견에 영향을 미쳤는지 여부를 공시하여야 한다.

경영진이 내부회계관리제도의 효과성에 대한 경영진의 서면진술의 제공을 거부함으로 인해 감사범위의 제한이 발생되는 경우, 감사인이 수행해야 할 절차는 무엇인가? (ISA 1100-79)

① 통합감사 계약을 해지하여야 한다.

② 감사계약의 해지가 관련 법규에 의해 가능하지 않은 경우, 내부회계관리제도에 대한 의견을 거절하여야 한다.

③ 경영진의 서면진술 제공 거부가 다른 진술서들(기업의 재무제표감사를 수행할 때 입수한 진술서들을 포함함)에 대해 감사인이 의존할 수 있는 능력에 미치는 영향을 평가하는 것을 포함하여, 재무제표 감사에 미치는 영향을 고려하여야 한다.

4.4 운영실태보고서에 추가정보가 포함된 경우

추가정보가 포함된 경우 (ISA 1100-83)

경영진은 내부회계관리제도 운영실태보고서 내 또는 동 보고서를 포함하는 문서 내에, 감사인의 평가대상에 해당하는 내부회계관리제도 운영실태보고서의 필수요소 외에 추가정보를 포함할 수 있으며, 이 경우, 감사인은 다음을 수행하여야 한다.

① 기타사항문단에서 해당 정보에 대한 의견을 거절하여야 한다.

② 추가정보가 내부회계관리제도 운영실태보고서와 관련 감사보고서를 포함하는 문서 내에서 내부회계관리제도 운영실태보고서 외의 다른 부분에 포함되어 있고, 감사인이 경영진의 추가정보가 내부회계관리제도 운영실태보고서와의 명백한 중요한 불일치사항과 사실의 중요한 왜곡표시를 포함하고 있다고 믿는다면, 감사인은 해당 사항을 경영진과 논의하여야 한다. 만약, 경영진과의 논의 후에도, 감사인이 사실의 중요한 왜곡표시가 남아있다고 결론을 내리면, 감사인은 감사기준서 720(기타정보와 관련된 감사인의 책임)의 요구사항을 적용하여야 한다. 또한, 외부감사법 제22조(부정행위 등의 보고)에 의해 감사인이 추가적인 조치를 취해야 할 수도 있다.

5 내부회계관리제도 감사보고서의 사례

내부회계관리제도 적정의견 감사보고서

독립된 감사인의 내부회계관리제도 감사보고서

ABC주식회사의 주주 귀중 [또는 다른 적합한 수신인]

내부회계관리제도에 대한 감사의견

우리는 20×1년 12월 31일 현재 「내부회계관리제도 설계 및 운영 개념체계」에 근거한 ABC주식회사의 내부회계관리제도를 감사하였습니다.

우리의 의견으로는 회사의 내부회계관리제도는 20×1년 12월 31일 현재「내부회계관리제도 설계 및 운영 개념체계」에 따라 중요성의 관점에서 효과적으로 설계 및 운영되고 있습니다.

우리는 또한 회계감사기준에 따라, ABC주식회사의 20×1년 12월 31일 현재의 재무상태표, 동일로 종료되는 보고기간의 손익계산서(또는 포괄손익계산서), 자본변동표, 현금흐름표를 감사하였으며, 20×2년 ××월 ××일자[내부회계관리제도 감사보고서 일자와 동일한 보고서일자] 감사보고서에서 [의견의 성격 포함]을 표명하였습니다.

내부회계관리제도 감사의견근거

우리는 회계감사기준에 따라 감사를 수행하였습니다. 이 기준에 따른 우리의 책임은 이 감사보고서의 내부회계관리제도감사에 대한 감사인의 책임 단락에 기술되어 있습니다. 우리는 내부회계관리제도감사와 관련된 공인회계사윤리기준에 따라 회사로부터 독립적이며 공인회계사윤리기준에 따른 기타 윤리적 책임들을 이행하였습니다. 우리가 입수한 감사증거가 감사의견을 위한 근거로서 충분하고 적합하다고 우리는 믿습니다.

내부회계관리제도에 대한 경영진과 지배기구의 책임

경영진은 효과적인 내부회계관리제도의 설계, 실행 및 유지할 책임이 있으며, 내부회계관리제도 운영실태보고서에 포함된, 내부회계관리제도 효과성에 대한 평가에 책임이 있습니다.

지배기구는 회사의 내부회계관리제도의 감시에 대한 책임이 있습니다.

내부회계관리제도감사에 대한 감사인의 책임

우리의 책임은 우리의 감사에 근거하여 회사의 내부회계관리제도에 대한 의견을 표명하는데 있습니다. 우리는 회계감사기준에 따라 감사를 수행하였습니다. 이 기준은 우리가 중요성의 관점에서 내부회계관리제도가 효과적으로 유지되는지에 대한 합리적 확신을 얻도록 감사를 계획하고 수행할 것을 요구하고 있습니다.

내부회계관리제도 감사는 중요한 취약점이 존재하는지에 대한 감사증거를 입수하기 위한 절차의 수행을 포함합니다. 절차의 선택은 중요한 취약점이 존재하는지에 대한 위험평가를 포함하여 감사인의 판단에 따라 달라집니다. 감사는 내부회계관리제도에 대한 이해의 획득과 평가된 위험에 근거한 내부회계관리제도의 설계 및 운영에 대한 테스트 및 평가를 포함합니다.

내부회계관리제도의 정의와 고유한계

회사의 내부회계관리제도는 지배기구와 경영진, 그 밖의 다른 직원에 의해 시행되며, [일반적으로 인정된 회계처리기준과 같은 적용 가능한 회계기준]에 따라 신뢰성 있는 재무제표의 작성에 합리적인 확신을 제공하기 위하여 고안된 프로세스입니다. 회사의 내부회계관리제도는 (1) 회사 자산의 거래와 처분을 합리적인 수준으로 정확하고 공정하게 반영하는 기록을 유지하고 (2) [일반적으로 인정되는 회계처리기준과 같은 회계기준]에 따라 재무제표가 작성되도록 거래가 기록되고, 회사의 경영진과 이사회의 승인에 의해서만 회사의 수입과 지출이 이루어진다는 합리적인 확신을 제공하며 (3) 재무제표에 중요한 영향을 미칠 수 있는 회사 자산의 부적절한 취득, 사용 및 처분을 적시에 예방하고 발견하는 데 합리적인 확신을 제공하는 정책과 절차를 포함합니다.

내부회계관리제도는 내부회계관리제도의 본질적인 한계로 인하여 재무제표에 대한 중요한 왜곡표시를 발견하거나 예방하지 못할 수 있습니다. 또한, 효과성 평가에 대한 미래기간의 내용을 추정시에는 상황의 변화 혹은 절차나 정책이 준수되지 않음으로써 내부회계관리제도가 부적절하게 되어 미래기간에 대한 평가 및 추정내용이 달라질 위험에 처할 수 있습니다.

이 독립된 감사인의 내부회계관리제도 감사보고서의 근거가 된 감사를 실시한 업무수행이사는 [이름]입니다.

[해당 국가에 따라 회계법인의 명칭이나 감사인 이름, 또는 두가지]

[감사인의 주소]

[감사보고서일]

내부회계관리제도 부적정의견 감사보고서

문단 제목	감사보고서가 변형되는 사항
내부회계관리제도에 대한 부적정의견	회사의 내부회계관리제도는 .... 효과적으로 설계 및 운영되고 있습니다. ↓ 회사의 재무제표는 부적정의견근거 단락에 기술된 「내부회계관리제도 설계 및 운영 개념체계」의 목적을 달성하기 위한 중요한 취약점의 영향 때문에 회사의 내부회계관리제도는 20×1년 12월 31일 현재 효과적으로 설계 및 운영되고 있지 않습니다. - 부적정의견이 재무제표에 대한 감사의견에 영향을 미쳤는지 여부 공시
내부회계관리제도 부적정의견근거	- 다음을 포함 • 중요한 취약점의 정의 • 하나 이상의 중요한 취약점이 식별되었다는 진술과, 해당 중요한 취약점이 내부회계관리제도 운영실태보고서에 기술되어 있다는 언급 • [내부회계관리제도 운영실태보고서에서 기술된 중요한 취약점 기술] - 일부 문장 수정 : 우리가 입수한 감사증거가 부적정의견을 위한 근거로서 충분하고 적합하다고 우리는 믿습니다.

내부회계관리제도 의견거절 감사보고서

문단 제목	감사보고서가 변형되는 사항
내부회계관리제도에 대한 의견거절	1. 우리는 회사의 내부회계관리제도를 감사하였습니다. 2. 우리의 의견으로는 .... 효과적으로 설계 및 운영되고 있습니다. ↓ 1. 의견거절근거 단락에서 기술된 사항의 유의성 때문에 우리는 감사의견의 근거를 제공하는 충분하고 적합한 감사증거를 입수할 수 없었습니다. 2. 우리는 회사의 내부회계관리제도 효과성에 대한 의견을 표명하지 않습니다. – 중요한 취약점이 존재한다는 결론을 내리게 된 경우, 재무제표에 대한 감사의견에 영향을 미쳤는지 여부 공시
내부회계관리제도 의견거절근거	– 의견거절을 초래하는 사항을 기술 – 다음 문장을 삭제 : • 감사인의 책임이 기술된 감사보고서 단락에 관한 언급 • 입수한 감사증거가 감사의견의 근거를 제공하는 데 충분하고 적합한지 여부에 관한 기술 – 중요한 취약점이 존재한다는 결론을 내리게 된 경우, 다음 내용 포함 • 중요한 취약점의 정의 • 하나 이상의 중요한 취약점이 식별되었다는 진술과, 해당 중요한 취약점이 내부회계관리제도 운영실태보고서에 기술되어 있다는 언급 • [내부회계관리제도 운영실태보고서에서 기술된 중요한 취약점 기술]
내부회계관리제도 감사에 대한 감사인의 책임	문구를 전반적으로 수정 : 우리의 책임은 회계감사기준에 따라 감사를 수행하고 이를 근거로 회사의 내부회계관리제도에 의견을 표명하는데 있습니다. 그러나 이 감사보고서의 의견거절근거단락에서 기술된 사항 때문에 감사의견의 근거를 제공하는 충분하고 적합한 감사증거를 입수할 수 없었습니다.

SECTION

03 내부회계관리제도에 대한 감사인의 검토

내부회계관리제도 감사와 검토의 차이

	감 사	검 토
1. 수준에 따른 인증업무	합리적인 수준의 인증	보통 수준의 인증
2. 확신의 수준	적극적 확신	소극적 확신
3. 검증대상	회사의 내부회계관리제도 + 대표이사의 운영실태보고서	대표이사의 운영실태보고서
4. 수행절차	- 통제절차 재수행	
	- 문서검사	- 제한된 문서검사
	- 관 찰	
	- 질 문	- 질문 위주

내부회계관리제도 검토결론의 표명 (내부회계관리제도 검토기준 11)

상 황	결론 표명
① 경영진의 운영실태보고 및 이의 근거 문서를 검토한 결과, 내부회계관리제도의 중요한 취약점이 발견되지 아니하였고 중요한 범위제한도 없는 경우(= 표준보고)	감사인은 경영진의 운영실태보고에 예외사항을 발견하지 못했다고 기재
② 경영진의 운영실태보고 및 이의 근거 문서를 검토하는 데 범위제한이 있었던 경우(= 검토범위의 제한)	검토범위 제한이 중요하다면 감사인은 경영진의 운영실태보고에 대하여 한정적으로 검토결론을 표명하거나 검토결론의 표명을 거절함

상 황	결론 표명
③ 경영진의 운영실태보고 및 이의 근거 문서를 검토한 결과, 내부회계관리제도의 중요한 취약점이 발견된 경우 (=중요한 취약점의 발견)	• 경영진이 운영실태보고서에 그 내용을 모두 기재한 경우 : 경영진의 운영실태보고서에 나타난 중요한 취약점을 기재 • 경영진이 운영실태보고서에 감사인이 발견한 중요한 취약점들의 일부만 기재한 경우 : 경영진의 운영실태보고서에 나타난 중요한 취약점과 운영실태보고서에 나타나지 않은 기타의 중요한 취약점을 기재 • 경영진이 운영실태보고서에 그 내용을 기재하지 아니한 경우 (즉, 내부회계관리제도가 적절하게 운용되고 있다고 보고한 경우) : 경영진의 운영실태보고서에 나타나지 않은 모든 중요한 취약점을 기재

내부회계관리제도 검토보고서

독립된 감사인의 내부회계관리제도 검토보고서

AAA주식회사 주주 및 이사회 귀중 [또는 다른 적합한 수신인]

[도입 문단]

우리는 첨부된 AAA주식회사의 20xx년 12월 31일 현재의 내부회계관리제도의 운영실태보고서에 대하여 검토를 실시하였습니다. 내부회계관리제도를 설계, 운영하고 그에 대한 운영실태보고서를 작성할 책임은 AAA주식회사의 경영진에게 있으며, 우리의 책임은 동 보고내용에 대하여 검토를 실시하고 검토결론을 표명하는 데 있습니다. 회사의 경영진은 첨부된 내부회계관리제도 운영실태보고서에서 "대표이사 및 내부회계관리자의 내부회계관리제도 운영실태 평가결과, 20xx년 12월 31일 현재 당사의 내부회계관리제도는 ['내부회계관리제도 설계 및 운영 개념체계'(다른 준거기준을 사용한 경우 그 명칭)]에 근거하여 볼 때, 중요성의 관점에서 효과적으로 설계되어 운영되고 있다고 판단된다"고 기술하고 있습니다.

[범위 문단]

우리는 내부회계관리제도 검토기준에 따라 검토를 실시하였습니다. 이 기준은 우리가 중요성의 관점에서 경영자가 제시한 내부회계관리제도의 운영실태보고서에 대하여 회계감사보다는 낮은 수준의 확신을 얻을 수 있도록 검토절차를 계획하고 실시할 것을 요구하고 있습니다. 검토는 회사의 내부회계관리제도를 이해하고 경영자의 내부회계관리제도의 운영실태보고내용에 대한 질문 및 필요하다고 판단되는 경우 제한적 범위 내에서 관련 문서의 확인 등의 절차를 포함하고 있습니다.

[정의 문단 및 본질적 한계 문단]

회사의 내부회계관리제도는 지배기구와 경영진, 그 밖의 다른 직원에 의해 시 행되며, [일반적으로 인정된 회계처리기준과 같은 적용 가능한 회계기준]에 따라 신뢰성 있는 재무제표의 작성에 합리적인 확신을 제공하기 위하여 고안된 프로세스입니다. 회사의 내부회계관리제도는 (1) 회사 자산 의 거래와 처분을 합리적인 수준으로 정확하고 공정하게 반영하는 기록을 유지하고 (2) [일반적으로 인정되는 회계처리기준과 같은 회계기준]에 따라 재무제표가 작성되도록 거래가 기록되고, 회사의 경영진과 이사회의 승인에 의해서만 회사의 수입과 지출이 이루어진다는 합리적인 확신을 제공하며 (3) 재무제표에 중요한 영향을 미칠 수 있는 회사 자산의 부적절한 취득, 사용 및 처분을 적시에 예방하고 발견하는 데 합리적인 확신을 제공하는 정책과 절차를 포함합니다.

내부회계관리제도는 내부회계관리제도의 본질적인 한계로 인하여 재무제표에 대한 중요한 왜곡표시를 발견하거나 예방하지 못할 수 있습니다. 또한, 효과성 평가에 대한 미래기간의 내용을 추정시에는 상황의 변화 혹은 절차나 정책이 준수되지 않음으로써 내부회계관리제도가 부적절하게 되어 미래기간에 대한 평가 및 추정내용이 달라질 위험에 처할 수 있습니다.

[검토결과 표시문단]

경영진의 내부회계관리제도 운영실태보고서에 대한 우리의 검토결과, 상기 경영진의 운영실태보고 내용이 중요성의 관점에서 '내부회계관리제도 평가 및 보고기준'에 따라 작성되지 않았다고 판단하게 하는 점이 발견되지 아니하였습니다.

[별도 설명문단]

우리의 검토는 20xx년 12월 31일 현재의 내부회계관리제도를 대상으로 하였으며 20xx년 12월 31일 이후의 내부회계관리제도는 검토하지 않았습니다. 본 검토보고서는 '주식회사 등의 외부감사에 관한 법률'에 근거하여 작성된 것으로서 기타 다른 목적이나 다른 이용자를 위하여는 적절하지 않을 수 있습니다.

X X 회 계 법 인

대 표 이 사 X X X

[검토보고서일]

CHAPTER

13

표본감사

SECTION

01 표본감사의 개요

1 표본감사

표본감사 (ISA 530-5)

감사인에게 모집단 전체에 대한 결론을 도출할 수 있는 합리적인 근거를 제공하기 위해, 감사와 관련이 있는 모집단에 속한 모든 표본단위가 추출될 기회를 가지도록 하여 전체항목(100%)보다 적은 수의 항목에 대하여 감사절차를 적용하는 것

2 통계적 표본감사

통계적 표본감사 (ISA 530-5) 14

- 다음의 특성을 모두 갖는 표본감사 접근법
  ① 표본항목을 무작위로 추출함
  ② 표본위험의 측정 등 표본결과의 평가에 확률이론을 적용함
- ①과 ②의 특성을 갖추지 않은 표본감사 접근법은 비통계적 표본감사로 간주된다.

Q. 통계적 표본감사 접근법과 비통계적인 표본감사 접근법 중 어느 것을 선택할지 결정하는 것은 감사인의 판단사항이다. 표본의 추출 방법과 결과평가 방법 외에 표본의 규모는 통계적 접근법과 비통계적 접근법을 구분하는 타당한 기준이 될 수 있는가?

표본규모는 통계적 접근법과 비통계적 접근법을 구분하는 타당한 기준은 아니다 (ISA 530-A9). 표본규모는 통계학적 공식이나 전문가적인 판단에 의해 결정될 수 있다. 표본규모를 결정할 때 영향을 주는 요소들이 표본규모에 미치는 영향은 상황이 유사할 경우 통계적 또는 비통계적 방법에 관계없이 유사할 것이다. (ISA 530-A11)

통계적 표본감사의 장점과 한계

장 점	한 계
① 통계적 표본감사는 표본의 추출, 표본결과의 해석과정에서 객관성이 부여된다. ② 무작위로 표본을 추출함으로써 감사인의 편견이 배제된다. ③ 통계적 이론을 따르고 있다는 것으로 자신을 변론할 수 있어 소송에서 유리하다. ④ 감사인이 필요로 하는 감사증거량을 체계적으로 미리 결정할 수 있다.	① 통계적 표본감사라 할지라도 모집단의 예상오류율의 결정, 허용오류율의 최대 한계수준의 결정, 표본감사결과의 해석에서 주관적인 판단요소가 완전히 배제되지는 않는다. ② 통계적 표본감사를 수행하더라도 표본위험은 여전히 존재한다. ③ 비통계적 표본감사에 비해 시간과 경제적 비용이 많이 소요되어 비효율적이다.

2.1 통계적 표본감사의 종류

통계적 표본감사의 종류

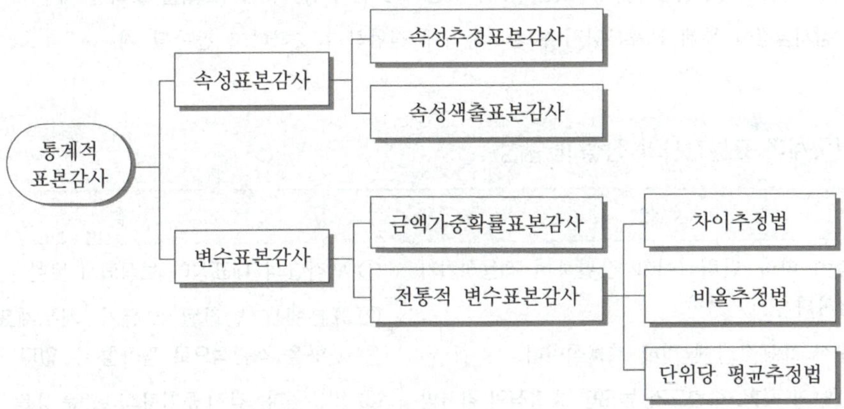

2.2 통계적 표본감사에서 확률분포의 가정

표본감사에서 확률분포의 가정

구 분	적 용 분 야	확률분포의 가정
속성표본감사	통제테스트	포아송분포
금액가중확률표본감사	세부테스트	포아송분포
전통적 변수표본감사	세부테스트	정규분포

회계감사에서 주로 포아송분포를 가정하는 이유

① 회계감사대상 모집단 분포의 특징이 포아송분포와 유사하다. 즉, 오른쪽 꼬리를 지니며, 오류율의 수준이 비교적 낮다.

② 모수가 하나이기 때문에 다른 확률분포보다 적용하기 쉽다.

③ 통제테스트와 세부테스트(금액가중확률표본감사를 적용할 때)에서 동일한 분포(포아송분포)를 사용할 수 있다. 왜냐하면 포아송분포를 가정하면 통제테스트에서 사용했던 통계적인 지식을 세부테스트(금액가중확률표본감사를 적용할 때)에서도 그대로 사용할 수 있기 때문이다.

3 비통계적 표본감사

Q 비통계적 표본감사는 표본수의 산출, 추출 및 표본감사결과를 해석하는 데 있어 통계이론을 따르지 않고 감사인의 경험과 판단에 의존하는 기법을 말한다. 비통계적 표본감사는 언제 사용할 수 있는가?

① 통계적 표본감사를 실시하였을 경우 지출되는 감사비용이 감사효과를 초과할 때

② 감사환경이 통계적 표본감사를 실시하기에 적합하지 못하다고 판단될 때

비통계적 표본감사의 장점과 단점

장 점	단 점
① 상황에 따라 탄력적이고 간편하여 적용하기가 수월하다. ② 통계적 표본감사에 비해 효율적이다. ③ 감사인의 경험, 숙련도가 높으면 효과적인 감사방법이 될 수 있다.	① 모집단의 대표성이 보장되지 못한다. ② 표본에서 발견된 오류가 재무제표에 미치는 영향을 객관적으로 평가할 수 없다. ③ 표본수와 감사증거량의 충분성을 체계적으로 검증할 수 있는 과학적인 방법이 없기 때문에 소송에서 논리적으로 대응하기 어렵다.

SECTION

02 표본의 추출방법

1 모든 항목의 추출(전수조사)

전수조사가 적합한 경우 (ISA 500 – A64)

25 20 14

감사인은 어떤 거래유형이나 계정잔액을 구성하는 항목의 전체 모집단(또는 모집단 내의 계층화된 집단)을 조사하는 것이 가장 적절하다고 결정할 수 있을 것이다. 전수조사는 예를 들어 다음과 같은 경우에 적합할 것이다.

① 모집단의 금액이 큰 소수의 항목으로 구성되어 있을 때

② 유의적 위험이 존재하며 다른 방법으로는 충분하고 적합한 감사증거를 제공하지 못할 때

③ 정보시스템에 의해 자동적으로 수행되는 계산이나 기타 처리는 그 반복적 특성으로 인하여 전수조사가 비용 측면에서 효과적이다.

Q 통제테스트에서 전수조사를 실시하는 것이 바람직한가?

통제테스트에서는 전수조사를 실시하는 것이 바람직하지 않다. 왜냐하면 통제테스트는 통제위험이 낮다는 것에 대한 증거를 확보함으로써 감사의 효율을 증진시키는 데 목적이 있기 때문이다. 반면, 세부테스트에서는 전수조사가 더 일반적으로 사용된다. (ISA 500 – A54)

2 특정 항목의 추출(판단에 의한 추출)

Q 어떤 거래유형이나 계정잔액에서 특정 항목을 선택적으로 조사하는 것은 감사증거를 얻는 효율적인 수단이 될 수 있지만, 그것이 표본감사를 구성하는 것은 아니다. 그 이유는 무엇인가?

추출된 특정 항목에 감사절차를 적용한 결과는 전체 모집단으로 투영될 수 없으며, 따라서 특정 항목에 대한 선택적 조사는 모집단의 잔여 부분과 관련하여 감사증거를 제공하지 않기 때문이다. (ISA 500 – A56)

특정 항목의 추출이 사용될 수 있는 경우 (ISA 500-A55) 14

특정 항목에 대한 판단적 추출은 비표본위험을 낳는다. 추출될 특정 항목에는 다음과 같은 것이 포함될 수 있을 것이다.

① 금액이 크거나 핵심적인 항목 : 감사인은 모집단 내의 특정 항목을 추출할 때 그 금액이 큰 항목, 또는 예를 들어 의심스럽고 비경상적이며 특별히 위험성이 있거나 과거에 오류가 발생되었던 항목과 같이 어떤 특성을 보이고 있기 때문에 그러한 항목을 추출하기로 결정할 수 있을 것이다.

② 일정금액 이상의 모든 항목 : 감사인은 거래유형이나 계정잔액의 전체금액에서 많은 부분을 검증하기 위하여 일정 금액을 초과하는 항목을 조사하기로 결정할 수 있을 것이다.

③ 정보를 입수하기 위한 항목 : 감사인은 기업의 성격이나 거래의 성격과 같이 어떤 사항에 대한 정보를 입수하기 위하여 관련 항목을 조사할 수 있을 것이다.

Q 감사인은 모집단으로부터 특정항목들을 추출하기로 결정할 수도 있다. 이러한 결정을 할 때 관련성이 있는 요소로는 무엇이 있는가? (ISA 500-A55)

감사인의 기업에 대한 이해, 평가된 중요왜곡표시위험, 그리고 테스트할 모집단의 특성이 포함된다.

3 표본감사

Q 통계적 표본감사방법이나 비통계적 표본감사방법 중 어느 것을 선택할지 여부는 어떻게 결정되는가?

해당 상황에서 충분하고 적합한 감사증거를 수집하는데 있어서 어느 방법이 더 효율적인지에 대한 감사인의 판단에 따라 결정된다. 예를 들어, 통제테스트와 같이 단순한 오류의 유 · 무확인보다는 오류의 성격과 원인에 대한 분석이 더 중요한 경우에는 비통계적 표본감사방법이 더 적절할 것이다.

3.1 통계적 표본추출방법

통계적 표본추출방법 (ISA 530-보론4) 23

구 분	내 용
무작위추출법	무작위 추출법은 다음의 요건을 모두 갖춘 것으로 난수표 또는 컴퓨터 소프트웨어를 이용하는 방법이 자주 사용된다. ① 모집단의 모든 항목(표본단위)이 선택될 확률이 동일하다. ② 어떤 한 항목의 선택이 다른 항목의 선택에 영향을 미치지 않는다.

층화추출법	모집단을 층화 또는 분할하여 동질적인 몇 개의 집단으로 나눈 다음, 각 집단으로부터 각각 무작위추출로 표본을 선택하는 방법을 말한다. ① 조사대상 모집단을 상호 독립적이고 동질적인 소집단으로 나눈다. (계층화) ② 각 소집단별로 추출할 표본수를 정한다. ③ 각 소집단별로 무작위추출법을 이용하여 표본을 추출한다.
체계적 추출법	모집단의 표본단위 수를 추출하고자 하는 표본규모로 나누어 표본추출 간격을 정한 후 이를 기초로 실제 표본을 추출하는 것이다. 출발점은 임의로 정할 수도 있지만 난수발생 프로그램이나 난수표를 이용할 때 무작위추출 성격이 더욱 증가한다.

Q. 감사인은 모집단의 표본단위가 균등하게 추출될 수 있도록 표본추출방법을 설계해야 한다. 모집단이 어떠한 상황일 때 체계적 추출법을 사용할 수 있는가? 17

모집단의 표본단위에 내재된 특정한 유형이 표본추출 간격과 상응하는 방식으로 구성되어 있지 않는 상황일 때 체계적 추출법을 사용할 수 있다. 모집단이 표본추출 간격별로 특정한 형태를 가진 경우 편차가 발생할 수 있기 때문이다. (ISA 530 - 보론4)

3.2 비통계적 표본추출방법

비통계적 표본추출방법 (ISA 530 - 보론4) 16

구 분	내 용
구획추출법	모집단 내의 이웃하는 항목으로 구성된 하나(또는 복수)의 구획을 선택하는 방법이다.
임의추출법	감사인이 특정한 구조적 기법을 사용하지 않고 표본을 추출하는 것이다. 비록 구조적인 기법이 적용되지 않더라도 감사인은 의도적인 편의나 예측가능성(예를 들어, 추출하기 어려운 항목은 회피하거나, 각 페이지의 최초 또는 최종 항목만을 선택하거나 배제하는 것)을 피하고 모집단 내의 모든 항목이 추출의 기회를 갖도록 하고자 할 것이다. 통계적 표본감사에서 임의추출은 부적합하다.

Q. 구획추출법이 일반적으로 표본감사에서 사용될 수 없는 이유는 무엇인가? 20 18

대부분의 모집단은 연속된 항목들끼리 서로 유사한 특성을 가지며 모집단의 다른 부분에 있는 항목들은 다른 특징을 가지도록 구성되어 있기 때문에 전체 모집단에 대하여 유효한 추론을 하기에는 적합하지 않다. (ISA 530 - 보론4)

SECTION

03 표본위험 및 비표본위험

1 표본위험(Sampling Risk)

표본위험 (ISA 530-5)

표본위험이란 표본에 근거한 감사인의 결론이 모집단 전체에 동일한 감사절차를 적용하였을 경우 도달하였을 결론과 다를 수 있는 위험이다. 표본위험은 다음 두 가지 형태의 잘못된 결론에 이르게 할 수 있다.

(a) 통제테스트에서 통제가 실제보다 더 효과적이라고 평가하거나, 세부테스트에서 실제로 중요한 왜곡표시가 존재함에도 불구하고 중요한 왜곡표시가 존재하지 않는다고 결론을 내림. 이것은 감사의 효과성에 영향을 미치며 부적합한 감사의견에 이르게 할 수 있으므로 감사인은 주로 이런 형태의 잘못된 결론에 유의하여야 한다.

(b) 통제테스트에서 통제가 실제보다 덜 효과적이라고 평가하거나, 세부테스트에서 실제로 중요한 왜곡표시가 존재하지 않음에도 불구하고 중요한 왜곡표시가 존재한다고 결론을 내림. 이러한 형태의 잘못된 결론에 대하여는 일반적으로 최초의 결론이 부정확한지 확인하기 위한 추가적인 업무로 이어지기 때문에 감사의 효율성에 영향을 미친다.

표본감사에서 표본위험을 줄일 수 있는 방안

① 추출할 표본수를 증가시킴으로써 감사범위를 확대한다. (ISA 530-7)

② 비통계적인 방법보다는 통계적인 방법으로 표본을 추출하고 결과를 평가한다.

1.1 통제테스트와 관련된 표본위험

통제테스트에 대한 감사인의 평가와 표본위험

	통제위험의 허용수준	실제의 내부통제제도: 설계와 운용이 효과적임	실제의 내부통제제도: 설계와 운용이 효과적이지 못함
감사인의 평가	통제위험이 허용수준 이내에 있음	옳은 결론	과대신뢰위험 (제2종오류 = β-risk)
	통제위험이 허용수준을 초과함	과소신뢰위험 (제1종오류 = α-risk)	옳은 결론

1.2 세부테스트와 관련된 표본위험

세부테스트에 대한 감사인의 평가와 표본위험

	중요한 오류의 포함 여부	실제의 계정잔액	
		중요한 오류가 없음	중요한 오류가 포함됨
감사인의 평가	중요한 오류가 없음	옳은 결론	부당수용위험 (제2종오류 = β-risk)
	중요한 오류가 포함됨	부당거부위험 (제1종오류 = α-risk)	옳은 결론

Q 부당수용위험(과대신뢰위험)과 부당거부위험(과소신뢰위험)은 모두 감사인에게 추가적인 부담을 안겨준다. 이때 감사인이 부당거부위험(과소신뢰위험)보다 부당수용위험(과대신뢰위험)을 더 통제하려고 하는 이유는 무엇인가? 16

부당수용위험(과대신뢰위험)으로 인한 감사실패시의 기대손해배상금액이 부당거부위험(과소신뢰위험)으로 인한 기대감사비용을 훨씬 능가하기 때문이다.

Q α-risk와 β-risk는 속성표본감사, 금액비례확률표본감사, 전통적 변수표본감사 각각에서 모두 고려되는가?

아니다. 전통적 변수표본감사는 α-risk와 β-risk를 모두 고려하는 반면, 속성표본감사와 금액비례확률표본감사는 β-risk만 고려한다.

2 비표본위험(Non-Sampling Risk)

비표본위험 (ISA 530-5)

비표본위험이란 감사인이 표본위험과 관련이 없는 다른 이유에 의해 잘못된 결론에 도달할 위험을 말한다.

비표본위험이 발생하는 경우(비표본위험의 발생원인) (ISA 530-A1) 22

비표본위험은 예를 들어 다음과 같은 경우가 포함된다.

① 부적합한 감사절차를 적용하는 경우

② 감사증거를 잘못 해석하는 경우

③ 왜곡표시 또는 이탈을 인식하지 못하는 경우

Q 비표본위험의 발생을 감소시키기 위한 통제수단에 대하여 서술하시오.

① 적절한 감사계획 수립

② 감사업무의 감독 등과 같은 감사업무의 질적관리를 강화

③ 품질관리기준의 준수

SECTION

04 표본감사의 절차

표본감사의 절차

표본의 설계

↓

표본추출방법

↓

표본수

↓

감사절차의 수행

↓

이탈과 왜곡표시의 성격과 원인

↓

왜곡표시의 투영

↓

표본감사 결과의 평가

1 표본의 설계

1.1 감사의 목적 결정

Q 표본감사와 관련하여 통제테스트(TOC)와 세부테스트(substantive tests)에서 감사인이 관심을 가지는 속성은 일반적으로 무엇인가?

① 통제테스트 : 이탈률(또는 오류율)

② 세부테스트 : 이탈금액(또는 오류금액)

1.2 이탈 및 오류의 정의

Q 표본감사와 관련하여 통제테스트에서 이탈사항(deviation)과 세부테스트에서 오류는 어떻게 정의되는가? 16

① 통제테스트에서 이탈사항이란 정해진 회사의 내부통제로부터 벗어나는 것을 말한다. 예를 들면, 매출의 경우 회사가 판매지시서의 승인하에 재고를 인도하는 절차를 정하였는데 이를 준수하지 않고 거래된 매출이 있다면 이는 이탈상황이 되며, 해당 사항의 금액적 중요성은 상관이 없다.

② 세부테스트에서 오류란 일반적으로 회계기준에 어긋나게 회계처리된 사항을 말한다.

1.3 모집단의 정의

모집단 설정 시 고려해야 할 사항

① 표본감사의 목적에 적절한가 : 감사목적 또는 검증하고자 하는 경영진주장에 따라 모집단을 설정한다.

② 누락없이 완전한가 : 모집단 내의 모든 항목이 추출기회가 있어야 모집단 전체에 대한 결론을 도출할 수 있다.

③ 별도 세부테스트 : 세부테스트에서 표본위험이 정당화 될 수 없을 정도로 중요한 항목은 별도로 세부테스트하여야 하며, 이는 표본추출의 대상에 포함되지 아니한다.

④ 예상이탈률 또는 예상왜곡표시 평가 : 감사표본을 설계하고 표본수를 결정하기 위해 예상이탈률(예상왜곡표시)을 평가한다.

- 통제테스트 : 예상이탈률이 수용할 수 없을 정도로 높은 경우, 감사인은 일반적으로 통제테스트를 수행하지 않을 것이다.
- 세부테스트 : 예상왜곡표시가 높다면 전수조사 또는 표본수를 크게 하는 것이 적합할 것이다.

Q 통제테스트에서 모집단의 특성을 고려할 때, 예상이탈률은 어떻게 평가할 수 있는가? (ISA 530-A7)

① 관련 통제에 대한 감사인의 이해

② 모집단의 소수 항목에 대한 조사

2 표본추출방법

표본추출방법 20

통계적 표본감사는 표본항목을 무작위로 추출하는 것으로 각각의 표본단위에 대한 추출확률이 사전에 알려져 있어야 한다. 표본단위에는 물리적 단위나 화폐 단위가 있다.

비통계적 표본추출에서는 감사인이 전문가적인 판단을 이용하여 표본항목을 추출한다. 단, 표본감사의 목적이 모집단에 대한 결론을 도출하는 것이기 때문에 감사인은 표본항목이 모집단을 대표하도록 하고, 모집단의 전형적 특징을 갖고 있는 표본항목을 추출함으로써 표본이 어느 한쪽으로 치우치지 않도록 하여야 할 것이다.

3 표본수

3.1 통제테스트

통제테스트에서 표본수에 영향을 미치는 요소 (ISA 530 - 보론 2) 23

요 소	표본수에 대한 영향
① 감사인이 위험을 평가할 때 관련 통제의 고려정도가 증가함	증 가
② 허용이탈률의 증가	감 소
③ 테스트 대상 모집단의 예상이탈률의 증가	증 가
④ 모집단의 실제 이탈률이 허용이탈률을 초과하지 않을 것이라는 점에 대하여 감사인이 원하는 확신의 수준이 증가함	증 가
⑤ 모집단의 표본단위 수	영향을 무시할 수 있음

예상이탈률과 관련하여 감사인이 고려할 요소 (ISA 530 - 보론 2)

① 기업에 대한 이해(특히, 내부통제를 이해하기 위해 수행한 위험평가절차)

② 인원의 변동이나 내부통제의 변동

③ 이전 보고기간에 적용된 감사절차의 결과

④ 다른 감사절차의 결과

3.2 세부테스트

실증절차에서 표본수에 영향을 미치는 요소 (ISA 530 - 보론 3) 20 16

요 소	표본수에 대한 영향
① 감사인이 중요왜곡표시위험을 높게 평가함	증 가
② 동일한 경영진주장에 대한 다른 실증절차의 적용을 증가시킴	감 소
③ 모집단의 실제 왜곡표시가 허용왜곡표시를 초과하지 않는다는 점에 대하여 감사인이 요구하는 확신의 수준이 증가함	증 가
④ 허용왜곡표시의 증가	감 소
⑤ 모집단에서 감사인이 발견할 것으로 예상하는 왜곡표시금액의 증가	증 가
⑥ 적절한 경우, 모집단의 계층화	감 소
⑦ 모집단의 표본단위의 수	영향을 무시할 수 있음

예상되는 왜곡표시금액과 관련하여 감사인이 고려할 요소 (ISA 530 - 보론 3)

① 표본항목 가액의 결정시 수반되는 주관성의 정도
② 위험평가절차의 결과
③ 통제테스트의 결과
④ 과거 보고기간에 적용된 감사절차의 결과
⑤ 다른 실증절차의 결과

허용왜곡표시 (ISA 530 - A3)

정 의	모집단의 실제 왜곡표시가 감사인이 설정한 화폐금액을 초과하지 않는다는 적합한 수준의 확신을 얻기 위한 관점에서 감사인이 설정한 화폐금액이다.
목 적	감사인은 개별적으로는 중요하지 않은 왜곡표시이지만 그 합계는 재무제표를 중요하게 왜곡시킬 수 있는 위험에 대처하고 발견되지 않은 왜곡표시 가능액에 대한 여유를 제공하기 위하여, 표본을 설계할 때 허용왜곡표시를 결정한다.
크 기	허용왜곡표시란 수행중요성을 특정한 표본감사 절차에 적용한 것이다. 허용왜곡표시는 수행중요성과 같거나 적은 금액이 될 것이다.

4 감사절차의 수행

표본감사절차의 수행 (ISA 530-9~11, A14~16)

① 감사인은 추출된 각각의 항목에 대하여 해당 목적에 부합하는 감사절차를 수행하여야 한다.

② 감사인은 추출된 항목에 대하여 감사절차를 적용할 수 없을 경우, 대체항목에 대하여 감사절차를 수행하여야 한다.

- 대체 추출된 항목에 대하여 감사절차를 수행하는 것이 필요한 것은 예를 들어 지출승인에 대한 증거를 테스트하는 중에 무효화된 수표가 추출된 경우이다. 수표가 적절하게 무효화되었고, 그것이 이탈이 아니라는 것에 대하여 감사인이 만족한다면, 적절하게 선택된 대체 추출항목을 조사하는 것이다

③ 감사인이 추출된 항목에 대하여 설계된 감사절차 또는 적절한 대체적 절차를 적용할 수 없다면, 감사인은 해당 항목을 통제테스트의 경우에는 규정된 통제로부터의 이탈로, 세부테스트의 경우에는 왜곡표시로 취급하여야 한다.

- 추출된 항목에 대하여 감사인이 설계된 감사절차를 적용할 수 없는 경우는 예를 들어 해당 항목에 관한 서류가 분실된 때이다.
- 적절한 대체적 감사절차의 예로는 적극적 조회에 대한 회신이 없는 경우 재무제표일 후의 현금회수에 대하여 조사하는 것을 들 수 있다(이 경우 재무제표일 후의 현금회수의 원천과 결제하고자 하는 항목에 대한 증거를 함께 조사함).

5 이탈과 왜곡표시의 성격과 원인

이탈과 왜곡표시의 성격과 원인 조사과정에서 파악해야할 사항 (ISA 530-12~13) 15

① 감사인은 식별된 이탈이나 왜곡표시의 성격과 원인을 조사하고, 감사절차의 목적과 타 감사분야에 미칠 수 있는 영향을 평가하여야 한다.

② 극히 드문 상황에서, 감사인이 표본에서 발견된 어떤 왜곡표시나 이탈이 변이(anomaly)라고 고려하는 경우, 감사인은 그러한 왜곡표시나 이탈이 모집단을 대표하는 것이 아니라는 것에 대하여 높은 수준의 확실성을 가져야 한다.

감사인이 식별된 이탈과 왜곡표시를 분석할 때, 예를 들어 거래의 형태, 장소, 제품라인 혹은 시기 등에 있어 대부분 어떤 공통된 특징을 갖고 있는 것을 관찰할 수도 있을 것이다. 이 경우 감사인이 결정해야 할 사항은 무엇인가? 15

① 모집단에서 해당 공통된 특징을 가지고 있는 모든 항목을 식별하여 이에 대하여 감사절차를 확대하기로 결정할 수 있을 것이다.

② 이와 같은 종류의 이탈과 왜곡표시는 의도적인 것일 수 있고 따라서 부정의 가능성을 나타내는 것인지 고려해야 한다. (ISA 530 - A17)

6 왜곡표시의 투영(Projecting Misstatements to Population)

감사인은 왜곡표시의 규모에 대하여 대략적인 시각을 얻기 위해 왜곡표시를 모집단에 투영하여야 한다. 그러나 투영만으로는 기록될 금액을 결정하는 데 충분하지 않을 수 있는데 그 이유는 무엇인가?

표본이 모집단을 대표하지 못할 위험인 표본위험이 반영되지 않았기 때문이다. (ISA 530 - A18)

특정의 왜곡표시가 변이(anomaly)로 밝혀진 경우에는 왜곡표시를 모집단으로 투영할 때 이 왜곡표시는 제외될 것이다. 만일, 변이로 밝혀진 왜곡표시가 수정되지 않는 경우, 감사인은 해당 변이를 어떻게 처리해야 하는가? 24 17 16

변이로 밝혀진 왜곡표시가 수정되지 않는 경우에는 변이가 아닌 왜곡표시의 투영값에 가산하여 그 왜곡표시의 효과를 고려하여야 한다. (ISA 530 - A19)

통제의 효과성을 검증하기 위해 통계적 표본감사를 수행하는 경우, 표본이탈률에 명시적인 투영을 반영하여 모집단 전체의 투영이탈률을 계산하지 않는 이유는 무엇인가? 18

통제테스트에서는 표본이탈률 자체가 곧 모집단 전체의 투영이탈률이기 때문이다. (ISA 530 - A20)

7 표본감사 결과의 평가(Evaluating Results of Audit Sampling)

표본감사 결과의 평가 (ISA 530 - 15)

감사인은 다음 사항을 평가하여야 한다.

① 표본의 결과

② 표본감사를 적용하는 것이 테스트 대상 모집단에 대한 결론에 합리적인 근거를 제공하는지 여부

7.1 표본의 결과

표본감사 결과의 평가 (ISA 530-A21)

① 통제테스트의 경우 예상과 다른 높은 표본이탈률은 최초의 평가를 입증할 수 있는 추가적인 감사증거가 입수되지 않는 한 평가된 중요왜곡표시위험을 증가시킨다.

② 세부테스트의 경우 예상과 다른 큰 표본왜곡표시 금액은 중요한 왜곡표시가 존재하지 않는다는 추가적인 감사증거가 없는 한 감사인은 특정 거래유형이나 계정잔액이 중요하게 왜곡표시되어 있다고 믿을 것이다.

세부테스트에서 최선의 추정치 (ISA 530-A22)

세부테스트에 있어서, 모집단의 왜곡표시에 대한 감사인의 최선의 추정치는 투영된 왜곡표시와 변이왜곡표시의 합이다. 투영된 왜곡표시와 변이왜곡표시를 합한 것이 허용왜곡표시를 초과한다면, 표본은 테스트된 모집단에 관한 결론에 합리적인 근거를 제공하지 못한다.

7.2 표본감사를 적용하는 것이 모집단에 대한 결론에 합리적인 근거를 제공하는지 여부

표본감사가 모집단에 대한 결론에 합리적 근거를 제공하지 못하는 경우 (ISA 530-A23) 22

감사인은 테스트 대상인 모집단에 대한 결론을 내리는 데 표본감사가 합리적인 근거를 제공하지 못하고 있다고 결론을 내린다면, 다음의 절차 중 하나를 취할 수 있을 것이다.

① 경영진에게 식별된 왜곡표시 및 잠재적인 추가 왜곡표시에 대하여 조사를 수행하고 필요한 수정을 하도록 요구함

② 요구되는 확신을 가장 잘 달성할 수 있도록 추가감사절차의 성격, 시기, 및 범위를 조정함.

SECTION

05 통제테스트에서 통계적 표본감사

속성표본감사(Attributes Sampling) 15

① 속성표본감사는 모집단에서 부정이나 오류 등과 같은 특정 속성(attributes)이 포함되어 있는 비율 또는 발생빈도를 추정하기 위하여 사용되는 통계적 표본감사기법이다.

② 속성표본감사는 통제테스트에 적합한 통계적 표본감사기법이다. 통제테스트에서 감사인이 관심을 가지는 속성은 예외사항의 금액적 크기가 아니라 예외사항이 전체모집단에서 차지하는 이탈률(또는 오류율)이기 때문이다.

③ 속성표본감사는 모집단에서의 이탈 또는 오류가 포아송분포를 따른다고 가정한다.

속성표본감사의 사용 15

(1) 과대신뢰위험, 허용이탈률, 모집단의 예상이탈률을 고려하여 조견표에서 표본수를 결정한다.

(2) 표본이탈률 (=모집단이탈률) = $\frac{\text{표본의 이탈개수}}{\text{표본수}}$

(3) 과대신뢰위험, 표본수, 실제 이탈 수를 고려하여 조견표에서 (표본위험이 고려된) 최대모집단이탈률을 결정한다.

(4) 허용이탈률과 모집단이탈상한율을 비교하여 해당 통제가 효과적인지 아니면 효과적이지 않은지를 결론내린다.

SECTION

06 금액가중확률 표본감사

1 금액가중확률 표본감사

1.1 계층화와 금액가중추출(Stratification and Value-Weighted Selection)

Q 계층화의 정의와 모집단을 계층화함으로써 얻을 수 있는 효익에 대해 서술하시오. 17

계층화란 모집단을 여러 개의 하위모집단으로 나누는 과정으로서 각각의 하위모집단은 비슷한 특성(종종 화폐가액)을 갖는 표본단위들의 집단으로 구성된다. 감사인은 모집단을 식별가능한 각각의 특성별 부분모집단으로 계층화함으로써 감사의 효율성을 향상시킬 수 있다. 즉, 계층화를 통해 각 계층 내 항목의 변동성을 줄임으로써 표본위험의 증가 없이 표본수를 줄일 수 있다. (ISA 530 - 보론1)

Q 금액가중추출에서 표본단위는 무엇이며, 어떤 효과를 기대할 수 있는가?

금액단위(1원)를 표본단위로 정의한다. 이 경우 잔액이 큰 항목의 추출기회를 높임으로써 이들 항목에 감사가 집중되도록 하고 감사대상 표본수를 줄이게 하는 효과가 있다. 이 방법은 체계적 추출법과 함께 이용할 수 있으며, 무작위 추출법으로 추출할 때 가장 효율적이다. (ISA 530 - 보론1)

1.2 금액가중확률 표본감사의 특징

금액가중확률 표본감사가 효과적인 경우

① 계정잔액이 0 또는 음(−)의 금액을 갖지 않을 때

② 개별항목의 단위가 비교적 크고, 또한 금액이 큰 거래에 대해서는 반드시 표본항목으로 추출하고자 할 때

③ 상대적으로 오류액이 거의 없거나 적은 것으로 예상되는 계정잔액을 검증할 때(포아송분포와 그 특징이 같다)

④ 자산의 신규취득과 같이 거래의 속성(예 표준편차)을 파악하기 어려울 때

1.3 금액가중확률 표본감사의 장점과 단점

금액가중확률 표본감사의 장점과 단점

장 점	단 점
① 일반적으로 실물단위표본감사(전통적 변수표본감사)보다 적용하기가 쉽다. ② 표본수를 결정할 때 표준편차 등을 직접 고려할 필요가 없다. ③ 표본이 화폐금액에 비례해서 추출되기 때문에 자동적으로 계층화의 결과를 가져온다. 그리고 금액이 큰 항목은 추출될 확률이 높아서 자동적으로 큰 금액이 강조된다. ④ 오류의 발생이 예상되지 않는다면 실물단위표본감사(전통적 변수표본감사)보다 추출하여야 할 표본수가 작아 효율적이다. ⑤ 모집단이 체계적으로 구성되어 있지 아니하더라도 추출이 가능하고, 표본의 설계가 비교적 쉽다.	① 만약 표본에서 과대계상액과 과소계상액이 함께 확인되었다면 표본 결과를 평가할 때 이들을 상호 분리하여 별도로 계산하여야 하는 번거로움이 있다. ② 금액이 0인 항목은 표본으로 추출되지 않기 때문에 따로 분리해서 그 항목들을 검증하여야 한다. ③ 표본결과를 평가할 때 오류가 발견되었을 경우, 주어진 위험수준에서 표본위험의 허용치를 과대평가할 수 있다. 이에 따라 채택되어야 할 모집단이 오히려 기각될 위험도 있다. ④ 모집단의 예상오류액이 증가함에 따라 금액가중확률 표본감사에서의 표본수가 증가한다. 이런 상황에서는 전통적 변수표본감사(실물단위표본감사)보다 표본수가 더 커질 수 있다.

2 표본수의 결정

표본수 및 표본간격을 결정하는 방법 24 23

① $\text{표본수}(n) = \dfrac{\text{신뢰계수(RF)} \times \text{장부가액(BV)}}{\text{허용오류액(TE)} - (\text{예상오류액(EE)} \times \text{확장계수(EF)})} = \dfrac{\text{RF} \times \text{BV}}{\text{TE} - (\text{EE} \times \text{EF})}$

RF : 신뢰계수(reliability factor)
BV : 장부가액(book value)
TE : 허용오류액(tolerable error)
EE : 예상오류액(expected error)
EF : 확장계수(expansion factor)

② $\text{표본간격} = \dfrac{\text{장부가액(BV)}}{\text{표본수}(n)}$

3 표본의 추출

Q 금액가중확률 표본추출법에서 체계적 추출법을 이용하는 경우, 표본은 어떻게 추출되는가?

모집단 내에서 추출간격 이상인 큰 집단은 모두 추출되며 추출간격 미만인 집단은 일부만 추출된다.

4 표본감사 결과의 평가

금액가중확률 표본감사의 적용

23 15

감사결과 평가 단계	수행하여야 할 절차 또는 계산과정
1 단계 : 표본결과의 항목별 오류율의 계산	$\frac{\text{오류금액}}{\text{장부금액}}$
2 단계 : 신뢰계수의 계산	신뢰계수표를 이용하여 발견된 오류수에 해당하는 신뢰계수를 찾는다.
3 단계 : 추정오류상한액의 계산	추정오류상한액 = 표본간격 × [최초의 신뢰계수 + (⊿ 신뢰계수 × 항목별 오류율)]
4 단계 : 통계적인 결론	① 추정오류상한액 ≥ 허용오류액 계정잔액 적정하다고 결론지을 수 없다. ② 추정오류상한액 < 허용오류액 계정잔액 적정하다고 결론지을 수 있다.
5 단계 : 오류의 질적인 요소를 고려	감사인은 표본의 분석결과 발견된 오류금액 뿐만 아니라 오류의 발생원인과 성격 등을 분석하여 이것이 재무제표에 미치는 영향을 고려하여야 한다.
6 단계 : 감사의견에 반영	계정과목에 배분된 중요성수준에 의거 감사의견에 반영한다.

4.1 추정오류상한액의 계산

모집단 추정오류상한액의 추정과정

24

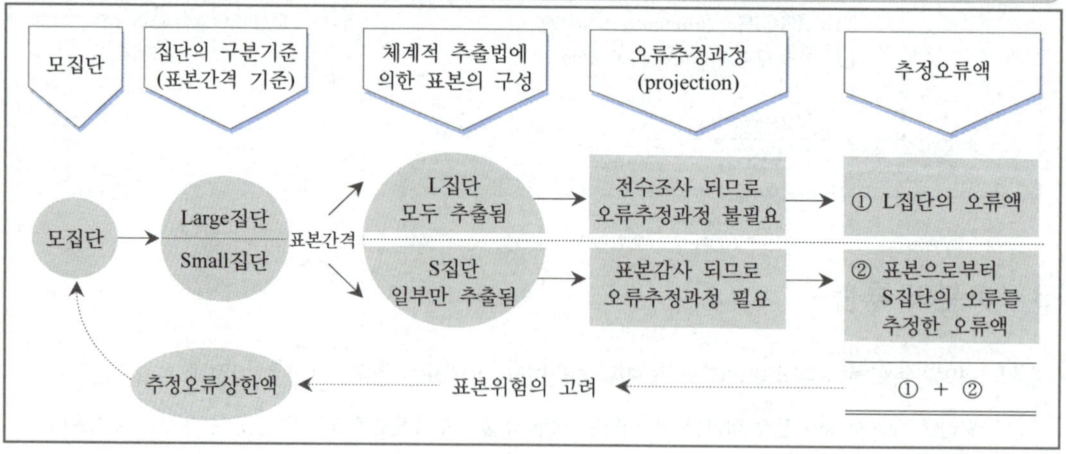

추정오류상한액의 계산 23 15

추정오류상한액 = 추정오류액 + 표본위험의 허용치
= 추정오류액 + 기본정도 + 표본위험의 증분허용치
= [최초신뢰계수 + ⊿ 신뢰계수 × 항목당오류율] × 표본간격 ← 이후 제2법의 공식
= (최초신뢰계수 × 표본간격) + (⊿신뢰계수 × 항목당오류율 × 표본간격)
= (최초신뢰계수 × 표본간격) + (⊿신뢰계수 − 1 + 1) × 항목당오류율 × 표본간격
= (최초신뢰계수 × 표본간격) + (항목당오류율 × 표본간격)
+ [(⊿신뢰계수 − 1) × 항목당오류율 × 표본간격]
= (항목당오류율 × 표본간격) + (최초신뢰계수 × 표본간격)
+ [(⊿ 신뢰계수 − 1) × 항목당오류율 × 표본간격] ← 이후 제1법의 공식

여기서,

- 표본간격 = $\frac{\text{모집단장부가액}}{\text{표본수}}$
- 항목당오류율(또는 항목당오염률 : tainting rate) = $\frac{(\text{장부가액} - \text{감사가액})}{\text{장부가액}}$
- 추정오류액(projected misstatements) = (항목당오류율 × 표본간격)
- 표본위험의 허용치(allowance for sampling risk) = 기본정도 + 표본위험의 증분허용치
- 기본정도(basic precision) = (최초신뢰계수 × 표본간격)
- 표본위험의 증분허용치(incremental allowance for projected misstatements)
= [(⊿ 신뢰계수 − 1) × 항목당오류율 × 표본간격]

4.2 표본감사 결과의 평가

표본감사결과의 평가

상황	감사인의 결론
추정오류상한액 < 허용오류금액	계정잔액이 적정하다는 가설을 채택
추정오류상한액 > 허용오류금액	계정잔액이 적정하다는 가설을 기각

경영진이 표본결과(추정오류상한액 > 허용오류액)에 수긍하지 않는 경우 대응책

원 인	감사인의 대응책
① 표본이 모집단을 대표하지 못할 가능성	추가적인 표본단위의 조사 또는 대체절차 실시
② 모집단이 허용오류 이상으로 잘못 표시되었을 경우	경영진에게 오류를 조사하도록 요청하거나 장부가액의 수정을 요청

SECTION

07 전통적 변수표본감사(실물단위표본감사)

전통적 변수표본감사

전통적 변수표본감사(실물단위표본감사)는 정규분포이론을 기초로 모집단을 화폐금액으로 추정하는 전통적인 계정잔액 세부테스트방법이다. 계정잔액이나 거래유형의 화폐금액을 추정하며, 특정계정의 장부금액이 중요하게 왜곡표시되었는지를 판단할 때 가설검증방법을 이용한다.

1 표본의 분포와 추정

1.1 표본수

표본수

$$n = \left[\frac{(Z_{\alpha/2} + Z_{\beta})ESD}{m}\right]^2$$

여기서,
- n : 표본수
- $Z_{\alpha/2}$: 부당거부위험의 신뢰계수
- Z_{β} : 부당수용위험의 신뢰계수
- ESD : 모집단의 추정표준편차
- m : 단위당 중요성수준 = 중요성수준(허용오류액) / 모집단의 규모(TM/N)

Q 전통적 변수표본감사에서 모집단의 추정표준편차(ESD)는 어떻게 추정하는가?

① 사전적으로 몇 개(대개 30개)의 표본을 추출하여 계산

② 전년도의 감사결과 알게 된 모집단의 표준편차를 사용

2 모집단의 추정 및 결론

2.1 단위당평균추정법(Mean per Unit Estimation)

단위당평균추정법

단위당평균추정법은 표본의 평균($\bar{x}$)과 표준편차(σ)를 이용하여 모집단을 추정하는 방법을 말한다.

감사가액을 추정하는 방법

채택구간(acceptance interval)

= 추정감사가액(estimated total audited value)

± 수정된 표본위험의 허용치(adjusted allowance for sampling risk)

$$= N \times [\bar{x} \pm (m - Z_{\beta} \cdot \frac{\sigma}{\sqrt{n}})]$$

추정감사가액(estimated total audited value)

$$= N \times [\bar{x}]$$

수정된 표본위험의 허용치(adjusted allowance for sampling risk)

$$= N \times (m - Z_{\beta} \cdot \frac{\sigma}{\sqrt{n}})$$

추정오류액(projected misstatement)

= 모집단의 장부가액(book value of population)

− 추정감사가액(estimated total audited value)

여기서, N : 모집단수, Z_{β} : 부당수용위험(β risk)계수

$\bar{x}$: 표본감사가액의 평균, σ : 표본감사가액의 표준편차

m : 단위당 중요성수준, n : 표본수

왜곡표시를 추정하는 방법

추정왜곡표시의 신뢰구간(Confidence Limits)

= 추정왜곡표시(point estimated of total misstatement)

± 표본위험의 허용치(allowance for sampling risk)

$$= N \times [\bar{x} \pm (Z_{\beta} \cdot \frac{\sigma}{\sqrt{n}})]$$

추정왜곡표시(point estimated total misstatement)

$$= N \times [\bar{x}]$$

표본위험의 허용치(allowance for sampling risk)

$$= N \times (Z_\beta \cdot \frac{\sigma}{\sqrt{n}})$$

여기서, N : 모집단수　　Z_β : 부당수용위험(β-risk)계수
$\bar{x}$: 표본왜곡표시의 평균　　σ : 표본왜곡표시의 표준편차
m : 단위당 중요성수준　　n : 표본수

2.2 차이추정법(Difference Estimation)과 비율추정법(Ratio Estimation)

차이추정법

차이추정법은 표본의 단위당 오류를 이용하여 모집단 오류를 추정하는 방법을 말한다.

추정오류액(projected misstatement)

$$= \frac{\text{표본 순오류액(sample net misstatement)}}{\text{표본수(sample items)}} \times \text{모집단수(population items)}$$

비율추정법

비율추정법은 표본의 오류비율(sample error ratio)를 이용하여 모집단 오류를 추정하는 방법을 말한다.

추정오류액(projected misstatement)

$$= \frac{\text{표본 순오류액(sample net misstatement)}}{\text{표본 장부가액(sample book value)}} \times \text{모집단 장부가액(population book value)}$$

Q 전통적 변수표본감사에서 차이추정법과 비율추정법은 각각 어떠한 상황에서 사용되는 것이 적합한가?

① 차이추정법 : 단위당 오류액이 개별 장부가액에 따라 크게 다르지 않고 개별적으로 유사하다는 가정이 합리적일 때 사용할 수 있는 방법이다.

② 비율추정법 : 단위당 오류액이 장부가액에 비례한다는 가정이 합리적일 때 사용할 수 있는 방법이다.

CHAPTER

14

정보시스템 환경에서의 회계감사

SECTION

01 정보기술 내부통제

1 내부통제 시스템에서 정보기술의 영향

정보기술이 내부통제에 미치는 영향 (ISA 315 - 보론5 1, 18)

25 13

긍정적 영향(CR↓)	부정적 영향(CR↑)
기업의 내부통제 시스템의 각 구성요소는 어느 정도의 정보기술을 사용할 수 있다. 일반적으로 정보기술은 기업이 다음과 같은 것을 할 수 있도록 함으로써 기업의 내부통제 시스템에 유용하다. ① 사전에 정의된 사업 규칙을 일관되게 적용하고 대량의 거래나 데이터를 처리하는 복잡한 계산을 수행한다. ② 정보의 적시성, 이용가능성 및 정확성을 강화한다. ③ 정보의 추가적인 분석을 용이하게 한다. ④ 기업의 활동과 기업의 정책 및 절차의 수행을 모니터링하는 능력을 강화한다. ⑤ 통제가 우회될 위험이 감소한다. ⑥ IT 응용프로그램, 데이터베이스 및 운영 체제에서 보안통제를 실행함으로써 효과적인 업무분장을 달성할 능력을 강화한다.	IT의 사용으로 인한 위험의 예시로는 다음과 같이 데이터를 부정확하게 처리하거나 부정확한 데이터를 처리하거나 두 가지 모두에 해당하는 IT 응용프로그램에 대한 부적절한 의존과 관련된 위험이 있다. ① 승인되지 않거나 존재하지 않는 거래의 기록 또는 부정확한 거래의 기록을 포함하여 데이터가 파괴되거나 데이터가 부적절하게 변경될 수 있는 데이터에 대한 승인되지 않은 접근. (여러 사용자가 공통 데이터베이스에 접근하는 경우 특정 위험이 발생할 수 있다.) ② IT 직원이 할당된 직무를 수행하는 데 필요한 권한을 넘어 특권적인 접근 권한을 가지게 됨으로써 업무분장이 와해될 가능성 ③ 마스터 파일 내 데이터의 승인되지 않은 변경 ④ IT 응용프로그램 또는 IT 환경의 기타 측면에 대한 승인되지 않은 변경 ⑤ IT 응용프로그램 또는 IT 환경의 기타 측면에 대하여 필요한 변경의 실패 ⑥ 부적절한 수작업 개입 ⑦ 데이터의 잠재적 손실 또는 필요한 데이터에 대한 접근 불능

수작업 또는 자동화 요소의 특성은 중요왜곡표시위험에 대한 감사인의 식별과 평가 및 이에 기초한 추가감사절차와 관련된다. 자동화된 통제는 쉽게 우회하거나 무시하거나 무력화할 수 없으며 단순한 오류나 실수가 발생하기 쉽지 않기 때문에 수작업 통제보다 신뢰할 수 있다. 자동화된 통제가 수작업 통제보다 효과적일 수 있는 상황은? (ISA 315-보론5 2)

① 대량의 반복적인 거래 또는 기대되거나 예상되는 오류가 자동화를 통하여 예방, 적발 또는 수정될 수 있는 상황

② 통제를 수행하는 특정 방식이 적절히 설계되고 자동화될 수 있는 통제

SECTION

02 정보시스템의 내부통제

용어의 정의 (ISA 315-12)

정보기술(IT) 일반통제 - IT 환경의 지속적이고 적절한 운영을 뒷받침하는 기업의 IT 프로세스에 대한 통제. IT 환경의 지속적이고 적절한 운영은 정보처리 통제의 지속적이고 효과적인 기능과 기업의 정보시스템 내 정보의 무결성(즉, 정보의 완전성, 정확성 및 유효성)을 포함한다. IT 환경에 대한 정의도 참고한다.

정보처리 통제 - 정보의 무결성(즉, 거래와 기타 정보의 완전성, 정확성 및 유효성)에 대한 위험에 직접적으로 대응하는 통제로서 기업의 정보시스템 내 IT 응용프로그램의 정보처리 또는 수작업 정보처리와 관련된 통제

정보기술(IT) 환경 - 기업이 사업운영을 지원하고 사업전략을 달성하기 위하여 사용하는, IT 응용프로그램과 이를 지원하는 IT 인프라 및 IT 프로세스와 이러한 프로세스에 관여하는 인력. 이 감사기준서의 목적상,

(a) IT 응용프로그램(IT application)은 거래나 정보의 개시, 처리, 기록 및 보고에 사용되는 프로그램 또는 프로그램 세트이다. IT 응용프로그램은 데이터 웨어하우스(data warehouses)와 보고서 작성 프로그램(report writer)을 포함한다.

(b) IT 인프라(IT infrastructure)는 네트워크, 운영 체제, 그리고 데이터베이스 및 관련 하드웨어와 소프트웨어로 구성된다.

(c) IT 프로세스는 IT 환경에 대한 접근, 프로그램 변경이나 IT 환경의 변경 및 IT 운영을 관리하기 위한 기업의 프로세스이다.

1 정보기술 일반통제(General IT Controls)

IT 환경의 각 측면에 대해 실행되는 IT 일반통제의 성격 (ISA 315-보론6 1)

응용프로그램	IT 응용프로그램 계층의 IT 일반통제는 응용프로그램 기능의 특성과 범위 및 해당 기술 내에서 허용된 접근 경로와 관련이 있다. 예를 들어, 거래를 통해서만 접근할 수 있는 소수의 계정 잔액을 지원하는 기존 IT 응용프로그램보다 복잡한 보안 옵션을 갖춘 고도로 통합된 IT 응용프로그램에 더 많은 통제가 관련된다.
데이터베이스	데이터베이스 계층의 IT 일반통제는 일반적으로 데이터베이스에 직접 접근하거나 스크립트 또는 프로그램을 실행하여 데이터베이스의 재무보고 정보를 무단으로 업데이트하는 것과 관련된 IT의 사용으로 인한 위험에 대처한다.
운영체제	운영체제 계층의 IT 일반통제는 일반적으로 다른 통제의 무력화를 용이하게 할 수 있는 접근관리와 관련된 IT의 사용으로 인한 위험에 대처한다. 여기에는 다른 사용자의 자격증명 도용, 인증되지 않은 새 사용자의 추가, 악성 프로그램이나 스크립트 또는 기타 인증되지 않은 프로그램의 실행과 같은 행동이 포함된다.
네트워크	네트워크 계층의 IT 일반통제는 일반적으로 네트워크 분리, 원격접속 및 인증과 관련된 IT의 사용으로 인한 위험에 대처한다. 네트워크 통제는 기업이 재무보고에 웹 기반 응용프로그램을 사용하는 경우에 관련될 수 있다. 네트워크 통제는 또한 기업이 데이터 전송과 원격접속의 필요성을 증가시킬 수 있는 유의적인 사업 파트너 관계를 맺고 있거나 제3자 아웃소싱을 하고 있는 경우에도 관련될 수 있다.

정보기술 일반통제의 분류 17

회계감사기준 (ISA 315-보론6 2)	내부회계관리제도
IT 프로세스별로 구성된 IT 일반통제의 예는 다음과 같다. ① 접근관리 프로세스(Process to manage access) ② IT 환경에 대한 프로그램 또는 기타 변경 사항을 관리하는 프로세스(Process to manage program or other changes to the IT environment) ③ IT 운영관리 프로세스(Process to manage IT operations)	정보기술 일반통제에는 전산화 계획의 수립, 재난복구계획 등 다양한 영역이 존재하며 회사의 정보시스템에의 의존 정도, 회사의 규모나 업종 등에 따라 달라질 수 있으나 내부회계관리제도 목적상으로는 일반적으로 다음의 영역이 포함된다. ① 프로그램 개발(Program Development) ② 프로그램 변경(Program Changes) ③ 프로그램과 데이터에 대한 접근보안 (Access to Program and Data) ④ 컴퓨터 운영(Computer Operations)

IT 일반통제의 예 (ISA 315 - 보론6 2)

접근 관리 프로세스	• 인증 - IT 응용프로그램 또는 IT 환경의 기타 측면에 접근하는 사용자가 사용자 자신의 로그인 자격 증명을 사용하는지 확인하는 통제(즉, 사용자가 다른 사용자의 자격 증명을 사용하지 않음) • 권한부여 - 사용자가 자신의 직무에 필요한 정보에만 접근할 수 있도록 하며, 이를 통해 적절한 업무분장을 가능하게 하는 통제 • 프로비저닝 - 새 사용자 및 기존 사용자의 접근 권한 변경을 승인하는 통제 • 프로비저닝 해제 - 퇴사 또는 부서이동 시 사용자 접근을 삭제하는 통제 • 특별 권한 접근 - 관리자 또는 강력한 사용자의 접근에 대한 통제 • 사용자 접근 검토 - 지속적인 권한부여를 위해 사용자 접근을 재인증하거나 평가하는 통제 • 보안 설정 통제 - 각 기술에는 일반적으로 환경에 대한 접근을 제한하는 데 도움이 되는 주요 설정이 있음 • 물리적 접근 - 데이터 센터 및 하드웨어에 대한 물리적 접근에 대한 통제. 이러한 접근은 다른 통제를 무력화하는 데 사용될 수 있다.
IT 환경에 대한 프로그램 또는 기타 변경 사항을 관리하는 프로세스	• 변경관리 프로세스 - 변경을 설계, 프로그래밍, 테스트하고 운영(즉, 최종 사용자) 환경에 이관하는 절차에 대한 통제 • 변경 이관에 대한 업무분장 - 변경을 만드는 권한과 변경을 운영환경으로 이관 권한을 분리하는 통제 • 시스템 개발, 구매 또는 실행 - 초기 IT 응용프로그램의 개발 또는 실행(또는 IT 환경의 기타 측면과 관련된)에 대한 통제 • 데이터 변환 - IT 환경의 개발, 실행 또는 업그레이드 과정의 데이터 변환에 대한 통제
IT 운영관리 프로세스	• 작업 일정관리 - 재무보고에 영향을 미칠 수 있는 작업 또는 프로그램의 일정 및 시작에 대한 접근 통제 • 작업 모니터링 - 재무보고 작업 또는 프로그램의 성공적인 실행을 위해 모니터링하는 통제 • 백업 및 복구 - 재무보고 데이터의 백업이 계획대로 수행되고 정전 또는 공격 시 데이터를 적시에 이용가능하도록 하고 복구될 수 있도록 하는 통제 • 침입 탐지 - IT 환경의 취약성 및 침입을 모니터링하는 통제

프로그램 개발(Program Development) (평가 및 보고 가이드라인 25)

프로그램 개발과 관련하여 고려되어야 할 통제에는 일반적으로 다음의 항목을 포함한다.

① 새로운 시스템의 개발 및 도입은 적절한 경영진에 의해 승인된다.

② 전산시스템 및 응용 프로그램의 개발은 적절한 통제가 내재된 개발방법론을 적용하여 수행한다.

③ 새로운 시스템의 구축에 의해 영향을 받을 수 있는 기존의 통제는 수정되거나 완전성의 유지를 위해 재설계된다.

④ 전산시스템 및 응용프로그램의 개발은 현업부서 및 전산관련 부서의 적절한 테스트과정을 거친다.

⑤ 새로운 전산시스템과 응용프로그램에 대해 시스템, 사용자, 관련 통제에 대한 적절한 문서화가 이루어진다.

⑥ 새로운 시스템을 운영환경으로 이전함에 있어 접근통제가 수행된다.

⑦ 새로운 시스템으로 이전된 데이터는 완전성을 유지한다.

⑧ 시스템 사용자는 새로운 시스템과 응용프로그램을 사용하기에 적절한 수준의 지식을 보유하고 있다.

프로그램 변경(Program Changes) (평가 및 보고 가이드라인 25) 22

프로그램(하드웨어 및 네트워크 포함) 변경 과정에 적절하게 통제되지 않는 경우 재무제표의 신뢰성에 중요한 영향을 미칠 수 있으며 '프로그램 변경'과 관련된 통제는 일반적으로 다음의 사항들을 충족시킬 수 있도록 설계 · 운영한다.

① 시스템 변경의 영향을 적절히 반영하기 위해 관련 시스템, 사용자, 관련 통제문서 등을 적절히 수정한다.

② 시스템의 변경을 적절히 테스트하고 그 결과를 문서화한다.

③ 운영환경에 적용된 시스템은 적절한 관리자의 승인 없이 변경되지 않는다.

④ 변경된 시스템과 응용프로그램을 운영환경으로 이전하기 전에 적절한 관리자가 승인한다.

⑤ 각 사용자는 변경된 시스템 및 응용프로그램을 사용하기에 적절한 지식을 보유하고 있다.

프로그램과 데이터에 대한 접근보안(Access to Program and Data) (평가 및 보고 가이드라인 25) 24 22 17

재무제표의 신뢰성을 유지하기 위해서는 프로그램 및 데이터에 대한 접근보안이 전제되어야 한다. '프로그램과 데이터에 대한 접근보안'과 관련된 통제는 일반적으로 다음의 사항들을 충족시킬 수 있도록 설계 및 운영한다.

① 정보보안 정책을 수립하고 있으며 보안실무를 고려하여 그 적정성을 정기적으로 검토한다.

② 구성원이 수행하는 업무의 내용 및 직무기술서 등을 고려하여 시스템 접근권한의 적정성을 정기적으로 검토한다.

③ IT자원(하드웨어, 소프트웨어, 데이터를 포함)에 대한 접근을 관리하기 위한 물리적인 접근통제 및 논리적인 접근통제(식별, 인증, 승인 메커니즘 등)를 수립하고 적용하고 있다.

④ 적시에 사용자 계정을 추가, 수정, 삭제할 수 있는 절차를 수립하고 적용하고 있다.

⑤ 보안활동에 대한 기록, 발생가능한 보안위반 사항에 대한 식별, 이에 대한 전달 및 적시대응 등을 포함한 효과적인 보안체제를 구축하고 있다.

접근보안의 두 가지 구분 : 물리적 접근통제와 온라인 접근통제

구분	내용
물리적 접근통제 (Physical Access)	승인받지 않은 자가 하드웨어(hardware), 소프트웨어(software), 백업자료파일(backup data files), 하드드라이버(hard drivers), CD 및 외부저장장치(external disks)와 같은 컴퓨터장비(computer equipment)에 접근하는 것을 제한하는 통제를 의미한다.(예 감시카메라, 지문인식장치, 항온항습장치, 화재진압장비)
온라인 접근통제 (Online Security)	소프트웨어와 관련 자료파일 등의 접근을 제한하기 위하여 마련된 통제를 말한다. (예 사전에 승인받은 ID와 비밀번호, 방화벽(firewall)시스템, 데이터 암호화)

컴퓨터 운영(Computer Operation) (평가 및 보고 가이드라인 25) 25 24

재무제표의 신뢰성을 확보하기 위해서는 재무정보가 입력, 처리 및 산출되는 제반 정보시스템을 적절히 운영하여야 한다. '컴퓨터 운영'과 관련된 통제는 다음의 사항을 충족시킬 수 있도록 통제를 설계 및 운영한다.

① 재무보고에 필요한 데이터, 거래, 프로그램을 복구하기 위해 적절한 백업(back up) 및 복구절차(disaster recovery system)가 존재한다.

② 복구절차의 효과성과 백업자료의 질을 정기적으로 테스트하기 위한 절차가 존재한다.

③ 백업자료에 대한 접근을 승인된 구성원에게만 허용할 수 있는 통제절차가 존재한다.

④ 시스템과 관련된 장애나 오류 등을 기록하고 분석하여 동일한 문제의 재발을 방지할 수 있는 절차가 존재한다.

⑤ 재무보고와 관련된 응용프로그램이나 데이터에 관한 일괄처리(Batch Job) 및 온라인(On-Line) 거래가 정확하며 완전하고 적시에 처리된다.

Q 컴퓨터 운영과 관련된 통제 중 백업 및 복구절차란 무엇인가?

기업이 천재지변, 외부 해킹, 파업 등과 같이 전산시스템이 정상적으로 작동하지 않게 하는 비상상황이 발생할 것을 대비하여 제3의 장소에 주센터와 유사한 전산시스템을 갖춘 재해복구센터를 구축하여 주센터가 작동되지 않을 때 재해복구센터를 이용하여 실시간으로 서비스를 재개하게 하는 대응체계를 말한다.

일반통제와 관련된 업무분장

24 18 15

전산부서	시스템 분석	시스템 분석가는 사용자의 요구사항을 분석하고, 시스템의 전반적인 설계를 담당한다. 시스템 분석을 위해 필요한 자료는 반드시 데이터베이스 관리자를 통해 입수해야 한다.
	개발	프로그래머는 시스템 분석가의 요구사항과 설계에 따라 프로그램을 개발하며, 원칙적으로 자료입력 및 컴퓨터 작동업무(Operating)를 수행하지 못한다.
	운용	오퍼레이터는 프로그래머가 개발한 프로그램을 전산부서장이 수립한 일정에 따라 실행, 관리한다. 프로그램을 수정 · 변경하거나 데이터에 접근할 수 없다.
	자료통제	데이터베이스 관리자는 데이터베이스의 설치, 구성, 유지보수 및 보안관리(사용자 계정의 생성·삭제, 접근권한 부여 및 검토, 암호정책 수립 등 정보보호 관련 기능) 등을 책임지며, 자료입출력통제담당은 독립적으로 입력 및 출력자료의 타당성을 검증하여 데이터의 무결성을 보장한다.
이용자부서		전산부서와 명확하게 구분되며, 정보시스템을 사용하여 데이터를 입력, 관리, 출력하여 업무를 처리한다.

2 정보처리통제(Information Processing Controls)

정보처리통제 (ISA 315 – A6)

정보의 무결성에 대한 위험은 기업의 정보시스템에서 정보흐름, 기록 및 보고과정을 정의하는 정책인 기업의 정보정책의 비효과적인 실행 가능성에서 발생한다. 정보처리 통제는 기업의 정보정책의 효과적인 실행을 지원하는 절차이다. 정보처리 통제는 자동화되거나(즉, IT 응용프로그램에 내재되거나) 또는 수작업(예: 입력 또는 출력 통제)일 수 있으며 다른 정보처리 통제나 IT 일반통제를 포함한 기타 통제에 의존할 수 있다.

정보기술 응용통제의 구분 및 예

17

정보기술 응용통제 (Application Controls)	통제의 예 (Example of Controls)
① 입력통제	매출거래의 사전승인절차
② 처리통제	매출단가의 합리성 검토
③ 출력통제	매출부서에 의한 매출거래의 사후 검토절차

입력통제 [25]

① 입력자료의 정당성(승인)에 대한 통제

② 입력자료의 완전성에 대한 통제(예 컴퓨터순서점검, 컴퓨터대조, 뱃취통제, 개별대조)

③ 입력자료의 정확성에 대한 통제(예 컴퓨터대조, 뱃취통제, 편집점검, 키검증)

④ 입력오류의 수정에 대한 통제

처리통제 [25]

① 시스템이 생성한 거래를 포함한 모든 거래가 컴퓨터에 의해 적절히 처리되어야 한다.

② 거래가 중간에 분실되거나 추가 또는 가산, 중복되지 않고 부적절하게 변경되지 않는다.

③ 부정확한 거래는 거부 · 수정되어야 하고 필요한 경우 적시에 재입력된다.

④ 처리과정의 오류는 확인되어 적시에 수정된다.

출력통제 [25]

① 처리결과는 정확하다.

② 출력정보는 승인된 사람만이 접근할 수 있다.

③ 출력정보는 적시에 승인된 사람에게 제공된다.

SECTION

03 정보시스템에서 내부통제의 운영효과성 테스트

정보시스템에서 통제테스트의 방법

① 컴퓨터주변감사(audit around the computer)

② 컴퓨터자체감사(audit through the computer)

- 시험자료법(test data approach)
- 병행처리법(parallel simulation)
- 종합자료처리법(integrated test facility)

③ 컴퓨터를 이용하는 감사(computer assisted audit technique)

1 컴퓨터주변감사(Audit around the Computer)

컴퓨터주변감사 12

컴퓨터주변감사는 감사인이 원시증빙을 표본추출하여 이에 대한 전산출력물을 통하여 중간단계의 거래를 추적하고 최종적으로 총계정원장의 기록과 일치하는지를 추적하는 전통적인 수작업방법과 동일한 방법이다.

컴퓨터주변감사의 장점과 단점

구분	내용
장 점	① 수작업 감사기법과 동일하므로 그대로 사용할 수 있다. ② 복잡한 프로그램과정을 재점검할 필요가 없다.
단 점	① 프로그램 자체에 대한 검증이 수행되지 않으므로 출력표본에 나타나지 않는 프로그램상의 오류를 발견할 수 없다. ② 증거수집이나 기타의 감사과정에 편리한 컴퓨터를 이용하지 못하므로 상대적으로 비용이 많이 든다.

컴퓨터주변감사의 전제조건

① 원시증빙이 비기계어로 작성되어 판독가능한 상태로 유지되어야 한다.
② 증빙서류가 감사목적을 위하여 사용될 수 있도록 철 되어 있어야 한다.
③ 원시증빙에서 출력자료에 이르기까지 또는 그 반대방향으로 개별거래를 감사인이 추적할 수 있어야 한다.

2 컴퓨터자체감사(Audit through the Computer)

컴퓨터자체감사 12

컴퓨터자체감사는 감사인이 컴퓨터통제와 자료처리과정을 시사를 통하여 검증함으로써 자료처리과정에서 발생할 수 있는 체계적인 부정이나 오류의 발생가능성에 대한 확신을 가질 수 있다는 점에서 컴퓨터주변감사 방법보다 우수한 방법이라 할 수 있다.

2.1 시험자료법(Test Data Approach)

시험자료법(모의자료법) 18 15

시험자료법은 감사인이 검증하려고 하는 통제가 유효하게 운영되는지를 검증하기 위하여 감사인이 개발한 시험자료(모의자료)를 감사대상회사의 전산정보시스템 설비와 컴퓨터 프로그램을 이용하여 처리하고 그 결과를 사전에 측정한 결과와 비교함으로써 조사를 수행하는 방법이다.

시험자료법의 장점과 단점

구분	내용
장 점	① 프로그램에 대한 직접 검증 ➡ 처리프로그램에 신뢰성을 부여할 수 있다. ② 프로그램의 특정 통제절차를 검증대상으로 할 수 있다. ③ 감사인이 별도의 프로그램을 개발할 필요가 없다.
단 점	① 기중에 프로그램 변경이 있었는지 파악해야 한다. 프로그램이 회계기간 중 변경되었을 경우에 변경전과 변경후의 프로그램을 모두 검증하여야 한다. ② 프로그램자체에 대한 검증뿐이며, 회사의 실제 기록에 대한 검증은 없기 때문에 내부통제절차의 존재여부의 확인 방법으로는 적합하나 운용감사기법으로는 부적합하다. ③ 프로그램 운영자는 시험자료의 모의검증이 있다는 것을 인지하고 사전에 프로그램 조작을 통하여 부정이나 오류를 은폐할 가능성이 있다. ④ 검증 후에는 시험자료를 별도로 제거하여야 하는 번거로움이 있다.

시험자료법의 전제조건

① 시험자료는 감사인이 검증하려는 모든 관련된 조건을 포함하고 있어야 한다.

② 감사인이 시험자료를 이용하여 검증하려고 하는 컴퓨터프로그램은 회사가 회계기간 동안 사용한 프로그램이어야 한다.

2.2 병행처리법(Parallel Simulation)

병행처리법 18 15

병행처리법은 감사인이 중요하다고 생각되는 응용프로그램상의 처리과정에 대하여 이와 동일한 기능의 프로그램을 작성한 후 이 프로그램을 통해 기계어로 기록된 회사의 실제자료를 재처리하고, 그 결과를 회사 전산시스템의 처리결과와 비교하여, 불일치 여부를 감사하는 방법이다. 시험자료법과는 상호보완적인 관계에 있다.

병행처리법의 장점과 단점

장 점	① 실제자료가 사용되므로 감사인은 거래를 원시문서와 승인절차 등까지 추적하여 그 정당성을 검증할 수 있다. 프로그램을 자주 변경하거나 승인받지 않은 프로그램을 부정한 목적으로 사용하는 것을 적발하고자 할 때 매우 효과적이다. ② 다량의 검증대상자료를 감사인의 감사용 컴퓨터로 처리할 수 있기 때문에 적은 추가비용으로 표본규모를 증가시킬 수 있다. ③ 회사의 전산처리과정을 중단하지 않고도 감사용 컴퓨터를 이용하여 독립적인 조사를 수행할 수 있다.
단 점	① 감사대상 전체기간의 신뢰성을 검증하기 어렵다. ② 감사인이 사용하는 감사용 프로그램을 작성하고 수정하는데 추가적인 시간과 비용이 소요된다.

2.3 종합자료처리법(Integrated Test Facility)

종합자료처리법 18

종합자료처리법은 회사의 전산정보시스템 내부에 별도의 하위시스템을 구성하여 실제자료와 시험자료를 동시에 처리하는 방법이다. 실제자료는 장부상 결과와 하위시스템에 의한 결과를 비교하고, 시험자료는 감사인이 예상한 시험자료 결과와 별도의 하위시스템에 의하여 출력된 시험자료 결과를 비교한다.

종합자료처리법의 장점과 단점

장 점	① 실제자료를 처리하는 중에 별도의 시험자료를 검증하여 내부통제의 유효성을 검증할 수 있다. ➡ 통제테스트에 적합하다. ② 감사인이 별도의 프로그램을 개발할 필요가 없다.
단 점	① 시험자료가 실제자료와 혼합되어 오류를 발생시킬 위험이 있다. ② 검증 후 시험자료를 제거하여야 하는 번거로움이 있다. ③ 하위시스템 구축에 많은 시간과 비용이 소요될 수 있다.

3 컴퓨터를 이용하는 감사(Computer Assisted Audit Technique : CAAT)

컴퓨터를 이용하는 감사

컴퓨터를 이용하는 감사란 컴퓨터를 수단으로 사용하는 모든 감사기법을 의미한다.

범용소프트웨어의 기능

① 계 산　② 자료의 선정　③ 논리적 작업
④ 자료의 계층화　⑤ 보고서의 작성　⑥ 조회서의 준비
⑦ 두 파일의 비교

범용소프트웨어의 장점과 단점

장 점	① 초기개발비용을 제외하고는 추가적인 프로그램 개발비용이 많이 소요되지 않는다. ② 전산에 대한 많은 훈련 없이 감사과정에서 효과적으로 컴퓨터를 이용할 수 있다. ③ 회사의 기계어로 된 다량의 자료를 신속하고 효과적으로 검증 가능하다. ④ 다양한 여러 시스템에서 이용이 가능하다.
단 점	① 최초의 set up cost가 많이 든다. ② 하드웨어 기종에 따라 호환성에 문제가 있을 수 있다.

SECTION

04 외부의 서비스조직을 이용하는 기업에 대한 감사

용어의 정리 (ISA 402 – 8)

(a) 보충적인 이용자기업 통제: 서비스조직이 해당 서비스를 설계할 때 이용자기업이 실행할 것으로 보는 통제로서, 통제목적을 달성하는데 필요하다면 시스템기술서에서 식별되는 통제

(b) 유형 1 보고서: 서비스조직 통제에 대한 기술과 설계에 관한 보고서

(c) 유형 2 보고서: 서비스조직 통제에 대한 기술과 설계 및 운영효과성에 대한 보고서

(d) 서비스감사인: 서비스조직의 요청에 따라 해당조직의 통제에 관한 인증보고서를 제공하는 감사인

(e) 서비스조직: 이용자기업의 재무보고 관련 정보시스템의 일부를 구성하는 서비스를 이용자기업에게 제공하는 제3자 조직(또는 제3자 조직의 사업부문)

(f) 서비스조직의 시스템: 서비스감사인의 보고 대상인 서비스를 이용자기업에게 제공하기 위하여 서비스조직이 설계 · 실행 · 유지하는 정책과 절차

(g) 하위서비스조직: 서비스조직이 이용자기업의 재무보고 관련 정보시스템의 일부를 구성하는 서비스를 이용자기업에게 제공할 때, 해당 서비스의 일부를 수행하기 위하여 서비스조직이 이용하는 타서비스조직

(h) 이용자기업 감사인: 이용자기업 재무제표에 대한 감사와 보고를 하는 감사인

(i) 이용자기업: 서비스조직을 이용하는 기업으로서 자신의 재무제표를 감사받고 있는 기업

1 내부통제 등 서비스조직에 의하여 제공되는 서비스에 대한 이해

1.1 서비스조직에 의해 제공되는 서비스에 대한 이해

서비스조직의 서비스 이용방법과 관련하여 이해할 사항 (ISA 402 – 9) 15

① 서비스조직이 제공하는 서비스의 성격과 그러한 서비스가 이용자 기업에 미치는 유의성(이용자기업의 내부통제에 대한 영향 포함)

② 서비스조직이 처리한 거래 또는 해당 조직에 의해 영향을 받는 계정이나 재무보고절차의 성격과 중요성

③ 서비스조직이 수행하는 활동과 이용자기업이 수행하는 활동의 상호작용 정도

④ 서비스조직이 수행하는 활동에 대한 관련 계약조건 등 이용자기업과 서비스조직간 관계의 성격

1.2 이용자기업 감사인이 서비스조직을 충분히 이해하지 못한 경우

이용자기업 감사인이 서비스조직을 충분히 이해하지 못한 경우 감사절차 (ISA 402-12)

① 입수 가능한 경우, 유형 1 또는 유형 2 보고서를 입수함

② 특정 정보를 얻기 위하여 이용자기업을 통하여 서비스조직과 접촉함

③ 서비스조직을 방문하여 서비스조직의 관련 통제에 대하여 필요한 정보를 제공할 절차를 수행함

④ 타감사인이 수행한 업무를 활용하여 서비스조직의 관련 통제에 대하여 필요한 정보를 제공할 절차를 수행함

유형 1 또는 유형 2 보고서를 이용하기 위한 감사절차 (ISA 402-14)

이용자기업 감사인은 서비스조직의 통제의 설계 및 실행에 대한 이해를 뒷받침하기 위하여 유형 1 또는 유형 2 보고서를 감사증거로 이용할 계획이면, 다음의 절차를 수행하여야 한다.

① 서비스조직의 통제에 대한 기술과 설계가 이용자기업 감사인의 감사목적에 적합한 일자 또는 적합한 기간에 대한 것이지 여부를 평가함

② 감사와 관련된 이용자기업의 내부통제의 이해를 위해 해당 보고서가 제공하는 증거의 충분성과 적합성을 평가함

③ 서비스조직에 의해 식별된 보충적인 이용자기업 통제가 이용자기업과 관련성이 있는지 여부를 결정함. 관련성이 있다면, 이용자기업이 그러한 통제를 설계하였고, 실행하였는지 여부를 이해함

서비스조직에 대한 이용자기업 감사인의 이해를 뒷받침하기 위한 보고서의 이용 (ISA 402-13) 15

이용자기업 감사인은 유형 1 또는 유형 2 보고서에 의해 제공되는 감사증거의 충분성과 적합성을 결정할 때, 다음에 대하여 만족할 수 있어야 한다.

① 서비스감사인의 전문가적 적격성 및 서비스조직으로부터의 독립성

② 발행된 유형 1 또는 유형 2 보고서에 적용된 기준의 적절성

2 평가된 중요왜곡표시위험에 대한 대응

평가된 중요왜곡표시위험에 대한 대응 (ISA 402-15)

이용자기업 감사인은 평가된 위험에 대응하여, 다음의 절차를 수행하여야 한다.

① 관련 재무제표 주장에 대하여 충분하고 적합한 감사증거가 이용자기업이 보유하고 있는 기록으로부터 입수가능한지 여부를 결정함

② 위 ①에서 감사증거가 입수가능하지 않는 경우에는, 충분하고 적합한 감사증거를 입수하기 위한 추가감사절차를 수행하거나, 이용자기업 감사인을 대신하여 해당 서비스조직에서 그러한 절차를 수행하도록 타감사인을 활용함

2.1 통제테스트

통제의 운영효과성에 대한 감사증거 입수절차 (ISA 402-16) 25

이용자기업 감사인이 위험을 평가할 때 서비스조직의 통제가 효과적으로 이루어지고 있다는 기대가 포함되어 있으면, 이용자기업 감사인은 다음의 절차 중 하나 이상을 수행하여 서비스조직 통제의 운영효과성에 관한 감사증거를 입수하여야 한다.

① 입수 가능한 경우, 유형 2 보고서를 입수함

② 서비스조직의 통제에 대하여 적합한 통제테스트를 수행함

③ 서비스조직의 통제에 대하여 통제테스트를 수행한 타감사인의 업무를 활용함

2.2 서비스조직 통제의 운영효과성에 대한 감사증거로서의 유형 2 보고서 이용

통제의 운영효과성 테스트 관련하여 유형2 보고서를 이용하기 위한 감사절차 (ISA 402-17)

이용자기업 감사인이 서비스조직의 통제가 효과적으로 운영되는지에 대한 감사증거로 유형 2 보고서를 이용할 계획이라면, 이용자기업 감사인은 다음의 절차를 수행함으로써 서비스감사인의 감사보고서가 이용자기업 감사인의 위험평가를 뒷받침하는 데 통제의 효과성에 대한 충분하고 적합한 감사증거를 제공하는지 여부를 결정하여야 한다.

① 서비스조직의 통제에 대한 기술과 설계 및 운영효과성이 이용자기업 감사인의 감사목적에 적합한 일자 또는 적합한 기간에 대한 것이지 여부를 평가함

② 서비스조직에 의해 식별된 보충적인 이용자기업 통제가 이용자기업과 관련성이 있는지 여부를 결정함. 관련성이 있다면, 이용자기업이 그러한 통제를 설계하였고, 실행하였는지 여부를 이해하고 통제의 운영효과성을 테스트함

③ 통제테스트의 대상기간 및 그러한 통제테스트를 수행한 후 경과된 시간의 적절성을 평가함

④ 서비스감사인의 감사보고서에 기술된 해당 감사인의 통제테스트와 그 결과가 이용자기업 재무제표의 경영진주장과 관련이 있으며, 이용자기업 감사인의 위험평가에 도움이 되도록 충분하고 적합한 감사증거를 제공하는지 여부를 평가함

3 이용자기업 감사인에 의한 보고

Q 이용자기업 감사인이 이용자기업의 재무제표감사와 관련하여 서비스조직이 제공하는 서비스에 관한 충분하고 적합한 감사증거를 입수할 수 없는 경우라면 감사보고에는 어떤 영향을 미치는가?

이용자기업 감사인이 충분하고 적합한 감사증거를 입수하지 못했으므로 감사범위의 제한에 해당한다. 따라서 감사의견을 변형해야한다(한정 또는 의견거절). (ISA 402-20, A42)

Q 이용자기업 감사인은 법규상 요구되는 것이 아닌 한 적정의견을 표명하고 있는 자신의 감사보고서에 서비스감사인이 수행한 업무를 언급하여서는 안 된다. 만약 법규상 이러한 언급이 요구되거나 감사의견의 변형을 이해하는 것과 관련이 있어 서비스감사인이 수행한 업무를 감사보고서에 언급하는 경우, 감사보고서에 표시되어야 하는 사항은 무엇인가?

감사인은 해당 언급이 감사의견에 대한 감사인의 책임을 경감시키지 않는다는 것을 감사보고서에 표시해야 한다. (ISA 402-21, 22)

SECTION

05 데이터의 활용과 데이터베이스의 이해

1 데이터베이스 기초개념

데이터의 기초개념

구분	내용
데이터 (Data)	정보를 구성하는 기본 단위로, 현실 세계로부터 수집된 사실이나 관찰된 결과, 측정된 값 등을 기계나 사람이 인지할 수 있도록 특정 형태로 표현한 것이다.
정보 (Information)	데이터를 특정한 목적에 맞게 가공하고 해석하여 의미와 가치를 부여한 것이다. 즉, 의사결정자에게 의미를 제공하는 조직화되고, 체계화된 데이터가 정보이다.
데이터베이스 (Database)	방대한 데이터를 효율적으로 관리하고 활용하기 위한 도구로 체계적으로 구성된 데이터의 집합, 데이터 창고를 말한다.
데이터 처리	데이터베이스에서 필요한 데이터들을 추출하여 서로 연결시키고 연산(operation)하여 의미있는 새로운 정보를 생산하는 과정을 말한다.

데이터베이스 관리시스템(Database Management System)

데이터베이스 관리시스템(DBMS)은 데이터베이스를 효율적으로 관리하기 위한 소프트웨어 시스템을 말한다. DBMS를 통하여 데이터를 생성할 수 있으며, 생성된 데이터는 DBMS 내 데이터베이스에 저장된다. 데이터베이스에서 데이터를 체계적으로 정리하고, 효율적으로 관리하기 위해서는 별도의 소프트웨어가 필요한데 이것이 DBMS다. 널리 사용되는 DBMS로는 Oracle, MySQL, postgreSQL 등이 있다.

Q 데이터베이스 관리시스템(DBMS)가 제공하는 기능에는 무엇이 있는가?

① 하나의 데이터베이스에 여러 사용자가 동시에 접근할 수 있게 함

② 보안 규칙을 수립하여 사용자 접근권한을 관리할 수 있음

③ 데이터를 정기적으로 백업하고 외부 재해 또는 침해가 발생할 때 신속하게 데이터를 복구(recovery)함

④ 데이터베이스 규칙과 표준을 설정하여 데이터 무결성을 유지할 수 있음

데이터베이스 응용프로그램(Database Application)

데이터베이스 응용프로그램은 DBMS를 기반으로 데이터를 저장, 검색, 수정, 삭제하는 기능을 사용자에게 제공하는 소프트웨어 또는 프로그램이다. 이러한 응용프로그램은 DBMS와 상호작용하여 사용자 또는 다른 시스템이 데이터에 쉽게 접근하고 조작할 수 있도록 인터페이스의 역할을 한다. 데이터베이스 응용프로그램은 C++ 또는 Java와 같은 프로그래밍 언어로 작성될 수 있으며, 전사적 자원관리(ERP) 시스템, 고객관계관리(CRM) 시스템, 판매시점관리(POS) 시스템 등이 있다.

데이터베이스 시스템(Database System)

데이터를 체계적으로 저장하고 관리하여 사용자가 쉽게 접근하고 활용할 수 있도록 설계된 종합적인 시스템을 의미한다. 데이터베이스, 데이터베이스 관리시스템, 데이터베이스 응용프로그램, 그리고 이들 시스템을 운영하는 하드웨어와 소프트웨어 인프라를 모두 포함한다.

2 관계형 데이터베이스

관계형 데이터베이스(Relational Database)

- 관계형 데이터베이스란 데이터가 하나 이상의 열과 행의 테이블(이를 '관계'라고 한다)에 저장되어서, 서로 다른 데이터 구조가 어떻게 관련되어 있는지 쉽게 파악하고 이해할 수 있도록 사전 정의된 관계로 데이터를 구성하는 정보 모음을 말한다.
- 관계란 이러한 테이블 간의 상호작용을 기반으로 설정되는 여러 테이블 간의 논리적 연결을 의미한다.

테이블(Table)

구분	설명
테이블 (Table)	데이터를 저장하는 기본 단위로 각 테이블은 행(Row)과 열(Column)로 구성되며, 각 행은 고유한 키(식별자)에 의하여 구별된다.
행 (Row, Record, Tuple)	테이블을 구성하는 각 행, 레코드를 나타낸다. ➡ 이때 테이블이 가지고 있는 행의 개수를 카디널리티(Cardinality)라고 한다.
열 (Column, Field, Attribute)	테이블을 구성하는 각 열을 나타내며, 속성이라고도 한다. ➡ 이때 테이블이 가지고 있는 열의 개수를 차수(Degree)라고 한다.

Q 특정 필드나 열에 널(Null)이 있는 경우, 이것이 의미하는 바는 무엇인가?

널(Null)은 데이터가 비어 있거나 값이 없음을 나타낸다. 데이터가 아직 수집되지 않았거나, 오류가 발생해 값이 기록되지 않았거나, 특정 상황에 해당되지 않아 해당 값이 존재하지 않는 등의 원인으로 발생할 수 있다. 널(Null)은 0이나 공백으로 채워진 텍스트 문자열과 다르다.

데이터 타입(Data Type)

데이터 타입(Data Type)은 프로그래밍, 데이터베이스, 데이터분석에서 변수나 열(칼럼)이 가질 수 있는 값의 유형과 그 형식을 정의한다. 데이터 타입은 숫자, 문자열, 날짜 등 다양한 형태를 포함할 수 있다.

도메인(Domain)

각 열에 입력 가능한 값들의 범위를 말한다. 다음은 테이블 도메인의 예이다.

- 사번 : 회사 입사시 부여받은 고유 숫자
- 이름 : 종업원의 이름으로 구성된 문자열의 집합
- 전화번호 : DDD-DDDD-DDDD 형식으로 구성된 문자열의 집합(D는 0부터 9까지의 숫자)

데이터의 기초개념

구분	내용
테이블 스키마 (table schema)	테이블 정의에 따라 만들어진 데이터 구조를 말한다. 테이블에 포함될 각 속성(열)의 이름, 데이터 타입, 제약조건 등이 포함된다. 즉, 데이터베이스가 어떻게 구성되어 있는지를 표현해줄 수 있는 일종의 설계도이다.
테이블 인스턴스 (table instance)	테이블 스키마에 현실 세계의 데이터를 레코드로 저장한 형태를 말한다. 테이블 구조에 따라 저장된 실제 데이터 자체를 나타내며, 수시로 바뀔 수 있다.

관계형 키(Key) 25

구분	내용
키 (Key)	키는 데이터베이스에서 조건에 만족하는 행(레코드)를 찾거나 순서대로 정렬할 때 기준이 되는 열(칼럼)을 의미한다. 키는 다음과 같은 특징을 갖는다. • 열(칼럼)들 중 일부로 각 행(레코드)들을 유일하게 식별해 낼 수 있는 식별자이다. • 일반적으로 하나의 열(칼럼)를 지정하여 키로 지정하나, 여러 개의 열(칼럼)들로 키를 구성할 수도 있다.

수퍼 키 (Super Key)	아무런 제약조건 없이 테이블에서 행을 고유하게 식별할 수 있는 속성 또는 속성의 집합이다.
후보 키 (candidate Key)	수퍼 키 중에서 더 이상 줄일 수 없는 형태를 가진 것을 말한다. 즉, 수퍼 키 중에서 최소성을 만족하는 키이다.
기본 키 (Primary Key)	행(레코드)을 유일하게 구분할 수 있는 속성으로 널(Null)이 아니고, 유일하여야 한다. 기본 키로 정의된 속성에서는 동일한 값이 중복되어서는 안 된다.
대체 키 (Alternate Key)	후보 키 중에서 기본 키로 선택되지 않은 키를 말하며, 보조 키라고도 한다.
외래 키 (Foreign Key)	어떤 테이블 A와 B가 서로 관계가 있는 경우, B의 열(칼럼) 중 A의 기본 키를 참조하는 열을 말한다. 외래 키로 지정되면 A의 기본 키에 없는 값은 입력할 수 없다.

무결성(Integrity) 25

무결성 (Integrity)	데이터베이스에 저장된 데이터의 정확성과 일관성을 보장하는 규칙이나 제약 조건이다. 도메인 무결성, 개체 무결성, 참조 무결성 등이 있다.
도메인 무결성 (Domain Integrity)	열(칼럼) 값의 기본 값 또는 가능한 값들의 범위를 지정할 수 있다. 한편, 데이터 형식(Type)을 통해 값들의 유형을 제한할 수 있다. 다음은 도메인 무결성의 예이다. • 전화번호 : DDD-DDDD-DDDD 형식으로 구성된 문자열의 집합(D는 0부터 9까지의 숫자)으로 제한할 수 있다.
개체 무결성 (Entity Integrity)	기본 키 열(칼럼)에 중복된 값이 존재해서는 안된다. 테이블의 기본 키를 구성하는 어떤 열(칼럼)도 널(Null) 값을 가질 수 없다. 기본 키는 식별자의 기능을 하므로 기본 키로 정의된 열(칼럼)이 널(Null)을 가지게 되면 이러한 식별자의 기능을 상실하게 된다.
참조 무결성 (Referential Integrity)	관련된 테이블의 행(레코드) 간의 관계를 유효하게 하는 규칙으로, 사용자의 실수로 관련 데이터가 삭제되거나 수정되는 것을 막기 위한 조건이다. 즉, 참조되는 테이블 행은, 이를 참조하는 참조키가 존재하는 한 삭제될 수 없다.

조인(Join) 25

조인(Join)	특정 열(갈럼)을 기준으로 두 개 이상의 테이블을 결합하는 방법이다.
Inner Join	두 테이블에서 일치하는 행만 나온다.(교집합)
Left(outer) Join	왼쪽 테이블의 모든 행과 오른쪽 테이블의 일치하는 행이 나온다. 일치하는 값이 없는 경우 널(Null) 값이 나온다.
Right(outer) Join	오른쪽 테이블의 모든 행과 왼쪽 테이블의 일치하는 행이 나온다. 일치하는 값이 없는 경우 널(Null) 값이 나온다.
Outer Join	두 테이블의 모든 행이 나온다. 일치하는 값이 없는 경우 널(Null) 값이 나온다.

3 SQL(Structured Query Language)

SQL(Structured Query Language)의 개념

SQL(Structured Query Language)은 DBMS에서 데이터를 관리하고 조작하기 위한 표준 프로그래밍 언어이다.

SQL의 주요 기능

SQL 명령어 종류	SQL 명령어
데이터 정의 언어(DDL, Data Definition Language)	테이블 생성/수정/삭제 CREATE/ALTER/DROP TABLE
데이터 조작 언어(DML, Data Manupulation Language)	데이터 삽입/수정/삭제 INSERT/UPDATE/DELETE
데이터 접근 제어(DCL, Data Control Language)	사용자에게 권한 부여/회수 GRANT/REVOKE

CHAPTER

15

감사인의 책임과 의무

SECTION

01 감사인의 법률적 책임

1 감사인의 손해배상책임

감사인의 책임은 법률적 책임과 윤리적 책임으로 구분할 수 있다. 법률적 책임은 다시 민사적 책임과 형사적 책임으로 구분되는데, 이러한 감사인의 법률적 책임에 대한 관련 법률은 감사인과 이해당사자에게 각각 어떤 역할을 하는가?

① 감사인 입장에서는 부당한 책임추궁의 방패가 될 수 있다.

② 이해당사자 입장에서는 감사인의 귀책사유로 인하여 발생하는 손실에 대하여 그 책임을 물을 수 있는 근거가 된다.

감사인의 손해배상책임

22 16 14 12

구 분	법 률	책임주체	책임요건
회 사 에 대한 책임	외부감사법 제31조	감사인(회계법인 + 감사반) ※ 감사반의 경우 감사에 참여한 공인회계사	감사인이 그 ① 임무를 게을리하여 ② 회사에 손해를 발생하게 한 경우에는 그 감사인은 회사에 대하여 손해를 배상할 책임이 있다. 이 경우 감사반인 감사인의 경우에는 해당 회사에 대한 감사에 참여한 공인회계사가 연대하여 손해를 배상할 책임을 진다.
제3자에 대한 책임	외부감사법 제31조	감사인(회계법인 + 감사반) ※ 감사반의 경우 감사에 참여한 공인회계사	감사인이 ① 중요한 사항에 관하여 ② 감사보고서에 기재하지 아니하거나 거짓으로 기재를 함으로써 ③ 이를 믿고 이용한 제3자에게 ④ 손해를 발생하게 한 경우에는 그 감사인은 제3자에게 손해를 배상할 책임이 있다. 다만, 연결재무제표에 대한 감사보고서에 중요한 사항을 기재하지 아니하거나 거짓으로 기재를 한 책임이 종속회사 또는 관계회사의 감사인에게 있는 경우에는 해당 감사인은 이를 믿고 이용한 제3자에게 손해를 배상할 책임이 있다.
	자본시장법 제170조 (외부감사법을 준용)	감사인(회계법인 + 감사반) ※ 감사반의 경우 감사에 참여한 공인회계사	외부감사법 제31조 감사인의 손해배상에 대한 규정은 선의의 투자자가 사업보고서등에 첨부된 회계감사인의 감사보고서를 신뢰하여 손해를 입은 경우 그 회계감사인의 손해배상책임에 관하여 준용한다.
	민 법 제750조	공인회계사(감사반) + 회계법인	고의 또는 과실로 인한 위법행위로 타인에게 손해를 입힌 경우

연대책임과 비례책임 (외부감사법 제31조(손해배상책임) 제4항, 제5항)

감사인이 회사 또는 제3자에게 손해를 배상할 책임이 있는 경우에 해당 회사의 이사 또는 감사도 그 책임이 있으면 그 감사인과 해당 회사의 이사 및 감사(감사위원회가 설치된 경우에는 감사위원회의 위원을 말한다. 이하 이 항에서 같다)는 연대하여 손해를 배상할 책임이 있다. 다만, 손해를 배상할 책임이 있는 자가 고의가 없는 경우에 그 자는 법원이 귀책사유에 따라 정하는 책임비율에 따라 손해를 배상할 책임이 있다. (단, 손해배상을 청구하는 자의 소득인정액이 대통령령으로 정하는 금액 이하에 해당되는 경우에는 감사인과 해당 회사의 이사 및 감사는 연대하여 손해를 배상할 책임이 있다.)

연대책임과 비례책임의 개념 및 취지에 대해 서술하시오.

연대책임은 피해자를 우선적으로 구제한다는 차원에서 귀책사유를 고려하지 않고 무조건 배상능력이 있는 자로부터 피해를 복구한다는 개념이다. 그런데 대부분 회사가 도산된 상태라 감사인만 손해를 배상하게 된다는 불합리함이 지적되면서, 책임비율에 따라 책임을 지는 비례책임이 도입되었다.

입증책임 (외부감사법 제31조(손해배상책임) 제7항) 14

감사인 또는 감사에 참여한 공인회계사가 외부감사법에 의한 손해배상책임을 면하기 위하여는 그 임무를 게을리하지 아니하였음을 증명하여야 한다. 다만, 감사인을 선임한 회사, 자금중개기능을 담당하는 은행, 보험회사, 종합금융회사 및 상호저축은행에 대하여는 원고가 감사인 또는 감사에 참여한 공인회계사가 임무를 게을리하였음을 증명하여야 한다.

감사인을 선임한 회사와 은행 등 금융기관에 대하여는 원고가 감사인이 임무를 게을리 하였다는 것을 입증할 책임을 지도록 규정한다. 그 이유는 무엇인가? 12

재무정보에 관한 수집 · 분석능력 등이 뛰어난 금융대출기관 등에게까지 획일적으로 입증책임을 감사인에게 적용할 경우 이를 악용하여 소송이 함부로 남발될 우려가 있기 때문이다.

외부감사법상 손해배상책임의 소멸시효 (외부감사법 제31조(손해배상책임) 제9항) 22 14

외부감사법 규정에 따른 손해배상책임은 그 청구권자가 해당 사실을 안 날부터 1년 이내 또는 감사보고서를 제출한 날부터 8년 이내에 청구권을 행사하지 아니하면 소멸한다. (다만, 감사인을 선임을 할 때 계약으로 그 기간을 연장할 수 있다.)

민법상 손해배상책임의 소멸시효 (민법 제766조(손해배상청구권의 소멸시효)) 22 14

① 불법행위로 인한 손해배상의 청구권은 피해자나 그 법정대리인이 그 손해 및 가해자를 안 날로부터 3년간 이를 행사하지 아니하면 시효로 인하여 소멸한다.

② 불법행위를 한 날로부터 10년을 경과한 때에도 전항과 같다.

증권집단소송제도의 정의

기업의 주가조작, 허위공시, 분식회계 등으로 소액주주들(제3자)이 피해를 보았을 경우 이를 법적으로 구제하기 위한 제도의 한 가지로 피해를 본 소액주주가 해당기업을 상대로 소송을 제기해 승소하면 같은 피해를 본 나머지 투자자들도 별도의 소송 없이 피해를 보상받을 수 있도록 한 제도

증권집단소송제도의 긍정적인 면과 부정적인 면 12

구 분	내 용
긍정적 측면	① 개별소송의 중복 방지로 소송의 효율성 도모 ② 소액피해 구제가능 ③ 분식회계 등 증권관련 범죄의 예방효과
부정적 측면	① 기업의 경영활동 위축

2 감사인의 형사적 책임

감사인의 형사적 책임 12

구 분	외부감사법 제39조	공인회계사법 제53조
위법성	감사보고서에 중요한 사항 미기재 또는 허위기재	고의로 진실을 감추거나 허위보고
피 고	감사인(회계법인, 감사반) 또는 소속 공인회계사나 감사업무와 관련된 자	공인회계사
처 벌	10년 이하의 징역 또는 그 위반행위로 얻은 이익 또는 회피한 손실액의 2배 이상 5배 이하의 벌금	3년 이하의 징역 또는 3천만원 이하의 벌금

SECTION

02 감사인의 책임을 보장하기 위한 조치

1 직접적인 조치

감사인의 손해배상책임을 보장하기 위한 직접적 조치

구 분	외부감사법 제32조	공인회계사법 제19조와 제28조
회 계 법 인	• 손해배상공동기금의 적립 (손해배상공동기금 = 기본적립금 + 매 사업연도 연간적립금) • 다만, 배상책임보험에 가입한 경우에는 연간적립금의 면제 가능	• 매 사업연도 손해배상준비금의 적립
감 사 반	손해배상공동기금 또는 보험가입 (현실적으로 보험가입)	–
개업공인회계사	–	공제사업에 가입 또는 보험가입

Q 감사인(회계법인)의 손해배상책임 보장제도 중 외부감사법에 의한 손해배상공동기금과 공인회계사법에 의한 손해배상준비금의 차이점은 무엇인가? 22

손해배상공동기금은 한국공인회계사회에(외부에) 실제 기금을 적립하는 방식이며, 손해배상준비금은 회계법인 총매출액의 일정 비율을 준비금의 형태로(내부에) 유보하여 잉여금이 전액 배당되는 것을 방지하는 방식이다.

2 간접적인 조치

Q 감사인의 손해배상책임과 직접적으로 관련되는 것은 아닐지라도, 간접적으로 그 책임을 보장하는 조치라고 볼 수 있는 사항으로 무엇이 있는가?

① 회계법인의 설립 최소 자본금(5억원) 및 그 계속적인 유지의 강제화 (공인회계사법 제27조)

② 감사반의 감사범위 제한 (외부감사법 제9조)

③ 주권상장법인 감사인의 금융위원회 등록 (외부감사법 제9조2)

SECTION

03 감사인의 의무

1 정당한 주의의무

정당한 주의의무 (윤리기준 130.4)

정당한 주의란 맡은 업무의 요구조건에 따라, 철저하고도 신중하며 적시에 업무를 수행할 책임을 포함한다.

2 비밀유지의무

2.1 비밀유지의 개념

비밀유지 강령에 따라 하지 말아야 할 행위 (윤리기준 140.1) 25

① 직무상 지득한 기밀정보를 법적 또는 직업적으로 공개할 권리나 의무가 없는 경우에, 적절하고 명확한 승인없이, 회계법인 또는 소속기관외의 외부에 누설하는 행위

② 직무상 지득한 기밀정보를 본인이나 제3자의 이익을 위해 사용하는 행위

2.2 비밀유지의 대상

비밀유지의 대상 (윤리기준 140.2~5)

① 공인회계사는 친밀한 관계에서도 비밀유지 강령을 준수하여야 한다.

② 공인회계사는 예상되는 의뢰인이나 고용주가 제공한 정보에 대해서도 비밀을 유지하여야 한다.

③ 회계법인이나 소속기관 내부

④ 공인회계사는 자신의 통제하에 있는 직원과 자문 등 지원을 제공하는 구성원이 공인회계사의 비밀유지의무를 반드시 지키도록 모든 합리적인 조치를 취하여야 한다

2.3 비밀유지의 기간

비밀유지의 기간 (윤리기준 140.6)

의뢰인 또는 고용주와의 관계가 종료된 이후에도 비밀유지의 원칙을 준수하여야 할 필요성이 있다.

2.4 비밀유지의 예외

비밀유지의 예외 (윤리기준 140.7)

① 법규에 의해 정보의 공개가 허용되고 의뢰인 또는 고용주로부터 공개를 허락 받은 경우

② 다음과 같이 법규에 의해 정보의 공개가 요구되는 경우

- 소송절차에 따라 문서를 제시하거나 기타증거로 제시하는 경우
- 이미 알려진 법규위반 사실을 해당 공공기관에 공개하는 경우

③ 법규에 의해 정보의 공개가 금지되지 아니한 경우로서, 정보의 공개에 대하여 전문가적인 권리 또는 의무가 있는 경우

- 한국공인회계사회 또는 감독기관의 품질관리 감리의무를 준수하기 위한 경우
- 한국공인회계사회 또는 감독기관의 질의 또는 조사에 응하기 위한 경우
- 소송에서 공인회계사의 직업상의 이해관계를 보호하기 위한 경우
- 기술적 기준 및 윤리적 요구사항을 준수하기 위한 경우

2.5 정보의 공개

정보의 공개여부 결정 시 고려할 사항 (윤리기준 140.8)

① 의뢰인 또는 고용주가 정보의 공개에 동의한 경우에도 공인회계사의 정보공개가 제3자를 포함한 모든 이해관계자의 이익에 나쁜 영향을 미치게 되는지 여부

② 모든 관련정보가 실제적으로 알려져 있고 입증될 수 있는지 여부. 사실관계를 입증할 수 없거나 정보가 불완전하거나 또는 결론을 입증할 수 없는 경우에는, 정보공개의 유형을 결정함에 있어서 전문가적 판단을 발휘하여야 한다.

③ 의사소통방식과 그 대상자에 대한 고려. 공인회계사는 특히 의사소통 대상자가 적임자인지를 확실히 하여야 한다.

3 법률적인 의무

3.1 감사보고서 제출의 의무

감사보고서 제출의 의무 (외부감사법 제23조)

감사인은 감사보고서를 작성하여 회사(감사 또는 감사위원회를 포함한다)에는 정기주주총회 1주일 전, 증권선물위원회와 공인회계사회에는 정기주주총회 종료 후 2주일 이내에 제출하여야 한다.

3.2 직무상 알게 된 비밀엄수의무

비밀엄수의무 (외부감사법 제20조)

감사인과 그에 소속된 공인회계사 또는 업무와 관련된 자는 그 직업상 알게 된 사실을 누설할 수 없다.

3.3 부정행위 등의 보고의무

부정행위 등의 보고 (외부감사법 제22조) 25 22 19 18

① 감사인은 직무를 수행할 때 이사의 직무수행에 관하여 부정행위 또는 법령이나 정관에 위반되는 중대한 사실을 발견하면 감사 또는 감사위원회에 통보하고 주주총회(유한회사는 사원총회)에 보고하여야 한다.

② 감사인은 회사가 회계처리 등에 관하여 회계처리기준을 위반한 사실을 발견하면 감사 또는 감사위원회에 통보하여야 한다.

③ 회사의 회계처리기준 위반사실을 통보받은 감사 또는 감사위원회는 회사의 비용으로 외부전문가를 선임하여 위반사실 등을 조사하도록 하고 그 결과에 따라 회사의 대표자에게 시정 등을 요구하여야 한다.

④ 감사 또는 감사위원회는 회계처리기준 위반사실에 따른 조사결과 및 회사의 시정조치 결과 등을 즉시 증권선물위원회와 감사인에게 제출하여야 한다.

⑤ 감사 또는 감사위원회는 회계처리기준 위반사실의 직무를 수행할 때 회사의 대표자에 대하여 필요한 자료나 정보 및 비용의 제공을 요청할 수 있다. 이 경우 회사의 대표자는 특별한 사유가 없으면 이에 따라야 한다.

⑥ 감사 또는 감사위원회는 이사의 직무수행에 관하여 부정행위 또는 법령이나 정관에 위반되는 중대한 사실을 발견하면 감사인에게 통보하여야 한다.

⑦ 감사인은 이사의 직무수행에 관하여 부정행위 또는 법령에 위반되는 중대한 사실을 발견하거나 감사 또는 감사위원회로부터 이러한 사실을 통보받은 경우에는 증권선물위원회에 보고하여야 한다.

3.4 주주총회의 요구가 있을 시 출석의무

주주총회 등에의 출석의무 (외부감사법 제24조)

감사인 또는 그에 소속된 공인회계사는 주주총회 등이 요구하면 주주총회 등에 출석하여 의견을 진술하거나 주주 등의 질문에 답변하여야 한다.

CHAPTER

16

감사인의 자격과 감사품질

SECTION

01 전문가적 적격성

1 전문가적 적격성

전문가적 적격성의 개념 및 단계 (윤리기준 130.1 ~ 2)

공인회계사는 의뢰인이나 고용주에게 적격성을 갖춘 전문서비스를 제공하기에 합당한 수준의 전문적 지식과 기술을 유지해야 한다. 전문가적 적격성은 다음의 두 가지 단계로 구분된다.

① 전문가적 적격성의 습득

② 전문가적 적격성의 유지

2 적격성이 결여된 경우

Q 업무팀이 어떤 업무를 적절하게 수행하기 위해 필요한 적격성을 보유하고 있지 않거나 이러한 적격성을 습득할 수도 없는 상황임에도 불구하고, 해당 업무를 수임한다면, 윤리강령 준수를 방해하는 다양한 위협 중 어느 위협이 발생할 수 있는가?

전문가적 적격성과 정당한 주의 강령의 준수에 대하여 이기적 위협을 야기시킨다. (윤리기준 210.7)

SECTION

02 감사인의 독립성

1 감사업무에 있어서의 독립성

독립성의 정의

독립성이란 감사절차의 수행, 그 결과의 평가 및 감사보고서 작성에까지 모든 감사업무를 수행하는 과정에서 불편 부당한 자세를 유지할 수 있는 것을 말한다.

정신적 독립성과 외관상 독립성의 정의 및 관계 17

정신적(실질적) 독립성	외관상(형식상) 독립성
전문가적 판단을 손상시키는 요인에 영향을 받지 않고 의견을 표명할 수 있는 정신적 상태를 의미하며, 개인으로 하여금 성실하게 행동하고 공정함을 유지하며 전문가적인 의구심을 발휘하도록 한다.	안전장치를 포함한 관련된 모든 정보를 알고 있는 합리적인 제3자가 회계법인 또는 인증업무팀의 구성원의 성실, 공정 및 전문가적 의구심이 손상된 것으로 판단하게 만드는 중요한 사실이나 상황을 회피하는 것을 말한다.

① 본질적으로 정신적 독립성이 외관상 독립성을 능가한다.

② 외관상 독립성이 의심되면 정신적 독립성 여부에 관계없이 감사보고서 신뢰성은 떨어진다.

③ 외관상으로만 독립성이 유지되었다 하여 정신적 독립성이 유지되는 것은 아니다.

④ 외관상 독립성은 감사보고서의 신뢰성을 확보하기 위한 최소한의 전제조건이다.

⑤ 정신적 독립성과 외관상 독립성은 상호보완 관계에 있다.

SECTION

03 독립성과 법률

1 감사인과 회사간 특정 관계가 형성된 경우 업무제한

감사인과 회사간 특정 관계가 형성된 경우 업무제한

25 24 22 21 20 18

공인회계사에게만 적용되는 직무제한 (공인회계사법 제21조)	회계법인에게 적용되는 직무제한 (공인회계사법 제33조)
	(1) 회계법인이 주식을 소유하거나 출자하고 있는 회사
	(2) 회계법인의 사원이 다음의 관계가 있는 회사
① 자기 또는 배우자가 임원이나 그에 준하는 직위(재무책임자 포함)에 있거나, 과거 1년 이내에 그러한 직위에 있었던 자	① 회계법인의 사원 또는 그 배우자가 임원이나 그에 준하는 직위(재무책임자 포함)에 있거나, 과거 1년 이내에 그러한 직위에 있었던 회사
② 자기 또는 배우자(배우자의 경우 재무에 관한 사무를 수행하는 직원으로 한정)가 그 직원이거나 과거 1년 이내에 직원이었던 자	② 회계법인의 사원 또는 그 배우자(배우자의 경우 재무에 관한 사무를 수행하는 직원으로 한정)가 그 직원이거나 과거 1년 이내에 직원이었던 회사
③ 자기 또는 배우자와 뚜렷한 이해관계가 있어서 그 직무를 공정하게 행하는 데 지장이 있다고 인정되는 다음의 자 a. 당해 공인회계사 또는 그 배우자가 주식 또는 출자지분을 소유하고 있는 자(합병 · 상속 또는 소송 등에 따라 비자발적으로 취득한 후 지체 없이 처분한 경우는 제외) b. 공인회계사 또는 그 배우자와 채권 또는 채무관계에 있는 자. 다만, 특정 Grandfathered Loan은 허용된다.	③ 회계법인의 사원 또는 그 배우자와 뚜렷한 이해관계가 있어서 그 직무를 공정하게 행하는 데 지장이 있다고 인정되는 다음의 회사 a. 당해 사원 또는 그 배우자가 주식 또는 출자지분을 소유하고 있는 회사(합병 · 상속 또는 소송 등에 따라 비자발적으로 취득한 후 지체 없이 처분한 경우는 제외) b. 사원 또는 그 배우자와 채권 또는 채무관계에 있는 회사. 다만, 특정 Grandfathered Loan은 허용된다.

c. 당해 공인회계사에게 무상으로 또는 일반적인 거래가격보다 현저히 낮은 대가로 공인회계사 사무소나 영업용 차량을 제공하고 있는 자 d. 당해 공인회계사에게 공인회계사 업무외의 업무로 인하여 계속적인 보수를 지급하거나 기타 경제상의 특별한 이익을 제공하고 있는 자 e. 당해 공인회계사에게 공인회계사 직무를 수행하는 대가로 자기 회사의 주식 · 신주인수권부사채 · 전환사채 또는 주식매수선택권을 제공하였거나 제공하기로 한 자	c. 당해 사원에게 무상으로 또는 일반적인 거래가격보다 현저히 낮은 대가로 공인회계사 사무소나 영업용 차량을 제공하고 있는 자 d. 당해 사원에게 공인회계사 업무외의 업무로 인하여 계속적인 보수를 지급하거나 기타 경제상의 특별한 이익을 제공하고 있는 자 e. 당해 사원에게 공인회계사 직무를 수행하는 대가로 자기 회사의 주식 · 신주인수권부사채 · 전환사채 또는 주식매수선택권을 제공하였거나 제공하기로 한 자
	(3) 회계법인이 뚜렷한 이해관계를 가지고 있거나 과거 1년 이내에 그러한 이해관계를 가지고 있었던 것으로 인정되는 다음의 회사 ① 과거 1년 이내에 자기의 재무제표 등에 대하여 감사 또는 증명업무를 행한 회계법인의 담당사원 또는 그 배우자가 임원이나 그에 준하는 직위(재무책임자 포함)에 있는 회사 ② 회계법인과 1억원 이상의 채권 또는 채무관계에 있는 회사. 다만, 특정 Grandfathered Loan은 허용된다.
	③ 회계법인과 다음의 관계가 있는 회사 c. 당해 회계법인에게 무상으로 또는 일반적인 거래가격보다 현저히 낮은 대가로 공인회계사 사무소나 영업용 차량을 제공하고 있는 회사 d. 당해 회계법인에게 공인회계사 업무외의 업무로 인하여 계속적인 보수를 지급하거나 기타 경제상의 특별한 이익을 제공하고 있는 회사 e. 당해 회계법인에게 공인회계사 직무를 수행하는 대가로 자기 회사의 주식 · 신주인수권부사채 · 전환사채 또는 주식매수선택권을 제공하였거나 제공하기로 한 회사

Grandfathered Loan (공인회계사법 시행령 제14조) 25 24 22 21 18

① 공인회계사의 직무와 직접 관련된 채권

② 「금융소비자 보호에 관한 법률」에 따른 금융상품에 대해 약관에 따라 체결한 계약으로 발생한 채권 또는 채무 중 일부(주). (다만, 정당한 사유 없이 일반적인 거래조건보다 유리하게 체결한 계약이나 「금융산업의 구조개선에 관한 법률」에 따른 적기 시정조치를 받거나 받아야 하는 금융기관과 체결한 계약으로 발생한 채권 또는 채무는 제외한다.)

③ 재무제표를 감사하거나 증명하는 업무를 수행하는 계약을 체결하기 전에 약관에 따라 구입하거나 정상적인 가액으로 구입한 회원권 · 시설물이용권 등 채권

④ 「근로자퇴직급여 보장법」에 따른 퇴직연금 등 채권

⑤ 감사기간 중 합병 · 상속 또는 소송 등에 의하여 비자발적으로 발생된 채권 또는 채무

⑥ ①~⑤의 채권 또는 채무 외의 것으로서 상거래를 위해 약관에 따라 체결된 계약으로 발생한 3천만원 미만의 채권 또는 채무

(주) ① 다음의 채권 또는 채무 중 감사기간 중에 만기를 연장한 계약으로 발생한 채권 또는 채무

가) 주택담보대출 · 예금담보대출 등 일반적인 절차에 따라 담보를 제공하고 성립된 채무

나) 「보험업법」에 따른 보험상품 계약으로 발생한 채권 또는 채무

② 건축물이나 주택의 분양 · 공급 등과 관련하여 「금융회사의 지배구조에 관한 법률」에 따른 금융회사와 일괄적으로 체결한 대출 계약으로 발생한 채무

③ 「여신전문금융업법」에 따른 신용카드 사용에 따른 지급기일이 2개월 이내인 채무 중 연체되지 않은 채무

④ ①~③까지의 채권 또는 채무 외의 것으로서 재무제표를 감사하거나 증명하는 업무를 수행하는 계약을 체결하기 전에 발생한 채권 또는 채무

2 감사와 동시에 제공할 수 없는 비감사서비스

감사와 동시에 수행할 수 없는 비감사서비스 (공인회계사법 제21조) 25 24 23 21 16 13 12

① 회계기록과 재무제표의 작성

② 내부감사업무의 대행

③ 재무정보체제의 구축 또는 운영

④ 자산 · 자본, 그 밖의 권리 등(자산 등)을 매도 또는 매수하기 위한 다음의 업무(부실채권의 회수를 목적으로 한 사항은 제외)

– 자산 등에 대한 실사 · 재무보고 · 가치평가

- 자산 등의 매도 · 매수거래 또는 계약의 타당성에 대한 의견제시

⑤ 인사 및 조직 등에 관한 지원업무

⑥ 재무제표에 계상되는 보험충당부채 금액 산출과 관련되는 보험계리업무

⑦ 민 · 형사 소송에 대한 자문업무

⑧ 자금조달 · 투자 관련 알선 및 중개업무

⑨ 중요한 자산의 처분 및 양도, 지배인의 선임 또는 해임 등 경영에 관한 의사결정으로서 임원이나 이에 준하는 직위의 역할에 해당하는 업무

⑩ 그 밖에 재무제표의 감사 또는 증명업무와 이해상충의 소지가 있는 것으로서 법률에서 정하는 특정 업무

Q. 공인회계사법 제21조에서 규정하는 감사와 동시에 수행할 수 없는 업무 외의 비감사서비스는 '대통령령으로 정하는 절차'를 따른다면 수행이 가능하다. ① '해당 절차'가 무엇인지 서술하고, 이를 통해 해당 업무를 수행한 경우 ② 공인회계사가 추가로 수행해야 할 사항을 서술하시오. (공인회계사법 시행령 제14조)

① 업무를 수행하기 전에 회사의 감사 또는 감사위원회와 그 업무에 대하여 협의하고, 이해상충의 소지가 높은 업무에 대하여는 감사등의 동의를 얻는 절차를 말한다.

② 감사등과의 협의사항 및 감사등의 동의와 관련한 사항을 문서화하여 8년간 보존한다.

공인회계사법 업무제한의 적용 범위 (공인회계사법 제21조) 25 23

감사인	감사의 범위	요구되는 독립성: 공인회계사법에서 금지하는 비감사서비스	요구되는 독립성: 공인회계사법에서 금지하는 관계
그룹감사인(지배회사 감사인)	지배회사의 재무제표 + 그룹재무제표	지배회사 + 모든 종속회사	지배회사
부문감사인(종속회사 감사인) ※ 종속회사란 지배 · 종속관계에 있어 연결재무제표에 포함되는 모든 회사를 말한다.	종속회사의 재무제표	해당 종속회사	해당 종속회사

Q. 감사품질과 관련하여 감사업무와 비감사업무를 동시에 제공하는 것에 대해 찬성하는 입장과 반대하는 입장의 주장에 대한 근거를 서술하시오.

① 찬성입장 : 회사에 대한 이해도가 증가하여 적격성이 증가(적발확률이 증가)한다.

② 반대입장 : 감사의 염가상품화 현상에 의해 투입이 감소하여 적발확률이 감소한다. 또한, 의뢰인에 대한 경제적 종속도가 증가하여 독립성이 감소(보고확률이 감소)한다.

SECTION

04 공인회계사 윤리기준

1 공인회계사 윤리기준의 목적 및 적용범위

Q 한국공인회계사회는 공인회계사가 전문직업인으로서 준수하여야 할 윤리기준을 제정하고 있다. 윤리기준에 명시되어 있는 윤리기준의 목적을 서술하시오. 22

공인회계사로 하여금 그 직무를 높은 수준으로 수행하게 하고 공익에 부합되게 하여, 공인회계사에 대한 사회적 신뢰를 제고함을 목적으로 한다. (윤리기준 100.2)

공인회계사 윤리기준 적용범위 (인증업무 개념체계 보론1)

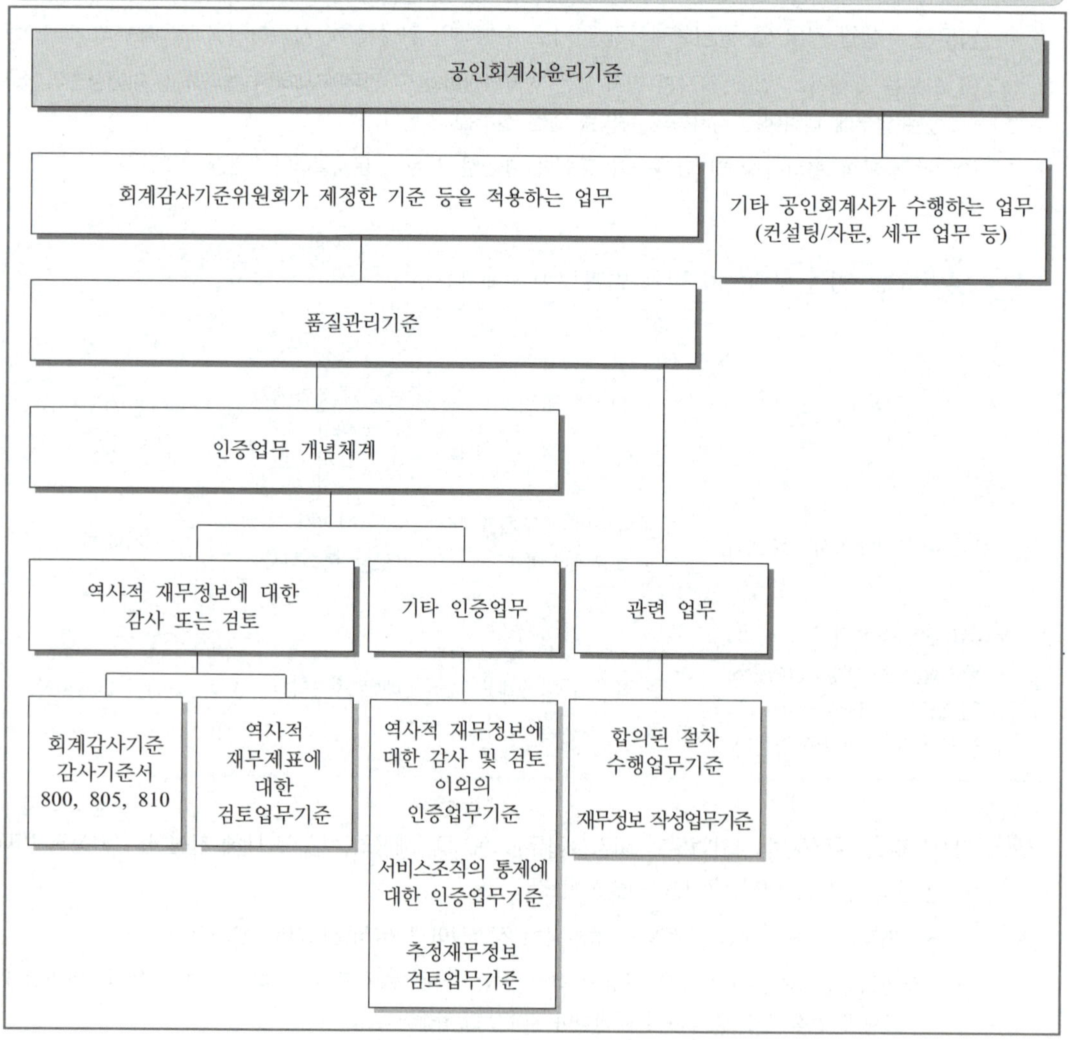

2 윤리강령(Principles of Professional Conduct)

윤리강령 (윤리기준 100.4)

21

윤리강령	내 용
성실(Integrity)	직무를 수행함에 있어서 솔직하고 정직해야 함
공정(Objectivity)	직무를 수행함에 있어 편견이나 이해의 상충 또는 외부의 부당한 영향을 받아서는 안 됨
전문가적 적격성과 정당한 주의 (Competence and Due Care)	• 전문가적 적격성 : 의뢰인이나 자신이 속한 조직이 최신의 업무, 법규 및 기술에 입각하여 적격성을 갖춘 전문서비스(professional service)를 제공받을 수 있도록 전문적 지식과 기법을 지속적으로 유지 • 정당한 주의 : 직무를 수행함에 있어 정당한 주의를 기울여야 하며, 관련 기술적 또는 전문적 기준을 준수
비밀유지(Confidential)	직무수행과정에서 지득한 정보에 대한 비밀을 지켜야 함
전문가적 품위유지 (Maintain Dignity)	• 관련 법규를 준수 • 공인회계사의 품위를 실추시키는 행동 금지

공인회계사가 중개인을 내세우거나 권력의 이용 또는 금전 등의 제공에 의하여 자신에게 업무를 위촉할 것을 강요하거나 수임하는 것과 같은 부당한 방법으로 직무상의 경쟁을 하는 경우, 어떤 윤리강령의 준수에 대한 위협을 받는가?

전문가적 품위유지 (윤리기준 150.3)

3 윤리적 갈등의 해결

윤리적 갈등의 해결 (윤리기준 100.18~21)

21

1단계 : 회계법인 또는 소속기관내의 타구성원에게 도움 요청

⬇

2단계 : 회계법인의 내부감시기구(이사회나 감사위원회)에 자문

갈등과 관련된 사안의 요지, 세부 논의내용 및 사안과 관련된 결정사항 등을 문서화

⬇

3단계 : 한국공인회계사회 또는 법률 전문가에게 조언을 요청

⬇

4단계 : 관계단절

- 업무수행팀, 해당업무에서 철수
- 업무수임 거절
- 회계법인에서 사임

4 주장기준 인증업무와 독립성

주장기준 인증업무와 직접보고 인증업무

구 분	인증대상과 인증대상정보	독립성 요구사항
주장기준 인증업무	인증대상의 평가와 측정은 그 인증대상업무를 수행하는 책임자에 의해 수행되며, 인증대상정보는 인증대상업무를 수행하는 책임자가 의도된 이용자에게 주장하는 형태로 제공된다.	인증업무팀의 구성원과 회계법인은 인증의뢰인으로부터 독립적이어야 한다.
직접보고 인증업무	개업공인회계사가 인증대상을 직접 평가하고 측정하거나, 평가와 측정을 수행한 책임자로부터 확인서를 징구하는데, 그러한 확인서는 의도된 이용자에게 공개되지 않는다. 인증대상정보는 인증업무보고서의 일부로서 의도된 이용자에게 제공된다.	인증업무팀의 구성원과 회계법인은 인증의뢰인(인증대상업무 책임자)으로부터 독립적이어야 한다.

Q. 재무제표감사 외의 대부분의 주장기준 인증업무에서는 인증대상업무 책임자가 인증대상정보와 인증대상 모두에 대하여 책임을 진다. 만일, 환경전문가가 의도된 이용자에게 배포할 목적으로 기업의 지속가능성실무에 대한 보고서를 작성하고 개업공인회계사가 이 보고서에 대한 인증업무를 수행하는 경우, 인증대상정보와 인증대상에 대한 책임은 누구에게 있는가?

① 인증대상정보에 대한 책임 : 환경전문가

② 인증대상(지속가능성실무)에 대한 책임 : 기업

5 독립성이 훼손되었을 경우 감사인의 대응조치

독립성이 훼손되었을 경우 감사인의 대응조치 22

감사단계	적절한 대응
(1) 감사계약 체결 전	해당 감사계약을 수임하지 않아야 함
(2) 감사계약 후	다음 단계별로 대응 단계 1 : 안전장치를 적용함으로써 해당 위협을 제거하거나 수용가능한 수준으로 감소시키는 적합한 조치를 취함 ➡ 감사업무 계속 단계 2 : 적합하다고 판단되고 법규상 해지가 가능한 경우, 감사계약을 해지함 ➡ 감사업무 중단 단계 3 : 해당 위협을 제거하거나 수용가능한 수준으로 감소시킬 수도 없고 + 법규상 감사계약 해지도 불가능한 경우 감사보고서에 의견거절함

6 독립성을 훼손하는 위협

윤리강령 준수에 대한 5가지 위협 (윤리기준 200.3) 19

위협의 분류	개 념
① 이기적위협 (self-interest threat)	공인회계사 본인, 그의 직계가족 또는 측근가족이 재무적 또는 기타 이해관계가 있을 경우에 발생
② 자기검토위협 (self-review threat)	공인회계사가 과거에 본인이 판단한 사항에 대하여 검토를 수행하는 경우에 발생
③ 변호위협 (advocacy threat)	공인회계사가 공정성이 손상될 수 있을 정도로 어떤 입장이나 의견을 옹호하는 경우에 발생
④ 유착위협 (familiarity threat)	공인회계사가 밀접한 관계로 인하여 타인의 이익에 지나치게 동정적인 경우에 발생
⑤ 압력위협 (intimidation threat)	공인회계사가 현실적 또는 잠재적인 협박의 가능성 때문에 공정하지 못하게 되는 경우에 발생

6.1 재무적 이해관계

1) 모든 인증의뢰인에 대하여 적용되는 규정

인증업무팀원이나 그 직계가족이 직접적 재무적 이해관계 또는 중요한 간접적 재무적 이해관계 (윤리기준 290.106)	이기적 위협
	다음의 안전장치 후 수임 가능 ① 직접적 이해관계 : 개인이 인증업무팀 구성원이 되기 이전에 청산 ② 중요한 간접적 재무적 이해관계 : 전부 청산하거나 간접적인 재무적 이해관계가 더 이상 중요하지 않게 충분히 청산 ③ 재무적 이해관계를 가지고 있는 구성원을 당해 인증업무에서 제외

인증업무팀원이나 그 직계가족이 상속, 증여, 합병으로 인하여 인증의뢰인과 직접적 재무적 이해관계 또는 중요한 간접적 재무적 이해관계 (윤리기준 290.107)	이기적 위협
	다음의 안전장치 후 수임 가능 ① 감사위원회 등 인증의뢰인의 내부감시기구와 논의 ② 해당 구성원이 수행한 업무 검토하거나, 필요한 경우 조언을 제공해 줄 공인회계사 추가투입 ③ 가능한 빠른 시일 내에 이해관계 청산 ④ 재무적 이해관계를 가지고 있는 구성원을 당해 인증업무에서 제외
⇔ 공인회계사법 제21조 : 자기 또는 배우자가 주식 또는 출자지분을 소유하고 있는 공인회계사는 재무제표 감사업무 수행 금지(합병, 상속, 소송 등에 따라 주식 또는 출자지분을 비자발적으로 취득한 후 지체 없이 처분한 경우 제외)	

인증업무팀원의 측근가족이 직접적 재무적 이해관계 또는 중요한 간접적 재무적 이해관계 (윤리기준 290.108)	이기적 위협
	다음의 안전장치 후 수임 가능 ① 재무적 이해관계 청산 ② 감사위원회 등 내부감시기구와 논의 ③ 해당 구성원이 수행한 업무 검토하거나, 필요한 경우 조언을 제공해 줄 공인회계사 추가투입 ④ 해당 구성원을 당해 인증업무에서 제외

인증업무팀원이 아닌 개인*과 그 직계가족 및 측근가족이 직접적 재무적 이해관계 또는 중요한 간접적 재무적 이해관계 (윤리기준 290.110)	이기적 위협 다음의 안전장치 후 수임 가능 ① 가능한 경우 이러한 이해관계를 금지하는 정책 마련 ② 감사위원회 등 인증의뢰인의 내부감시기구와 논의 ③ 해당 구성원이 수행한 업무 검토하거나, 필요한 경우 조언을 제공해 줄 공인회계사 추가투입
⇔ 공인회계사법 제33조 : 회계법인의 사원 또는 사원의 배우자가 뚜렷한 이해관계가 있는 회사의 재무제표 감사업무 수임 불가	

* 인증업무팀원이 아닌 파트너, 인증의뢰인에게 비인증업무를 제공하는 파트너와 관리자급 직원, 인증업무팀의 구성원과 친밀한 개인적 관계를 가지고 있는 개인

인증의뢰인과의 재무적 이해관계와 관련하여 고의성 없는 독립성 위배 (윤리기준 290.111~112)	다음의 안전장치 후 수임 가능 ① 회계법인 내의 모든 구성원이 고의성 없는 독립성 위배 발생사실을 신속하게 회계법인에 보고하는 정책과 절차 마련 ② 회계법인등이 해당 구성원에게 재무적 이해관계를 청산해야 한다는 점을 신속하게 통지 ③ 해당 구성원을 인증업무팀에서 즉시 제외 + 빠른 시일 내에 재무적 이해관계 청산 ④ 해당 구성원이 수행한 업무 검토하거나, 필요한 경우 조언을 제공해 줄 공인회계사 추가투입 ⑤ 해당 구성원을 인증업무와 관련된 실질적인 의사결정에서 제외

2) 재무제표감사의뢰인에 대하여 적용되는 규정

회계법인등이 재무제표감사의뢰인 또는 재무제표감사의뢰인과 지배력을 가지고 있는 자와 직접적 재무적 이해관계 또는 중요한 간접적 재무적 이해관계 (윤리기준 290.113~115) 20	이기적 위협 다음의 대책* 이외에는 수임 불가능 (1) 직접적 이해관계 : 해당 재무적 이해관계 청산 (2) 중요한 간접적 재무적 이해관계 : 간접적인 재무적 이해관계가 더 이상 중요하지 않게 충분히 청산

* 윤리기준은 동 위협을 수용가능한 수준 이하로 감소시킬 수 있는 안전장치는 없으며, 유일한 대책이라는 표현을 사용함

<table>
<tr><td rowspan="2">업무담당파트너가 속해 있는 사무소의 다른 파트너들 또는 그 직계가족 또는 의뢰인에게 명백하게 경미하지 않은 비인증업무를 제공하는 다른 파트너 또는 관리자급 직원이나 그 직계가족이 재무제표감사의뢰인과 직접적 재무적 이해관계 또는 중요한 간접적 재무적 이해관계 (윤리기준 290.117, 119) 22</td><td>이기적 위협</td></tr>
<tr><td>수임 불가능
(예외적으로 직계가족이 고용상의 권리(연금권, 주식선택권)에 의해 재무적 이해관계를 가지는 경우, 안전장치 후 수임 가능)</td></tr>
</table>

<table>
<tr><td rowspan="2">회계법인등 또는 인증업무팀원이 이해관계를 가지고 있는 회사에 의뢰인, 임원 또는 지배주주가 투자(공동의 재무적 이해관계) (윤리기준 290.121)</td><td>이기적 위협</td></tr>
<tr><td>(1) 회계법인등의 이해관계와 의뢰인등의 이해관계가 모두 중요하지 않고, 의뢰인이 당해 회사에 심각한 영향력을 행사할 수 없는 경우 : 수임 가능
(2) 회계법인등에게 이해관계가 중요하고 의뢰인이 당해 회사에 심각한 영향력을 행사할 수 있는 경우 : 이해관계 청산 or 계약 해지 외에는 수임 불가능</td></tr>
</table>

3) 대출과 보증

<table>
<tr><td rowspan="2">회계법인이 은행 등의 금융기관인 인증의뢰인으로부터 대출이나 대출에 대한 보증을 받은 경우 (윤리기준 290.126)</td><td>이기적 위협</td></tr>
<tr><td>(1) 대출이나 보증이 인증의뢰인이나 회계법인 모두에게 중요하지 않은 경우 : 수임 가능
(2) 대출이나 보증이 인증의뢰인이나 회계법인에게 중요한 경우 : 안전장치 후 수임 가능</td></tr>
<tr><td colspan="2">⇔ 공인회계사법 제21조 : 회계법인은 특정 Grandfathered Loan을 제외하고는 1억 원 이상의 채권 또는 채무관계 금지</td></tr>
</table>

<table>
<tr><td rowspan="2">인증업무팀원 또는 직계가족이 은행 등의 금융기관인 인증의뢰인으로부터 대출이나 보증을 받은 경우 (윤리기준 290.127)</td><td>이기적 위협</td></tr>
<tr><td>정상적인 절차와 조건에 따라 이루어진 경우 : 독립성 유지(주택담보대출, 당좌차월, 자동차대출 및 신용카드대출)</td></tr>
<tr><td colspan="2">⇔ 공인회계사법 제21조 : 회계사와 그 배우자는 특정 Grandfathered Loan을 제외하고는 채권 또는 채무관계 금지</td></tr>
</table>

<table>
<tr><td rowspan="2">회계법인이나 인증업무팀원이 금융기관이 아닌 인증의뢰인에게 대출이나 차입에 대한 보증을 제공받거나 제공한 경우 (윤리기준 290.129~130)</td><td>이기적 위협</td></tr>
<tr><td>(1) 모두에게 중요하지 않은 경우 : 안전장치 후 수임 가능
(2) 이외의 경우 : 안전장치 없이 수임 불가능</td></tr>
</table>

6.2 인증의뢰인과 친밀한 사업관계

회계법인이나 인증업무팀원과 인증의뢰인이나 그 경영자간에 형성된 친밀한 사업관계 (공동투자관계, 상호상품 결합판매, 상호마케팅) (윤리기준 290.132) 24 16	이기적 위협, 압력위협 (1) 재무적 이해관계가 모두에게 중요하지 않고 그 관계가 명백하게 경미한 경우 : 수임 가능 (2) 이외의 경우 : 다음이 유일한 일련의 조치 ① 해당 사업관계 종료 ② 이해관계가 중요하지 않고 명백하게 경미한 관계가 되도록 금액 감소 ③ 해당 인증업무 수행 거절(해당 구성원을 인증업무팀에서 제외)

회계법인 또는 인증업무팀원이 인증의뢰인으로부터 상품과 서비스를 구입하는 경우 (윤리기준 290.134)	이기적 위협 (1) 해당 거래가 정상적인 과정에서 공정하게 이루어지는 경우 : 수임 가능 (2) 거래의 성격이나 중요성에 따라 위협이 명백하게 경미한 경우 외 : 다음의 안전장치 후 수임 가능 ① 거래를 제거하거나 거래금액을 감소시킴 ② 해당 개인을 인증업무팀에서 제외 ③ 감사위원회 등 내부감시기구와 논의

6.3 고용관계

1) 가족관계 및 개인적 관계

인증업무팀원의 직계가족이 인증의뢰인의 임직원으로서, 인증대상정보에 직접적이고 심각한 영향을 미칠 수 있는 직위에 있거나 (과거에) 있었던 경우 (윤리기준 290.136)	이기적 위협, 유착위협, 압력위협 선택지는 다음으로 한정 (1) 해당 개인을 인증업무팀에서 제외 후 수임 가능 (2) 해당 인증업무를 해지
⇔ 공인회계사법 제21조 : 회계사의 배우자가 임원 또는 직원(배우자는 재무직원 한정)에 있거나, 과거 1년 이내에 그러한 직위에 있었던 경우, 해당 공인회계사는 감사업무 참여 불가	

<table>
<tr><td rowspan="2">인증업무팀원의 직계가족이 인증의뢰인의 직원으로서, 인증대상에 직접적이고 심각한 영향을 미칠 수 있는 직위에 있는 경우 (윤리기준 290.137)</td><td>이기적 위협, 유착위협, 압력위협</td></tr>
<tr><td>직계가족의 직위, 구성원의 역할 등 위협의 심각성을 평가
➡ 위협이 명백하게 경미한 경우 외에는 안전장치 후 수임 가능
① 해당 개인을 인증업무팀에서 제외
② 구성원이 직계가족의 책임 하에 있는 사항들을 다루지 않도록 역할과 책임을 조정
③ 구성원이 독립성 관련 문제를 회계법인 내의 상급자에게 전달하도록 하는 정책과 절차를 마련</td></tr>
<tr><td colspan="2">⇔ 공인회계사법 제21조 : 회계사의 배우자가 임원 또는 직원(배우자는 재무직원 한정)에 있거나, 과거 1년 이내에 그러한 직위에 있었던 경우, 해당 공인회계사는 감사업무 참여 불가</td></tr>
</table>

<table>
<tr><td rowspan="2">인증업무팀원의 측근가족이 인증의뢰인의 임직원으로서, 인증대상정보에 직접적이고 심각한 영향을 미칠 수 있는 직위에 있는 경우 (윤리기준 290.138) 25</td><td>이기적 위협, 유착위협, 압력위협</td></tr>
<tr><td>직계가족의 직위, 구성원의 역할 등 위협의 심각성을 평가
➡ 위협이 명백하게 경미한 경우 외에는 안전장치 후 수임 가능
① 해당 개인을 인증업무팀에서 제외
② 구성원이 직계가족의 책임 하에 있는 사항들을 다루지 않도록 역할과 책임을 조정
③ 구성원이 독립성 관련 문제를 회계법인 내의 상급자에게 전달하도록 하는 정책과 절차를 마련</td></tr>
</table>

<table>
<tr><td rowspan="2">인증업무팀원과 친밀한 관계에 있는 자가 인증의뢰인의 임직원으로서 인증대상정보에 직접적이고 심각한 영향을 미칠 수 있는 직위에 있는 경우 (윤리기준 290.139)</td><td>이기적 위협, 유착위협, 압력위협</td></tr>
<tr><td>해당 관계의 친밀도, 인증의뢰인 내에서 해당 개인의 역할 등 위협의 심각성을 평가 ➡ 위협이 명백하게 경미한 경우 외에는 안전장치 후 수임 가능</td></tr>
</table>

<table>
<tr><td rowspan="2">인증업무팀원이 아닌 파트너 또는 직원의 가족관계 및 개인적 관계에 있는 자가 인증의뢰인의 임직원으로서, 인증대상정보에 직접적이고 심각한 영향을 미칠 수 있는 직위에 있는 경우
(윤리기준 290.140) 16</td><td>이기적 위협, 유착위협, 압력위협</td></tr>
<tr><td>해당 관계의 친밀도, 파트너 또는 직원과 인증업무팀의 상호작용, 인증의뢰인 내에서 해당 개인의 역할 등 위협의 심각성을 평가 ➡ 위협이 명백하게 경미한 경우 외에는 안전장치 후 수임 가능</td></tr>
<tr><td colspan="2">⇔ 공인회계사법 제33조 : 회계법인의 사원이 임직원이거나 (과거 1년 이내)이었던 경우, 사원의 배우자가 임원 또는 재무직원이거나 (과거 1년 이내)이었던 경우 감사업무 수임 불가</td></tr>
</table>

<table>
<tr><td rowspan="2">가족관계 및 개인적 관계와 관련하여 고의성이 없는 독립성 위배가 발생한 경우 (윤리기준 290.141)</td><td>이기적 위협, 유착위협, 압력위협</td></tr>
<tr><td>다음의 내용을 모두 충족시키는 경우 독립성이 손상되지 않음
① 회계법인 내 모든 구성원이 이 사실을 신속하게 회계법인에 보고하는 정책과 절차 수립
② 인증업무팀의 역할과 책임을 조정(불가능한 경우 업무팀원을 즉시 제외)
③ 해당 구성원이 수행한 업무를 추가적으로 검토</td></tr>
<tr><td colspan="2">⇔ 공인회계사법 : 고의성 없는 고용관계에 대한 예외 규정 없음</td></tr>
</table>

2) 의뢰인과의 고용관계

<table>
<tr><td rowspan="2">과거 인증업무팀원 또는 회계법인의 파트너(이전에 재직했던 파트너 포함)가 현재는 인증의뢰인에게 고용된 경우
(윤리기준 290.144)</td><td>이기적 위협, 유착위협, 압력위협</td></tr>
<tr><td>인증의뢰인에서의 직위, 관여 정도, 경과 기간, 회계법인에 소속되어 있을 때의 직위 등 위협의 심각성을 평가 ➡ 위협이 명백하게 경미한 경우 외에는 안전장치 후 수임 가능 (①, ②는 필수 안전장치)
① 해당 개인은 확정된 금액(퇴직연금 등) 이외에 회계법인으로부터 어떠한 이익이나 보수를 받아서는 아니 됨(예, 배당이나 상여) + 회계법인이 지급할 금액이 독립성을 위협할 정도로 심각해선 안 됨
② 해당 개인은 실제적으로나 외관상 회계법인의 사업이나 전문가적 활동에 계속 참여하여서는 안 됨
③ 해당 인증업무 계획 수정의 적절성이나 필요성을 고려함
④ 경험이 충분히 있는 인증업무팀을 배정함
⑤ 공인회계사를 추가로 투입하여 수행한 업무를 검토하거나 조언을 제공함
⑥ 품질관리검토를 실시함</td></tr>
<tr><td colspan="2">⇔ 공인회계사법 제33조 : 회계법인은 과거 1년 이내에 재무제표를 감사한 회계법인의 담당사원 또는 그 배우자가 임원이나 그에 준하는 직위에 있는 회사에 대한 감사업무 수임 불가</td></tr>
</table>

<table>
<tr><td rowspan="2">현재 인증업무팀원이 장래에 인증의뢰인에게 고용될 것을 알고 있거나 이를 믿을 만한 근거가 있는 경우 (윤리기준 290.145) 21</td><td>이기적 위협</td></tr>
<tr><td>다음의 안전장치 후 수임 가능 (①, ②는 필수 안전장치)
① 개인에게 이러한 사실을 회계법인에게 통보하도록 요구하는 정책과 절차
② 해당 개인을 인증업무에서 제외시킴
③ 해당 개인이 업무수행기간동안 행한 중요한 판단에 대하여 독립적인 검토를 수행할 것을 고려</td></tr>
</table>

3) 인증의뢰인과 고용관계에 있던 자가 인증업무팀의 구성원이 된 경우

<table>
<tr><td rowspan="2">인증의뢰인의 임직원이었던 자가 인증업무팀 구성원이 되는 경우 (윤리기준 290.147~148)</td><td>이기적 위협, 자기검토위협, 유착위협</td></tr>
<tr><td>(1) 인증업무의 보고대상기간 동안에 임직원으로서, 인증대상정보에 직접적이고 심각한 영향을 미치는 직위에 재직하였던 경우 : 수임 불가능 (즉, 해당 개인을 인증업무팀에서 제외)
(2) 인증업무의 보고대상기간 이전에 임직원으로서, 인증대상정보에 직접적이고 심각한 영향을 미치는 직위에 재직하였던 경우 : 인증의뢰인에서의 직위, 퇴직한 이후 경과 기간, 인증업무팀에서 역할 등 위협의 심각성을 평가 ➡ 위협이 명백하게 경미한 경우 외에는 안전장치 후 수임 가능
① 공인회계사를 추가로 투입하여 수행한 업무를 검토하거나 조언을 제공함
② 감사위원회 등 내부감시기구와 논의함</td></tr>
<tr><td colspan="2">⇔ 공인회계사법 : 공인회계사 본인 또는 배우자가 과거 1년 이내에 임원인 경우 및 과거 1년 이내에 직원(배우자의 경우 재무직원)인 경우 감사업무 참여 불가. 해당 공인회계사가 사원인 경우 회계법인도 감사업무 수임 불가</td></tr>
</table>

4) 인증의뢰인의 임원으로 근무하는 경우

<table>
<tr><td rowspan="2">회계법인의 파트너나 직원이 인증의뢰인의 임원으로 근무하는 경우 (윤리기준 290.149) 23</td><td>이기적 위협, 자기검토위협</td></tr>
<tr><td>수임 불가능 (즉, 인증업무의 수행을 거절하거나 인증업무계약을 해지)</td></tr>
<tr><td colspan="2">⇔ 공인회계사법 : 공인회계사 본인 또는 배우자가 현재 임원인 경우 및 직원(배우자의 경우 재무직원)인 경우 감사업무 참여 불가. 해당 공인회계사가 사원인 경우 회계법인도 감사업무 수임 불가</td></tr>
</table>

<table>
<tr><td rowspan="2">회계법인의 파트너나 직원이 재무제표감사의뢰인의 회사사무관리업무*를 수행하는 경우
(윤리기준 290.150~151)</td><td>자기검토위협, 변호위협</td></tr>
<tr><td>수임 불가능 (단, 의사록의 작성과 법적 문서의 유지와 같은 일상적이고 형식적인 행정업무는 가능)</td></tr>
</table>

* 회사사무관리업무 : 인사관리와 기록 및 등기사항의 유지와 같은 행정업무, 기업의 규정 준수확인, 내부감시기구 자문업무

6.4 장기간 업무수임관계

1) 장기간 업무수임관계 관련 일반사항

<table>
<tr><td rowspan="2">동일한 고위구성원을 인증업무에 장기간 배정하는 경우
(윤리기준 290.153)</td><td>유착위협</td></tr>
<tr><td>업무수행 기간, 역할, 회계법인의 조직구조, 인증업무의 성격 등 위협의 심각성을 평가 ➟ 위협이 명백하게 경미한 경우 외에는 안전장치 후 수임 가능
① 인증업무팀에서 해당 고위구성원을 교체함
② 공인회계사를 추가로 투입하여 수행한 업무를 검토하거나 조언을 제공함
③ 독립적인 내부 품질검토를 실시함</td></tr>
<tr><td colspan="2">⇔ 외부감사법 제9조 : 회계법인인 감사인은 동일한 이사에게 연속하는 6개 사업연도(주 · 대 · 금의 경우에는 4개 사업연도)에 대한 감사업무 금지 + 외부감사법 제11조 : 회사(주권상장법인 등)가 연속하는 6개 사업연도에 대하여 감사인을 선임한 경우 증권선물위원회가 지정</td></tr>
</table>

2) 재무제표감사의뢰인이 상장회사인 경우

<table>
<tr><td rowspan="2">동일한 업무담당파트너 또는 품질관리검토책임자를 상당기간 계속 배정하는 경우
(윤리기준 290.154)</td><td>유착위협</td></tr>
<tr><td>다음 안전장치 후 수임 가능
① 업무담당파트너와 품질관리검토책임자는 합하여 7년 이하의 수행기간이 경과한 후에는 교체하여야 함
② 교체된 업무담당파트너와 품질관리검토책임자는 교체된 때로부터 2년 동안 감사업무에 참여해서는 안 됨</td></tr>
<tr><td colspan="2">⇔ 외부감사법 제9조 : 회계법인인 감사인은 동일한 이사에게 연속하는 6개 사업연도(주 · 대 · 금의 경우에는 4개 사업연도)에 대한 감사업무 금지 + 외부감사법 제11조 : 회사(주권상장법인 등)가 연속하는 6개 사업연도에 대하여 감사인을 선임한 경우 증권선물위원회가 지정</td></tr>
</table>

6.5 보수와 보수의 산정

1) 보수의 상대적 크기

특정 인증의뢰인에 대한 보수총액이 회계법인 보수총액의 상당한 부분을 차지하는 경우 (윤리기준 290.206) 24 17	이기적 위협
	회계법인의 조직구조, 조직화, 신규설립 여부 등 위협의 심각성을 평가 ➟ 위협이 명백하게 경미한 경우 외에는 안전장치 후 수임 가능 ① 감사위원회 등 내부감시기구와 보수의 범위와 성격에 관하여 논의함 ② 의뢰인에 대한 수임의존도를 줄이기 위한 조치를 취함 ③ 외부의 품질관리검토를 받음 ④ 해당 감독기관 또는 다른 공인회계사 등 제3자로부터 자문을 받음

특정 인증의뢰인에 대한 보수가 개인 파트너 수입액의 상당한 부분을 차지하는 경우 (윤리기준 290.207)	이기적 위협
	위협의 심각성을 평가 ➟ 위협이 명백하게 경미한 경우 외에는 안전장치 후 수임 가능 ① 인증업무에 대한 품질관리를 모니터링하고 실행하기 위한 정책과 절차 ② 공인회계사를 추가로 투입하여 수행한 업무를 검토하거나 조언을 제공함

2) 연체된 보수

전문서비스를 제공한 대가로 인증의뢰인에게 청구한 보수의 상당액이 차기연도의 인증보고서가 발행되기 전까지 회수되지 않은 경우 (윤리기준 290.208) 11	이기적 위협
	(1) 일반적으로 이러한 보수는 차기연도의 인증보고서 발행 전 회수 (2) 다음의 안전장치 후 수임 가능 ① 감사위원회 등 내부감시기구와 연체보수의 규모에 관하여 논의함 ② 공인회계사를 추가로 투입하여 수행한 업무를 검토하거나 조언을 제공함 (3) 다음을 고려하여 재선임되는 것이 적절한지 여부 판단 ① 연체보수가 의뢰인에 대한 대출에 상응한 것으로 간주될 수 있는지 여부 ② 연체보수의 심각성(중요성)

3) 보수의 산정(현저히 낮은 보수)

회계법인이 전임회계법인의 보수 또는 다른 회계법인의 제안보수보다 상당히 더 낮은 금액의 보수로 인증업무를 수임하는 경우 (윤리기준 290.209) 23 19 17 14	이기적 위협
	다음의 안전장치 후 수임가능 ① 적절한 시간의 투입과 자질있는 구성원을 해당 업무에 배정함을 입증함 ② 인증업무와 관련된 모든 기준, 지침 및 품질관리절차의 준수를 입증함

4) 성공보수

회계법인이 인증업무와 관련하여 성공보수를 지급받기로 하는 경우 (윤리기준 290.211) 15 12	이기적 위협, 변호위협
	수임 불가능

회계법인이 인증의뢰인에게 제공하는 비인증업무와 관련하여 성공보수를 지급받기로 하는 경우 (윤리기준 290.212) 25 23	이기적 위협, 변호위협
	보수의 범위, 산정근거, 변동의 정도, 결과를 제3자가 검토하였는지 여부, 인증업무에 미치는 효과 등 위협의 심각성을 평가 ➡ 위협이 명백하게 경미한 경우 외에는 안전장치 후 수임 가능 ① 보수의 성격과 범위를 감사위원회 등 내부감시기구에 보고 ② 독립된 제3자에 의한 최종보수의 검토 또는 결정 ③ 품질관리 정책과 절차

6.6 선물과 접대

회계법인이나 인증업무팀원이 인증의뢰인으로부터 선물이나 접대를 받은 경우 (윤리기준 290.213)	이기적 위협, 유착위협
	가치가 명백하게 경미한 경우 외에는 수임 불가능

6.7 소송 또는 소송발생 위협

회계법인이나 인증업무팀원과 인증의뢰인 간에 소송이 제기되거나 제기될 것으로 판단되는 경우 (윤리기준 290.214)	이기적 위협, 압력위협
	소송의 중요성, 인증업무의 성격 등 위협의 심각성을 평가 ➡ 안전장치 후 수임 가능 ① 소송의 성격과 범위를 내부감시기구에 보고 ② 소송에 연루된 인증업무팀원을 인증업무팀에서 제외 ③ 공인회계사를 추가로 투입하여 수행한 업무를 검토하거나 조언을 제공함

6.8 비인증업무의 제공

1) 경영진 책임 역할

(1) 거래 승인, 실행, 완결하는 행위 또는 의뢰인을 대신해서 권한을 행사	이기적 위협, 자기검토위협
(2) 회계법인의 권고사항 중 특정사항을 이행해야 한다고 결정해주는 행위 (3) 감사위원회 등 내부감시기구에 경영자의 역할로 보고하는 행위 (윤리기준 290.159)	독립성에 매우 심각한 영향을 미치므로 수임 불가능

2) 이기적 위협과 자기검토위협을 발생시키는 주요 비인증업무(사실상 경영진 책임 역할)

(1) 인증의뢰인의 자산을 보관하는 경우	이기적 위협, 자기검토위협
(2) 인증의뢰인 직원의 경상적인 활동성과를 감독하는 경우 (3) 거래의 발생을 입증할 수 있는 전자문서 또는 다른 형태의 증빙서류나 원시자료를 작성하는 행위 (윤리기준 290.161)	위협의 심각성을 평가 ➡ 위협이 명백하게 경미한 경우 외에는 안전장치 후 수임 가능 ① 비인증업무 구성원이 인증업무에 참여하지 않도록 업무 배정을 조정함 ② 공인회계사를 추가로 투입하여 수행한 업무를 검토하거나 조언을 제공함 ③ 기타 법규상의 관련 안전장치를 적용함
⇔ 공인회계사법 제21조 및 제33조 : 회계법인은 재무제표감사 대상회사의 회계기록과 재무제표의 작성 금지 / 외부감사법 시행령 제8조 : 회사의 재무제표 작성과 관련된 자문 금지	

3) 가치평가 업무

재무제표감사의뢰인에게 제공한 가치평가업무의 결과가 당해 재무제표감사의뢰인의 재무제표에 반영되는 경우 (윤리기준 290.174~177) 23	자기검토위협
	(1) 중요한 사항 + 상당한 정도의 주관성이 개입되는 매도목적의 가치평가 : 수임 불가능 (2) 중요하지 않거나 상당한 정도의 주관성이 개입되지 않은 가치평가업무 : 안전장치 후 수임 가능 ① 공인회계사를 추가로 투입하여 수행한 업무를 검토하거나 조언을 제공함 ② 가치평가에 사용되는 가정과 방법을 이해하였음으로 확인하고, 사용에 대해 의뢰인의 승인을 받음 ③ 업무결과 책임이 의뢰인에게 있음을 인정하는 확인서를 입수함 ④ 업무제공자가 감사업무에 참여하지 않도록 업무배정을 조정함
⇔ 공인회계사법 제21조 제2항제4호 : 자산 · 자본, 그 밖의 권리 등을 매도 또는 매수하기 위한 가치평가 금지 / 공인회계사법 제21조 제2항제1호 : 재무제표 작성 과정의 가치평가 금지 / 외부감사법 시행령 제8조 : 재무제표 작성에 필요한 계산 및 회계처리방법의 결정에 관여하는 행위 금지	

재무제표감사의뢰인에게 세무목적의 가치평가업무를 제공하는 경우 (윤리기준 290.178)	수임 가능 (세무신고서의 작성, 세액 산정 또는 세무계획수립 목적의 가치평가는 일반적으로 세무당국 등의 검토를 받음)

4) 세무업무

재무제표감사의뢰인에게 세무업무를 제공하는 경우 (윤리기준 290.180)	수임 가능 (세무규정의 준수, 세무계획의 수립, 공식적인 세무의견의 제공 및 세금분쟁 해결의 지원 등 광범위한 업무)

5) 내부감사업무

(1) 회계법인의 감사업무를 회계감사기준의 요구사항 이상으로 확대하는 업무 (2) 의뢰인의 내부감사활동을 지원하는 업무 (3) 의뢰인의 내부감사활동을 아웃소싱하는 업무 (윤리기준 290.181~185)	자기검토위협 안전장치 후 수임 가능
⇔ 공인회계사법 제21조 : 감사계약 체결 기간 중 내부감사업무 대행 금지	

6) IT시스템 업무

회계법인등이 재무제표감사의뢰인 재무제표의 일부 정보를 산출하는 재무정보기술시스템의 설계 및 구축업무를 제공하는 경우 (윤리기준 290.187~191) 21	자기검토위협 안전장치 후 수임 가능
⇔ 공인회계사법 제21조 : 감사계약 체결 기간 중에는 재무정보체제의 구축 및 운영 금지	

7) 직원 파견

회계법인등이 재무제표감사의뢰인의 회계 또는 재무제표 작성에 영향을 미치는 직위에 직원을 파견하는 경우 (윤리기준 290.192)	자기검토위협 안전장치 후 수임 가능
⇔ 공인회계사법 제21조 : 감사업무팀원인 공인회계사나 회계법인의 사원이 회사의 임직원인 경우 감사업무 수행 금지 / 공인회계사법 제21조 제2항제1호 : 회계기록과 재무제표의 작성 금지 / 공인회계사법 제21조 제2항제5호 : 인사 및 조직 등에 관한 지원업무 금지	

8) 소송지원 서비스

<table>
<tr><td rowspan="2">소송지원서비스의 일환으로 제공된 추정치가 재무제표에 반영되는 금액이나 공시에 영향을 주는 경우 (윤리기준 290.194~195)</td><td>자기검토위협</td></tr>
<tr><td>(1) 의뢰인을 대신하여 경영의사결정을 하는 것은 금지
(2) 안전장치 후 수임 가능</td></tr>
<tr><td colspan="2">⇔ 공인회계사법 제21조 : 민 · 형사 소송에 대한 자문 업무 금지</td></tr>
</table>

9) 법률 서비스

<table>
<tr><td rowspan="2">회계법인등이 재무제표감사의뢰인인 기업에게 법률서비스(계약에 대한 지원, 소송, 인수합병에 대한 자문과 지원, 의뢰인의 내부 법률부서에 대한 지원 등)를 제공하는 경우 (윤리기준 290.196)</td><td>자기검토위협, 변호위협</td></tr>
<tr><td>안전장치 후 수임 가능</td></tr>
<tr><td colspan="2">⇔ 공인회계사법 제21조 : 민 · 형사 소송에 대한 자문 업무에 해당되는 경우 금지</td></tr>
</table>

<table>
<tr><td rowspan="2">재무제표감사의뢰인에게 거래의 집행에 관한 법률서비스(계약에 대한 지원, 법률자문, 법적 실사 및 구조조정 등)를 제공하는 경우 (윤리기준 290.199)</td><td>자기검토위협</td></tr>
<tr><td>다음 안전장치 후 수임 가능
① 해당 서비스 제공 시 인증업무팀원이 참여하지 않음
② 재무제표감사의뢰인이 궁극적인 의사결정을 함</td></tr>
<tr><td colspan="2">⇔ 공인회계사법 제21조 : 민 · 형사 소송에 대한 자문 업무에 해당되는 경우 금지</td></tr>
</table>

<table>
<tr><td rowspan="2">재무제표상 관련된 금액에 대한 분쟁이나 소송 관련 변호업무를 제공하는 경우
(윤리기준 290.200~201)</td><td>자기검토위협, 변호위협</td></tr>
<tr><td>(1) 중요한 금액 : 독립성에 매우 심각한 영향을 미치므로 수임 불가능
(2) 중요하지 않은 금액 : 위협이 명백하게 경미한 경우 외에는 안전장치 후 수임 가능
① 의뢰인을 대신하여 경영의사결정을 하는 행위를 금지하는 정책과 절차
② 인증업무팀 외의 전문가 활용</td></tr>
<tr><td colspan="2">⇔ 공인회계사법 제21조 : 민 · 형사 소송에 대한 자문 업무에 해당되는 경우 금지</td></tr>
</table>

회계법인등의 파트너나 직원이 재무제표감사의뢰인의 법률고문으로 선임되는 경우 (윤리기준 290.202)	자기검토위협, 변호위협
	독립성에 매우 심각한 영향을 미치므로 수임 불가능
⇔ 공인회계사법 : 공인회계사 본인이 현재 임직원인 경우 감사업무 참여 불가. 해당 공인회계사가 사원인 경우 회계법인도 감사업무 수임 불가	

10) 고위경영자를 모집해 주는 경우

회계법인이 인증의뢰인을 위하여 인증대상정보에 영향을 주는 직위의 고위경영자를 모집해 주는 경우 (윤리기준 290.203) 19	이기적 위협, 유착위협, 압력위협
	(1) 다수의 지원자들의 전문적 자질을 검토해주는 업무와 그들이 해당 직위에 적합한지에 대한 조언 제공 가능 (2) 인증의뢰인이 구체적으로 제시한 선발기준을 따르는 경우 최종 면접 후보자 선발 가능 (3) 고용에 대한 경영의사결정 금지
⇔ 공인회계사법 제21조 : 인사 및 조직 등에 관한 지원업무에 해당되는 경우 금지	

11) 기업금융 및 이와 유사한 활동

(1) 인증의뢰인의 주식을 알선, 중개 및 인수 (2) 인증의뢰인을 구속할 수 있는 거래의 조건을 정하거나, 의뢰인을 대신하여 거래를 완수 (윤리기준 290.204)	변호위협, 자기검토위협
	독립성에 매우 심각한 영향을 미치므로 수임 불가능
⇔ 공인회계사법 제21조 : 자금조달 · 투자 관련 알선 및 중개업무 금지	

의뢰인의 기업전략개발을 지원하는 업무, 기업구조조정 관련 자문업무, 자금조달 관련 자문업무, 매도 · 매수 · 중개 관련 자문업무 및 거래가 회계에 미치는 영향 분석업무 등 (윤리기준 290.205)	변호위협, 자기검토위협
	안전장치 후 수임 가능 ① 의뢰인을 대신하여 경영의사결정 행위를 금지하는 정책과 절차 ② 인증업무팀 외의 전문가 활용 ③ 회계법인이 거래조건을 정하거나 의뢰인을 대신하여 거래를 완수하지 않음을 보장

7 독립성 유지를 위한 제도적 안전장치

독립성 유지를 위한 안전장치(윤리기준 100.11) 24 17

한국공인회계사회 또는 법규상 안전장치 (윤리기준 100.12)	업무환경 내의 안전장치 (윤리기준 200.12 ~ 15)
① 공인회계사 등록에 요구되는 사항(교육, 훈련, 실무경험) ② 계속적 전문가적 개발에 대한 요구사항 ③ 내부감시기구에 대한 규정(communications) ④ 전문적 기준 ⑤ 한국공인회계사회 또는 감독기관의 모니터링 및 제재 절차 ➡ 감리 · 윤리위원회 제소 ⑥ 전문가적 기준(예 윤리규정)	① 회계법인 전체 수준(제도, 인력, 조직차원) • 윤리강령준수를 위한 경영방침 • 인증업무 품질관리를 위한 정책과 절차 • 독립성 훼손위험평가와 안전장치 ② 개별업무 수준 • 인증업무팀의 상급자 교체 • 수행된 업무의 재검토 • 독립적인 제3자에 대한 자문 요청 ③ 의뢰인 조직 수준 • 감사인 선임의 추인절차 • 적격한 인력 보유 • 내부감시기구 유지

8 독립성 준수 대상기업

감사대상회사가 상장기업인 경우 독립성 준수 대상기업(제한기업)(윤리기준 290.21) 23

구 분	회계상 분류	제한기업의 정의
Upstream	지배기업	직 · 간접적으로 감사고객을 지배하는 기업으로서, 감사고객이 해당 회사에 중요한 경우 해당 기업
	유의적 영향력 행사 기업	기업이 감사고객에 대하여 유의적인 영향력을 행사하는 지분을 보유하고 있고 감사고객에 대한 지분이 그 기업에게 중요한 경우 당해 기업

구 분	회계상 분류	제한기업의 정의
Down stream	종속기업	중요한지 여부와 상관없이 감사고객이 직·간접적으로 지배하는 기업 (즉, 감사고객의 종속기업)
	관계기업 및 공동기업	감사고객 또는 감사고객의 종속기업이 유의적인 영향력을 행사하는 지분을 기업에 대해 보유하고 있고, 해당 지분이 감사고객 및 감사고객의 종속기업에 중요한 경우 해당 기업
Sister	동일지배하 기업 (자매기업)	감사고객과 동일지배하에 있는 기업으로서 감사고객 및 자매기업을 모두 지배하고 있는 지배기업에게 감사고객과 자매기업이 모두 중요한 경우 그 자매기업

Q 감사고객이 비상장기업인 경우 윤리기준에 의한 독립성 준수 대상기업의 범위는 어디까지인가?

감사고객 및 연결 대상 종속기업

9 독립성 유지기간

9.1 업무수임기간과 독립성

독립성 유지기간 (윤리기준 290.31) 20

인증업무팀의 구성원과 회계법인은 인증업무수임기간동안 인증의뢰인에 대한 독립성을 유지하여야 한다. 업무수임기간은 인증업무팀이 업무를 착수한 일로부터 인증보고서 발행일까지이다. 반복적인 인증업무의 수임기간 종료일은 어느 일방의 계약당사자가 전문적 관계가 종료되었음을 통고한 일자와 최종 인증업무보고서의 발행일자 중 더 나중 일자로 한다.

9.2 회계기간 중이나 그 이후에 업무를 수임한 경우

감사업무 착수 전 독립성 훼손위협 (윤리기준 290.32)

재무제표감사업무의 수임기간은 회계법인이 보고하는 재무제표의 회계기간을 포함한다. 보고대상 재무제표의 회계기간 중이나 그 이후에 업무를 수임한 회계법인은 다음의 상황이 독립성 훼손위협을 발생시키는지 여부를 판단하여야 한다.

① 감사업무 수임이전인 재무제표의 회계기간 중 또는 재무제표의 회계기간 이후에 의뢰인과 재무적 이해관계 및 사업적 관계가 있는 경우

② 당해 의뢰인에게 이전에 서비스를 제공한 적이 있는 경우

감사업무 착수 전 금지 비인증업무 제공 시 안전장치 (윤리기준 290.33) 25 20

감사대상 재무제표의 회계기간 중 또는 그 이후에 재무제표감사업무를 착수한 경우로서, 감사업무기간동안 제공이 금지되어 있는 비인증업무를 해당 감사업무를 착수하기 이전에 제공한 경우, 다음과 같은 안전장치를 적용하여야 한다.

① 당해 의뢰인의 감사위원회 등 내부감시기구와 이미 제공된 비인증업무와 관련된 독립성 문제를 논의

② 비인증업무의 결과에 대한 책임이 당해 의뢰인에게 있음을 인정하는 확인서를 입수

③ 비인증업무를 제공한 구성원을 해당 재무제표감사업무에서 제외시킴.

④ 다른 회계법인에게 해당 비인증업무의 결과를 검토하게 하거나, 해당 비인증업무를 재수행하도록 함으로써, 타 회계법인이 해당 비인증업무에 대한 책임을 질 수 있도록 함

10 독립성에 대한 기타 고려사항

10.1 고의성 없이 독립성을 위반할 경우 조치

고의성 없이 독립성을 위반할 경우 (윤리기준 290.22)

회계법인 등 또는 그 구성원이 이 윤리기준의 독립성 규정을 고의성이 없이 위반하는 경우가 있을 수 있다. 이러한 고의성이 없는 위배사항은 다음의 안전장치를 준수한다면 일반적으로 인증의뢰인에 대한 독립성을 손상시키지 않을 것이다.

① 회계법인 내에 독립성을 증진시키기 위한 적절한 품질관리 정책과 절차를 강구

② 위배사항을 발견하는 즉시 시정

③ 필요한 안전장치를 적용

10.2 독립성 훼손위협이 경미하지 않은 인증업무 수임 · 유지하는 경우 문서화

독립성 훼손위협이 경미하지 않은 인증업무 수임 · 유지하는 경우 (윤리기준 290.27)

독립성 훼손위협이 명백하게 경미한 경우가 아님에도 불구하고, 회계법인이 해당 인증업무를 수임하거나 유지하기로 결정하는 경우 회계법인은 다음 사항을 문서화하여야 한다.

① 파악된 위협

② 해당 위협을 제거하거나 수용가능한 수준이하로 감소시키기 위해 적용한 안전장치

③ 이에 따른 결론

④ 그 결론의 근거

11 독립성 외의 윤리규정

알선수수료의 수수 및 지급 금지 (윤리기준 240.7 ~ 8) 22 21

개업공인회계사가 알선수수료를 지급하거나 수령하는 것은 윤리강령 준수에 상당히 심각한 위협을 초래하므로, 이러한 위협을 제거하거나 수용가능한 수준이하로 감소시킬 수 있는 안전장치가 존재하지 아니한다. 따라서 개업공인회계사는 어떠한 종류의 알선수수료도 지급하거나 수령해서는 아니된다.

단, 개업공인회계사가 다른 회계법인 업무의 전부 또는 일부를 인수하는 경우, 그 회계법인의 전 소유자인 개인 또는 그의 상속인에게 지급하는 인수대가는 알선수수료로 간주되지 아니한다.

광고 : 허용하지만 과장 비난 광고는 금지 (윤리기준 250.2) 24 20

개업공인회계사가 광고 또는 기타 마케팅방식을 이용하여 새로운 업무에 대한 수임을 권유하는 경우, 전문가적 품위 강령의 준수에 대한 이기적 위협이 발생할 수 있다. 개업공인회계사는 다음과 같은 행위를 하여서는 아니되며, 광고방식이 적절한지 의문시 되는 경우, 한국공인회계사회에 자문을 요청해야 한다.

① 제공하는 서비스, 보유한 자격의 내용 또는 업무경력에 대한 과장된 주장

② 입증되지 아니한 비교결과를 인용하여 다른 공인회계사의 업무를 비난하는 행위

이해상충 (윤리기준 220.1 ~ 4)

19 18

이해상충 사례	① 개업공인회계사가 직접적으로 의뢰인과 경쟁하거나 또는 주요 경쟁자와 동업 관계 또는 유사한 협약을 맺고 있는 경우, 공정 강령 준수에 대한 위협이 발생 ② 개업공인회계사가 이해가 서로 상충하는 의뢰인들에게 동시에 업무를 제공하는 경우, 공정 또는 비밀유지 강령의 준수에 대한 위협이 발생
기본적 안전장치	① 이해상충이 있을 수 있는 의뢰인에게 통보하고 이러한 상황에 대하여 의뢰인 동의를 얻음 ② 관련된 모든 이해관계자에게 통보하고 이러한 입장에 대하여 의뢰인 동의를 얻음 ③ 어느 한 의뢰인을 위해서만 배타적으로 활동하지 않는다는 점을 의뢰인에게 통보하고 이러한 입장에 대하여 의뢰인 동의를 얻음
추가적 안전장치	① 업무수행팀의 분리 운영 ② 정보에 대한 접근금지(예 업무수행팀의 물리적 격리, 자료보관의 기밀과 보안유지) ③ 기밀유지와 보안문제에 대한 명확한 지침 제공 ④ 회계법인의 파트너와 직원에게 기밀유지약정서에 대한 서명 요구 ⑤ 안전장치의 적용상황에 대하여, 해당 의뢰인에 대한 업무에 참여하지 않는 상급자가 정기적으로 검토 실시

제2의견 (Second Opinion) (윤리기준 230.1 ~ 3)

24 21 19

제2의견 사례	개업공인회계사가 의뢰인이 아닌 회사로부터 특정 상황이나 거래와 관련하여, 회계, 감사, 보고, 또는 기타 기준이나 원칙의 적용에 대하여 제2의견의 제공을 요청받은 경우, 윤리강령의 준수에 대한 위협이 발생될 수 있다. 예를 들어, 제2의견이 그 회사의 기존 공인회계사가 알고 있는 사실과 동일한 사실에 근거하지 않거나, 부적합한 증거에 근거하여 형성되는 경우, 전문가적 적격성과 정당한 주의 강령 준수에 대한 위협이 발생할 수 있다. ➡ 개업공인회계사는 제2의견을 제공해 달라는 요청을 받은 경우, 발생하는 위협이 얼마나 중요한지를 평가하여야 한다.
안전장치	해당 위협이 명백하게 경비한 경우 외에는 다음 안전장치를 적용 ① 회사에게 기존 공인회계사와의 논의를 허용하여 줄 것을 요청 ② 제2의견 표명의 한계를 설명 ③ 기존 공인회계사에게 당해 제2의견의 사본을 제공

비인증업무 성공보수 (윤리기준 240.3 ~ 4)

23

비인증업무 성공보수	성공보수 조건으로 비인증업무가 수행되는 경우, 공정 강령의 준수에 대한 이기적 위협을 발생시킬 수 있다.
안전장치	해당 위협이 명백하게 경비한 경우 외에는 다음 안전장치를 적용 ① 보수의 산정근거와 관련하여 의뢰인에게 서면으로 된 사전동의서를 징구 ② 개업공인회계사가 수행한 업무결과를 이용할 것으로 예정된 자에게 수행한 업무의 내용과 함께 보수의 산정근거를 제시 ③ 품질관리 정책과 절차 ④ 개업공인회계사가 수행한 업무를 객관적인 제3자가 검토

Q 일부 비인증업무들 중에는 성공보수 조건으로 수행되는 경우가 있다. 이 경우, 성공보수는 공정 강령의 준수에 대한 이기적 위협을 발생시킬 수 있다. 해당 위협이 얼마나 중요한지 여부에 영향을 줄 수 있는 요인에는 어떠한 것들이 있는가? (윤리기준 240.3)

① 업무의 성격

② 보수의 범위

③ 보수의 산정기준

④ 해당 거래의 산출물이나 결과를 독립적인 제3자가 검토하는지 여부

선물과 접대 (윤리기준 260.1 ~ 3)

선물과 접대	개업공인회계사와 그의 직계가족 또는 측근가족이 의뢰인으로부터 선물과 접대의 제공을 제의받으면, 이기적 위협으로 인하여 공정함을 잃게 될 수 있으며, 공정 강령의 준수에 대한 압력위협이 발생
안전장치	① 해당 위협이 명백하게 경미한 경우 외에는 해당 위협을 제거하거나 수용가능한 수준이하로 감소시키기 위해 필요한 안전장치를 강구하고 이를 적용(윤리기준상 구체적인 안전장치의 내용은 언급×) ② 해당 위협이 안전장치의 적용에 의하여 제거되거나 수용가능한 수준이하로 감소되지 아니한 경우에는 선물과 접대를 받아서는 아니된다.

의뢰인 자산의 보관 (윤리기준 270.1 ~ 2)

의뢰인 자산의 보관	의뢰인 자산을 보관하는 것은 전문가적 품위와 공정 강령의 준수에 대한 이기적 위협을 발생시킬 수 있다.
안전장치	해당 위협이 명백하게 경비한 경우 외에는 다음 안전장치를 적용 ① 담당공인회계사 자신 또는 당해 회계법인의 자산과 의뢰인 자산을 분리하여 보관함 ② 의뢰인 자산은 오로지 의도된 목적에만 사용하도록 함 ③ 의뢰인 자산과 그 자산에서 발생하는 이익이나 배당수입 등에 대한 수지보고서를 정기적으로 작성 비치함 ④ 의뢰인 자산의 보관 및 회계와 관련된 모든 법규를 준수함

SECTION

05 감사품질(Audit Quality)

DeAngelo의 감사품질(audit quality)에 대한 정의

감사품질이란 특정 감사인이 감사대상회사의 회계시스템에서 부적절하게 처리된 사항을 발견하고, 이러한 발견사항을 보고할 결합확률의 기대치로 정의된다.

audit quality = E[P(DIS) × P(REP)]

여기서,
P(DIS) : 부적절하게 처리된 사항을 발견할 확률
P(REP) : 발견사항을 보고할 확률

SECTION

06 감사의 품질관리

1 품질관리에 대한 책임

품질관리에 대한 회계법인과 업무팀의 책임 (ISA 220-2~4)

회계법인의 책임	업무팀의 책임과 권리
품질관리시스템, 정책과 절차는 회계법인의 책임이다. 회계법인은 품질관리기준 1에 따라 다음에 대하여 합리적 확신을 제공할 수 있도록 품질관리시스템을 수립하고 유지할 의무가 있다. (a) 회계법인과 그 구성원이 전문직 기준 및 법규의 요구사항을 준수하고 있음 (b) 회계법인 또는 업무수행이사가 발행하는 보고서가 해당 상황에 적합함	업무팀은 회계법인의 품질관리시스템 관점에서 감사업무에 적용가능한 품질관리절차를 실행하고 독립성과 관련된 품질관리시스템 부분이 기능할 수 있도록 관련 정보를 회계법인에게 제공할 책임이 있다. 회계법인 또는 기타 당사자들이 제공하는 정보에서 달리 제시되지 않는 한, 업무팀은 회계법인의 품질관리시스템에 의존할 권리가 있다.

2 회계법인(Accounting Firm)의 품질관리시스템

전사적 차원 및 개별 감사업무차원 품질관리시스템 23 22 17

품질관리 7 요소	전사적 차원 (품질관리기준서)	개별 감사업무차원 (ISA 220)
궁극적 책임자	회계법인	대부분 업무수행이사(파트너)
① 회계법인내 품질에 대한 리더십 책임 (tone at the top)	(1) 품질이 핵심가치라는 기업문화를 촉진하기 위한 절차의 수립 책임 : 궁극적으로는 CEO와 파트너총회가 책임을 짐 (2) 품질관리파트너(심리실장)의 자격(경험, 능력 & 권한)의 규정화 책임	(1) 전반적 품질에 대한 책임 (2) 업무팀원들에게 강조할 사항 ① 감사품질에 대한 중요성 ② 품질이 본질적이라는 사실

② 관련 윤리적 요구사항	독립성 준수를 위한 절차의 수립 · 시행	(1) 업무팀원의 윤리적 요구사항 위배 여부에 주의 유지 (2) 위반 발견시 회계법인 내부절차, 자문에 따라 적합한 조치
③ 의뢰인 관계 및 감사업무의 수임과 유지	아래의 요건을 모두 충족할 경우에만 고객을 수임하는 절차구축 (1) 업무수행인력의 적격성, 역량, 자원, (2) 윤리적 요구를 충족 가능(독립성규정) (3) 의뢰인의 성실성	고객 관계와 감사업무 수용 · 유지 절차의 준수 의무
④ 인적 자원관리 (업무팀의 배정)	(1) 적합한 인력 보유를 위한 절차(채용, 평가, 수행능력, 적격성, 승진, 보상, 인력수요추정 등) (2) 적격한 파트너/구성원에게 업무 배정하는 절차	적격한 업무팀원, 전문가의 배정 책임
⑤ 업무의 수행	전문기준에 따른 감사보고서 발행을 확신할 수 있는 절차 (1) 업무수행품질의 일관성 (2) 감독 (3) 검토 (4) 자문 (5) 업무품질관리 검토	(1) 지휘, 감독 및 수행 – 감사기준 및 법규에 따른 지휘감독 / 적합한 감사보고서 책임 (2) 검토 – 회계법인 정책에 따른 검토 및 충분하고 적합한 감사증거 입수 확인 (3) 자문 – 적절한 자문을 받고, 감사결과에 반영 (4) 업무품질관리검토 (5) 의견의 차이
⑥ 모니터링	(1) 품질관리시스템의 설계, 실행 절차, 개별 engagement 차원 적절성 모니터링 (2) 정기적 검토주기 (3) 전사적 통제와 개별 업무 모두 선정 가능	회계법인 차원의 모니터링 결과를 고려, 미비점의 영향 여부 고려
⑦ 문서화	(1) 최종조서파일의 취합완료 의무 (2) 조서 비밀유지, 안전보관, 완전성, 접근성, 재생 가능성 관리 의무 (3) 업무문서 보관 의무 (4) 업무문서 소유권 – 회계법인에 있음	필수 문서화 (1) 윤리적 요구사항 관련 사항(이슈, 해결, 논의), (2) 독립성 관련사항(이슈, 해결, 논의), (3) 고객의 수용 및 유지에 대한 결론, (4) 업무수행과정의 자문의 성격, 범위, 결론

2.1 감사품질에 대한 리더십 책임

감사품질에 대한 리더십 책임 (ISA 220-8, A3)

- 업무수행이사는 자신이 담당하는 각각의 감사업무의 전반적인 품질에 대한 책임을 져야 한다.
- 업무수행이사는 각각의 감사업무에 대한 전반적인 품질의 책임을 질 때, 업무수행이사의 행동 및 소속 업무팀원들에 대한 적합한 주지사항을 통하여 다음을 강조하도록 한다.

① 감사품질에 대한 중요성

② 감사업무를 수행하는 데 있어서 품질이 본질적이라는 사실

2.2 관련 윤리적 요구사항

관련 윤리적 요구사항 (ISA 220-9 ~ 10, A3)

- 업무수행이사는 감사업무의 전 과정에 걸쳐 필요한 관찰과 질문을 통해 업무팀원이 관련 윤리적 요구사항을 위반하고 있다는 증거에 대하여 주의를 유지하여야 한다.
- 업무수행이사는 회계법인의 품질관리시스템 등을 통해 업무팀원이 관련 윤리적 요구사항을 위반하고 있음을 시사하는 사항을 알게 되면, 회계법인 내부의 다른 사람들로부터 자문을 받아 적합한 조치를 결정하여야 한다.

독립성 (ISA 220-11, A6)

- 업무수행이사는 감사업무에 적용되는 독립성 요구사항의 준수에 관한 결론을 내려야 한다.
- 업무수행이사는 감사업무와 관련하여 안전장치로 제거하거나 수용가능한 수준으로 감소시킬 수 없는 독립성 훼손위협을 식별하게 될 수 있다. 그러한 경우에는 업무수행이사는 회계법인 내부의 관련자에게 보고하여 적합한 조치를 결정하도록 한다. 그러한 적합한 조치에는 독립성 훼손위협을 발생시키는 활동이나 이해관계를 제거하거나, 또는 법규상 가능한 경우 해당 감사업무를 해지하는 것이 포함될 수 있다.

2.3 의뢰인관계와 감사업무의 수용과 유지

의뢰인관계와 감사업무의 수용과 유지 (ISA 220-12 ~ 13)

- 업무수행이사는 의뢰인 관계와 감사업무의 수용과 유지에 관하여 적합한 절차들이 지켜졌는지 만족할 수 있어야 하며, 이에 대하여 도달된 결론이 적합한지 결정하여야 한다.
- 조기에 알았더라면 회계법인이 감사업무를 거절하였을 정보를 업무수행이사가 입수한 경우, 회계법인과 업무수행이사가 필요한 조치를 취할 수 있도록 업무수행이사는 회계법인에 해당 정보를 신속히 커뮤니케이션하여야 한다.

2.4 업무팀의 배정

업무팀의 배정 (ISA 220-14)

업무수행이사는 업무팀, 그리고 업무팀원이 아닌 감사인측 전문가들이 총체적으로 다음 사항을 수행하는데 적합한 적격성과 역량을 보유하고 있는지에 대하여 만족할 수 있어야 한다.

① 전문직 기준과 해당 법규의 요구사항에 따라 감사업무를 수행함

② 해당 상황에 적합한 감사보고서를 발행할 수 있음

2.5 감사업무의 수행

2.5.1 지휘, 감독 및 수행

지휘, 감독 및 수행 (ISA 220-15)

업무수행이사는 다음에 관하여 책임을 져야 한다.

① 전문직 기준과 해당 법규의 요구사항을 준수하여 감사업무를 지휘, 감독하고 수행함

② 감사보고서는 해당 상황에 적합함

2.5.2 검토

검토 (ISA 220－16, 17, A19) 25

- 업무수행이사는 회계법인의 검토정책과 절차에 따라 검토가 수행되도록 책임을 져야 한다.
- 감사보고서일 또는 그 전에, 업무수행이사는 감사문서의 검토와 업무팀과의 토의를 통하여, 감사에서 도달된 결론과 발행될 감사보고서를 뒷받침하는 데 충분하고 적합한 감사증거가 입수되었다는 것에 대하여 만족할 수 있어야 한다.
- 업무수행이사가 업무수행 중 적합한 단계에서 다음 사항에 대하여 적시에 검토를 수행하는 것은 감사보고서일 또는 그 전의 적절한 시기에 업무수행이사가 유의적 사항들을 만족할 수 있게 해결할 수 있도록 한다.
  ① 긴요한 판단 분야, 특히 감사업무 수행과정에서 식별된 어렵거나 논쟁이 있는 사항들과 관련된 분야
  ② 유의적 위험
  ③ 업무수행이사가 중요하다고 고려하는 기타 분야

업무수행이사는 모든 감사문서를 검토할 필요는 없지만, 그렇게 할 수도 있다. 그러나, 감사기준서 230에서 요구되는 바와 같이 업무수행이사는 검토 범위와 시기를 문서화하도록 요구된다.

2.5.3 자문

자문 (ISA 220－18) 25

업무수행이사는 자문과 관련하여 다음과 같이 하여야 한다.

① 어렵거나 논쟁의 여지가 있는 사항들에 관하여 업무팀이 적합한 자문을 실시하도록 하는 책임을 짐
② 업무팀원이 감사업무 중 업무팀 내부 및 업무팀과 회계법인 내 · 외부의 적합한 위치의 사람들 간에 적합한 자문을 실시하였다는 것에 대하여 만족할 수 있음
③ 그러한 자문의 성격과 범위, 그리고 해당 자문에 따른 결론들이 자문제공자의 의견과 같다는 것에 대하여 만족할 수 있음
④ 그러한 자문의 결론들이 실행되었는지 결정함

2.5.4 업무품질관리검토

업무수행이사의 업무품질관리검토 (ISA 220-19) 25 17

상장기업의 재무제표감사 그리고 회계법인이 업무품질관리검토가 필요하다고 결정한 기타의 감사업무에 대하여, 업무수행이사는 다음의 절차를 수행하여야 한다.

① 업무품질관리검토자가 선임되었는지 결정함

② 업무품질관리검토 중에 식별된 사항 등 감사업무의 수행 중에 야기된 유의적 사항을 업무품질관리검토자와 논의함

③ 감사보고서일자를 업무품질관리검토의 종료일 전의 일자로 하지 않음

업무품질관리검토자의 업무품질관리검토 (ISA 220-20) 25 20 17

업무품질관리검토자는 업무팀이 내린 유의적 판단사항과 감사보고서의 형성 과정에서 도달된 결론들에 대하여 객관적인 평가를 수행하여야 한다. 이 평가에는 다음 사항이 포함되어야 한다.

① 유의적 사항을 업무수행이사와 논의

② 재무제표와 감사보고서의 초안을 검토

③ 업무팀이 내린 유의적 판단 및 도달된 결론과 관련된 감사문서를 선정하여 검토

④ 감사보고서를 작성할 때 도달된 결론들을 평가하고 감사보고서 초안이 적합한지 여부를 고려

Q 상장기업의 재무제표감사에 대하여, 업무품질관리검토자가 업무품질관리검토 수행에 관하여 추가로 고려할 사항은 무엇인가?

① 해당 감사업무와 관련, 회계법인의 독립성에 대한 업무팀의 평가

② 의견의 차이가 있는 사항들 혹은 어렵거나 논쟁의 여지가 있는 사항들에 관하여 적합한 자문이 있었는지 여부, 그리고 그러한 자문으로부터 도출된 결론

③ 검토를 위해 선정된 감사문서는 유의적 판단들과 관련된 업무를 반영하고 있으며 도달된 결론들을 뒷받침하는지 여부 (ISA 220-21)

2.5.5 의견의 차이

의견의 차이 (ISA 220-22)

업무팀은 업무팀 내부나 자문수행자, 또는 해당되는 경우 업무수행이사와 업무품질관리검토자간에 의견의 차이가 발생하면, 이를 처리하고 해결하기 위한 회계법인의 정책과 절차를 따라야 한다.

2.6 모니터링

모니터링 (ISA 220-23)

- 효과적인 품질관리시스템에는 해당 품질관리시스템과 관련된 정책과 절차가 관련성이 있고 적절하며 효과적으로 운영되고 있다는 합리적 확신을 회계법인에게 제공할 수 있도록 설계된 모니터링 절차가 포함된다.
- 업무수행이사는 회계법인, 그리고 해당되는 경우 타 네트워크 회계법인이 회람시킨 최근의 정보에 나타난 해당 회계법인의 모니터링 절차의 결과를 고려하여야 한다. 또 그러한 정보에서 언급된 미비점들이 해당 감사업무에 영향을 미치는지 여부를 고려하여야 한다.

2.7 문서화

감사인이 수행해야 하는 문서화 (ISA 220-24)

감사인은 다음 사항을 감사문서에 포함하여야 한다.

① 관련 윤리적 요구사항의 준수에 관하여 식별된 이슈 및 그러한 이슈를 해결한 방법

② 해당 감사업무에 해당되는 독립성 요구사항의 준수에 관한 결론 및 그러한 결론을 뒷받침하는 회계법인과의 관련 논의내용

③ 의뢰인 관계와 감사업무의 수용과 유지에 관하여 도달된 결론

④ 감사업무 수행과정에서 실시된 자문의 성격, 범위와 그 결론

업무품질관리검토자가 수행해야 하는 문서화 (ISA 220-25) 22

업무품질관리검토자는 검토한 감사업무에 대하여 다음 사항을 문서화하여야 한다.

① 업무품질관리검토에 관하여 회계법인의 정책에서 요구되는 절차를 수행하였음

② 업무품질관리검토는 감사보고서일 또는 그 전에 종료되었음

③ 검토자는 업무팀이 내린 유의적 판단과 도달된 결론이 적합하지 않았다고 판단할 만한 어떠한 미해결 사항도 인지하고 있지 아니함

3 품질관리 정책과 절차의 이행여부 검토

감리의 종류 (외부감사법 제26조, 시행령 제29조) 17 12

회사에 대한 감리	감사인에 대한 감리
① **내부회계관리제도 운영 감리**: 회사가 내부회계관리제도를 외부감사법에 따라 운영했는지에 대한 감리 업무 ② **재무제표 감리**: 회사가 제출한 재무제표에 대하여 회계처리기준의 준수 여부에 대한 감리	③ **감사보고서 감리**: 감사인이 제출한 감사보고서에 대하여 회계감사기준의 준수 여부에 대한 감리 ④ **품질관리 감리**: 감사인의 감사업무에 대하여 품질관리기준의 준수 여부에 대한 감리 및 품질관리수준에 대한 평가 ⑤ **상장법인 등록 감사인 요건 감리**: 주권상장법인의 감사인으로 등록한 자가 등록요건을 유지하는지에 대한 감리 업무
⑥ **재무제표 대리작성 및 자문 금지 준수 감리** : 회사 또는 감사인이 외부감사법에 따른 재무제표 작성 책임을 준수했는지에 대한 감리	

SECTION

07 감사의 품질관리를 위한 규제

1 증권선물위원회의 품질관리 규제

증권선물위원회의 품질관리 규제 19

① 감사인 선임과정의 엄격한 규제 (외부감사법 제10조 등)
② 증권선물위원회에 의한 감사인 지정 등 (외부감사법 제11조)
③ 대규모 감사인의 품질관리감리 및 감사보고서감리 (외부감사법 제26조)
④ 감사인에 대한 업무제한 및 법적조치 (외부감사법 제29조)
⑤ 위반행위의 공시 (외부감사법 제30조)
⑥ 주권상장법인에 대한 감사인 유지 (외부감사법 제10조)
⑦ 부실감사에 대한 과징금제도 (외부감사법 제35조)

2 한국공인회계사회의 품질관리 규제

한국공인회계사회의 품질관리 규제

① 증권선물위원회로부터 위탁받은 품질관리감리 및 감사보고서감리
② 공인회계사 윤리기준을 통한 품질관리
③ 정기연수 등 교육을 통한 품질관리

저자 **노 준 화**

- 고려대학교 경영대학 졸업(경영학 학사)
- 고려대학교 대학원 졸업(경영학 석사 · 박사)
- 한국공인회계사(KCPA)
  미국 워싱턴주 공인회계사(Washington State licensed CPA)
- Visiting Scholar, Purdue university
  (2007.7 - 2008.12, LG연암재단 해외연구교수)
- Visiting Scholar, Pacific Lutheran University(2017.8 – 2018.7)

전, 한국회계학회 회계감사분과위원장
현, 충남대학교 경영학부 교수

[주요저서]

- New ISA 회계감사 (탐진)
- 회계감사 REVIEW (탐진)
- 세법개론 (세학사)

저자 **홍 상 연**

- 경희대학교 경제학과 졸업
- 45회 공인회계사시험 합격

전, 삼정KPMG 회계법인
현, 나무경영아카데미 회계감사 강사

[주요저서]

- 회계감사 요약집 (탐진)
- 회계감사 프레임 (상경사)
- 회계감사 기출실록 (상경사)
- CPA 단기에 합격하기 (북랩)

2026 New ISA 회계감사요약집 (6판)

지 은 이 · 노준화·홍상연
펴 낸 이 · 최재범
펴 낸 곳 · 도서출판 탐진
등록 1-996호(倫). 1990. 1. 12.
서울시 마포구 신수로 27-1
Tel. 715-1092 ~ 3 / Fax. 701-6391
E-mail. tamjin1990@hanmail.net / Homepage. www.tamjin.co.kr

저자와의 협의하에 인지를 생략함

2021. 3. 22. 초 판 발행
2026. 1. 12. 제6판 발행

ISBN 978-89-5540-719-8 93320 정가 32,000원